BILDNIS EINES MITTLEREN CHARAKTERS

MARIE ANTOINETTE

断头王后

玛丽·安托奈特传

[奥]

斯蒂芬·茨威格

STEFAN ZWEIG

著

钟皓楠

译

广东旅游出版社
GUANGDONG TRAVEL & TOURISM PRESS

中客·广州

图书在版编目（CIP）数据

断头王后：玛丽·安托奈特传 /（奥）斯蒂芬·茨威格著；钟皓楠译. -- 广州：广东旅游出版社，2024.
12. -- ISBN 978-7-5570-3484-9

Ⅰ. K835.217-41

中国国家版本馆CIP数据核字第20243ET086号

出 版 人：刘志松
责任编辑：张晶晶　黎懿君　夏于棋
责任校对：李瑞苑
责任技编：冼志良

断头王后：玛丽·安托奈特传
DUANTOU WANGHOU：MALI·ANTUONAITE ZHUAN

广东旅游出版社出版发行
（广州市荔湾区沙面北街71号首层、二层　邮编：510130）
电话：020-87347732（总编室）
020-87348887（销售热线）
投稿邮箱：2026542779@qq.com
印刷：天宇万达印刷有限公司
（河北省衡水市故城县金宝大道侧中兴路）
880毫米×1230毫米　32开　18.5印张　400千字
2024年12月第1版　2024年12月第1次印刷
定价：56.00元

玛丽·安托奈特（1755—1793）

路易十六和玛丽·安托奈特的爱情

玛丽·安托奈特与她的孩子玛丽·雷埃斯和路易·查尔斯

路易十六在圣殿与家人告别

费尔森伯爵

玛丽·安托奈特

路易十六

狱中的玛丽·安托奈特

玛丽·安托奈特

路易十五

玛丽·安托奈特和儿子做最后的道别　1862年木刻版画

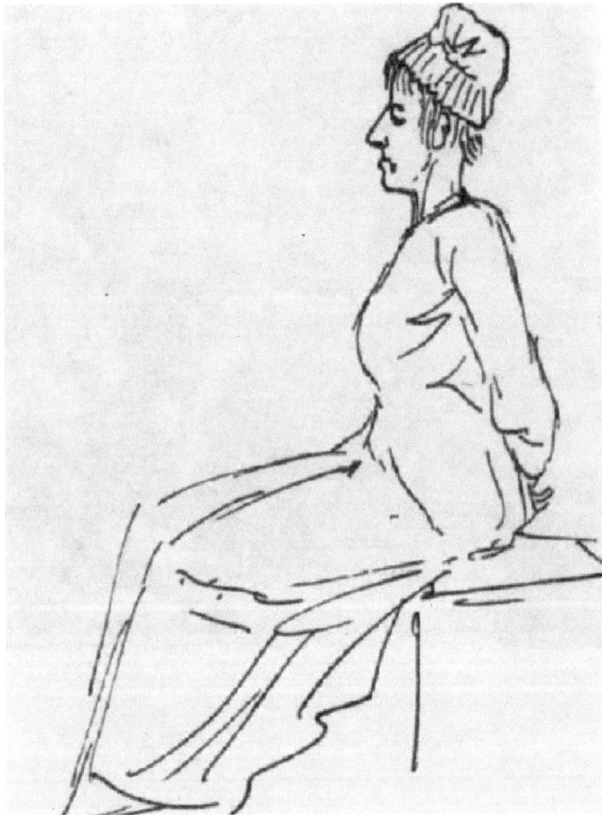

惟客·路易·大卫在玛丽·安托奈特送去行刑的路上给她画下的速写

玛丽·安托奈特

玛丽·安托奈特

导论

　　要叙述玛丽·安托奈特王后的故事，意味着接受一场长达百余年的审判，控辩双方不惜在辩论中采用最为激烈的措辞。这场辩论激昂的基调主要是由控方定下的。革命者为了攻击君主制，就必须攻击王后，尤其是作为女人的王后。如今，真相与政治已经不共戴天，为了煽动民心而描绘某一形象，就很难指望乐于推波助澜的公众舆论能够做到公正。为了把玛丽·安托奈特送上断头台，人们不择手段，极尽污蔑，报纸、宣传册和图书都毫无顾忌地将所有的恶毒行为、所有的道德败坏、所有的变态行径归咎于这位"奥地利母狼"①。即便是在公正的化身那里——在法庭之上，控方激情洋溢，公开地将这位"卡佩的寡妇"②与历史上最为著名的恶女梅萨丽娜③、阿格丽皮娜④和

---

① "奥地利母狼"：原文为法语，玛丽·安托奈特在与路易十六结婚之前曾为奥地利公主。——译者注，后文若无特殊说明，皆为译者注。
② "卡佩的寡妇"：卡佩王朝早在波旁王朝之前许久就已经走向终结，但作为封建王朝的象征被保留下来。在法国大革命期间，人们蔑称国王路易十六为"路易·卡佩"。玛丽·安托奈特作为他的妻子，则被称为"卡佩的寡妇"。
③ 梅萨丽娜：古罗马皇帝克劳狄乌斯的王后，以色情狂闻名于世。
④ 阿格丽皮娜：古罗马皇帝尼禄之母，传说中毒死了丈夫。

弗蕾德贡德丝①相提并论。但在这之后，事情却发生了鲜明的转变。1815年，另一位波旁家族的成员登上了法国王位②，为了粉饰王朝的盛景，王后妖魔化的形象又得到了浓墨重彩的涂改——玛丽·安托奈特在这个时代的呈现方式无不笼罩在乳香的烟霭与圣光之下。一首又一首赞歌，愤愤不平地捍卫着玛丽·安托奈特那无可指摘的美德。她的牺牲精神、她的善良还有她那完美的英雄主义精神在诗歌与散文里都得到了褒扬。泪水织成的轶事形成了纱幕，一层又一层地将她笼罩起来，这些轶事大部分是由贵族罗织的，将她包装成一位得以昭雪的"纯洁的殉道者"，是一位殉道的王后。

在这件事情上，灵魂的真相就像在大多数情况下一样几乎处在二者之间。玛丽·安托奈特既不是保王党的伟大圣女，也不是革命党人的下贱"娼妇"③，而只是一个平庸的角色，一个普普通通的女人，既不是特别聪慧，也不是特别愚蠢，既不是烈火，也不是寒冰，没有特别的力量用以行善，也没有坚定的意志用以作恶，以前、现在和未来都有这样普通的女性，没有成为恶魔的癖好，也没有充当英雄的意志，显然很难成为一幕悲剧的主角。但历史是一位伟大的造物主，并不需要一位具有英雄气概的人物作为主角，也能够排演出一幕震撼人心的戏剧。悲剧的张力并不仅仅产生于一个人物的强大，而总是产生于一个人与自己命运的不协调。如果一个强大的人、一位英雄、一位天才与他所陷入的环境发生冲突，这个环境被证实为对他与生俱来的使命来说过于逼仄，拥有过多的敌意，那么这种张力就会得到戏剧性

---

① 弗蕾德贡德丝：法兰克国王希尔佩里克一世的王后，谋杀了国王及国王的两位前妻。
② 此处指路易十六的弟弟路易十八，他于1815年复辟波旁王朝。
③ 原文为法语。

的表现——例如拿破仑被困在圣赫勒拿岛上的斗室之中，贝多芬被囚禁在他的失聪之中——无论在何时何地，任何伟大的人物都无法施展拳脚。但是，如果一个平庸或者甚至是软弱的人陷入了某种可怕的命运，陷入了将他压垮和粉碎的个人责任之中，那么悲剧也会因此而产生，在我看来，这种形式的悲剧甚至更具有感人至深的人性。因为非凡的人类不自觉地寻求非凡的名誉，他那超乎常人的天性本能地要求过上一种英雄主义的生活，用尼采的话说，就是"危险地"生活，他以自己体内强有力的需求，对世界提出暴力的挑战。因此，天才人物最终并不是对自己的苦难完全无辜，因为他内心的使命神秘地渴求着烈火的试炼，以唤醒某种最终的力量。就像暴风雨中的海燕，他强劲的命运也将他变得越来越强大，托举得越来越高。平庸的人物却天生适合平和的生活方式，他不想要、也根本不需要更大的刺激，他只想平静地在阴影里生活着，在风平浪静、温度适宜的命运之下生活着，因此，如果有一只无形的手摇撼着他，他就会转过身去，惊慌失措，落荒而逃。他不渴望任何承担与世界史有关的责任，恰恰相反，他逃避这些责任。他不去寻求磨难，而是被迫接受苦难。他受到外界而不是内心的逼迫，变得比原本的样子更伟大。在我看来，这种并非英雄的苦难，这种平庸之人的苦难虽然缺乏明显的意义，却并不比真正英雄的崇高苦难要低劣，甚至还更能够使人感到震撼。因为每个普通人都必须独自承担这种苦难，而不像艺术家那样，还有自己的救赎方式，还可以将自己的苦难转化为作品，转化成永久长存的形式。

有时候，命运会选择这样一个平庸之人，以它强势的拳头，狂暴地逼迫他摆脱自己的平庸，玛丽·安托奈特的一生也许就是历史上最具有启发性的范例。在她三十八年的短暂人生里，有长达三十年，这个女人都漫不经心地生活着，尽管是生活在一个引人注目的地方。她没有比别人更善良，也没有比别人更邪恶：她有着温热的灵魂、平庸的人格，从历史上看，她在一开始只是一个花瓶式的角色。如果革命没有侵入她那快活而无拘无束的游戏世界，她还将继续作为一个无足轻重哈布斯堡王室成员生活下去，就像那个时代成百上千万的女性一样，她会跳舞、闲聊、恋爱、发笑、打扮，探访别人，给予施舍，她会生儿育女，最终静静地躺在床上死去，一生都不曾真正参与世界的精神。人们会将她作为王后庄严地安放在灵床上，在宫中守丧，但在这之后，她就会像所有其他无数的公主一样，像玛丽-阿德莱德和阿德莱德-玛丽，安娜-凯瑟琳和凯瑟琳-安娜一样，墓碑上悲凉而冰冷的字母留在哥达年鉴①里无人阅读。没有任何一个在世的人会想要追问她的形象，她那已经烟消云散的灵魂，没有一个人会想要去知道她到底是个什么样的人，而且如果没有经历过那些试炼（这才是最重要的），玛丽·安托奈特，法国王后本人也不会知道，不会体验到——她到底是个什么样的人。因为这就是平庸之人的幸运或者是不幸之处，他从来没有感到过某种急迫感，想要了解自我，他从来不会有在命运追问他之前先追问一下自我的好奇心，他让自己所有的可能性陷入沉睡，而不去使用它们，他让属于自己的能力走向枯萎，他的力量就像从来没有使用过的肌肉，已经萎缩，只有困境才能使他真正紧张起来，开始反抗。一个平庸之人不得不首先受到逼迫，摆脱他自己，才能够成为他所能够成为的一切，也许他能够做到的比他之前所预料到的和所知道的还要更多。要做到这一点，唯有命运挥动那不幸的皮鞭。就像有时候，艺术家蓄意寻求外行那微不足道的小小责备，而不是热情而包罗万象的赞美来证明自己的创造力，命运有时候也会

---

① 哥达年鉴：一本记载欧洲王室和贵族的谱系。

寻求一个无足轻重的主人公，以证明它也可以用易碎的材料创造出最为强烈的张力，安排一个软弱而且不情愿的灵魂，上演一出伟大的悲剧。描绘这种不情愿的主人公的最美的戏剧之一，被叫作玛丽·安托奈特。

因为这是何等的艺术，历史在这里怀着何等的创造力，以多么宏大的历史性的张力，将这位平庸之人安排到了它的戏剧里，又多么娴熟地将各种矛盾布置到了这个原本贫瘠的人物身边！它先是怀着恶魔般的诡计宠爱这个女人。还是孩子的时候，命运就送给了她一个皇宫作为她的家，在少女时代，她又得到了一顶王冠，当她成为一位少妇的时候，她得到了堆积如山的赠礼，简直是挥霍般的馈赠，这些馈赠使她金玉盈门、仪态万方，此外，命运还赐予了她一颗轻浮的心，使她不去过问这些赠礼的代价和价值。许多年来，历史宠爱、骄纵着这颗无所顾忌的心，直到它失去了感知的能力，越来越无忧无虑。但是命运如此迅速和轻松地将这个女人推到了幸福的顶峰，只是为了以精妙的方式，更残酷、更缓慢地让她在之后坠落。这出戏剧带有夸张的粗暴效果，使最尖锐的矛盾得到了直接的碰撞，把她从一座有几百个房间的王宫驱赶到了寒酸的监牢里，把她从王座推到了断头台上，从玻璃和金子做的豪华马车上推到了刑场马车上，从奢华推向了一无所有，从被全世界爱戴推向了备受仇恨，从凯旋推向了备受凌辱，使她越跌越深，直到无情地跌入最终的深渊。这个平庸的小人物突然失去了宠爱，她那缺乏理解力的心灵无法弄清这股陌生的势力要对她做什么，只能感到一只坚硬的拳头正在挤压着她，一只灼烫的利爪扎进了她那受难的肉体。这个对现状一无所知的人不愿意、也不习惯所有这些磨难，她进行反抗，不愿接受，她呻吟，她逃跑，想要逃离这一切。但那知晓一切的不幸之手怀着艺术家的坚忍不拔，一定要从

V

这份素材中挤压出最高的张力和最后的可能性才肯罢休，它不会放走玛丽·安托奈特，直到它将这柔弱无力的灵魂锤炼得坚硬而又态度鲜明，直到她灵魂中从父母和先祖那里继承来的一切高贵都被生机勃勃地碾压出来。她在痛苦中感到震惊，这个从来没有追问过自我的女人在经历了试炼之后终于意识到了某种转变：她感觉到，就在她外在的权力结束的时候，她身体里有某种新的和伟大的东西出现了，如果没有那些试炼，就不可能有这些东西。"只有不幸的人才知道自己是谁。"这句半是骄傲，半是震惊的话，突然从她那惊讶的口中跳了出来。她被某种预感所征服，只有经历了这些苦难，她这段渺小而平庸的生命才能够作为后世的榜样，继续活下去。当她意识到了更崇高的职责之后，她的人格就超越了自身。就在死前不久，她变成了一件永存的、成功的艺术品，因为在她生命中最后的时刻，玛丽·安托奈特这个平庸之人，终于变成了和她的命运一样伟大的悲剧。

玛丽·安托奈特年表

1755年11月2日：	玛丽·安托奈特出生。
1769年6月7日：	路易十五通过书信求婚。
1770年4月19日：	在维也纳举行代理婚礼。
5月16日：	在凡尔赛宫举行婚礼。
12月20日：	舒瓦瑟尔失宠。
1772年1月11日：	罗罕来到维也纳。
8月5日：	瓜分波兰。
1773年6月8日：	举办太子妃的巴黎入城式。
1774年5月10日：	路易十五去世。
	第一次向玛丽·安托奈特兜售项链。
	费尔森第一次来到凡尔赛宫。
	将罗罕从维也纳召回。
	博马舍向玛利亚·特蕾莎出售他的污蔑文章。
1777年4月–5月：	约瑟夫二世访问凡尔赛宫。
8月：	玛丽·安托奈特与她的丈夫第一次亲密接触。
1778年12月19日：	"王室夫人"出生，日后成为昂古莱姆公爵夫人。
1779年：	第一本针对玛丽·安托奈特的小册子出版。
1780年8月1日：	首次在特里亚农宫的剧院登台表演。
11月29日：	玛利亚·特蕾莎去世。

1781年10月22日：	第一位太子出生。
1783年9月3日：	《凡尔赛和约》[①]签订——英国承认美利坚合众国。
1784年4月27日：	《费加罗的婚礼》在法兰西剧院首映。
8月11日：	罗罕在树林里与假王后私会。
1785年1月29日：	罗罕购买项链。
3月27日：	第二位太子降生。
8月15日：	罗罕在凡尔赛宫被捕。
8月19日：	《塞维利亚的理发师》在特里亚农宫首映，这也是那里上演的最后一出戏剧。
1786年5月31日：	项链事件得到宣判。
7月9日：	公主索菲-贝娅特丽出生。
1788年：	开始与费尔森亲密来往。
8月8日：	宣布于1789年5月1日召开三级大会。内克尔再次被任命为部长。
1789年5月5日：	三级大会开幕。
6月3日：	第一位太子去世。
6月17日：	第三等级组成国民议会。
6月20日：	网球场宣誓。
6月25日：	出版自由。
7月11日：	内克尔被流放。
7月13日：	国民警卫队建立。
7月14日：	攻陷巴士底狱。
7月16日：	流亡开始（阿尔托瓦，波利涅）。

---

① 《凡尔赛和约》：此处应为《巴黎和约》。

8月底：	费尔森来到凡尔赛宫。
10月1日：	宴请佛兰德斯卫兵。
10月5日：	巴黎人民向凡尔赛宫进军。
10月6日：	王室家庭前往巴黎。
	雅各宾俱乐部在巴黎成立。
1790年2月20日：	约瑟夫二世去世。
6月4日：	最后一次在圣克劳德城堡消夏。
7月3日：	与米拉波见面。
1791年4月2日：	米拉波去世。
6月20日－25日：	逃亡瓦雷纳。
	巴尔纳夫和他的朋友进入杜伊勒里宫。
9月14日：	国王向宪法宣誓。
10月1日：	立法会议。
1792年2月13日－14日：	费尔森最后一次来到杜伊勒里宫。
2月20日：	玛丽·安托奈特最后一次去剧院。
3月1日：	利奥波德二世去世。
3月24日：	罗兰组阁。
3月29日：	瑞典国王古斯塔夫去世。
4月20日：	法国向奥地利宣战。
6月13日：	罗兰政府下台。
6月19日：	国王行使一票否决权。
6月20日：	第一次进攻杜伊勒里宫。
8月10日：	进攻杜伊勒里宫。
	丹东成为司法部长。

8月13日：	免除国王权力。
	国王全家被送往圣殿。
9月2日：	凡尔登陷落。
9月2日-5日：	九月屠杀。
9月3日：	杀死朗巴勒亲王妃。
9月20日：	瓦尔米炮战。
9月21日：	国民公会（Convention nationale）成立。
	废黜君主制，建立共和国。
11月6日：	热玛佩战役。
12月11日：	开始对路易十六的审讯。
1793年1月4日：	第二次瓜分波兰。
1月21日：	处决路易十六。
3月10日：	革命法庭建立。
3月31日：	比利时军队从法国撤离。
4月4日：	杜穆里埃投敌。
5月29日：	里昂起义。
6月3日：	玛丽·安托奈特与太子分开。
8月1日：	送往贡西埃尔谢里监狱。
10月3日：	起诉吉伦特党人。
10月9日：	里昂陷落。
10月12日：	玛丽·安托奈特的第一次审讯。
10月14日：	玛丽·安托奈特的审判开始。
10月16日：	处决王后。
1795年6月8日：	据说太子去世（路易十七）。
1814年：	路易十八（前普罗旺斯伯爵）成为法国国王。

目 录

I

第一章　少女成婚

STEFAN
ZWEIG

几个世纪以来，哈布斯堡王朝和波旁王朝在德意志、意大利、佛兰德斯①的数十个战场上为了争夺欧洲霸主的地位而厮杀，终于双方都感到精疲力竭。两位宿敌直到最后才意识到，他们那无穷无尽的斗争只不过是为其他王室扫平了道路。在岛国英格兰，一个异教民族已经逐渐形成了一个世界帝国，信奉新教的勃兰登堡侯国已经发展成了一个强大的王国，半属于异教范畴的俄罗斯已经将权力范围扩展得无限辽阔。于是，这两个国家的统治者和外交官开始自问——虽然还是太迟了——我们是不是最好还是维持和平，而不是不断地陷入灾难深重的战争游戏，让那些不信上帝的暴发户从中牟利？来自

———————

① 佛兰德斯：意为"泛水之地"，泛指位于西欧低地西南部、北海沿岸的古尼德兰南部地区，包括如今比利时的东弗兰德省和西弗兰德省、法国的加来海峡省和诺尔省、荷兰的泽兰省。——编者注

路易十五①宫廷的舒瓦瑟尔②和玛利亚·特蕾莎女皇③的顾问考尼茨④建立了同盟，为了使同盟持久有效，而并不是仅仅存在于两场战争的休战时期，他们提议，哈布斯堡王朝和波旁王朝应该施行通婚政策。哈布斯堡王室任何时候都不缺少待嫁年龄的公主，这一次也有许多不同年龄的公主可供选择。部长们首先和路易十五进行了考虑，尽管路易十五已经当上了祖父，个人品德问题也相当可疑，但他还是想要迎娶一位哈布斯堡家族的公主，不过这位非常虔诚的天主教国王立刻就从蓬巴杜夫人⑤的床榻跑到了另一位情妇杜巴丽夫人⑥那里。约瑟夫皇帝⑦也已经第二次丧偶，对于迎娶路易十五那三位年老色衰的女儿也没有什么兴趣——因此最合理的就是第三种方案，让少年王

---

① 路易十五（1710—1774）：1715年路易十四逝世后即位，由摄政王奥里昂公爵执政，十六岁亲政。曾大力支持美国的独立战争，帮助美国独立。其两子夭折，孙子为路易十六。1774年，死于天花。——编者注

② 舒瓦瑟尔（1719—1785）：法国著名外交家、政治家，于1766—1700年任法国外交部部长。

③ 玛利亚·特蕾莎女皇（1717—1780）：奥地利女皇，在位期间对奥地利的发展作出了重大贡献，被称为"开明专制君主时期最杰出的君主之一"。其夫弗朗茨一世为神圣罗马帝国皇帝，1765年弗朗茨一世逝世，玛利亚·特蕾莎女皇让长子约瑟夫加冕为皇帝，与女皇共同执政。她还通过幼女玛丽·安托奈特与法国王储联姻，与法国交好。

④ 考尼茨：文策尔·安东·考尼茨亲王（1711—1794），奥地利政治家、外交家，1753—1793年任奥地利外交部部长。

⑤ 蓬巴杜夫人：德·蓬巴杜侯爵夫人（1721—1764），原名约娜·安托瓦内特·波阿松，1745—1764年为路易十五情妇。——编者注

⑥ 杜巴丽夫人：杜巴里伯爵夫人（1743—1793），原名约翰娜·贝居，是路易十五的最后一名情妇。——编者注

⑦ 约瑟夫皇帝（1741—1790）：奥地利皇帝约瑟夫二世，玛利亚·特蕾莎的长子，玛丽·安托奈特的哥哥。1765—1790年任奥地利皇帝。

储，也就是路易十五的孙子①，法国王位未来的继承者和玛利亚·特蕾莎的一个女儿订婚。1766年，当时11岁的玛丽·安托奈特已经被视为了可以进行认真考虑的人选。奥地利大使在5月24日写信给女皇："法国国王可以认为此事已经以某种方式得到了确认，陛下的计划已经得到了确保，可以视为已经得到了决定。"但是外交官如果不把每件简单的事情复杂化，巧妙地拖延每个重要的机会，他们也就不成其为外交官了，这也是他们的骄傲所在。宫廷之间的阴谋交替进行，一年，两年，三年，玛利亚·特蕾莎的怀疑也并不是没有依据的，她担心自己那位脾气暴躁的邻居，也就是普鲁士国王腓特烈②。她有时候会怀着衷心的苦涩称他为"那个恶魔"③，最终也会以魔鬼般的权术摧毁这个对于巩固奥地利的权力至关重要的计划，于是她拿出所有的亲切、热情与狡诈，想让法国宫廷履行这个还没有完全确认的承诺。她几乎具有专业婚介人的坚持不懈，在外交方面还具有坚韧不屈的耐心，不断地向巴黎汇报这位公主的出众之处。她极为礼貌地对待法国使者，并大量馈赠礼品，就为了最终能够从凡尔赛宫拿到一纸具有约束效力的婚约。她考虑问题的时候与其说是从一位母亲的角度出发，不如说是从一位女皇的角度出发，考虑的更多的不是孩子的幸福，而是"家族的权力"，即便使者已经带来了警告的消息，说这位王储缺乏任何天赋：他的理解力非常有限，身型粗笨，感觉非常迟钝。但如果一位女大公能成为王后，那么她还需要什

---

① 路易十五的孙子：路易十四长孙夭折，次孙成为储君。1774年路易十五逝世，储君即位，路易十六（1754—1793）。——编者注

② 腓特烈：腓特烈大帝（1712—1786），又称腓特烈二世、弗里德里希二世，当时的普鲁士皇帝。

③ 原文为法语。

么幸福呢？玛利亚·特蕾莎越是焦急地催促对方签订婚约，老到的国王路易十五就越是深思熟虑。整整三年的时间，他一直让人们寄来年幼的女大公的肖像和有关她的报告，宣称自己在原则上赞同这个联姻计划。但是他没有说出能够解决问题的求婚之辞，他不想受到约束。

那位国家交易的重要抵押品就这样无知无觉地慢慢长大，十一岁、十二岁、十三岁的安托奈特优雅而纤细，拥有无可置疑的美貌，她和兄弟姐妹，还有女性朋友在美泉宫①的房间和花园里自由自在地疯玩。她很少学习、读书，或是接受训练。她懂得如何运用她那天真的可爱与银铃般的清朗笑声来应对管教她的家庭教师和神父，她不费吹灰之力就可以逃过所有课程。玛利亚·特蕾莎整日忙于处理国家事务，从来没有认真地关心过所有的孩子。有一天，她震惊地发现这个未来的法国王后到了十三岁既不会正确地拼写德语，也不会拼写法语。她缺乏最基本的历史知识和普通的教养，音乐课取得的成果也不是非常明显。尽管，她的钢琴教师水品并不低于格鲁克②。已经到了最后关头，必须要把荒废的时间追回来，将贪玩且懒惰的安托奈特培养成一位有教养的夫人。对未来的法国王后来说，最重要的就是跳舞要跳得优雅，法语口音要地道。玛利亚·特蕾莎特意紧急聘请了著名舞蹈大师诺韦尔③和刚好驻扎在维也纳的一个法国剧团的两位演员，一位教口语，一位教唱歌。但是法国使者刚刚把这件事情报告给波旁宫廷，凡尔赛宫就传来了恼怒的暗示，一位未来的法国王后不能够接

---

① 美泉宫：奥地利皇室的夏宫，位于维也纳西郊。——编者注
② 格鲁克：克里斯多夫·维利巴尔特·格鲁克（1714—1787），奥地利著名钢琴家、歌剧作曲家。
③ 诺韦尔：让·乔治·诺韦尔（1727—1810），法国著名舞蹈家。

受两位喜剧演员的授课。新的外交谈判又匆匆开始了，因为凡尔赛已经把王储未来新娘的教育视为了自己的事情，所以，在经过漫长的对谈之后，奥尔良主教推荐韦尔蒙神父^①前往维也纳。我们通过他获悉了有关这位十三岁的女大公的第一批可靠的报告。他发现她很有魅力，相当富有同情心。"她那迷人的面孔汇集了所有可以想象出来的优雅神态，就像人们希望的那样，如果她再长大一些，她就会拥有人们所期待的一位高贵的公主所拥有的所有美丽。她的性格鲜明，脾性温和。"显然，这位正直的神父对自己学生的实际学识和求知欲的表述都更为谨慎。爱玩，不专心，粗心大意，但是无比开朗，尽管年幼的玛丽·安托奈特对最为简单的问题也没有任何兴趣，不想思考任何严肃的问题。"她的理解力比很长时间里人们对她预期的要强，但很可惜，她直到十二岁都无法集中注意力。她稍有些懒惰，非常轻率，这导致我给她上课的过程变得非常困难。我开始用六个星期的时间讲述严肃文学的概论，她理解得很好，做出的判断也很正确，但是我无法让她更深入地钻研这些对象，尽管我觉得她完全有能力这么做。我最终发现，只有在同时让她感到娱乐的时候才能够对她进行教育。"

十年后，二十年后，几乎所有的政治家都对她明明具有良好的理解力，却不愿意思考这个事实进行了抱怨，每次进行根本性的谈话，她都会觉得无聊，然后走开。在这个十三岁的少女身上，这种性格的所有危险已经一览无余，她什么都可以做到，但什么都不是真的想做。但是在法国宫廷里，自从养情妇成了流行趋势，一位女性的举止

---

① 韦尔蒙神父：马修-雅克·德·韦尔蒙神父（1735—1806），玛丽·安托奈特王后的导师。

就比她的内涵变得更为重要了。玛丽·安托奈特非常漂亮，能够代表王室，性格端庄，——这就够了，于是在1769年，路易十五终于向玛利亚·特蕾莎寄送了她渴望已久的信函，国王在信中庄重地替自己的孙子，也就是未来的路易十六向年轻的公主求婚，并提议将婚礼定在次年的复活节。玛利亚·特蕾莎高兴地答应了，在多年的忧虑之后，这位已经听天由命的女人再一次看到了光明。她现在觉得帝国的和平，乃至欧洲的和平都得到了保障。各个驿站和诸多信使立刻庄严通知所有宫廷，哈布斯堡王朝和波旁王朝为了永恒的和平结成了血亲。"让别人去征战，而你，幸福的奥地利，去联姻。"①哈布斯堡那古老的家族箴言再一次得到了验证。

外交官的任务顺利告终。但人们才认识到，这只是这项工作里较为轻松的一部分。想要哈布斯堡王朝与波旁王朝之间取得谅解，就需要路易十五和玛利亚·特蕾莎达成和解。比起将法国和奥地利的宫廷礼仪和家庭仪式在具有代表性的庄重场合之下融为一体的困难，都简单得像一桩儿戏，这才是始料未及的困难。尽管双方的宫廷总管和其他热衷于维持规章制度的人们有整整一年的时间来研究巨量的卷宗和各种婚礼记录，但对于像中国人一样吹毛求疵的宫廷礼仪官员来说，一年也不过是匆匆流逝的十二个月罢了。法国的王位继承人与一个奥地利女大公结婚——这种震撼世界的礼仪问题使得每一个细节都要进行仔细的思考，需要研究几个世纪的文献，才能够避免诸多不可挽回的"失礼"②问题！习俗的神圣捍卫者们日日夜夜地在凡尔赛宫和美

---

① 原文为拉丁语。
② 原文为法语。

泉宫里焦头烂额地研究着这个问题，使者们日日夜夜地对每一份邀请函进行着谈判，特派信使带着建议与反对意见四处奔忙，因为人们觉得，如果在这种崇高的场合，有一方对于等级的虚荣心受到了伤害，那么将爆发出多么难以预料的灾难啊（比七次战争都更加严重）！在莱茵河的左右两岸，有数不清的博士在权衡和讨论这种棘手的课题，比如在结婚证书上，谁的名字应该放在第一位，是奥地利女皇还是法国国王，谁应该第一个签字，应该送什么礼物，嫁妆如何商定，应该有多少骑士、贵妇、军官、贴身侍卫、高级女侍和低级女侍、理发师、忏悔师、医生、文书、宫廷秘书和洗衣妇加入结婚的队伍，护送女大公从奥地利来到法国边境，又应该有多少人把这位法国王储妃从边境接到凡尔赛宫。双方大臣对于基本问题的基本方针久久无法达成一致，而双方宫廷里的骑士和贵妇已经开始了争吵，互相攻击，彼此谩骂，关于谁能够有幸参加陪同队伍，谁能够参加迎接队伍，每个人都用一大堆写在羊皮纸上的习俗捍卫自己的要求，就好像是在争夺进入天堂的钥匙。尽管仪式总管就像苦役船上的劳工一样工作着，但也无法在一年之内解决这个举世瞩目的顺序问题，而完全不触及宫廷的规定：例如在最后一刻，阿尔萨斯贵族的出席就从婚礼项目中被删去了，因为"要消除烦琐的礼仪问题，已经没有时间再对此事作出规定"。如果国王没下令把日期定在非常明确的一天，那么奥地利和法国的礼仪维护者直到今天都还没有办法对"正确的"婚礼形式达成一致，那样就不会有玛丽·安托奈特王后了，也许也不会有法国大革命了。

尽管法国和奥地利双方都急需节俭，但婚礼还是要极尽奢华。哈布斯堡家族不愿输给波旁家族，波旁家族也不想落后于哈布斯堡家族。法国大使在维也纳的官邸暴露出了一个问题，就是面积太小，无法容纳1500名客人，于是几百名工人匆忙建造新的房屋，与此同时，凡尔赛宫为婚礼修建了一座自己专用的歌剧厅。对宫廷的供货商来说，两方的宫廷裁缝、珠宝工匠、马车匠人都迎来了好日子。仅仅是为了把公主接过来，路易十五向巴黎的宫廷供货商弗朗西安订购了两架前所未有的奢华的旅行马车，珍贵的木材和闪烁的玻璃，内部铺着天鹅绒，外面画着绚丽的图画，上面罩着王冠，除了这些华丽的装饰，马车还可以用最为轻盈的方式拉动。为王储和整个王室都制作了新的礼服，装饰着珍贵的珠宝，用当时最华丽的钻石"大皮特"装饰路易十五在婚礼上戴的帽子。玛利亚·特蕾莎也用同样的奢华标准，准备女儿的嫁妆：来自马林[①]的蕾丝织物，最柔软的亚麻布，丝绸和珠宝。最终，杜尔福大使[②]作为求婚使者来到维也纳，对于喜欢看热闹的维也纳人，这是一场精彩的表演：48辆六驾豪华马车，其中有两辆具有惊人的玻璃镶嵌，沿着摆满花环的街道缓慢而庄严地驶向霍夫堡宫，单单是陪同求婚的117名贴身侍卫和佣人的新制服就花费了10.07万杜卡特[③]，整个入城式的花销不低于35万杜卡特。玛丽·安托奈特在《圣经》、十字架和燃烧的蜡烛面前公开宣布放弃对奥地利的继承权，从这一刻开始，庆典一个接着一个，公开的求婚仪式，宫廷的庆祝活动，大学的庆祝活动，军队的游行，剧院的重新装修[④]，在美景宫举办了多达3000人的招待会和舞会，在利希滕斯泰因宫举办了多达1500人的答谢会和晚宴。最终，在4月19日，"代理[⑤]婚礼"在奥

① 　马林：又称梅赫伦，比利时弗莱芒区城市，以手工制品闻名。
② 　杜尔福大使：杜尔福公爵（1715—1789），法国政治家。
③ 　杜卡特：当时欧洲通用的一种金币。
④ 　原文为法语。
⑤ 　原文为法语。

古斯丁大教堂举行，斐迪南大公①在婚礼上代表法国王储。接着是4月21日庄重的家庭告别晚宴，公主与家人进行最后的拥抱。之后，法国国王的豪华马车穿过夹道欢送的人群，带着曾经的奥地利女大公玛丽·安托奈特驶向她的命运。

与女儿告别，对玛利亚·特蕾莎来说十分艰难。这位逐渐衰老、日已疲惫的女人曾经为了增长"家族的权力"，把这桩婚姻作为至高的幸福进行追求，但在最后一刻，她却开始为由她本人决定的自己孩子的命运而感到忧虑。如果我们更深刻地阅读她的书信，审视她的生活，我们就会认识到，这位悲剧性的女皇，这位奥地利家族唯一的专制君主早就感到自己的皇冠只不过是某种沉重的负担。经过了无尽的努力，经过了连年的战争，她才将这个靠联姻维系的、在某种程度上是人为构建的帝国作为一个整体维护了下来，击退了普鲁士人和土耳其人。她顶住了来自东方和西方的攻击，但就在现在，在外部的和平似乎得到了保障以后，她却失去了勇气。某种古怪的预感攫住了这个值得尊敬的女性，她将自己的全部力量和热忱都献给了这个帝国，但它却要在她的后代手里走向衰落与瓦解。她是一位目光如炬，而且深谋远虑的政治家，知道这个偶然地拼凑在一起的国家是多么的松散，需要何等的谨慎与克制，何等智慧的"无为"才能够延续这个国家的生命。她如此小心翼翼开创的一切，将要由谁继承呢？她对自己的孩子感到深深的失望，这在她心里唤醒了某种卡珊德拉②

① 斐迪南大公（1754—1806）：玛利亚·特蕾莎的幼子，玛丽·安托奈特的哥哥。——编者注
② 卡珊德拉：古希腊女预言家，成功预言了特洛伊战争的爆发，但在此之前，人们轻视她的预言。

式的精神，她发现自己的孩子全都没有继承她最为重要的人格力量，巨大的耐心、从容不迫的计划与坚持、放弃的能力和明智的自我设限的能力。但她丈夫那洛林家族①的血液一定在她孩子的血脉里掀起了不平静的巨浪，所有人都甘愿为了瞬间的欲望而毁掉难以预见的可能性。这个小支脉血统的人性格轻浮，而且极不虔诚，只追求短期的成功。她的儿子兼摄政王约瑟夫二世②时而向那位迫害和折磨了她一生的腓特烈大帝表示谄媚，仿佛他就是腓特烈大帝的王子一样。约瑟夫二世围着伏尔泰③转来转去，而她是虔诚的天主教徒。她仇恨伏尔泰这个反基督者。她为另一个孩子玛利亚·阿玛利亚女大公④也准备了一个宝座，可她刚刚嫁到帕尔马，整个欧洲就对她的放浪感到目瞪口呆。她在两个月之内就摧毁了财政，扰乱了国家，只顾着和情人享乐。另一个在那不勒斯的女儿也没有给她带来多少荣誉。她的女儿们没有一个展现出了严肃的性格和严谨的道德，这位女大帝一生怀着奉献精神和责任感，放弃了自己的个人和私密生活，无怨无悔地牺牲了所有的享乐，但是现在，她的工作看起来失去了意义。她宁可躲进修道院里，只是出于恐惧，出于正确的预感，也就是她那急性子的儿子很快就会用那些实验毫无顾忌地摧毁她所建立的一切，所以这位年老的女战士依然紧握着权杖，即便她早就已经感到

---

① 玛利亚·特蕾莎的丈夫来自于洛林家族，1745—1765年为德意志神圣罗马帝国皇帝。

② 约瑟夫二世（1741—1790），奥地利女皇玛利亚及其丈夫的长子，1765年继任奥地利皇帝。其弟是利奥波德二世。——编者注

③ 伏尔泰（1694—1778）：法国哲学家。原名弗朗梭梅阿－玛丽·阿鲁埃。——编者注

④ 玛利亚·阿玛利亚女大公（1746—1804）：奥地利女皇玛利亚·特蕾莎之女，帕尔马公爵夫人，玛丽·安托奈特的姐姐。——编者注

疲惫。

　　这位性格坚强的女皇对自己的幼女玛丽·安托奈特也不抱幻想。她了解小女儿的优点——温和的脾性和善良的内心，鲜活的智慧，毫无做作的人性——但她也了解她的危险所在，那就是她的幼稚、轻率、贪玩和心不在焉。为了和她变得更亲近，为了在最后时刻把这个情绪化的疯丫头教导成一位王后，她让玛丽·安托奈特在动身前两个月睡在自己的房间里：她试图和女儿进行长谈，为她高贵的地位做好准备。为了得到上天的帮助，她带着女儿去玛利亚柴尔①进行朝圣。离别的时刻越近，女皇就越是感到不安。某种阴暗的预感撞击着她的内心，她预感到了即将到来的灾祸，于是尽力驱赶这些阴暗的势力。告别之前，她给了玛丽·安托奈特一份详细的行为守则，要求这个粗心大意的孩子向天发誓，每个月都要仔细重读这份守则。除了官方信函，她还给路易十五写了一封私人信件，这位老妇人在信中向那位老人警告，要小心这个十四岁少女幼稚的轻率。但是她心里的不安依然没有减轻。玛丽·安托奈特还没有到达凡尔赛宫，她就开始重复自己的警示，让她从那份守则中寻求建议："我提醒你，我亲爱的女儿，在每个月的21日都要阅读这本册子。我求你满足我的这个愿望，我最怕的就是你在祈祷的时候粗心大意，变得懒惰和毫无顾忌。和它们斗争吧……不要忘记你的母亲，尽管我们已经远离，但直到生命的最后一刻，我都不会停止对你的关心。"当全世界都在为她女儿的凯旋而发出欢呼的时候，这位老妇人却走进教堂，向上帝祈祷，求他扭转所有人中只有她一个人预感到了的灾难。

---

① 玛利亚柴尔：奥地利城市，天主教的朝圣地，据说圣母曾在此显灵。

当规模庞大的骑兵队缓缓穿过奥地利（拥有340匹马，在经过每个驿站时都必须换一次马），走过巴伐利亚，经过无数庆典和招待会。当接近了国境线时，木匠和粉刷匠正在克尔①与斯特拉斯堡②之间的莱茵河小岛上建立起一座特别的建筑。凡尔赛宫和美泉宫的宫廷总管在这里打出了他们伟大的王牌。在无穷无尽的商谈之后，新娘的交接仪式是要在奥地利领土还是在法国领土上进行这个问题终于得到了解决。他们中间有个机智的人想出了一个堪比所罗门王③的方案。他们选择在法德之间的莱茵河上，在一座无人居住的沙洲上举办仪式，也就是不在任何一个国家举办仪式，人们特意为这场隆重的交接仪式建立了一座木制亭子，这简直就是出于奇迹而达成的中立。河的右岸建造了两间接待室，玛丽·安托奈特走进去的时候还是女大公。河左岸也有两间接待室，当仪式结束以后，她走出来时就是法国的王储妃了。隆重的交接仪式在大厅的中央进行，女大公终于变成了法国王位继承人的妻子。从大主教宫殿里取来的珍贵地毯铺满了匆忙建立起来的木墙，斯特拉斯堡大学把自己的华盖借给他们，富有的斯特拉斯堡市民借出了自己最为美丽的家具。在这种神圣的华丽场面上，市民自然是无法参与的，但几枚银币就可以买通各处的看守。于是在玛丽·安托奈特到来前几天，几个年轻的德国大学生溜进了还没有完全布置好的房间，想要满足自己的好奇心。尤其是其中一个身材高挑、目光无拘无束而又热情洋溢的人④，他那富有男子气概的额头上笼罩

---

① 克尔：德国巴登—符腾堡的一座城市，位于法德边境。

② 斯特拉斯堡：法国第七大城市，位于法德边境。

③ 所罗门王：所罗门王通过机智判断了一桩争夺孩子的案件。两位母亲都宣称孩子是自己的，所罗门下令将孩子分成两半，真正的母亲出于不忍而放弃，于是案件得到判决。

④ 指当时在斯特拉斯堡大学学习的青年歌德。——编者注

着天才的光环，对这些按照拉斐尔画稿制作的珍品织花地毯看得不知餍足，它们令这位青年感到心潮澎湃，就像斯特拉斯堡主教堂刚刚向他揭示了哥特艺术的精神，以同样的热情理解这种古典艺术的愿望也在他的心中汹涌沸腾。他兴致勃勃地向几个不太聊得来的同学讲解这些意大利大师向他敞开的意料之外的美丽世界，但突然又住了口，变得闷闷不乐，浓密的黑眉毛几乎愤怒地在刚刚还透露着愉悦的双眼之上蹙了起来。因为他现在才真正意识到，这些壁毯讲的是什么故事，实际上，这段传说对婚礼来说非常不合适，它讲的是伊阿宋、美狄亚和克鲁莎①的故事，这简直就是充满灾难的婚姻的典范。"什么，"这位天才青年高声喊道，不顾周围人的震惊，"在一位年轻王后刚刚抵达的时候，就如此大意地将也许是有史以来最为恐怖的婚礼场景展现在她的眼前，这种事情也能够得到允许吗？难道这些法国建筑师、装饰师和粉刷匠里面就没有一个人明白这些画作讲述的是什么，会如何影响理智与情感，会给人留下什么样的印象，带来什么样的预感吗？这简直就是把最可怕的魔鬼在国境线上送给了这位据说美丽而又热爱生活的夫人。"朋友们费了一番力气，才让他的激动之情平息下来，他们几乎使用暴力对待歌德——是的，这位年轻的大学生就是歌德本人——把他拽出了这座木板房。但很快，"宫廷与奢华的猛烈洪流"就随着婚礼队列汹涌而来，这个装饰精美的房间里充满了欢快的谈话和喜悦的情绪，没有人预感到，就在几个小时之前，一位诗人已经用他具有预见性的眼光从这些色彩斑斓的织物中看出了灾祸的黑影。

---

① 古希腊神话中，伊阿宋在妻子美狄亚的帮助下取得金羊毛，在归途中却迎娶科林斯公主克鲁莎为妻，美狄亚为了复仇，将克鲁莎、克鲁莎的父亲和自己的两个儿子全部烧死。

玛丽·安托奈特的交接仪式应当断绝她与奥地利家族的一切人物和事物的联系。仪式总管对于这一点也仔细思考出了一个特别的象征：不仅仅是她来自家乡的随从无法伴随着她跨越这道看不见的国境线，她身上也不能保留来自家乡的寸缕衣装，鞋子、袜子、衬衣和缎带都不可以保留在她的胴体之上。从玛丽·安托奈特成为法国王储妃的那一刻，她就只能穿产出于法国的衣服了。因此在奥地利那边的接待室里，这位十四岁的少女不得不当着所有的奥地利随从脱得一丝不挂，少女依然含苞待放的赤裸身体在昏暗的房间里闪烁出片刻娇柔的光华，然后有人交给她用法国丝绸制成的衬衣、巴黎生产的衬裙、里昂生产的长筒袜、宫廷鞋匠做的鞋子、蕾丝装饰和网纱。她无法将任何东西作为热爱的纪念品保留下来，就连一只戒指、一副十字架都不行——如果她保留了一根别针或者是一条散落的丝带，那么这个礼仪世界就会走向崩溃吗？——从现在起，她再也见不到多年以来那些熟悉的面孔了。如果这种被迫走进陌生环境的感受刺激到了这位少女，让她被所有这些做作的行为吓到，幼稚地哭了，这又有什么奇怪的呢？但是她很快又控制住了自己，在一场政治婚姻上不可以有情绪的激荡。法国的随从已经在对面的房间里等候了，眼睛湿润、带着泪痕、畏畏缩缩地走向新的随从是一件很羞耻的事情。引领新娘走过去的是斯特尔海姆贝格伯爵，带她走过这段至关重要的旅程，她穿着法国的服装，最后一次由自己的奥地利侍从陪伴，两分钟前还是一位奥地利少女，然后她走进了交接大厅，那里按照高贵的国家标准和波旁王室的奢侈水平布置好，等待着她的到来。求婚者路易十五发表了一段庄严的讲话，然后宣读文件，接着是——所有人都屏息凝神——重大的仪式。这场仪式像小步舞曲一样，每一步都经过了计算，经过了预先的排演和练习。房屋中间的桌子象征着边界。奥地利人站在前面，法国人站在后面。首先，奥地利方负责引领新娘的人，也就是斯特尔海姆贝格伯爵松开玛丽·安托奈特的手，然后法国负责引领新娘的人再握起她的手，陪伴着这位瑟瑟发抖的少女，迈着庄严的步伐缓慢地从桌子的侧边绕过来。就在这精确计算的几分钟里，当法国随从走向未来的王后的时候，奥地利的随从迈着同样的步伐缓缓后退，退到门口，这样刚好在同一刻，玛丽·安托奈特站在了她新的法国宫廷侍从中间，而奥地利随从已经离开了房间。这场隆重的典礼进行得悄无声息，堪称模范，宏大得几乎骇人，只是在最后时刻，这位备受惊吓的少女无法继续忍受这场冰冷的典礼了。她没有淡然地接受新的宫廷女侍诺埃伊公爵夫人的致意[①]，而是抽泣着扑到了她的怀里，好像是在寻求帮助一样，她美丽动人的身姿表现出了被抛弃的痛苦，而所有参与代表会的礼仪专家都忘记了对此做出事先的规定。但情感从来就不被计入宫廷规则条文的考虑范畴，玻璃马车已经在外面等候，斯特拉斯堡主教堂的钟声已经敲响，礼炮已经爆发出轰响，玛丽·安托奈特在欢呼声的包围之下，永远告别了无忧无虑的童年时代：她作为女人的命运开始了。

玛丽·安托奈特的到来在法国人民的眼里是一个已经许久未见的难忘节日。几十年来，斯特拉斯堡都没有见过一位未来的王后了，也许从来都没有见过像这位少女这么迷人的王后。这个不停发笑的孩子有着灰金色的秀发、纤长的身材，充满勇气的蓝色眼睛透过玻璃马车望着规模庞大的人群，他们穿着漂亮的阿尔萨斯当地服装，从各个乡村和城市蜂拥而来，为这个华丽的队列发出欢呼。几百个身穿白衣的孩子走在车前，播撒鲜花，在当地建立了一座凯旋门，城门上装饰

---

① 原文为法语。

着花环，市中心广场上的喷泉里流出了葡萄酒，整只公牛被放在铁架上烧烤，大篮子里的面包被分发给穷人。傍晚，所有的房子都亮起了灯，如火的光束沿着教堂的塔楼爬升，神圣的大教堂被照得就像玫瑰色的蕾丝织物。在莱茵河的两岸，灯笼像点燃的橙子一样，无数的渔船和驳船挂着色彩纷呈的火炬，在树间闪烁，彩色的玻璃球被灯光照亮，所有人都可以清清楚楚地看见岛上壮观的烟火表演，表演以众多神话人物中掺杂着王储和王储妃的姓名缩写图案而告终。直到深夜，爱看热闹的人民还在岸边和街上走来走去，音乐高声奏个不停，许许多多男人和少女在上百个地方欢乐地跳起了舞。似乎一个幸福的黄金时代已经随着这位金发的奥地利女使者到来，心怀怨怼、满心激愤的法国人民的心里又充满了明朗的希望。

但即使是这幅壮丽的画面也有一个细小的裂痕，在这里也像在接待厅的织花地毯一样，命运也将灾祸的符号象征性地编织了进去。第二天，玛丽·安托奈特在动身之前想要再参加一次弥撒，但在主教堂门口欢迎她的不是德高望重的主教，而是他的侄子，整个教会的助理。这位浮夸的神父穿着一件看起来有点女性化的紫罗兰色长袍，衣摆飞扬，发表了一篇热情而又奉承的讲话——他不是凭空被选拔进入神学院的。这几句符合宫廷气派的句子可以说是有点过分了："您对我们来说就是备受尊敬的女皇的化身，整个欧洲许久以来都非常敬佩她，后世也将继续尊敬她。玛利亚·特蕾莎的灵魂现在将与波旁王朝的灵魂融为一体。"这位年轻的神父①满怀尊敬地将欢迎队伍请进蓝光闪烁的主教堂，领着年轻的公主走向祭坛，用他纤细的、戴着戒指

---

① 即路易·罗昂红衣主教（1734—1803），出身亲王之家，原为斯特拉斯堡主教，法国政治家。

的情人的手举起了圣体匣。他就是路易·罗罕亲王，法国第一个表示欢迎她的人，日后"项链事件"那场悲喜剧的主人公，是她最危险的对手，最可怕的敌人。那只此刻在她的头上表示祝福的手，正是日后把她的王冠和荣誉丢进污泥与蔑视的手。

玛丽·安托奈特不能在斯特拉斯堡久留，尽管阿尔萨斯也算是她的半个家乡：因为法国国王在等，任何拖延行为都是在顶撞国王。新娘一行人马穿过呼喊的浪涛，走过凯旋门和饰有花冠的城门，终于抵达了他们的第一个目的地，贡比涅森林①，王室家族驾着密密麻麻、堪比堡垒的马车来迎接他们新的家族成员。宫廷绅士、宫廷贵妇、官员、贴身侍卫、鼓手、小号手和其他乐手全部穿着闪闪发光的新衣服，按照严格的等级秩序列队。五月阳光照射之下的整个森林都被这一群衣装光鲜的人们映照得色彩纷呈。双方宣告婚礼队列临近的号角刚一吹响，路易十五就离开了他的马车，前来迎接自己的孙媳。但玛丽·安托奈特已经迈着令人赞叹的轻盈步伐走向了他，优雅地在未来丈夫的祖父面前行了一个屈膝礼（不愧是舞蹈大师诺韦尔的女弟子）。国王在鹿苑②有着多年的猎艳经验，一眼就看出了这位少女拥有着娇嫩的肌肤，也非常喜爱她优雅的仪态，温柔地向这位金发尤物俯下身，扶起他的孙媳，亲吻她两侧的脸颊。然后他才为她介绍她未来的丈夫，他身高约五英尺十英寸③，体态僵硬，笨拙而又尴尬地站在一旁，此刻终于抬起了那双困倦的近视眼，没有流露出特别的

---

① 贡比涅森林：位于巴黎近郊的一座森林。

② 鹿苑：位于凡尔赛的一座修道院，有一个由1800名少女组成的合唱团，路易十五从中挑选自己的情妇。

③ 五英尺十英寸：英制单位，约合178cm。

热情，只是按照礼仪，在形式上亲吻了新娘的两颊。在马车里，玛丽·安托奈特坐在祖父和孙儿中间，坐在路易十五和未来的路易十六中间。老先生似乎更多地扮演了新郎的角色，激动地聊着天，甚至还向她献了一点殷勤，而未来的丈夫就百无聊赖地默默蜷在角落里。傍晚，因为这对订婚夫妇现在"根据婚约"①已经成婚，就走进了他们各自的房间就寝，这位忧郁的爱人还没有对他迷人的妻子说上一句温柔的情话，在日记里对这个至关重要的日子的总结也只有干巴巴的一行："和王储夫人会面。"②三十六年后，就在那座贡比涅森林里，法国的另一位君主拿破仑等待着另一位奥地利女大公来做他的妻子，她就是玛丽·露易丝③。玛丽·露易丝没有玛丽·安托奈特那么美丽，没有她那么明媚动人，是个体型圆润、无趣而又温柔的女人。但是这位精力充沛的男人兼求婚者立刻就下定了决心，温柔而又猛烈地占有了这位被指派给他的新娘。就在当天傍晚，他问主教，他是否已经得到了和维也纳缔结婚姻的权力，没有等到回答，他就得出了结论：次日早晨，他们两个已经在床上共进早餐了。但玛丽·安托奈特在贡比涅森林里得到的既不是一位情人，也不是一位丈夫：只是一位代表自己国家的新郎。

---

① 原文为法语。

② 原文为法语。根据历史学家的最新研究成果，路易十六所谓的"日记"，其实主要是一本狩猎记录，因此对其他事情的记录都极为简单。

③ 玛丽·露易丝（1791—1847）：奥地利女大公，奥地利皇帝弗兰茨二世之女，1810 年与拿破仑结婚。

第二次婚礼，也就是真正的婚礼于5月16日在凡尔赛宫路易十四的小礼拜堂里举行。这种全家虔信基督教的统治家族举办这样的宫廷和国家活动，意味着这是一件非常私密、非常亲近，同时也非常高贵和专断的事情，不允许人民观看，即便是待在门口夹道欢迎也不可以。只有拥有贵族血统的人——至少有上百个支脉的家谱——才可以踏入教堂。明媚的春日阳光透过彩色玻璃，这些被精挑细选出来的贵族穿着布满刺绣的缎子和闪闪发光的丝绸，展现出了无与伦比的铺张和奢侈，就像旧世界最后一次发出震撼人心的辉光。兰斯①大主教主持结婚仪式。他给十三枚金币和婚戒祝圣，王储把婚戒戴在玛丽·安托奈特的无名指上，把金币交给她，接着两个人都跪下来，迎接赐福。管风琴的奏响宣布了弥撒的开始，在念诵主祷文的时候，一顶银质华盖在这对年轻夫妇的头上展开，然后国王和全部血亲才按照严格的等级秩序在婚约上签字。那是一份长得可怕、叠过几次的文件，至今还可以看见这张泛黄的羊皮纸上那四个笨拙而不熟练的单词：玛丽·安托奈特·约瑟芬·约阿妮，那是一个十五岁孩子的手费力地涂写上去的，在旁边——大家再一次低声议论：一个不祥的征兆——留下了一个大大的墨点，在所有的签名人中间，只有她那不听话的羽毛笔溅出了墨水。

现在，在仪式结束以后，王室慈悲地允许所有人民参与到王室的庆祝活动中。无数的人们——半个巴黎都成了空城——涌入凡尔赛宫的花园，今天各个花园②也展示了他们的喷泉和瀑布、绿荫长廊和草坪，最主要的庆祝活动当属傍晚的烟火，那本应是人们在宫廷里见过

---

① 兰斯：法国城市，法国国王诸如登基、婚礼、涂油礼等重大典礼都在兰斯大教堂举办。

② 原文为法语。

的最壮观的烟火。但是上天对这场烟火表演有自己的看法。不幸的征兆出现了，下午，天色变得阴沉，风起云涌，下起了雷阵雨，简直可以说是倾盆大雨，人民怀着疯狂的恐惧一哄而散，放弃了看戏，回到了巴黎。上万人冷得瑟瑟发抖，跌跌绊绊地沿着街道奔逃，被暴雨驱赶着，吵吵嚷嚷，全身湿透。树木被暴雨摇撼着，在花园里弯折。而在几千只蜡烛照亮的窗户后面，在新建的"观景厅"①里，庄严的婚礼仪式开始了，完全不受风暴和外界震动的影响：路易十五是第一次也是最后一次尝试在奢华程度上超越他那伟大的前任国王路易十四。6000名精挑细选的贵族客人努力竞争到了入场券，却显然不能参与宴会，只能满怀敬畏地站在走廊里，旁观22名王室成员拿起刀叉吃饭。6000人全部屏息凝神，以免破坏这场宏大表演的庄重性，只有80名乐师组成的乐队在大理石拱廊里为王室宴会进行轻柔的低声伴奏。然后，在法国贴身侍卫的礼炮声中，整个王室家族穿过谦虚地躬身夹道的贵族走了出来：官方的庆祝活动结束了，王室的新郎现在只剩下了每个丈夫都要尽的职责。国王右手牵着王储，左手牵着王储妃，把这对孩子气的夫妇（他们两个加起来还不到三十岁）领进他们的卧室。礼仪一直深入到洞房里，因为除了法国国王本人，谁还能够把睡衣交给法国王位的继承人呢，除了在场级别最高的贵妇人——当时是沙特尔公爵夫人②——谁又能把睡衣交给王储妃呢？除了新婚夫妇，可以接近婚床的也只有一个人：兰斯大主教，他对它进行了祝福，喷洒了圣水。

---

① 原文为法语。

② 沙特尔公爵夫人（1753—1821）：波旁家族的一位公主。1769 年 4 月 5 日与奥里昂公爵之子路易 - 菲利普结婚。

宫廷成员终于离开了这个私密的房间。路易十六和玛丽·安托奈特婚后第一次独处，婚床的华盖窸窣作响，帐幕落到了他们的头上，这是一出无形悲剧的缎幕。

第二章 床帏秘事

在一开始，在那张床上——什么都没有发生。年轻的丈夫次日早晨在他的日记里写道："无事"①，这句话具有一种最为致命的双重含义。无论是宫廷仪式还是大主教对婚床的祝福，都没有对王储天生的尴尬障碍起到作用，所谓的"婚姻没有完成"②，意思就是这段婚姻有名无实，而且不仅仅是在今天和明天没有完成，而是在最初的几年里都没有完成。玛丽·安托奈特得到的是一位"懒散的丈夫"③，一位冷漠的配偶。起初，人们觉得那只是出于羞怯、缺乏经验或者是"天生晚熟"④（我们如今或许会说，他长久地停滞在儿童期），使得十六岁的王储在面对这位充满魅力的年轻少女的时候感到性无能。经验充足的母亲认为，千万不能进行逼迫，而是要消除王储内心的障碍，她警告安托奈特，不要把在婚姻生活中蒙受的失望看得太严重——"不要为此而气恼，"她在1771年5月写信，建议她的女儿进行"爱抚，奉承"，表现出温柔与爱恋，但又不要表现得太过分，"猛

---

① 原文为法语。
② 原文为拉丁语。
③ 原文为法语。
④ 原文为法语。

烈地表达爱情会适得其反。"①但当这种情况已经持续了一两年以后，女皇开始对这位年轻丈夫"如此奇怪的行为"②感到不安起来。他的良好意愿是无可置疑的，因为王储每个月都越来越温柔地对待自己这位美丽的伴侣，他不断地持续着他的夜访，持续着那些无用的尝试，但每次到了最后决定性的肌肤之亲的时刻，就有某种"可恶的魔法"③，某种神秘且致命的干扰力量阻止了他。毫无经验的安托奈特认为，这只是出于"笨拙和年轻"，只是因为少年人的不熟练，这个可怜的毫无经验的少女甚至亲自出面，断然否认"有关王储性无能的邪恶谣言"。但是现在，她的母亲开始干预这件事了。她叫来自己的御医范·斯威腾，和他讨论"王储异常的冷淡"④。他耸了耸肩。如果一个如此迷人的少女都不能够成功地让王储迸发出激情，那么任何医疗手段都会是无效的。玛利亚·特蕾莎给巴黎写了一封又一封信。最终，经验极其丰富而且极为精通此道的路易十五亲自对他的孙儿发出了请求，法国御医拉索那应召为这位痛苦的丈夫进行了检查，这时，他们发现王储的性无能不是出于精神原因，而是因为某种无关紧要的生理缺陷（某种包皮过长症）。现在人们不断地召开研讨会，以决定他是否应该接受外科手术，——就像人们在接待室里心怀嘲讽地低语的那样，"为了给他一个忠告。"⑤就连玛丽·安托奈特听过她已经有性经验的女性好友的解释，也尽可能地奉劝丈夫接受这个外科手术。（"我奉劝他下定决心接受这个小手术，人们都在谈论此事，

---

① 信件原文为法语。

② 原文为法语。

③ 原文为法语。

④ 原文为法语。

⑤ 原文为法语。

我也觉得这是有必要的"，引自她1775年写给母亲的信①。）但路易十六——王储在这段时间里已经成了国王，可是在婚后五年里还依然没有履行丈夫的职责——性格优柔寡断，没有办法做出激进的行动。他不断犹豫，不断拖延，这种可怕的、令人反感的、引人嘲笑的行为永远在尝试着，这给玛丽·安托奈特带来了耻辱，引起了整个宫廷的讥笑和玛利亚·特蕾莎的愤怒，又过了两年，也就是说，过了整整骇人听闻的七年，直到约瑟夫皇帝亲自来到巴黎，才成功说服了他这位并不勇敢的妹夫接受了手术。然后，这位悲惨的爱情方面的恺撒才终于幸运地度过了自己的卢比孔河②。但他终于征服的心灵王国已经因为这七年，这两千多个夜晚的可笑斗争而荒草丛生，玛丽·安托奈特作为人妻，已经经历了她这个性别所遭受过的最为极端的贬低。

　　也许有些性格敏感的人会问，我们就不能不再继续流传这些棘手而又无比圣洁的床帏秘事吗？难道掩盖国王的性无能，悄悄绕过这段婚床上的悲剧，最好是委婉措辞，报告"没有成为母亲的喜讯"还不够吗？强调最为私密的细节对呈现人物来说真的就这么不可或缺吗？的确，这是不可或缺的，因为在国王与王后之间，在王位继承人和宫廷之间，所有逐渐形成的紧张关系、依赖关系和敌对关系都对世界史产生了深远的影响，如果我们不坦率地从真正的源头说起，我们就很难理解这些关系。许多世界史上的严重后果都是在床帏和国王大床的华盖之下开始的，比人们愿意承认得要多很多。几乎在任何情况下，这件事对私人情况和世界政治史的影响都没有像在这个悲喜剧里形成

---

① 原文为法语。

② 卢比孔河：罗马将领恺撒在攻打庞培时选择破釜沉舟，破除不得渡河的禁令，终于渡过了卢比孔河，来到罗马，展开内战。

了这么清晰明显的逻辑链条，每个角色的逻辑呈现都如此显而易见，于是有些事情在阴影里发生，玛丽·安托奈特甚至自己都称之为"本质对象"①，也就是她忧虑和期待的要点所在。此外，如果人们口无遮拦而又诚恳地谈论路易十六婚后长期的性无能，那么人们是否真的就揭示了一个秘密呢？显然不是。只有19世纪才有那种病态的道德审查，将所有对生理关系的自由探讨都视为毒草。在18世纪，还有更早的时代，国王能否完成婚姻这件事不仅仅是引起王后忧虑或者是能否令王后满意的私人问题，而是一件政治事务与国家事务，因为这事关"王位继承"，因此也就决定了整个国家的命运，国王的床就像洗礼盆或者石棺一样，依然属于人们的公共生活。在玛利亚·特蕾莎与玛丽·安托奈特信件来往的过程中，信件总要经过一位国家档案管理员和一位抄写员的手，但是在那个时候，奥地利女皇却和法国王后非常坦率地谈论这种奇怪的婚姻状况之中的所有细节和不幸之处。玛利亚·特蕾莎滔滔不绝地向女儿描述同房的好处，教她利用每个机会，使用微妙的女性暗示来形成亲密的结合。反过来，女儿向母亲报告月经是否如期而至，丈夫的失败，每一次的"一点小进步"②，以及最终得意地汇报了怀孕的消息。有一次，她甚至委托《伊菲盖妮》的作曲家格鲁克来传达这种私密消息，因为他动身的日子比信使更早：在18世纪，人们还在用自然的态度看待自然的事物。

如果当时只有母亲知道那些秘密的失败尝试该有多好！实际上，所有的女佣、贵妇、骑士和官员都在对此事窃窃私语，佣人和凡尔赛宫的洗衣妇也都对此知情，甚至国王都不得不在自己的餐桌上容忍某

---

① 原文为法语。

② 原文为法语。

些下流的玩笑。此外，波旁王朝的一位国王缺乏生育能力会被作为一件非常具有政治意义的机会进行考察，所有的外国宫廷都紧迫地关注着这个问题。在普鲁士、萨克森和萨丁王国使者的报告里，都可以看到有关这件棘手事情的详细讨论。最热情参与其中的是西班牙大使阿兰达伯爵，他甚至贿赂国王的佣人检查国王的床榻，想要尽可能地找到遗留下来的生理痕迹。整个欧洲的王侯和国王们都在信件中和口头上嘲笑和他们地位平等的这位愚蠢国王。不仅仅是在凡尔赛宫，而且在整个巴黎乃至法国，国王在婚姻生活中的污点都成了人尽皆知的秘密。人们在街头巷尾讨论这件事情，写成讽刺性的短文，手手相传，在任命部长莫勒帕①的时候，到处都流传着一首欢快的小曲②：

> 莫勒帕疲软无力，
> 国王让他雄起。
> 部长满心感激
> 说着：为了您，陛下，
> 我所有的愿望，
> 就是您也一样强大。③

尽管这听上去是玩笑，实际上却揭露了命运危险的含义。因为这尝试失败的七年决定了国王和王后的心理特征，导致了政治层面的后果。如果我们不了解这个事实，那么也就无法理解这些后果：一桩婚

---

① 莫勒帕（1701—1781）：原为路易十六的老师，后期成为路易十六的财政部长，接受任命的时候年事已高，思想上属于保守派。

② 原文为法语。

③ 原文为法语。

姻的命运就在此与世界史的进程结合在一起。

如果我们不在一开始就了解这个私密的缺陷，我们也就无法理解路易十六的心理状态。因为他人性方面的表现，从病理学的角度分析是非常清楚的，具有典型的源于男性弱点的自卑感的特征。他在个人生活中遇到了障碍，因而他在公众生活中也缺乏做出创造性举措的魄力。他不懂得如何进行公开演讲，不懂得如何展现出自己的意志，更遑论贯彻自己的意志。他在内心感到羞耻，在所有的宫廷社交场合都羞涩地落荒而逃，尤其是在和女性打交道的时候，因为他本质上是一个谦逊而又富有正义感的男人，他知道宫里的所有人都明白他的不幸遭遇，非常害怕那些知情人士具有讽刺性的微笑。有时候，他试图强行展现出某种权威，表现出某种男子气概，但他总是会做得太过火，显得粗鲁、急躁而又野蛮，很明显是在假装自己具有力量，但是没有人相信他。他从来没有在任何一次公开露面时是坦率、自由和自信的，甚至也没有表现出过威严。因为他在卧室里都不是一个男人，所以他也不懂得如何在别人面前扮演一位国王。

他的个人爱好却是最富有男子气概的，也就是狩猎和重体力劳动，他给自己建了一个锻铁炉，我们今天还可以看到他的车床，但这也和病理学上的表现并不矛盾，而是恰恰相反，它只能够证实这个诊断。因为如果他不算是一个男人，他就会无意识地玩起男性化的游戏，如果他私下里是一个弱者，他就会喜欢在人前卖弄自己的强悍。当他骑着流汗的骏马一连几个小时地狩猎野猪，当他穿过森林骑行的时候，他就完全耗尽了自己肌肉的力量，于是对这种纯粹的身体力量上的强悍的意识就会愉快地蒙蔽他心里的软弱感觉：虽然他是维纳斯差劲的侍从，但他觉得自己就是赫菲斯托斯本人①。可是每当路易十六刚刚穿上大礼服，走到朝臣中间，他就感觉到，这种力量只是一种肌肉的力量，而不是心灵的力量，于是他立刻就会感到尴尬。人们很少会看到他发出大笑，很少会看到他表现出真正的幸福和满足。

但这种软弱感最为危险的地方，还是在于它对这对夫妻内心的关系产生了影响。她的许多行为都有违他的品位。他不喜欢她的宫廷，那种吵闹的疯狂娱乐、那种挥霍，还有她不符合王室的轻浮举止都让他感到恼火。一个真正的男人很快就会知道应该如何挽回这一切。但如果一个男人每天晚上都在一个女人面前表现得像一个羞耻、无助而又可笑的失败者，他又如何能在白天扮演一位主人呢？因为在男性生活的方面缺乏力量，路易十六面对自己的妻子一直都束手无策，与之相反，他羞耻的状态持续得越久，他就越是悲惨地陷入彻头彻尾的依恋状态，也就是依赖于自己的妻子。只要她愿意，她就可以对他提出要求，他总是用无限屈从于她的方式来为自己隐秘的负罪感赎罪。他缺乏意志力，无法强硬地干涉她的生活，阻止她那些显而易见的愚蠢行为，这种意志力从根本上说，无非就是身体上的性无能在心理上的投射。部长们、女皇岳母还有整个宫廷都绝望地看到，由于他具有悲剧性的软弱无能，所有的权力都掌握在了一个年轻而又风流的女人的手里，而她轻率地浪费了它们。但是在婚姻中，一般来说，权力的平衡关系一旦确定，就会成为持久不变的心理关系。即便是在路易十六成了真正的丈夫和孩子们的父亲以后，这个应当成为法国统治者的人依然还是玛丽·安托奈特那毫无意志的奴仆，就因为他没有及时成为

---

① 维纳斯：古罗马神话中的女神，主管爱情、美丽，被认为是罗马人的母亲。赫菲斯托斯：古希腊神话中的火神，相当于古罗马的乌尔卡鲁斯。天神宙斯让维纳斯成为他的妻子。后妻子不忠，夫妻分离。

她的丈夫。

　　路易十六在性方面的失败对玛丽·安托奈特也带来了同样灾难深重的影响。根据性别之间的对立关系，男女性格之间的这种障碍刚好会带来相反的表现。如果一个男人在性战斗力上遇到了问题，就会出现障碍感与不安全感。如果一个女人被动的献身精神没有得到满足，就一定会表现出过度兴奋与无所顾忌，表现出一种脆弱不定的过度活跃。玛丽·安托奈特的天性原本非常正常，是一个非常女性化的温柔女人，命里注定要当上好几次母亲，可能她期待的只是一个真正的男人。但灾难在于，恰恰是她这个感觉敏锐、柔情似水的人走入了一段反常的婚姻，遇到了一个并非真正男人的人。无论如何，她结婚的时候才十五岁，肯定无法说是她丈夫令人气恼的失败给她带来了多么沉重的精神负担。因为一个不到二十岁的少女依然是处女，这个事实在生理学层面又有什么不正常的呢！但导致她的心灵受到震撼，神经变得危险而过度发热的特殊情况是，这位国家分配给她的丈夫并不是让她在无拘无束、名声清白的纯洁状态下度过了七年的童贞生活，实际情况是，这个笨拙而且具有障碍的人在两千多个夜晚里都坚持不懈地在她年轻的身体上进行着尝试。年复一年，她的性生活毫无进展，继续以这种不自由的、羞耻的、侮辱性的方式继续下去，一次又一次的刺激，却没有一次取得成功。因此，我们不需要神经科医生也可以断定，这种给她带来了灾难性的过度活跃，这种永远来去匆匆的行径，从不满足的感觉恰恰就是她丈夫持续提供性刺激、却无法带来性满足的典型病理学的表现。因为如果没有深度的感动与抚慰，那么在七年婚姻后仍然未被征服的妻子肯定会在自己身边制造活动与喧闹，这个趋势就逐渐发展下去，一开始只是幼稚的快乐游戏，最后变成了扭曲的、病态的、整个宫廷都觉得达到了丑闻级别的荒淫无度，玛利亚·特蕾莎和她的所有朋友与这种行为的斗争都无功而返。国王未被释放的男子气概倾注到了粗粝的铁匠工作与激情狩猎之中，转换为汗流浃背、疲惫不堪的肌肉的紧张感，而在她身上，这种依然充沛的情感力量就错误地转化成了与女性的温柔情谊、与年轻骑士的打情骂俏、对装扮自己的酷爱以及其他令人难以理解的方式，这样她才能够得到暂时的平静。夜复一夜，她躲避着自己的婚床，那个可怕的地方使她的女性内心备受侮辱，当她那位有名无实的丈夫因为狩猎而感到疲累，已经入睡的时候，她却直到清晨四五点钟都在舞厅、赌场、宴会和暧昧的社交圈里转悠，依靠别人房间里的炉火取暖，成了一位没有尊严的王后，这一切都是因为她嫁给了一位没有能力的丈夫。但是，这种轻浮行为实际上无法给她带来快乐，只是出于深深的失望，她才没完没了地跳舞、奏乐，有许多瞬间，她那恼怒的忧郁就揭露出了这一点。情况最严重的一次是，她的亲戚沙特尔公爵夫人首次生产，那是一个死胎，她爆发出了尖叫。那时，她给自己的母亲写信说道："尽管那一定非常可怕，但是我希望，我至少也能够有这一天。"宁可死产，但也要生一个孩子！只是想要终于摆脱这种摧毁性的、毫无尊严的生活状态，只想要终于成为她丈夫那真正的、正常的妻子，而不是在七年婚姻后始终都还是处女。如果我们不理解这个女性的荒淫背后那种属于女人的绝望，我们就既无法解释，也无法理解玛丽·安托奈特在终于成为妻子和母亲之后的转变。她的神经突然变得极度平和，另一个玛丽·安托奈特，第二个玛丽·安托奈特诞生了，一个具有统治力的、意志坚强的、勇敢无畏的女人，她在自己的后半生成了这样的一个女人。但这个转变来得已经太晚了。就像每个人的童年经历都是至关重要的一样，每段婚姻最初几年的经历也是最为关键的。几十年的时间也无法弥补灵魂中最柔软、最敏感的部分所受到的微小伤害。内心深处的无形伤口是最不可能走向痊愈的。

如果这一切只是一场私人的悲剧，是一个不幸的事件，就像今天在紧闭的家门后面每天也都会发生的事情一样，那该有多好。但是在当时的情况下，这种婚姻之间的尴尬故事所导致的灾难后果已经远远超越了私人的生活。因为这对夫妻是国王和王后，他们不可分割，站在宫廷众目睽睽的扭曲的凹面镜里，许多人能够作为秘密保守下来的事情，会以闲话和批评的形式传到他们的耳朵里。一个像法国宫廷这么热爱讽刺的宫廷当然不仅仅满足于对命运的判定表示惋惜，而是不断地对问题追根究底，想知道玛丽·安托奈特到底是如何弥补她丈夫失败的这个事实的。他们看到了一位迷人的年轻女子，自信轻佻，热情洋溢，身体里沸腾着青春的热血，他们知道这个天仙般的恋女嫁给了一个多么可悲的丈夫：于是这些食客现在只关心一个问题，她的情人到底是谁。就因为实际上没有什么可以说的，王后的名誉就成了轻薄的谈资。只不过是走进某个骑士的家里，去找劳松或者是柯伊尼，这些热心又爱说闲话的人就把他们称为她的情人。王后清早在花园里和宫廷贵妇还有骑士们散步，他们就立刻开始讲述难以置信的淫行。整个宫廷都在一刻不停地关注着失落的王后的爱情生活，从闲话变成小曲，再变成手册、传单和淫秽诗歌。宫廷贵妇先是悄悄地这么做，躲在房间里传阅这些淫秽的短诗，然后她们就厚颜无耻地在外面哼唱，把这些东西印刷出来，传到民间。当大革命的宣传开始的时候，雅各宾派的记者都不需要找什么论据，就可以把玛丽·安托奈特说成是一个伤风败俗的典范，一个毫无羞耻的罪人，公诉人只需要抓住这些像潘多拉魔盒①一样可怕的谣言和侮辱，就可以把这颗纤瘦的头颅推到断头台上。

因此，这次婚姻障碍的后果超越了个人的命运和个人的不幸，深刻地波及了世界史的进程：国王的权威性其实不是在巴士底狱被摧毁的，而是从凡尔赛宫就开始了。因为有关国王性无能的消息和有关王后不知餍足的性欲的恶毒谎言很快就从凡尔赛宫流传到了整个国家，这不是出于偶然，而是有某种隐秘的家族政治背景。也就是说，王国里还有四五个人，尽管他们是国王的近亲，却也对玛丽·安托奈特在婚姻中的失落非常有个人兴趣。首先就是国王的两个弟弟，他们对路易十六可笑的生理缺陷和他对外科手术的恐惧感到欣喜若狂，因为他不仅仅不能过上正常的夫妻生活，而且也无法正常地生出继承人，他们从中看到了自己从未预想过的机会，觉得自己也能够登上王座。他年龄较大的弟弟普罗旺斯伯爵，也就是后来的路易十八②——达到了自己的目的，但只有上帝知道是通过多么扭曲的手段——从来都不甘心一辈子只能站在王座之后，充当一人之下、万人之上的角色，而是想要自己掌权。即便他无法继承王位，也可以当上摄政王，但是他很难克制自己的急迫，因为他也是个值得质疑的丈夫，而且没有孩子③，

---

① 潘多拉魔盒：意为灾祸之源。——编者注

② 路易十八（1755—1824）：路易·普罗旺斯伯爵，路易十六的弟弟。路易十六死于断头台后，路易十六的儿子路易十七饿死在监狱里后，他自称路易十八，于1815年复辟波旁王朝，复辟过程中使用过许多卑劣手段，但复辟王朝后使新兴资产阶级与传统贵族之间的矛盾得到了大幅缓解。

③ 路易十八对婚姻不忠，情人众多，却终生无子。根据死亡以后的尸检结果，路易十八天生不具有生育能力。

他的另一个弟弟阿尔托瓦伯爵①也能从他的两位兄长都缺乏生育能力中牟利，因为他们会将阿尔托瓦伯爵之子立为合法的王位继承人。因此，他们两人都将玛丽·安托奈特的不幸当作幸事来享受，这种可怕的状况持续得越久，他们就越来越确信自己可以提前得到王位。但在第七年，当玛丽·安托奈特的丈夫奇迹般地重振雄风，最终使得国王与王后之间的婚姻关系完全恢复正常的时候，滔天的仇恨就淹没了这两个弟弟。这一次可怕的打击击碎了普罗旺斯伯爵所有的期望，他永远也不会原谅玛丽·安托奈特。无法通过正途取得的东西，他就要尝试通过邪路得到——自从路易十六成了父亲，他的弟弟和其他亲戚就成了他最危险的敌人。大革命在宫廷内部得到了有力的助手，亲王和王侯帮他们打开了大门，把最精良的武器递到了他们的手上。这段床帏轶闻比所有的外部事件对国王权威的损害都更加严重，最终让国王的尊严走向了彻底的瓦解。几乎总是神秘的命运引出了从外表看起来明显和公开的事件，几乎世界上的所有重大事件都是人们内心矛盾的反射。历史作为艺术的伟大秘密，始终都从微小的事端引发出难以预见的后果，一个男人短期的性障碍引发了整个宇宙的动荡，这绝对不是最后一次：塞尔维亚的亚历山大因为性无能，和他在肉欲上依赖的救星德拉迦·马欣一同被杀②，卡拉格奥尔格维切家族③受命与奥地利

① 阿尔托瓦伯爵（1757—1836）：路易十六的弟弟，路易十八去世后任法国国王，被称为查理十世，曾因出众的相貌受到民众的热烈追捧，在政治上是极端的保守派，最终被迫退位，流亡英国。波旁家族主系为统治者的王朝就此结束。

② 亚历山大一世（1876—1903）是塞尔维亚国王，与同他大十二岁的寡妇结婚，没有子嗣。亚历山大在政治上极为保守，并且追随俄国沙皇尼古拉二世。1900年突然宣布，立王后的不得人心的弟弟为继承人，更使国王遭人反对，尤其是军队的反对，于是发生暴乱，国王夫妇被杀死。

③ 国王夫妇死后，暴乱的军官宣布卡拉格奥尔格维切家族的彼得继承王位，成为彼得一世。

为敌，世界大战①爆发，这些都是痛苦又符合逻辑的雪崩的结果。因为历史的蛛丝编结成了难以逃脱的命运之网，在它奇妙的织网的过程中，最小的齿轮可以释放出最为强大的力量。在玛丽·安托奈特的生命中，无足轻重的东西变得重要，最初几夜与那几年那段看似好笑的婚姻经历不仅仅塑造了她的性格，也塑造了这个世界。

但咄咄逼人的云层依然还在远处堆积！这个十五岁少女的幼稚思想所带来的一切后果和纠葛依然遥远，她和她那笨拙的伴侣毫无恶意地开着玩笑。她怀着小小的、欢快地跳动着的心和明亮而又充满好奇的眼睛微笑着，以为自己正在走向通往王座的台阶。最后却发现，那里是断头台。但如果众神在一开始就把沉重的命运分配给了一个人，他们也不会给他什么征兆和暗示。他们让他浑然不觉，从容不迫地走他的路，命运是从他内心深处向他走来。

---

① 即第一次世界大战，后文简称为"一战"。

信件只有玛利亚·特蕾莎才能看到，因为上书有"仅供御览"①的盖章，就连国家总理和约瑟夫皇帝都不能看。但有时候，毫无疑心的玛丽·安托奈特会感到震惊，美泉宫里的人为什么会这么快地知道我生活中的所有细节呢，但她从来都没有想过，那位白发苍苍、父亲一样的和蔼先生竟然是她母亲的私人间谍，她母亲那些谆谆教诲、含义深奥的信都事先请迈尔西进行了指导。因为迈尔西没有别的办法，他只是一个外邦人，即便来自一个友好国家的宫廷，他也没有权力给王位继承人的妃子树立道德标准，他也没有权力去测量、教育或者影响未来的王后。于是他一直请求让女皇写一封充满爱意又严格的信，让玛丽·安托奈特心怀忐忑地来打开它。在这个世界上，这个并不严肃的女孩在听到母亲的声音——即便只是看到了写下来的词的时候的确会产生一种敬畏之心，在最严厉的指责面前低下头站着。

多亏了这种持续不断的监视，玛丽·安托奈特在最初的几年里躲过了巨大的危险：她自己的放纵。她母亲的另外一个灵魂更为强大，具有巨大而有远见的智慧，想要坚决看守她的轻率行为。女皇过早地将年轻的玛丽·安托奈特为了国家利益而牺牲掉了，现在她想要以这种方式进行弥补。

玛丽·安托奈特这个孩子善良、真诚、懒于思考，实际上对周围所有人都不屑一顾。她喜欢联姻后的爷爷路易十五，国王总是友善又开心地轻轻用衰老的手宽慰着她。她和老处女姑妈们还有"礼

---

① 原文为法语。

第三章 在凡尔赛宫，闪亮登场

STEFAN
ZWEIG

时至今日，凡尔赛宫依然展现出了专制统治最为宏大和最具挑战性的尝试。平白无故地在远离首都国家中心的一座人工山丘上建立起一座巨大的宫殿，几百扇窗户俯视着人工运河和经过了人工修建的花园，一直能够望到远处的荒野。周边没有河流，既不促进贸易，也不引起变化，没有街道和铁路在此交汇。这座宫殿的诞生完全是出于偶然，是一位伟大的统治者一时兴起的石头化身，这座宫殿具有毫无意义的壮丽和辉煌，引来了惊叹的目光。

　　这座宫殿的诞生恰恰是因为路易十四作为伟大君主的意志：他要为他坚定的自信心、他的自我神化建立一座光彩辉煌的祭坛。他是一位决心坚定的专制君主，手握统治大权，把他自己的唯一意志成功地强加在这个四分五裂的国家之上，令王国拥有了秩序，社会拥有了道德，宫廷拥有了礼仪规范，信仰具有了统一性，语言充满了纯洁性。他本人身上就闪烁着追求统一的意志，因此一切辉光也应该涌流回到他的身上。"朕即国家"，我住在哪里，哪里就是法国的中心，世界的腹地。为了形象化地展现他完全不受约束的地位，这位"太阳王"①

①　原文为法语。

特意把自己的宫廷从巴黎移走①。他把自己的居所选定在彻头彻尾的荒野里，就是为了强调，法国国王不需要城市、不需要市民、不需要群众作为他统治的支柱，也不需要他们为自己增添光彩。他伸出手臂发出命令，这就够了，因此沼泽地和沙土地里就出现了花园和树林、瀑布和岩洞，出现了最为美丽也最具有权势的宫殿。这个天文位置是他出于任性的专断而挑选的，现在王国的太阳就在这里升起又落下。凡尔赛宫的修建目的就是要向法国清清楚楚地证明，人民无足轻重，国王就是一切。

但创造力仅仅存在于真正实现了创造目标的人的身上。有的人只有继承下来的王冠，却没有王冠所包含的权力与威严。路易十五和路易十六的精神狭隘，具有感觉迟钝和热爱享乐的灵魂，不再继续创建的工作，他们继承了这座巨大的宫殿，还有这个根基强大的王国。表面上，在他们的统治之下，一切都毫无变化：国界线、语言、习俗、宗教和军队。那双意志坚定的手②把这些形式都打上了过于强悍的烙印，再过百年都不会磨灭，但是很快，形式就失去了内容，成了缺乏创造力的棘手之物。凡尔赛宫的外观在路易十五时期没有改变③，只有意义改变了。依然有三四千名侍从身着华丽的

---

① 在凡尔赛宫修建之前，法国宫廷没有特定的驻地，而是每隔几个月从一座在巴黎的宫殿迁移到另一座在巴黎的宫殿。

② 指路易十四。

③ 根据最新历史研究成果，凡尔赛宫的最终装修和扩建工程其实基本上是在路易十五在位期间完成的，如今的凡尔赛宫更多表现出的是路易十五的审美。路易十四在位期间积攒下了大量的国家债务，这一点对路易十五的统治也形成了严重的阴影，路易十五早年间的统治相当成功地偿还了大部分债务，但人民以貌取人，对他表示不信任，导致他的后期统治缺乏热情。

制服在走廊和庭院里走来走去，依然有2000匹骏马待在马厩里，精巧的礼仪机器依然在所有舞会上运行，无论是接待会、普通舞会还是化装舞会，骑士和贵妇依然大摇大摆地穿过镜厅和金碧辉煌的房间，穿着锦缎、丝绸做成的镶有宝石的华服，这座宫殿依然是当时欧洲最著名、最精美、最有文化修养的宫殿。但它之前曾经是汹涌的强权的表现，现在却早就陷入了既无灵魂、也无意义的空转。又有一位路易①成了国王，但他已经不再是一位统治者，而是一位心不在焉的裙下之奴②。他同样在宫中召集大主教、部长、领主、建筑师、诗人和音乐家，但他终归不是路易十四，那些人也不再是博絮埃③、杜勒内④、黎塞留⑤、芒沙⑥、科尔伯⑦、拉辛⑧和高乃依⑨，而是渴望权势、拍马奉承、图谋晋升之辈，只愿享受，不愿创建，只愿寄生于已有的成果，不愿通过自己的意志与精神取得成果。在这座大理石砌成的温室里，不再有勇敢的计划，不再有决定性的革

---

① 即路易十五。

② 路易十五早年崇拜路易十四，致力于偿还债务，重振国家经济，后取得重大成果，却因为敌人宣传和外形缺陷受到人民反对。其晚年则耽于情妇。

③ 雅克·贝尼涅·博絮埃（1627—1704）：法国主教、作家，对历史、哲学有很大贡献，应路易十四之邀，在凡尔赛布道。

④ 杜勒内子爵（1611—1675）：法国元帅。

⑤ 黎塞留（1585—1642）：法国红衣主教，路易十三时期的外交部部长，为法国的外交和军事作出了极为突出的贡献，为路易十四奠定在欧洲的霸权地位打下了基础。

⑥ 芒沙（1646—1708）：法国建筑师，巴洛克建筑风格的主要代表，也是路易十四的首席建筑师，负责设计凡尔赛宫的建筑群。

⑦ 科尔伯（1619—1683）：法国经济学家，路易十四时期的经济部长，推行重农主义，极大促进了法国的经济发展，提高了法国的粮食安全。

⑧ 让·拉辛（1639—1699）：法国著名悲剧作家。

⑨ 彼耶尔·高乃伊（1606—1684）：法国著名喜剧作家。

新，不再有具有诗意的作品，只有阴谋和殷勤这种沼泽植物茂盛生长。起到决定性作用的不再是成果，而是计谋，不再是风险，而是后台。谁在蓬巴杜和杜巴丽夫人"晨起"[1]时把腰躬得最低，谁就可以爬到最高位。[2]起到作用的不再是行动，而是言谈，不再是本质，而是表象。这些人只是永远聚在一个狭窄的小圈子里，扮演着他们作为国王、国务部长、主教和领主的角色，举止中充满毫无意义的优雅。他们所有人都已经遗忘了法国，遗忘了现实，只考虑自己的前途和享乐。路易十四曾经把凡尔赛宫当作欧洲最大的论坛，在路易十五时期，它却沦落成了贵族的社交戏院，无论如何，那的确是当时全世界有史以来最精美、最奢侈的社交戏院。

现在，一位十五岁的少女即将迈着犹豫不决的步子，初次登上这个气派的舞台。她在一开始饰演的只是一个小小的试演角色——王储妃，王位继承人的妻子。来自大贵族阶级的观众却明白，这个来自奥地利的、娇小的金发女大公之后会成为凡尔赛宫的主角，扮演王后的角色，因此，她刚一抵达，所有人的目光都立刻好奇地投向了她。她给人们留下的第一印象十分出众，人们已经很久没有见过这么富有魅力的少女出现在这里了，她迷人的纤细身材就像塞弗尔[3]陶瓷上画的人物，肌肤就像涂了色的瓷器，有着欢快的蓝色眼

---

① 原文为法语，"晨起"为国王和宫廷人士在清晨举行的仪式。
② 蓬巴杜夫人和杜巴丽夫人均为路易十五的情妇，是他最著名的两位情妇。她们对当时国家级的人事状况产生了很大的负面影响。但不同于宣传的是，路易十五并没有在情妇身上挥霍无度，反而这两位情妇都极其擅长理财，很少从路易十五的国库里拿钱。
③ 塞弗尔：法国城市，以出产精美的彩绘陶瓷制品而闻名。

睛，欢畅的樱桃小口，笑起来显得天真，生气时也极为优雅。她的举止无可挑剔，轻盈而优雅的步态，迷人的舞步，而且——不愧是一位女皇的女儿——在穿过镜厅的时候还能以一种自信的姿态，庄重而骄傲地向左右两侧泰然自若地致敬。贵妇们怀着难以掩饰的恼怒意识到，如果这里没有第一夫人，她们还可以饰演主角，但她们在这位双肩瘦削、尚未长成的少女身上看到了强劲的竞争对手。无论如何，要求严格的宫廷社会还是不得不一致指出了一个举止方面的缺陷：这个十五岁的少女有一个奇特的愿望，不愿意僵硬地待在这个圣洁的殿堂里，而是想要天真无邪、无拘无束地在宫殿里四处活动。年幼的玛丽·安托奈特天性不羁，与丈夫的弟弟跑来跑去，玩着游戏，裙摆飞扬。她还没有适应这种单调的礼节，没有习惯这种僵化的矜持态度，但这里始终都要求一位王子的配偶做到这一点。她知道如何在重大场合表现得无可挑剔，因为她自己就是在同样浮夸的西班牙-哈布斯堡家族礼仪体系里长大的。但是在霍夫堡宫和美泉宫里，人们只有在庄严的场合才表现得庄重，在接待会和仪式上像穿上礼服一样把这套礼仪系统请出来，深吸一口气，拿出这套礼仪装扮自己，一旦宾客离开，佣人就关上大门。然后人们就放松下来，变得亲切又和善，孩子们可以欢快地疯玩，变得快快乐乐。人们尽管在美泉宫里讲究礼仪，但并不像奴仆侍奉上帝一样遵从礼仪。但在这里，在这座精美却日渐过时的宫中，人们生活不是为了生活，而只是为了表演，而且等级越高，规定越多。因此上天保佑，绝对不要一时兴起做出什么动作，绝对不能表露出天性，否则就是对习俗造成了无可挽回的冲撞行为。从清晨到深夜，从深夜到清晨，永远都只是仪态、仪态、仪态，否则无情的奸臣们就会窃窃私语，他们生活的目的就是费尽心机地进入这座剧院，为了这座剧院而活。

就因为这种可怕的严肃性，因为礼仪的神圣含义，凡尔赛宫既无法理解作为孩子的玛丽·安托奈特，也无法理解作为王后的安托奈特。她不理解这件事情具有骇人听闻的重要性，这里的所有人都在点头哈腰，判断谁应该走在前面，她永远也无法理解这一点。她天生我行我素，对所有事情都表现出毫无顾忌的坦率，憎恨任何形式的约束。她是一位真正的奥地利人，想要随心所欲地生活，没有办法忍受这种郑重其事的装腔作势。她在家就逃避学校的任务，在这里也抓住一切机会，逃避要求严苛的宫廷女侍诺埃伊夫人——她讽刺性地称呼她为"礼仪夫人"——这个过早因为政治而被高价卖出的孩子尽管身处高位，享尽奢华，内心里渴望的却只有一件事：再过几年真正的童年生活。

但是王储妃不应该、也不可能依然是一个孩子：一切都在约束她，提醒她记住，自己有义务维护她那不可动摇的尊严。除了虔诚的首席宫廷女教师，主要的教育任务就落在三位姑母的身上，她们是路易十五的女儿，是三位古怪且心怀恶意的老处女，最邪恶的造谣者也不敢质疑她们的德行。这三位命运女神就是阿德莱德夫人、维克托丽夫人和索菲夫人①，她们在表面上友好地接纳了被丈夫忽视的玛丽·安托奈特，实际上却生着闷气，把所有宫廷内斗的战略都传授给她，她应该学会如何"恶语中伤"②，学会萌生阴险的恶

---

① 这里的"夫人"称呼是为了表示尊敬，而不是表示已婚的身份。

② 原文为法语。

意，学会地下的阴谋诡计，还有如何用小小的针尖般的技巧刺伤别人。在一开始，年幼而初出茅庐的玛丽·安托奈特觉得这些新知识很有趣，毫无恶意地重复着这些并不友善的警句，但她正直的天性与这些恶毒的行为互相违背。很可惜，玛丽·安托奈特从来都没有学会伪装自己，掩藏自己的仇恨或者是喜爱，很快，她就出于正确的本能，摆脱了姑母们的监护：所有不光明正大的东西都有违她那正直而无拘无束的天性。诺埃伊侯爵夫人在面对这位女学生的时候也收效甚微，这个十五六岁的少女不断爆发无常的小脾气，反对"限制"①，反对吹毛求疵，反对永远遵守固定的时间表。但这一切都无法改变。她这样描述自己的一天："我在九点半或者十点起床，更衣，做晨祷。然后我用早餐，去看望姑母们，我一般会在那里遇到国王。我们一起待到十点半，然后在十一点左右，我去梳洗打扮。正午，人们把我的宫廷成员全部叫来，所有人都可以进来，除了没有爵位和家族地位的人。我涂上胭脂，当着聚集起来的人群洗手，然后男人退下，女人留下，我在她们面前更衣。十二点去教堂。如果国王在凡尔赛宫，我就和他、和我的丈夫还有姑母们一起去望弥撒，如果国王不在，我就和王储自己去，但总是在同一时间。弥撒结束后是公开的午餐，但是在一点半就结束了，因为我们两个吃饭都很快。我走上楼去找王储，如果他在忙，我就回到自己的房间，我阅读、写信或者是干活，因为我正在为国王做一件外套，进度很慢，但我希望能够得到上帝的帮助，在几年之内做完它。三点左右，我再去看望姑母，这时国王也在她们那里。四点左

————————

① 原文为法语。

右，神父来见我。五点左右，钢琴教师或者声乐教师会过来。七点半左右，如果我不能出去散步，我就几乎总是要去找姑母们。你肯定也知道，我丈夫几乎总是陪着我去找姑母们。从七点到九点是娱乐活动，但是如果天气好，我就去散步，那么娱乐活动就不在我那里进行，而是在姑母那里。九点左右，我们用晚餐，如果国王不在，姑母就和我们一起吃饭。但如果国王在，我们就吃完晚餐再去见姑母们。我们会等国王，他一般在十点一刻来。我躺在一张长沙发上一直睡到国王到来，如果他不来，我们就在十一点左右睡觉。这就是我的日程安排。"

这张时间表并没有给娱乐留下很大的空间，但那正是她焦躁不安的内心所渴望的。年轻沸腾的热血在她体内流淌，想要疯玩、游戏、大笑和胡闹，但是"礼仪夫人"严苛的手指立刻就抬起来警告，这些事情和那些事情，其实就是玛丽·安托奈特想做的所有事情，都不是一位王储妃应该做的。她之前的教师韦尔蒙神父面对她的收效更加微弱，他现在是她的忏悔牧师和朗读者了。实际上，玛丽·安托奈特要学习的东西多到可怕，她受到的教育远远低于平均水平：她十五岁的时候已经差不多忘记了德语，法语还没有学好，字写得非常歪斜，作文里满是空想和拼写错误。她还是需要能够提供大量帮助的神父帮她读信。此外，他还要每天给她朗读一个小时，强迫她自己阅读，因为玛利亚·特蕾莎几乎在每封信里都在询问她最近的读物。她并不完全相信报告上所说的，她的安托奈特真的每天傍晚都在读书或者是写作。"你应该努力用优秀的读物装饰你的头脑，"她提醒女儿，"这对你来说比任何人都有必要。这两个月我都在等神父的书单，担心你没有认真读书，让驴子和马匹把你应该读书的时间带走了。你不要在这个冬天忽视读书，因为你也没有真正地精通别的什么东西，无论是音乐还是素描，无论是跳舞、油画还是其他有关美的学问。"很可惜，玛利亚·特蕾莎的怀疑有其道理，因为年幼的安托奈特已经用又天真又娴熟的方式将韦尔蒙神父——他无法强迫或者是惩罚一位王储妃！——彻底蒙骗了，她的阅读时间已经完全变成了闲谈时间。她学到的东西很少，或者说干脆就是什么也没有学到，她母亲的任何逼迫都无法让她变得更加认真。这段强行缔结的早婚已经破坏了她正直和健康的发展趋势。她名义上是个女人，实际上还是个孩子，玛丽·安托奈特已经应该表现出庄严的尊严和等级了，但另一方面，在学校的长椅上，她还坐在最初级的基础教育的位置上。很快，人们时而对待她像对待一位高贵的夫人，时而又像对待一个不成熟的小孩训斥她。宫廷女侍要求她代表宫廷，姑母要求她学会诡计，母亲要求她接受教育，她年轻的心却什么也不想要，只想永远年轻地活下去，在这种年龄与地位、个人意志与他人意志形成矛盾的情况下，这个原本顺利地成长着的人格就生出了无法约束的不安和对自由的不耐烦的渴望，这在以后决定了玛丽·安托奈特那灾难性的命运。

为了了解女儿在陌生宫廷里的危险性与可能面临的危机，也因为玛利亚·特蕾莎清楚这个太年轻的、不认真的轻浮女孩永远也不会出于自己的本能而发现宫廷政治中所有狡诈的阴谋诡计，她派去了身边最优秀的外交官迈尔西伯爵[1]充当忠诚的埃尔卡特。[2]"我

---

① 迈尔西伯爵（1727—1794）：生于比利时，奥地利高级外交官。
② 指德国作家路德维希·蒂克小说《忠诚的埃尔卡特》的主人公。

感觉，"她怀着惊人的坦率给他写信，"我的女儿太过年轻，太多人奉承她，她很懒惰，在严肃的活动上表现得很迟钝，我委托您，因为我完全信任您，去看守我的女儿，不要让她落入坏人之手。"女皇也没有更好的选项了。迈尔西伯爵出生在比利时，但全心为帝国奉献，是宫廷人物，却不是宫廷食客，思维冷静，却并不因此而冷漠，就算说不上天才，也是一位富有而又毫无野心的单身男性，在一生中只想要尽职尽责地为女皇服务，他在深思熟虑之后，怀着感人的忠诚接受了这个职位。表面上，他是女王派去凡尔赛宫的使者，实际上却是母亲的千里眼，顺风耳，是母亲那乐于提供帮助的双手：多亏了他的详细报告，就像通过一台望远镜，玛利亚·特蕾莎在美泉宫就能清楚地观察着自己的女儿。她知道玛丽·安托奈特说的每一个字，知道她读过或者更多是没有读过哪一本书，知道她穿的每一件衣服，知道她的每一天是怎么度过或者怎么虚度的，和哪些人说过话，犯了哪些错误，因为迈尔西在他的保护人身边布置了一道精巧而紧密的情报网。"我得到了女大公身边三位佣人的保证，我让他们每天观察韦尔蒙，我要知道杜尔福侯爵和姑母交谈时说的每一个字。我还有更多的途径和方法去了解，王储妃在国王面前的时候发生了什么。此外，我还要亲自进行观察，所以我不会有一个小时错过她到底在做什么、说什么或者是听到了什么。我会尽量把侦查工作做到让陛下安心的地步。"这位忠诚的佣人将自己所听到的和所观察到的全部毫无美化地上报，全是真相。信件由特派信使传送，因为互相偷窃信件是当时主要的外交伎俩，这种私密的

仪夫人"相处得很好。她很信任善良的忏悔神父韦尔蒙，母亲的朋友迈尔西也成了她自己的朋友。但是，但是，但是，所有这些都是老人，都已经真正变得严肃、讲求秩序和庄重，而她才十五岁，渴望能和一个不受拘束的人交朋友，一起快乐而充满信任地玩耍。她不想仅仅和教师、监视者和训导者成为玩伴，她的青春渴望着同样的青春。但是在这座用冰冷的大理石砌成的庄严肃穆的宫殿里，她能和谁在这里玩耍呢？其实人们给她分配了一位同年龄的玩伴，就是她的丈夫，只比她大一岁。但是他性格沉闷、经常陷入尴尬，有时甚至因为尴尬而显得粗鲁，以笨拙的方式躲避着他那年轻妻子任何形式的亲近。而且他从来就没有表现出对早婚的哪怕一点渴望，过了很长一段时间，他才决定要对这个异国少女多少礼貌一些。因此，能和玛丽·安托奈特有时候做点孩子之间的娱乐的就只剩下国王的弟弟，普罗旺斯伯爵和阿尔托瓦伯爵，他们分别是十四岁和十三岁，他们偷偷穿上剧院的服饰，在剧院里悄悄玩耍，但只要"礼仪夫人"一靠近，所有人就都必须迅速藏起来：王储妃可不能被人发现正在玩耍！但是这个反复无常的孩子总是需要某种给人带来快乐的东西，某种充满柔情的东西。有一次她向使者请求，从奥地利给她送一条狗过来，"一只狮子狗①"，还有一次，那位严格的女家庭教师发现，法国的王储妃——太可怕了！她把一个女佣的两个小孩带到了她的房间里，毫不顾及她美丽的衣服，和他们在地上一起打滚疯玩。从这一刻起，直到最后的时刻，玛丽·安托奈特

---

① 原文为法语和德语结合的一句话。——原注。

心里那个自由的自然人都在与她所嫁给的这个不自然的环境抗争，抗争着这种穿钟形长裙和束胸的精美造作。这个轻率而又散漫的维也纳少女总是觉得自己在这座有着上千个房间的庄严宫殿里是个外来者。

第四章　一言之争

"不要卷入政治，不要关心别人的事情。"玛利亚·特蕾莎从一开始就不断地对女儿重复着这句话。实际上这是一句多余的警告，因为对于年轻的玛丽·安托奈特来说，世界上没有什么比她的娱乐活动还重要。所有需要深思熟虑，或是进行系统化考虑的事情都会让这位年轻而又自恋的女人感到难以言表的无趣。实际上，事情的进展不遂人愿，她在最初的几年里就卷入了路易十五宫廷里无情的阴谋和内斗之中。那时，前任国王那些宽宏大量的国家政策已经被这些东西取代了。刚一抵达，她就发现凡尔赛宫分成了两个党派。王后早已去世，因此等级最高、最具权威的女性，当属国王的三个女儿。但这三位热爱阴谋诡计的夫人笨拙、无趣而又心胸狭隘，不知道如何利用自己的地位，只能在望弥散的时候坐在第一排，在接待会上走在最前排。这三个毫无生趣的老处女令人反感，对她们的父王无法产生任何影响，他只想耽于享乐，尽管在感官上显得粗俗，甚至采用最粗俗的形式，但既然她们没有权力，没有影响，不能授予官职，那么就连等级最低的宫廷侍臣也不会努力谋求她们的宠爱，而所有的光彩、所有的荣耀都落在了一位和荣耀没什么关系的人身上：国王的最后一位情妇，杜巴丽夫人。她出身于最底层的人民，曾经有着黑暗的生活，人们传言说她是从妓院来到了国王的卧室，她之前有过一位意志薄弱的情人，为了显得自己属于宫廷，给自己购买了一个贵族身份，也就是杜巴丽伯爵的名号，这是一位最受人欢迎的丈夫，在准备婚礼的时候永远消失了。但无论如何，他的名字让这位曾经的站街少女变得高贵了起来。这种可笑又耻辱的丑闻第二次[①]在整个欧洲的注视之下发生，一位最为虔诚的基督教国王把他最宠爱的情妇当作一位陌生的贵族夫人正式介绍给大家，把她引荐到宫廷里。接待会使得这位情妇得到了合法化，住进了这座大宫殿，距离三位羞耻不已的公主只有三个房间之遥，还有一道专用的楼梯把她的房间和国王的房间连接起来。她凭借自己历经百战的肉体，还有自己身上未被耗尽的美丽夺目的少女的一面，将年老好色的路易十五完全掌握在自己的魔咒之下：如果要取悦于国王，就必须经过杜巴丽夫人的沙龙。因为她能够给人以权力，所以自然而然地，所有的宫廷人士都挤到了她的身边，各国使者都在她的会客室里毕恭毕敬地等候着，各个国王和侯王都送她礼物。她可以撤掉部长，给人官职，请人修建宫殿，使用国王的国库。沉重的钻石项链在她丰腴的颈部熠熠生辉，硕大的戒指在她的手上闪闪发光，所有的红衣主教、王侯将相和趋炎附势之徒都尊敬地亲吻她的双手，看不见的王冠在她浓密的棕发之上闪烁着。

国王的恩宠之光已经全部落到了这位没有合法性的床榻主人身上，所有的谄媚和敬畏都在努力争取这位放肆的妓女，她在凡尔赛宫比任何一位王后都厚颜无耻。但是国王三个易怒的女儿就坐在后室里，哭闹着责骂这个无耻的荡妇给整个宫廷带来了羞耻，让她们的父亲受人耻笑，使政府陷入无能，令每一个人都无法过上符合基督教

---

① 第一次指路易十五的另一位著名情人蓬巴杜夫人。

道德的家庭生活。这三个女儿怀着被迫形成的美德——这种美德就是她们唯一的财产了，因为她们既不漂亮，也不聪明，更没有尊严——全心全意地憎恨这个巴比伦的娼妇，她占据了她们母亲的地位，享受到了王后的荣耀，她们从早到晚心里都没有别的念头，只是一心嘲讽她，对她表示轻蔑，给她造成损害。

这时幸运之星终于降临了，这个年幼的外国女大公来到了宫廷里，她就是十五岁的玛丽·安托奈特，现在，她的等级是未来的王后，按照法律，就是宫廷的第一夫人。把她作为一张应对杜巴丽夫人的王牌就成了这三个老处女的处心积虑的使命，她们从看到她第一眼的时候就开始了这项工作，想要把这位没有心机、毫无察觉的少女变得敏锐。她应该勇往直前，而她们自己留在暗地，她应该帮助她们杀死不洁的野兽。于是她们表面上在自己的交际圈里温柔地对待这位小公主。几个星期后，玛丽·安托奈特完全没有料到，自己已经置身于一场激战之中。

玛丽·安托奈特抵达的时候还不知道杜巴丽夫人的存在，更休提她奇特的地位问题：在玛利亚·特蕾莎严守道德的宫廷里，人们根本就不承认情妇这个概念。她只是在第一次曾参加宫廷贵妇的晚宴的时候发现有一位胸部高耸、服饰明丽、一身饰满珠宝的女人满怀好奇地望向她，听到人们叫她"伯爵夫人"，那就是杜巴丽伯爵夫人。但是姑母们很快就充满爱意地把这个毫无经验的少女叫过去，彻底而又小心地向她解释了情况，因为几个星期后，玛丽·安托奈特在给母亲的信里已经提到了"那个愚蠢无礼的女人"①。她毫无顾忌地高声谈论所有恶毒和幸灾乐祸的评论，这些都是亲爱的姑母们放到她那不善

---

① 原文为法语。

于保守秘密的双唇上的，这样一来，百无聊赖又始终渴望轰动的宫廷就找到了很大的乐趣。因为玛丽·安托奈特已经在脑子里深深地记住了——不如说，姑母们让她深深记住了——要把这位在国王的宫廷里像孔雀开屏一样的厚颜无耻的闯入者彻底铲除掉。按照礼仪的铁律，凡尔赛宫廷里一位等级更低的夫人不得主动向等级更高的夫人攀谈，必须毕恭毕敬地等待等级更高的夫人来和她说话。在王后缺席的情况下，王储妃当然就是等级最高的夫人，于是要充分使用这一权力。她冷漠地微笑着，带有挑衅意味地让杜巴丽伯爵夫人不断地等下去，一连几个星期、几个月，她都让伯爵夫人焦躁地等着她的第一句话。喜欢传闲话的人们自然很快就注意到了这一点，对这场决斗感到兴致盎然，整个宫廷都享受着姑母们蓄意的煽风点火行为。所有人都满怀紧张地观察着杜巴丽夫人，她不得不强掩着怒火，和所有的宫廷女侍坐在一起，而这个十五岁的金发少女快活地、也许是假装快活地和其他贵妇聊来聊去，或者玛丽·安托奈特只是时不时地从她身边走过，抿紧微微翘起的哈布斯堡家族的嘴唇，一言不发地看着这位珠光宝气的伯爵夫人，就像透过一层玻璃看过去。

其实杜巴丽夫人也并非什么恶人。她是一个真正出身于民间的女子，有着下层阶级的所有优点，带有某种突然得到晋升之后的温和，对每一个善待她的人都报以战友般的愉悦态度。出于虚荣，她乐于帮助每一个谄媚她的人，愿意怀着高贵而漫不经心的态度满足所有对她有所企求的人，她完全不是一个邪恶的或者善妒的女人。但是，因为从底层平步青云，杜巴丽夫人对于权力还没有感受够，她想要虚荣而蛮不讲理地沐浴在权力的光辉中，首先想要享受不应该属于她的权力。她想要在宫廷女侍中坐在第一排，她想要最美丽的光华、最华丽的衣服、最精美的马车和最疾速的骏马。这一切她都可以不费吹灰之力地从那个意志薄弱、在性方面对她百依百顺的男人那里得到。但是——所有不合法的权力都是一场悲喜剧，即便在拿破仑身上也不例外！她最后的也是最重要的野心恰恰是得到合法的承认。因此，尽管所有王侯将相都围绕在杜巴丽伯爵夫人身边，所有宫廷人士都对她极尽娇纵，她还是有一个尚未实现的愿望：得到宫廷第一夫人的正式承认，得到这位来自哈布斯堡家族的女大公真挚和友善的欢迎。但这个"小红毛鬼"①（她怀着无能为力的怒火如此称呼玛丽·安托奈特），这个十六岁的小姑娘连法语都说不好，连让自己的丈夫真正尽职这种可笑的小事都办不成，但这个被迫守贞的小处女总是高高地噘着嘴巴，在整个宫廷面前修理她——甚至如此放肆，公开而且不顾颜面地拿她开玩笑，拿她，这个宫廷里最有权势的女人，不，她不允许这样的事情发生！

在这场有着荷马式的夸张的等级之争中，法律的权力无可置疑地属于玛丽·安托奈特。她的等级更高，她不需要和这位"夫人"说话，作为伯爵夫人，她的头衔远比王储妃要低，尽管她的胸前有价值七百万里弗尔的钻石在闪烁。但是杜巴丽夫人背后是真正的权力：她完全把国王掌控在了手里。国王的道德水平已经滑入了谷底，对国家事务完全不关心，对家庭、对臣民、对世界都表现出傲慢的玩世不恭——"在我死后，哪管洪水滔天"。②路易十五只想要安宁和享乐。他对一切事情听之任之，毫不关心宫廷内部的修养和道德，他心里非常清楚，否则他就得从自己下手了。他执政的时间已经足够长了，他想在最后几年里好好生活，为了自己而活，哪怕他身边和身后的一切

———————————

① 原文为法语。

② 原文为法语。

全部走向毁灭。因此这场突然爆发的女性之战扰乱了他的平静，令他愤怒！根据他伊壁鸠鲁式的原则[①]，他根本不想参与进去。但杜巴丽夫人每天都在他的耳边念叨，她不愿对这么一个小东西卑躬屈膝，在整个宫廷面前沦为笑柄，他必须保护她，维护她的荣誉，这也是维护他自己的荣誉。最终国王对她的苦恼感到不胜其扰，叫来玛丽·安托奈特的宫廷女教师诺埃伊夫人，想要知道这阵风到底是从哪里刮来的。他首先只是表示了对这位孙媳的喜爱。但他逐渐开始加入评论：他觉得，王储妃对她看到的东西所说的话有一点太随意了，如果她能够注意一点就好了，因为这样的行为会在亲密的家庭圈子里产生恶劣的影响。宫廷女侍立刻将这一警告报告（国王就希望如此）给了玛丽·安托奈特，她又转告给了姑母们和韦尔蒙，韦尔蒙把它告诉了迈尔西，迈尔西当然大为震惊——联盟，联盟！整个事件通过加急特使送信给维也纳的女皇。

虔诚到迷信的玛利亚·特蕾莎陷入了尴尬的境地！她在维也纳会带领她著名的道德委员会，对这样的夫人进行毫不留情的鞭打，把她送进教化机构，难道她要自己的女儿对这样一个女人礼貌相待？但反过来，她还可以抱持国王的立场吗？母亲、要求严苛的天主教徒和政治家的多重身份使她陷入了最为痛苦的斗争中。最终，这位老练精干的外交家不得不从这件事中抽身，把整件事委托给了国家总理。不是她亲自给女儿写信，而是让国务部长考尼茨对迈尔西下达指示，任务是把一段政治说明交给玛丽·安托奈特。以这种方式，一方面可以保证道德地位，另一方面又确实告诉了这位年幼的王储妃，她应该如何行事，因为考尼茨是这样解释的："不对国王交际圈里的人以礼相待就

---

① 伊壁鸠鲁主张人死魂灭、提倡寻求快乐和幸福。

是在侮辱国王的社交圈，这个社交圈里的人将自己视为国王的亲信，国王也把他们当作心腹，没有人可以深究他们是否拥有合法的权力。王侯和君主的选择必须毋庸置疑地得到尊重。"

这很清楚，甚至有些过分清楚了。但玛丽·安托奈特不断受到姑母的挑唆。当人们把这封信念给她的时候，她用那种漫不经心的方式随意地对迈尔西说"是的，是的"和"已经知道了"，心里却想着就让这个老考尼茨爱说什么就说什么，但是这位总理可不能干涉她的私事。自从她注意到，这个"愚蠢的女人"①笨得要命，已经被气得发狂了，这个高傲的少女就从中得到了双倍的乐趣。她假装什么也没有发生，保持着恶意的欢快和公开的沉默。每天她都会在舞会上、庆典上、牌桌上甚至是国王的宴席上遇到这位情妇，她等待着，当安托奈特向她走近的时候，她斜眼看着她，激动地颤抖着。但只能等到最后的审判：她总是轻蔑地噘着嘴唇，目光偶尔扫向这个方向，然后冷若冰霜地走过去，于是杜巴丽夫人、国王、考尼茨、迈尔西都希望说出的那句话，玛利亚·特蕾莎暗地里也希望说出的那句话还是没有说出来。

现在她已经公开宣战。所有的宫廷人士就像观看斗鸡一样聚在这两个女人身边，她们决定保持沉默，一个眼里含着无力而恼怒的泪水，另一个唇边挂着轻蔑而略带优越感的微笑。人们想要观看、知道结果、进行打赌，是合法的还是非法的法国女主人会贯彻她的意志。凡尔赛宫已经有几年没有过这么有趣的表演了。

但现在国王生气了。他习惯了在这座宫殿里，所有人都像拜占庭的奴仆一样顺从，只要他动一动睫毛，还没来得及表明意志，每个

---

① 原文为法语。

人就要按照他意志的方向跑过去，法国所有基督徒的国王察觉到他第一次遇到了阻力：一个半大的少女竟敢公然蔑视他的命令。最简单的做法当然是把这个胆大包天的倔强女孩叫过来，使劲给她洗脑。但即便是在这个道德沦丧、愤世嫉俗的人心里，也有着最后一丝胆怯，他觉得要对自己已经成人的孙媳①下命令，要她和祖父的情妇交谈是一件难堪的事情。因此路易十五就尴尬地做出了和玛利亚·特蕾莎相同的选择，他把这件私人事务当成了一件国家事务。奥地利公使迈尔西惊讶地发现，法国外交部请他去杜巴丽伯爵夫人的房间，而不是在大厅里交谈。这个奇特的地点选择让他立刻开始预感到发生了什么，他期待的事情也确实发生了：他几乎还没有和部长说几句话，杜巴丽伯爵夫人就走了进来，亲切地问候他，详细地讲述她受到的不公待遇，人们怎么说她对王储妃怀有敌意，与之相反，她才是受到污蔑的、受到了可怕污蔑的人。正直的迈尔西大使觉得很难堪，因为他突然从女皇的亲信变成了杜巴丽夫人的亲信，只好不断地说着外交辞令。但这时，有一扇藏在挂毯后面的暗门悄悄打开了，路易十五本人开始干涉这段棘手的交谈。"您之前是女皇的使者，"他对迈尔西说，"您现在就暂时担任我的使者吧。"然后他非常坦率地发表了对玛丽·安托奈特的看法。他觉得她很迷人，但年纪太轻，过于活泼，她的丈夫又不知道该怎么控制住她，于是她就陷入了地下的阴谋，听取了其他人（他指的是姑母们、他自己的女儿们）的谗言。他请求迈尔西施加自己的全部影响，让王储妃改变态度。迈尔西立刻明白这件事已经成了政治事务，这是一项公开明确的任务，必须得到执行，国王要求对方投降。迈尔西自然立刻就把事态进展汇报给了维也纳，为了缓解这个任务

---

① 当时法国王室的最低执政年龄标准是十三岁。

的尴尬之处，他对杜巴丽夫人的形象进行了一些友好的粉饰，说她根本没有那么坏，她的全部渴望不过是王储妃能公开对她说一句话而已。与此同时，他拜访玛丽·安托奈特，不惜用最强硬的手段逼迫她。他恐吓她，嘟哝说可能会有人给她下毒，法国宫廷里已经有许多身居高位的人死于毒药了，他尤其着重描述哈布斯堡家族和波旁家族可能会产生的冲突。这是他最强的一张王牌：他告诉玛丽·安托奈特，如果联盟破裂，那么她母亲一生事业破灭的罪责就全部归咎于她的行为。

实际上，这门重炮起到了作用：玛丽·安托奈特被吓到了。她眼里含着愤怒的泪水，答应大使会找一天在玩牌的时候和杜巴丽夫人讲话。迈尔西松了一口气。感谢上帝！联盟得救了。

宫廷内部期待着这场一流的表演。人们口口相传神秘的消息：王储妃今晚终于要对杜巴丽夫人说第一句话了！布景已经被认真布置好了，暗号也已经商定。傍晚在俱乐部^①里，大使和玛丽·安托奈特达成约定，牌局结束以后，迈尔西要走向杜巴丽公爵夫人，和她开始一场小小的交谈。然后王储妃就也要像是路过一样，走向大使，向他致意，顺便也和国王的这位宠姬说几句话。一切都提前计划好了。但很可惜，傍晚的这场戏没有完成，因为三位姑母不想让她们痛恨的对手取得公开的成功：她们互相约定，在两人达成和解之前就先拉下铁幕。傍晚，玛丽·安托奈特怀着最为良好的意愿前去社交，场景已经布置好，迈尔西已经按照程序先走了过去。他就像偶然路过一样接近了杜巴丽夫人，开始了交谈。在这一刻，就像约定好的那样，玛丽·安托奈特开始四处转悠。她时而和一位夫人交谈，时而又和另一

---

① 原文为法语。

位夫人交谈，也许是出于恐惧、激动或者是气恼，她在进行最后几句交谈的时候拖延了一点，现在她和杜巴丽夫人中间就只剩下最后一位夫人了——还有两分钟、一分钟，她就不得不走向迈尔西和国王的宠姬了。但是就在这关键性的时刻，三位姑母中间的领头者阿德莱德夫人使出了她的"绝招"①。她飞速地走向玛丽·安托奈特，然后用命令式的口吻说道："是我们离开的时间了。来吧！我们得去我妹妹维克托丽大人那里等候国王的到来了。"玛丽·安托奈特大吃一惊，被吓坏了，失去了勇气，她吓得不敢说不，却又没有足够的镇定，赶快对等待已久的杜巴丽夫人匆匆地随便说上一句什么话。她面色泛红，陷入了迷惑，走的时候好像是在逃避说出那句安排好的、备受期待的、经过了一番外交斗争才得到了约定的话，但这句话还是没有说出来。所有人都惊呆了。整个场景的布置都变成了徒劳的，不但没有和解，还招来了新的嘲讽。宫中心怀恶意的人们摩拳擦掌，就连佣人的房间里也有人在窃笑，讲述杜巴丽夫人是怎样白白地等了一场。但比使得杜巴丽夫人蒙羞更令人担心的是，路易十五大光其火。"我看到了，迈尔西先生，"他阴沉地对大使说道，"可惜您的建议没有什么影响力。我有必要亲自干预了。"

法国国王感到气愤，开始变得咄咄逼人，与杜巴丽夫人在自己的房间里爆发了争吵，整个法奥联盟摇摇欲坠，欧洲的和平也命悬一线。使者立刻把坏消息报告给了维也纳。现在女皇那"七倍炽烈的光芒"必须亲自出马了。因为在所有人中间，只有她能够控制这个固执而又毫无顾忌的孩子。玛利亚·特蕾莎对事情的进展感到震惊。当她

---

① 原文为法语。

把女儿送到法国的时候，她真心希望自己的孩子能够免于卷入政治那肮脏的罗网，她从一开始就给大使写信说："我坦率地承认，我不希望我的女儿对公开的事务产生任何决定性的影响。我自己经历过，知道领导一个庞大的国家意味着多么沉重的负担，除此之外，我也了解我女儿，她年轻而又轻率，对任何严肃的追求都缺乏兴趣（她的知识也不够充分），因此我对法国这样日渐衰落的国家政府不抱太高希望。如果我的女儿不能改善这种状况，或者甚至导致状况恶化，我宁可让人们去责备某位部长，而不是我的孩子。我无法下定决心和她谈论政治与国家事务。"

但这一次是个灾祸！这位可悲的老妇人只能背叛自己的决定，因为一段时间以来，玛利亚·特蕾莎一直怀有着严肃的政治忧虑，维也纳正在发生某种阴暗和污秽的事情。几个月前，腓特烈大帝（她把他当作卢西弗①送到世间的化身来憎恨）和俄国的叶卡捷琳娜女皇②（她同样非常不信任她）带着一份令人难堪的瓜分波兰的计划到来，这个主意在考尼茨和与女皇共同摄政的约瑟夫二世那里都得到了热烈的反响，她却从那以后都觉得良心不安。"所有的瓜分行为本质上都不合理，对我们来说也是一种耻辱。我对这一提议抱有无尽的遗憾，也必须承认我就这样让自己接受了羞辱。"她很快就认识到了这个政治想法其实是一种道德上的犯罪，是对手无寸铁、清白无辜的人民的掠夺。"我们有什么权利对无辜者进行劫掠？"她怀着纯洁的愤怒拒绝了这一提案，不顾人们说她道德上的顾虑就是软弱。"我们宁可软弱，也不要不道德。"她怀着高贵的态度机智地说道。但玛利亚·特蕾莎早

---

① 卢西弗：魔鬼撒旦。

② 叶卡捷琳娜女皇（1729—1796）：亦称叶卡捷琳娜大帝、叶卡捷琳娜二世，俄国女沙皇，开明君主专制的代表人物之一。

就不是帝国唯一的主人了。她的儿子约瑟夫二世与她共同执政，一心只想着战争、扩大国土面积和改革的事情，而她明智地意识到，奥地利那动荡而刻意的国家形式只能维持和固守。为了摆脱她的影响，约瑟夫二世愤怒地跑向那位军人，也就是她母亲最为憎恨的敌人，腓特烈大帝，而这位衰老的女人看到她一手提拔起来、对她忠心耿耿的考尼茨也转向她儿子这颗冉冉升起的新星，感到极为深刻的震惊。她宁可卸下国家大权，因为她已经过于操劳，精疲力竭，作为母亲和女皇的期待都已经落空。但责任感阻止着她，她怀着先知式的确信预感到了。这次，女皇的处境和弗兰茨·约瑟夫①的处境非常类似。他同样感到疲惫，但却没有放松权力。这位鲁莽的改革家那草率而又躁动的灵魂很快就会让整个勉强维持着统治的帝国陷入混乱。于是这个虔诚而又忠于内心的女人直到最后一刻都在为她最为珍视的东西而战斗，为了荣誉："我承认，"她写道，"我一生从来没有这样恐惧过。一旦涉及我的国家，我都奋不顾身地争取我应得的权力和上帝的保佑。但这一次不仅仅是权力不在我这边，而且是责任、权力和公平性都在反对我，我就无法得到平静，更确切地说，我的心里只余下了不安与责备，没有人可以这样自欺欺人，把口是心非当作坦率的习惯。忠诚和信仰永远地流失了，而这些是一位君主能够拥有的最为珍贵的珠宝和最为真实的力量。"

腓特烈大帝有着强大的良心，他在柏林对此嘲笑道："叶卡捷琳娜大帝和我，我们是两个老强盗，但这个虔信者该怎么对她的忏悔神父说这件事情呢？"他敦促约瑟夫二世，威胁他说，如果奥地利不加

---

① 弗兰茨·约瑟夫（1830—1916）：奥地利皇帝，1848—1916 年在位，曾立儿子斐迪南大公为储君。1914 年，斐迪南大公在塞尔维亚遇刺身亡，引发了一战。

入，就难免要对奥地利开战。最终，玛利亚·特蕾莎含泪屈服，她的良心受到了伤害，灵魂感到痛苦："我不够强大，无法独自领导这些事务，只能听之任之，但我走上这条路的时候依然非常痛苦。"签字的时候，她得到了许多支持，"因为所有机智而经验丰富的男人都劝我签字。"但是在内心深处，她知道自己也有罪，害怕这一秘密协定和后果被公之于世的那一天。法国会怎么说？它会无动于衷地容忍这个像强盗一样突袭波兰的联盟，还是会要求开战，因为这个联盟自己也找不到这样做的合法性（玛丽塔·特蕾莎的确是亲手把"合法"这个词从占领令上划掉了）？一切都取决于路易十五是热心还是冷淡。

就在女皇心怀忧虑，自己的良心战打得热火朝天的时候，迈尔西的急信送到了。国王对玛丽·安托奈特非常生气，他对大使公开表达了他的不满，而在维也纳，人们还在用完美的方式哄骗来自法国的大使罗罕亲王，让他沉湎在娱乐聚会和狩猎活动之中，完全没有察觉到波兰的事情。因为玛丽·安托奈特不想和杜巴丽夫人讲话，瓜分波兰就有可能演变成一件国家事务，最后甚至会有一场战争——玛利亚·特蕾莎感到惊恐。不，她自己在五十五岁的时候都可以为了国家利益做出如此痛苦的良心层面的牺牲，那么她自己的孩子，这个无知的十六岁少女也不能像教皇一样苛求别人，比她的母亲还讲道德。于是，她写了一封信，比以往更激烈，想要一举击破她女儿的所有固执。当然，她没有提波兰的事，没有提国家利益，而是（这对这位老女皇来说应该很艰难）对整件事情淡化处理："唉，和国王说话不应该有恐惧和障碍，他是全世界最好的父亲！和那些别人建议你交谈的人说一句话又有什么困难的呢！说一句'早晨好'又有什么好怕的呢！只需要谈论一下衣服，谈论一件小事，你就要做这么多的鬼脸，难道事情还不止如此？你已经处于某种被奴役的状态了，看来理性甚至是你的义务都不再有力量说服你了。我不能继续保持沉默了。在和迈尔西关于国王希望你怎么做，你的职责是什么进行了交谈之后，你竟敢不听从国王！你能给我说出什么理智的动机？根本就没有。你必须用看待宫廷里所有属于国王交际圈的人们的方式看待杜巴丽夫人。首先，你是国王最亲近的臣民，你必须向整个宫廷证明，你主人的愿望必须得到贯彻。当然，如果人们鼓励你做卑鄙之事，要求你参与阴谋诡计，那么我和别人都不建议你这么做，但这只是无关紧要的一句话，也不是这位女士自己需要，而是你的祖父需要，是你的主人和恩人需要！"

这阵炮轰（论据并不完全诚实）摧毁了玛丽·安托奈特的精力，她的确多变、专断又固执，但从来都不敢违抗母亲的权威。哈布斯堡的家规在这次像在所有时候一样取得了胜利。玛丽·安托奈特只是在形式上忸怩了一下。"我没有说'不'，也没说我永远不和她说话。我只是没法在某天某刻和她说话，让她可以提前宣布这件事，为此得意扬扬。"但实际上，她内心的反抗力已经被摧毁了，这些话只是最后的撤退招式：她早就投降了。

1772年的元旦终于使这场好笑而又有些英雄主义气概的女人之战得以告终，杜巴丽夫人获胜，玛丽·安托奈特落败。人们又安排了一次戏剧性的场景，整个宫廷再次庄严地齐聚一堂，作为证人和观众。盛大的觐见祝福仪式开始了，贵妇们按照等级，一个接一个地从王储妃面前走过，其中有部长夫人奥吉隆公爵夫人和杜巴丽夫人。王储妃对奥吉隆公爵夫人说了几句话，然后把头转向几乎是正对着杜巴丽夫人的方向，几乎不确定是不是在对她说话，但是出于好意，人们可以认为是在对她说话——所有人都屏住呼吸，不想听漏一个音节，——她对她说的这句盼望已久、为之苦苦斗争、闻所未闻、决定命运的话是："今天宫里人真多。"七个字，玛丽·安托奈特苦苦说出了这勉勉强强七个字，但这也是宫中的一个重大事件，比赢得一个省份更重要，比开始一项早就有必要进行的改革更激动人心——王储妃终于、终于对国王的宠姬说话了！玛丽·安托奈特投降了，杜巴丽夫人获胜了。现在一切重归于好，凡尔赛的空中又充满了提琴声。国王张开双臂迎接王储妃，像拥抱失而复得的孩子一样拥抱她，迈尔西感动地对她表示感谢，杜巴丽夫人像一只孔雀一样穿过大厅，愤怒的姑母们吵吵闹闹，整个宫廷激动不安，从屋顶到地下室都充满了叽叽喳喳的声音，这一切都只是因为玛丽·安托奈特对杜巴丽夫人说了一句："今天宫里人真多。"

但这七个字却有更深刻的含义。这七个字封缄了一桩政治罪行，交换来的就是法国对瓜分波兰行为表示默许。不仅仅是杜巴丽夫人的意志，腓特烈大帝和叶卡捷琳娜大帝的意志也通过这七个字得到了贯彻。不仅仅是玛丽·安托奈特受到了羞辱，这整个国家也受到了羞辱。

玛丽·安托奈特被战胜了，她知道，她那年轻的、还非常幼稚的、难以掩饰的骄傲心态受到了致命一击。她第一次低下了头，但直到上断头台，她都没有第二次低过头。在这件事情上，我们突然可以清楚地发现，这个心软而又轻率的少女，这个"善良温柔的安托奈特"①只要事关她的荣誉，心里就藏着一个骄傲而不可动摇的灵魂。她苦涩地对迈尔西说："我曾经对你保证过，但我决定只做这么一次。这个女人将再也听不到我的声音。"她也向母亲明确地表示，在这次暂时的屈服后，别想着还有进一步的牺牲："您可以相信，我永远可以放弃我的判断和抵抗，但一定不能要求我做出针对我荣誉的引人注目的事情。"母亲对这只雏鸟第一次独立的反抗表现得非常愤怒，报以

---

① 原文为法语。

激烈的责备，但没有用："你让我发笑，你竟然设想，我或者我的大使想要建议你损坏自己的荣誉，或者是让你违背最起码的道德良知。当我看到你为了这么几个字就这么激动的时候，我真是担心你。当你说，你再也不会做这种事的时候，我真是为你颤抖。"玛利亚·特蕾莎徒劳无功地继续写着信："你必须就像对待国王宫廷里的任何一位贵妇一样对她说话，你亏欠国王，也亏欠我。"迈尔西和其他人也徒劳无功地不停劝说她，说她应该友好对待杜巴丽夫人，这样就能确保国王的恩宠：但一切都在这种新出现的自我意识上摔得粉碎。玛丽·安托奈特那薄薄的哈布斯堡家族的嘴唇始终像铁门紧闭，再也没有在不情愿的情况下开启，任何威胁、任何诱骗都无法让她开口。她对杜巴丽夫人说了七个字，这位受她憎恨的女人就再也没有听到过第八个字。

这一次，在1772年1月1日，杜巴丽夫人战胜了奥地利女大公，战胜了法国的王储妃，这个宫廷娼妓很有可能凭着国王路易和女皇玛利亚·特蕾莎的强大联盟与未来的王后继续作战。但在开战之后，胜利者认识到了对手的力量，开始被自己的胜利吓倒了，她犹豫是不是最好还是主动撤离战场，缔结和平。杜巴丽夫人在这场胜利中感受不到快乐。这个和善的小女人从一开始，心里就对玛丽·安托奈特没有什么敌意，她只是觉得自己的尊严受到了伤害，只想要得到这个小小的补偿。现在她满意了，不仅如此：她对这次公开的胜利感到羞耻和焦虑。因为她还是很聪明的，深知她的全部权力都没有稳固的根基，不过是建立在一个飞速衰老的男人那痛风的双腿上的。只要六十二岁的国王得一次中风，这个"小红毛鬼"[①]明天就是法国的王后，一道

---

① 原文为法语。

"监禁令"①，一道致命的发配巴士底狱的命令就会迅速得到签署。因此杜巴丽夫人刚战胜玛丽·安托奈特，就采用最激烈、最诚恳、最正直的态度想要与她和解。她吞下怒火，压制傲气，不断地出席她的晚宴，尽管没有再从她嘴里听到一句话，却绝不显得气恼，而是让通风报信的人和偶尔派出的使者不断地传达她对王储妃的真心实意。她尝试过无数种方法，想要为她的对手在自己的情人，也就是在国王那里求得恩宠，最终她甚至采用最为大胆的手段：既然亲切的态度无法赢得玛丽·安托奈特，她就尝试收买她的芳心。宫廷里都知道——可惜，他们知道得太清楚了，就像后来臭名昭著的项链事件所显示的那样——玛丽·安托奈特对珍贵首饰表现出一往无前的痴迷。因此，杜巴丽夫人心想也许有可能用礼物收买她。事实上，十年后的红衣主教罗罕遵循的也是同样的思路。有一个大珠宝商，就是项链事件中的同一个珠宝商，他拥有一副价值70万里弗尔的钻石耳坠，也许玛丽·安托奈特已经在私下或者是公开表达过对这件首饰的赞美，而杜巴丽夫人明白了她的欲望。因为有一天，她让一位宫廷女侍传话，说如果安托奈特真的想要这副耳坠，那么她很愿意去和路易十五讲一讲，让他把耳坠送给安托奈特。但玛丽·安托奈特没有回应这个无耻的提议，而是轻蔑地转过身去，继续冷漠地在她的敌人面前走过。不，即使拥有全世界的宝石，曾经公开羞辱过她一次的杜巴丽夫人也无法从她的唇上听到第八个字。一种新的骄傲，一种新的自信在这个十七岁少女的心里萌芽了：她不需要来自陌生人恩惠的珠宝，因为她已经觉察到了额头之上的王后的冠冕。

---

① 原文为法语。

第五章　征服巴黎

STEFAN
ZWEIG

在暗夜里，我们可以从凡尔赛的山丘上清清楚楚地望见巴黎那灯火通明的冠冕隆起在夜空之中，城市与宫殿间隔如此之近。一辆带弹簧的轻便马车沿着大街两个小时就能驶到巴黎，走路的话只需要不到六个小时——所以新的王储妃在婚礼后的第二天、第三天或者第四天就想去探访未来属于自己的王国首都，难道不是一件很自然的事情吗？但礼仪的实际意义，或者说礼仪的荒谬之处就在于，把生活中自然而然的事情压制或者扭曲成各种形式。对玛丽·安托奈特来说，在凡尔赛宫和巴黎之间有一道不可见的阻碍：礼仪。因为只有在庄严发布特别宣告，得到了国王的许可以后，王位继承人才能带着妻子第一次前往首都。可那些亲爱的亲戚们就是想把玛丽·安托奈特那"欢乐的入城仪式"①尽可能地推迟下去。他们所有人平时都互为死对头，伪善的老姑母们、杜巴丽夫人和国王两个野心勃勃的弟弟，也就是普罗旺斯伯爵和阿尔托瓦伯爵，在这件事情上却齐心协力，一起阻碍着玛丽·安托奈特通往巴黎的道路，因为她不应该彰显她未来的等级，

---

① 原文为法语。

就这么战胜他们。每个星期，每个月都会出现新的阻碍、新的借口，六个月就这样过去了，然后是十二个月，二十四个月，三十六个月，一年，两年，三年过去，玛丽·安托奈特还是被锁在凡尔赛宫的黄金栅栏后面。终于在1773年5月，玛丽·安托奈特失去了耐心，开始公开进攻。既然礼仪主管面对她的愿望总是若有所思地摇动着假发，她就直接去找了路易十五。他并不觉得这个请求很奇怪，而且他容易对所有漂亮的女性做出让步，所以就立刻对自己迷人的孙媳表示了同意和赞许，整个阴谋团体都感到愤怒。他甚至让她自行挑选这场隆重入城式的举办日期。

玛丽·安托奈特选定了6月8日。但是现在，国王终于下达了许可，她又憎恨将她与巴黎隔绝了长达三年的宫廷规范，所以暗地里开个玩笑就会让她感到加倍的乐趣。这就像有些时候，彼此相爱的新婚夫妇在家人的预料之外，在神父祝福之前就已经共度良宵，偷尝禁果，玛丽·安托奈特也这样说服了自己的丈夫和小叔子，在进入巴黎的公开仪式不久之前来一次迅速的探访。在"欢乐的入城仪式"前两三个星期，他们在深夜驾驶着国王的马车，乔装打扮去圣城麦加——也就是巴黎，参与歌剧舞会。第二天早晨，他们在早祷的时候表现得中规中矩，完全没有人发现这种被禁止的冒险行为。他们没有引起任何麻烦，玛丽·安托奈特幸运地对她所憎恶的礼节实施了第一次复仇。

在已经偷尝了巴黎这颗禁果之后，公开而庄重的入城式就显得更为庄严。在法国国王表示赞同之后，天国之王也表示赞同：6月8日是一个晴朗无云的夏日，被吸引前来观看仪式的人群一望无际。从凡尔赛到巴黎的整条街道都变成了一片喧嚣的人海，人们挥动着帽子、彩旗和花束。布里萨元帅在城门等待着节日的马车，他是这座城市的总督，要恭敬地把城门钥匙从银盘里献给这些和平的征服者。然后女人们穿过市政厅跑过来，都喜气洋洋地走上来（之后，她们对待玛丽·安托奈特的态度是多么的截然不同！），送上当年新鲜收获的水果和鲜花，宣读王朝的箴言。然后礼炮在荣军院、市政厅和巴士底狱齐鸣。宫廷马车缓缓穿行城市，沿着杜伊勒里码头走到巴黎圣母院，无论走到哪里，在教堂，在修道院，在大学，他们都会受到致辞欢迎，他们驾车穿过为了他们而建立起来的凯旋门，还有旗帜组成的密林，但对他们两个人最为真挚的欢迎来自于人民。有几万人、十几万人从这个巨型城市的大街小巷涌出来，来瞻仰这对年轻的夫妇，当人们看到这位迷人得超出想象的女性的时候，他们就掀起了一阵无以名状的激动。他们鼓掌、欢呼，挥舞手帕和帽子。孩子和女人们挤到前面，玛丽·安托奈特在杜伊勒里宫的阳台上看到了一望无际的激动人海，几乎受到了惊吓："天啊，怎么有这么多人！"但这时，她身边的布里萨元帅鞠了一躬，以真正的法式殷勤回答道："夫人，希望王储殿下不要不悦，因为您在这里看到的二十万人爱的都是您。"

玛丽·安托奈特对与人民的第一次见面留下了令人震惊的印象。她的天性不爱加以深思，但能够迅速领会，她永远只能靠直接的个人印象、靠自己的感官和引人注目的现象来领会事件的进程。只有在这几分钟里，当一望无尽的旗帜生气勃勃地摇摆着，四处传来呼喊声，到处的人们都在晃着帽子，无名的群众那温暖的浪涛涌向了她的时候，她才第一次意识到命运赋予自己的这个地位有多么光荣与伟大。之前人们在凡尔赛宫里称她为"王储夫人"①，但这只是上千个其他头衔中的一个头衔，是无穷无尽的贵族等级中更上面的一个僵化的等级，一个空洞的字眼，一个冰冷的概念。现在玛丽·安托奈特第一次从感官上领略到"法国王储妃"这个词的火热意义与骄傲预兆。她怀着震撼给母亲写信："上星期四我经历了一次节庆活动，我这一生都不会忘记它：那就是我们进入巴黎的入城式。我们都受到了可以想象出来的所有荣誉接待，但这并不是令我感触最深的，令我感触最深的是穷苦人民的柔情与热情，他们尽管受到税赋的压力，见到我们的时候还是洋溢着快乐之情。在杜伊勒里宫的花园里有庞大的人群，我们有整整三刻钟进退不得，在这次散步回来以后还不得不在开放的阳台上待了半个小时。我亲爱的母亲，我没有办法向你描述这一刻人们向我们迸发出来的热爱和欢乐。在我们撤退之前，我们又向人民挥手致意，他们感到很高兴。处于我们的地位真是幸福，如此轻松就能够赢得友谊。而且再也没有比这种友谊更珍贵的东西了，我感受到了这一点，永远也不会忘记这一点。"

这都是玛丽·安托奈特在写给母亲的信中发出的最为真切的个人感受。强烈的印象很容易影响她那飘忽不定的本性，这次美妙的震撼在于她什么也没有做，就得到了来自人民狂风骤雨般的热爱，这在她心里激起了某种充满感激与宽容的情感。但玛丽·安托奈特领会得快，忘记得也快。又来过几次巴黎以后，她就把欢呼声当作了自然而然的崇敬，当作了她的等级与地位所应得的东西，对此感到高兴，幼稚地拒绝深思，就像接受生命给她的一切馈赠。她觉得被群众那温暖

---

① 原文为法语。

的喧哗声所包围是一件奇妙的事情，被陌生人爱也是一件奇妙的事情：她继续享受着两千万人民的爱，把它当作她的权利，没有意识到权利也意味着义务，而如果感觉没有回报，即便最纯洁的爱在最后也会感到疲倦。

玛丽·安托奈特在第一次旅行时就征服了巴黎。但与此同时，巴黎也征服了玛丽·安托奈特。从这天起，她就迷上了这座城市。她经常驱车前往这座迷人而且永远不缺少享乐的城市，很快，她去得就有一点太频繁了。她有时在白天带着她所有的宫廷女侍穿着王侯的服装出去，有时在夜晚带一小批随从悄悄过去，去剧院、去舞会，以个人的身份，以令人难堪或者不太令人难堪的方式取乐。现在这个野蛮的少女摆脱了一成不变的宫廷时间表的规定，才意识到这座有几百扇窗户的大理石和石头制成的凡尔赛宫和它的宫廷屈膝礼、阴谋诡计和僵化的庆典是多么的无趣，三位爱讽刺、爱抱怨的姑母是多么的无聊，她却不得不早晨和她们一起做早祷，晚上坐在一起织袜子。整个宫廷流程在她看来刻意得就像僵尸一样，没有快乐，也没有自由，只是摆出丑陋的骄傲态度，永远和同一批人跳着同一首小步舞曲，做出同样精确的动作，对最小的失误表现出同样的惊讶，相比之下，巴黎却流淌着饱满而又自由的生命力。她觉得她好像是从温室逃到了新鲜空气中。在这里，在这座巨型城市的旋涡里，你可以消失然后再浮现出来，可以逃过日程安排那无情的指针，任由偶然摆布，在这里，你可以过自己的生活，可以享乐，在这里，你可以仅仅活在镜子里。于是现在，每星期固定有两三次，一辆豪华马车里坐着欢声笑语、浓妆艳抹的女人，在夜晚驶向巴黎，直到次日清早才返回。

但玛丽·安托奈特看到了什么呢？最初几天，她出于好奇心，还在参观各种名胜古迹、博物馆和大型商店，她参与了一场民间的节庆活动，甚至看了一场画展。但接下来的二十年里，她在巴黎的教育需求也就到此为止了。此后她就一头扎进了娱乐场所，她定期去听歌剧，看法国喜剧①和意大利喜剧②，去舞会，去化装舞会，去赌场，也就是属于今天富有的美国女人的"夜巴黎，欢愉之城巴黎"③。大多数时候，最吸引她的是歌剧院举办的舞会，因为化装舞会是唯一一个她这个地位的囚徒所能拥有一些自由的场合了。一个眼睛上戴着面具的女人可以找点乐趣，而一位王储夫人平时可不能这么做。可以找一位陌生骑士——无聊且无能的丈夫在家里睡觉——欢畅地交谈几分钟，戴着面具，可以和迷人的年轻瑞典伯爵费尔森④无所顾忌地聊聊天，直到宫廷女侍又把另一个人带进包厢里。可以跳舞，可以让灼热、灵巧的身体因为疲倦而放松下来：人们可以在这里无忧无虑地大叫，唉，人们可以在巴黎尽情地生活！但所有的这些年里，她从未走进过一位市民的家，从未出席过一次议会或者是学院的会议，从未造访过一家医院、一处市场，她一次也没有走进过她那些人民的日常生活。玛丽·安托奈特在探访巴黎的时候，始终停留在那个充满平庸娱乐的金碧辉煌的狭小圈子里，觉得对善良的人民微笑、漫不经心地回

---

① 原文为法语。

② 原文为意大利语。

③ 原文为英语。

④ 费尔森伯爵（1755—1810）：瑞典政治家，玛丽·安托奈特的情人，1779年起在法国军队中服役，接近法国王室。——编者注

应他们的问候就足够了。看啊，在她们晚上去剧院，走到舞台前沿的护栏前的时候，总有一群人心醉神迷地夹道欢迎，就连年轻的贵族和富有的资产阶级也发出欢呼。这位年轻的女人到任何地方都感到一种愉快的倦怠，认为人们在对她吵闹地寻欢作乐的行为表示赞同，但傍晚，她进城的时候"人们"刚刚疲倦地下班回家，早晨六点她离开的时候，"人们"又得去上班了。难道这样寻欢作乐，这样放纵地过着个人生活也是一种错误吗？玛丽·安托奈特怀揣着年轻的愚蠢和狂热，认为整个世界都在无忧无虑地享乐，就因为她自己无忧无虑、非常幸福。但就在她带着寻欢作乐的随从，毫无预感地以为自己离开了宫廷，以人民的方式来到了巴黎的时候，她实际上坐在镶了玻璃、装了弹簧的奢华马车上飞驰，整整二十年都与真正的人民，与真正的巴黎擦肩而过。

巴黎人民欢迎她的强烈印象改变了玛丽·安托奈特心里的某些东西。外界的称赞总是会增强内心的自信：一位年轻女子，如果有成千上万的人来证实她容貌美丽，立刻就会因为知道自己的美丽而变得更美。这个羞涩的少女也是这样，她迄今为止在凡尔赛宫里都觉得自己是个多余的外来者。但现在，她心里有一种新生的、她自己也觉得意外的骄傲冲散了所有的羞怯与不安全感。那个被使者和忏悔神父、被姑母和亲戚管束，蹑手蹑脚地穿过房间，在每一个宫廷女侍面前低垂着头的十五岁少女不见了。现在，玛丽·安托奈特一下就学会了人们期待已久的高贵姿态，她从内心变得挺拔起来，迈着优雅的步子从所有宫廷贵妇的身边走过，把她们都当作自己的臣民。她的女性因素和人格特点开始萌芽，甚至她的字迹都一下子产生了变化：之前歪歪斜斜、非常幼稚的巨大字体现在突然具有了女人的纤细，写在精致的明信片上。虽然她心里的焦躁、粗心、疏忽和不假思索并没有完全从她的字迹里消失，但这些字迹已经开始表达出某种确切的独立性。可以说，现在这个少女身上，那种熊熊燃烧的、受到感情怂恿的青春已经完全成熟，想要过自己的生活，想要爱上某个人。但政治将她和这个还不能算是一个男人的愚蠢丈夫捆绑起来，而玛丽·安托奈特心里并不知道还可以爱上别的什么人，她就爱上了自己。甜美的谄媚之毒在她的血管里热烈沸腾。她越是受到赞美，就越想要得到赞美，她还没有在法律上成为王后，就想要让整个宫廷、整个城市和整个王国都因为她女性的优雅而对她称臣。一旦她自觉地认识到了自己的力量，她就感觉到了想要自我证明的渴望。

这位年轻女性的第一次尝试，有关她到底能不能改变现状，有关她到底能不能将自己的意志强加在整个宫廷与意志之上，有幸她成功了。几乎可以说，这真是一个例外，一个绝妙的奇迹。大师格鲁克完成了歌剧《伊菲盖妮》，想要在巴黎进行首演。对音乐氛围极好的维也纳宫廷来说，他的成功是一桩艺术上的荣耀，玛利亚·特蕾莎、考尼茨和约瑟夫二世都期待王储妃可以为这场演出扫平道路。玛丽·安托奈特的艺术鉴赏力绝不突出，无论是在音乐领域，还是在绘画和文学领域。她有一种自然的品位，但是没有经过独立地检验，而只是保持着漫不经心的好奇，顺从于每种新鲜的潮流，对社会上所有得到认可的事物都表现出三分钟热度。玛丽·安托奈特缺乏深刻的理解力，从来没有完整地读过一本书，只懂得回避所有深入的谈话，她的性格并不具有做出真正判断的前提条件：严肃、敬畏，勤奋苦干和深思熟虑。她只熟悉毫不费力的享乐，绝不了解真正的艺术享乐。在音乐方面，她也像在所有其他方面那样，只是漫不经心地付出了一点努力，在大师格鲁克的钢琴课上没有取得什么成绩，业余弹奏一点羽管键琴①，有时候在舞台上演演戏，在私密的小圈子里唱唱歌。她根本无法注意到她的同胞莫扎特就在巴黎，因此自然也完全无法在事先就领会《伊菲盖妮》的创新和光耀之处。但是玛利亚·特蕾莎叫她把格鲁克的事情放在心上，她也的确对这个外表阴沉、肩膀宽阔、和蔼可亲的人有一种奇妙的好感，此外，因为巴黎的意大利歌剧院和法国歌剧院正在密谋对抗这位"野蛮人"，她就想利用这个机会展示自己的力量。她立刻强迫那些宣称"无法上演"的宫廷乐师接受任务，马上开始排练。显然，她对这位身材粗壮、脾气暴躁、拥有伟大艺术家的狂热不屈特质的人的庇护过程没有那么轻松。他在排练时愤怒地斥责那些娇生惯养的女歌手，她们去找自己的亲王情人哭诉，他无情训斥那些不习惯精准性的乐师，在歌剧院里像暴君一样发出咆哮，人们在紧闭的门外只能听到雷鸣般的咆哮声，他有几十次威胁要把一切扔下，返回维也纳，只是因为他的恩主是王储妃，这场丑闻才没有发生。最终，首演定在1774年4月13日，宫廷已经预定了座位和豪华马车。这时，一个歌手突然病了，必须马上用另一个替补。不，格鲁克下

---

① 羽管键琴：钢琴的前身。

令，首演必须延期。人们绝望地恳求他，他到底是怎么了，宫廷都已经做好安排了，一位作曲家，更何况是一位外国市民阶层的作曲家，怎么敢因为一位歌手的缺席就违逆崇高宫廷的命令，违背至高主人的安排呢。这一切他都不在乎，这个顽固的乡下人喊着，他宁可把歌剧总谱扔进火里，也不能让歌剧在不完美的条件下上演，他怒气冲冲地跑向了自己的恩主玛丽·安托奈特，而她觉得这位富有野性的人很有意思。她立刻站在了"好格鲁克"①的这一边，因为王储妃的不满，马车被退掉，首演被推迟到了19日。此外，玛丽·安托奈特还让警察局长采取措施，阻止身居高位的人们对这位出身卑微的作曲家吹口哨，发泄不满：她给人留下的所有公开印象都是，这个同胞的事情就是她的事情。

　　《伊菲盖妮》的首演的确是一次凯旋，但与其说是格鲁克的凯旋，不如说是玛丽·安托奈特的凯旋。报纸和公众表现得冷若冰霜，他们发现，这部歌剧"有一些部分很精彩，有一些很平淡"，因为在艺术领域，伟大而英勇的尝试总是很难在一开始就被顽固的公众所理解。但是玛丽·安托奈特把整个宫廷都拉来观看首演，甚至她的丈夫这次也必须参加。他在平时可不会为了音乐而牺牲狩猎，对他来说，一头鹿比九位缪斯加在一起都重要。既然合适的氛围没有立刻出现，玛丽·安托奈特就在每一曲之后，在自己的包厢里带头鼓掌，小叔子和他们的妻子就不得不出于礼貌鼓掌，于是整个宫廷也就跟着使劲鼓掌，这样，即便有许多阴谋活动，这天傍晚还是被载入了音乐史。格鲁克征服了巴黎，玛丽·安托奈特第

---

① 原文为法语。

一次公开贯彻了她对整座城市和整个宫廷的意志：这是她人格的第一次胜利，是这个年轻女人在整个法国面前第一次公然展示她的力量。再过几个星期，王后的头衔将正式赋予她这种已凭自己的力量独断地实施了的权力。

第六章　国王驾崩，国王万岁！

1774年4月27日，国王路易十五在狩猎的过程中突然感到疲惫。他感到严重的头痛，回到了他最喜爱的驻地特里亚农宫。晚上，医生就发现他在发烧，于是将杜巴丽夫人带到了他的驻地。第二天早晨，他们就满心忧虑地敦促国王返回凡尔赛宫。即便是铁面无私的死神也必须遵从于更加铁面无私的宫廷礼仪规定：一位法国国王只能躺在华丽的王室大床上卧病不起，也只能在那里逝世。"我们去凡尔赛宫，陛下，您很快就要重病不起了。"①在凡尔赛宫，人们立刻安排了六名医生、五名手术师和三名药剂师，整个病房里一共有十四位工作人员，每个人在每个小时里为国王测量六次脉搏。但诊断是依靠一个偶然事件才做出的。傍晚时分，一个佣人举起蜡烛，其中一位工作人员发现了国王脸上出现了骇人听闻的红斑，一瞬间内，整个宫廷和整个城堡都知道了是怎么回事：天花！一阵恐惧席卷了巨大的宫殿，人们开始担心传染的问题，事实上，在之后的几天里确实有一些人被传染。朝臣们更担心的事情甚至是，如果国王死亡，自己的地位是否会受到影响。国王的女儿们展现出了真正的勇气与虔诚，她们整天整

———————————————
①　原文为法语。

夜地守在国王的床边，在夜间，杜巴丽夫人怀着满腔的献身精神守在病房里。与之相反的是，王位继承人们，也就是王储和王储妃都因为家规而被禁止进入病房，因为有被传染的风险：在这三天里，他们的生命突然变得珍贵了许多。现在宫廷突然分成两半。老一代人在路易十五的病榻前守候着，颤抖着，那是昨天的强权，她们是姑母们和杜巴丽夫人，她们很清楚，她们的权力将会随着这双高烧的嘴唇上的最后一丝呼吸而告终。新的一代人聚集在另一个房间里，他们是未来的国王路易十六、未来的王后玛丽·安托奈特还有普罗旺斯伯爵，只要后者的哥哥路易没有下定决心，生儿育女，他就始终在心里觉得自己是未来的王位继承者。两个房间之间隔着命运。没有人可以走进病房，那里权力的夕阳正在坠落，也没有人可以走进另一个房间，那里一轮新的权力的太阳正在升起：在中间，在大前厅里，成群的宫廷人士都在焦急地等待着，摇摆不定，不知道该对哪一方表达愿望，是对垂死的国王，还是即将即位的国王，是去往落日，还是走向朝阳。

在这期间，致命的疾病摧毁了国王已经衰老、朽化殆尽、筋疲力尽的身体。他依然活着的身体可怕地肿胀起来，长满了水泡，他的意识始终存在，身体却开始了恐怖的溃烂。三个女儿和杜巴丽夫人需要很大的勇气才能坚持下来，因为尽管开着窗户，恶臭还是在国王的卧室弥漫开来。很快，医生就离开了，他们放弃了这具身体——现在开始了另一场斗争，为了这个罪恶的灵魂而搏斗。但令人震惊的是，神父拒绝走到病榻前，让他做忏悔，给他领圣体。临终的国王已经过了那么久不虔诚的生活，已经享尽了淫欲，得先证明他有悔改的欲望。要清除他悔改路上的绊脚石——也就是绝望地守在他床边的那个情妇，他们很长时间以来都以反基督教的方式生活着。国王在可怕的最后时刻赶走他心里唯一一个牵挂的人，感到很艰难。但对地狱烈火的恐惧越来越紧地卡住他的咽喉。他用窒息的声音与杜巴丽夫人道别，她立刻就悄悄被一辆马车带到了附近的卢埃小宫殿，她就要在那里等待，如果国王再次康复，她才能够返回凡尔赛宫。

只有到这个时候，在按照道德习俗表现过悔悟以后，忏悔和领圣体才有可能进行。现在，三十八年来宫廷里最清闲的人终于走进了国王的卧室，那就是陛下的忏悔神父。门在他身后关闭，前厅里好奇的宫廷人士都为无法听到这位鹿苑国王的罪孽名录（应该会很有趣！）感到遗憾。但是他们手握怀表，在外面小心地数着时间，这些热爱丑闻的恶毒之人至少要算一算路易十五需要多久才能讲述完所有的罪行和放荡行为。最终，在整整十六分钟后，门再次打开了，忏悔神父走了出来。但是已经有些迹象显示，路易十五最终并没有得到宽恕，因为这位君主已经有整整三十八年没有去过教堂，他罪孽深重的心灵就在孩子们的众目睽睽之下生活在丑闻和肉欲之中，只有在更深刻的表示卑躬屈膝之后，他才能够得到救赎，一次隐秘的忏悔还不够。就因为他曾经是世界上的至高君主，以为他可以无忧无虑地凌驾在神的律法之上，所以教会要求他在至尊的上帝面前躬身。有罪的国王必须当着所有人公开自己罪孽深重的一生，公开宣布悔改。然后他才能够领圣餐。

次日早晨，发生了壮观的一幕：基督教世界最强大的专制君主不得不在人群面前为自己的罪行进行基督式的忏悔。整个宫廷的台阶上都站满了全副武装的贴身侍卫，从小礼拜堂直到国王的病榻都夹道站立着瑞士雇佣兵，鼓点沉闷地敲响，而高级神职人员那庄严的队伍拿着圣爵①走到华盖下面。每个人手里都举着燃烧的蜡烛，王储和他的弟弟们、王子们和公主们走在大主教和他的随从身后，为了陪伴最圣洁者一直走到门边。他们在门槛上停下，跪在地上。只有国王的三个女儿和没有继承权的王子们可以和高级教士走进病房。

人们在悄无声息的寂静中听见红衣主教低声致辞，人们透过敞开的门看到他施与圣餐。然后他走到——突然充满了惊恐和敬畏的惊讶——前厅的门槛上，提高声音对聚在一起的整个宫廷说道："我的先生们，国王委托我告诉你们，他请求上帝原谅他对上帝的侮辱和他为自己的人民树立的坏榜样。如果上帝能使他恢复健康，他保证进行赎罪，支持信仰，令人民的生活变得轻松。"人们听到床边传来轻微的呻吟。只有站在最近处的人才能听清，这个垂死的人如在地狱："我真希望我有力气说出这句话。"

现在发生的只是惊恐。不是一个人在死去，而是一具肿胀的、漆黑的尸体在腐朽。但路易十五的身躯奋力抗拒着不可抗拒的磨灭，好像所有波旁先祖的力量都聚集到了他的身上。这一天对所有人来说都非常可怕。佣人因为恶臭晕厥，三个女人怀着最后的力气看守着他，医生早就放弃了期望，整个宫廷越来越焦躁地等待着这幕可怕的悲剧即将到来的终结。楼下的豪华马车几天前就套上了马匹，因为要避免感染，等到老国王咽下最后一口气，新国王路易就要立刻带着全部随从赶往舒瓦瑟尔宫。骑士们已经装好马鞍，行李已经收好，佣人和马车夫在楼下等了一个又一个小时。所有人都只盯着垂死者窗内那一小支燃烧的蜡烛——这是大家约定的信号——它将在大家都心领神会的

①　圣爵：盛放圣体的金杯。

那一刻熄灭。但这位波旁老国王的庞大身躯还是抗争了一整天。最终，在5月10日，星期二，下午三点半，蜡烛熄灭了。低语声顿时变成了一片喧哗。消息从一个房间传到另一个房间——像奔流的巨浪，呼喊声像渐长的风声："国王驾崩，国王万岁！"

玛丽·安托奈特和她的丈夫在一个小房间里等待着。他们突然听到神秘的喧哗声越来越响亮，从一个房间到另一个房间，难以理解的浪涛越传越近。这时，就好像暴雨袭来，房门打开了，诺埃伊夫人走了进来，跪下来，成了第一个问候王后的人。其他人跟在她后面挤进来，越来越多的人，整个宫廷都挤了进来，因为每个人都想快点过来表达自己的殷勤，每个人都想参与到第一批恭贺的人们中间，以彰显自己的存在。鼓声敲响，军官们挥舞匕首，几千副嘴唇同时咆哮着："国王驾崩，国王万岁！"

玛丽·安托奈特走进这个房间的时候还是王储妃，走出去的时候却成了王后。人们在那个被人抛弃的房间里松了口气，把路易十五那呈现出蓝黑色的、难以辨认的遗体迅速放进了准备好的棺木，想要尽可能地避免被人群看到。与此同时，豪华马车载送着新国王与新王后穿过凡尔赛宫镀金的花园大门。人民在街道上对他们欢呼，好像旧日的苦难也随着老国王的生命走向了终结，而新的国王开启了一个新世界。

爱说胡话的康庞老夫人①在自己那部时而甜蜜、时而辛酸的回忆录里写道，路易十六和玛丽·安托奈特在得知路易十五驾崩的消息时

---

① 康庞老夫人：约翰娜·康庞（1752—1822），玛丽·安托奈特的第一贴身女侍，是王后的心腹，曾在法国大革命期间保护过王后。王后被囚禁后，她被迫离开巴黎。1823 年，她有关玛丽·安托奈特个人生活的回忆录出版。

跪倒在地，抽泣着高呼："上帝啊，保护我们吧，我们太年轻了，无法治理一个国家。"这是一个非常感人的轶事，"天知道该怎么办"，很适合收入在儿童寓言里。只是可惜，这个故事就像大多数有关玛丽·安托奈特的轶事一样，有一个小缺点，就是编造得太笨拙、太不符合心理学了。因为这种伪善的感动真的不适合冷血的路易十六，他根本没有理由为了这一事件感到震撼，因为八天以来，整个宫廷都手握怀表，每个小时都在期待这件事情的发生，这也不适合玛丽·安托奈特，她那无忧无虑的心就像接受任何馈赠一样接受了这一刻的馈赠。这并不是因为她有统治的欲望，也不是因为她已经急不可待地想要掌权，玛丽·安托奈特从来没有梦想过成为一位伊丽莎白女王、一位叶卡捷琳娜大帝或者一位玛利亚·特蕾莎女皇：她心灵的能量太少，她精神的广度不够，她的性格过于懒散。就像每个资质平庸的人一样，她的愿望不会超过她自身太远。这个年轻女人没有什么想强加在世界之上的政治理念，也不喜欢欺辱或者是压迫别人，她只是拥有一种倔强的、经常显得幼稚的本能的独立性，她从青年时期就拥有了这一特质，她不想要统治，但也不让任何人统治她和影响她。当女主人对她来说仅仅意味着自身的自由。在三年的管束与监督之后，她终于第一次觉得不受限制了，因为没有人可以命令她停下来了（因为严厉的母亲住在千里之外，她微笑着对俯首帖耳的丈夫那生气的抗议表示轻蔑）。从王储妃晋升为王后是至关重要的一步，让她终于凌驾所有人之上，她不再附属于任何人，只听任自己那专横的脾气。直到这时，姑母们的哭闹才结束，她是否可以参加歌剧舞会也不再需要国王恩准，她痛恨的对手，也就是杜巴丽夫人的骄横也结束了。明天这个

"宠物"①就要被永远流放，她的钻石再也不会在晚宴上闪闪发光，再也不会有王公贵族挤到她的闺房②里吻她的手了。玛丽·安托奈特感到骄傲，而且并不因为自己的骄傲感到耻辱，她紧紧抓住落到她头上的王冠："尽管上帝让我在降生的时候就属于最高的等级，具有我现在拥有的地位，"她给自己的母亲写信，"我还是不禁赞美上帝的好意，选中我，选中您最小的孩子来到了欧洲最美丽的王国。"如果谁在这份宣言中没有听到她强烈的喜悦，那么他的耳朵就太粗糙了。正因为她只感受到了自己地位的伟大，没有感受到她的责任，玛丽·安托奈特才无忧无虑、异常欢快地登上了王座。

她刚登上王座，心里就喧响着欢呼。他们还什么都没有做，什么都没有保证，什么都没有维持，人们就已经开始热情欢迎这两个年轻的统治者了。黄金时代是不是开始了，永远相信奇迹的人民认为，既然那位吸骨髓的情妇已经被流放，冷漠的老淫棍路易十五已经被埋葬，既然有一位年轻、单纯、节俭、谦逊和虔诚的国王，一位迷人、年轻可爱又善良的王后来统治法国？所有的橱窗里都陈列着这对新人的肖像，人们还怀着全新的希望热爱着这对国王夫妇。他们的所有举动都会受到热烈欢迎，整日惊恐的宫廷也兴高采烈起来：现在又是舞会与阅兵式，欢乐与新生的欲望，年轻的统治者与自由。所有的钟楼都敲响丧钟，整个法国都发出清新和欢愉的声音，好像在节日一样。

整个欧洲，只有一个人对路易十五的死亡感到真正的震撼，她内心充满阴沉的预感，那就是玛利亚·特蕾莎女皇。作为女皇，三十

---

① 原文为法语。

② 原文为法语。

年的辛勤劳作让她深知一顶王冠的重量，作为母亲，她深知自己女儿的弱点和缺陷。她真心希望女儿登上王座的时间能再推迟一些，直到这个头脑轻率、无拘无束的少女能够稍微成熟一些，能够抵制住挥霍的诱惑。这位老妇人的内心变得越来越沉重，感到阴沉的预感压抑着她。"我非常震惊，"她在收到消息以后写信给一位信任的使者，"我更担心我女儿的命运，她的命运一定会变得非常伟大或者非常不幸。国王、部长和国家的地位无法向我证明任何使我安心的东西，而且她那么年轻！她从来都不懂得什么是严肃的追求，也许以后也不会，或者几乎不会再有这样的追求了。"她忧心忡忡地回应女儿骄傲的宣言："我不会祝贺你新近获得的荣誉，它的代价很昂贵，如果你不能下定决心，过上安定和无罪的生活，它的代价还会更为昂贵，多亏你善良的岳祖父的仁慈和照顾，你这三年就过着这样的生活，他为你们两个赢得了你们民族的赞同和热爱。这对你们目前的地位是一个很大的优势，但现在我们要知道如何维持这个优势，如何为了国王和国家的利益，正确地利用这个优势。你们两个都还太年轻，这份负担太过沉重，因此我很担心，真的很担心……我现在能给你们的所有建议就是，不要着急，用自己的眼睛观察所有事情，不要做出改变。顺应事情的发展，否则最终会导致混乱和阴谋，你们，我亲爱的孩子们，很可能会陷入混乱，几乎无法抽身而退。"女皇根据多年的经验，从远处以卡珊德拉式的目光将法国摇移不定的境况看得比任何一个从近处观看的人都清楚，她诚恳地向这两个人呼吁，首先要保证和奥地利的友谊，以此就确保了世界和平的问题。"我们两个国家只需要相安无事，维持自己的事务有序地进行。如果我们紧密结合，继续行动，就没有人可以破坏我们的工作，欧洲将会快乐地迎来幸福和安宁。不仅仅是我们的人民会感到幸福，而且所有国家的人民都会感到幸福。"

但她对自己的孩子提出最为迫切的警告的却针对的是她个人的轻率，是她耽于享乐的特点。"在你身上，我最担心的就是这一点。你有必要从事一些严肃的事情，最首要的是，不要被误导，从而大量挥霍。一切都取决于我们期待之外的这个幸福开端能否持续下去，你们两个使人们幸福的同时也会使自己得到幸福。"

玛丽·安托奈特被母亲的忧虑所感动，再三向她做出保证。她承认自己在从事严肃的活动方面存在缺陷，发誓改正。但老妇人的忧虑具有先知的色彩，她无法放下心来。她不相信这顶王冠会带来幸福，不相信她的女儿。当整个世界都在围绕着玛丽·安托奈特发出欢呼，对她表示嫉妒的时候，女皇在写给那位受信任的大使的信里发出了母亲的叹息："我觉得她最好的日子已经结束了。"

第七章　国王夫妇的肖像

在加冕礼后的最初几个星期里，各地的铜匠、画家、建筑师和纪念币铸造师都忙得不亦乐乎。整个法国都怀着匆忙的激情，搬走早就不再"备受爱戴"的国王路易十五的肖像，喜气洋洋地给新任国王夫妇戴上花环：国王驾崩，国王万岁[①]。

一个熟练的纪念币铸造师根本不需要太多的谄媚艺术，就能给路易十六那张善良的庸人脸孔加上些许的帝王气质。因为除了短粗的脖颈，这位新国王的头颅绝对称不上不高贵：平坦而又后仰的额头，坚强的、几乎是勇敢的鼻峰，丰厚而敏感的嘴唇还有肉嘟嘟的、但是形状优美的下颌，圆润的脸孔，侧面看起来非常庄严，可以说是惹人喜爱。最需要进行美化的是他的眼神，因为这位高度近视的国王如果不戴长柄眼镜，三步之外就认不清了。雕刻师[②]的刻刀必须在这里费一番功夫，才能给这双眼皮沉重、眼神空芒的牛眼增加一点权威。路易身型庞大，举止也笨拙，穿着礼服显得

---

① 原文为法语。

② 原文为法语。

挺拔却软弱，所有的宫廷画家都已经陷入了困难，因为这个年轻发胖、行动不便的人因为近视眼显得非常可笑，尽管路易十六身高接近六英尺，但在所有公众场合都显得像一个悲惨的人物（"可以见到的最糟糕的外形"[①]）。他笨重地走在凡尔赛宫的镶木地板上，摇晃着肩膀，"像一个农夫推着犁耙"，他既不会跳舞，也不会玩球。如果他匆匆迈步，他就会绊倒在自己的佩剑上。这个可怜人很清楚自己身体上的笨拙，于是感到尴尬，这种尴尬又演变成愚笨：所以每个人的第一印象都是，自己看到的法国国王是个可怜的蠢货。

但路易十六一点也不愚蠢，内心也并不狭隘。只是在公开亮相的时候，近视和精神上的羞怯（后者很可能是因为性方面缺乏男子气概）给他造成了可怕的障碍。每次交谈对于这位羞怯到病态的国王都是一次精神上的搏斗，因为路易十六知道，他思考问题的时候缓慢而痛苦，于是面对聪慧、机灵、能干和能言善辩的人有一种说不出来的恐惧，这个诚实的人在他们面前会感受到自己的笨拙，从而感到羞耻。可是如果人们给他时间组织思想，不要逼他快速地做出决定或者是给出回答，他就会让对他持怀疑态度的对手约瑟夫二世或者彼济翁[②]感到震惊，因为他虽然说不上思路出众，但却具有诚恳、直率和健全的理解力。一旦他成功克服了自己那种神经质的

[①]　原文为法语。

[②]　彼济翁：热罗默·彼济翁·德·维勒奈夫（1756—1794），法国政治家，法国大革命前为一外省律师，1789年作为第三等级代表参加三级会议，1790年任国民议会主席，1791年任巴黎刑事法庭庭长，负责押送国王全家，同年当选巴黎市长和国民委员会主席。后受罗伯斯庇尔攻击，逃亡途中死于狼群攻击。

羞怯，他就会表现得完全正常。总体来说，相比于讲话，他更喜欢阅读和写作，因为书籍很安静，也不会逼迫他。路易十六热爱阅读（人们很难相信这一点），可以说是博览群书，他在历史和地理方面有着丰富的知识，他还不断地精进着自己的英语和拉丁语水平，此外他还有出色的记忆力。他的文件和账簿都一丝不苟，秩序井然。每天晚上，他都以清晰、圆润、整洁得几乎像印刷体的字体，以虔敬的冷静将自己的生活写进日记里（"射死了六头鹿""进行通便"），完全感受不到所有世界史上重大事件的震撼——总而言之，这是一个资质平庸、无法独立的有识之人的典型形象，天性适合当一名可靠的海关检查员或者是办事官员，在重大事件的阴影下从事一些纯粹的机械劳动和次要的活动，他适合做一切工作，只有一件工作无法胜任：当统治者。

　　路易十六性格里真正的灾难之处，在于他的血液里流淌着铅。某种壅塞、沉重的东西堵住了他的血管，所有事情在他看来都是艰难的。这个诚恳而又努力的人总是不得不克服某种物质障碍，克服心里的某种睡意或者是醉意，才能够做什么、思考什么或者只是感受什么。他的神经就像松弛的橡皮筋，拉不紧，松不开，无法挥动，迸发不出电光。这种天生的神经迟钝使得路易十六无法表达出任何强烈的感情：爱情（无论是精神意义还是物理意义上的）、友情、欲望、恐惧、痛苦、害怕，所有这些情感元素都无法穿透这层冷漠的皮相，就连直接的生命危险也无法将他从这种冷漠里唤醒。当革命军冲进杜伊勒里宫的时候，他的脉搏没有一秒变得更快，上断头台的前夜也不能使他得到愉悦的两大支柱——睡眠与食欲，得到撼动。即便是被手枪抵住胸口，这个人也绝不会脸色发白，不会从沉闷的眼睛里迸发出怒火，没有什么能够吓倒他，也没有什么能够使他兴奋。只有最艰苦的劳作，比如射击和狩猎，可以至少让他的身体在外表上活动一下。所有柔和、精美、优雅的东西，也就是艺术、音乐和舞蹈都没有办法触及他的感知范围，任何一位缪斯和任何一位神灵都无法让他那迟钝的感官振动起来，甚至连厄洛斯①也不行。除了他的祖父指定做他的妻子的那个女人，路易十六在二十年里从来没有渴望过另一个女人，他幸福而满足地待在她的身边，就像他满足地看待一切一样，他几乎无欲无求。因此，命运真是开了个恶毒的玩笑，恰好是要求这个迟钝得像动物一样的人来做出整个世纪史上最重要的决定，要求这个喜欢安逸的人面对世界上最可怕的灾难。因为就在行动开始的时候，意志的肌体应该绷紧，或是做出抵抗，但这个身强体壮的人却在某种最为可悲的层面上是软弱的：每个决定都会让路易十六感到最可怕的尴尬。他只能屈服，只能做别人希望他做的事情，因为他自己除了平静、平静和平静之外根本就是一无所求。他受到逼迫和惊吓，像每个人保证会按照他们的要求做，又同样软弱而痛快地答应另一个人相反的要求。只要你能够走近他，你就已经征服了他。这种莫名其妙的软弱使路易十六不断地犯下无辜的罪行，以最诚实的方法做了不诚实的事情，被他的妻子和部长当球抛来抛去，一个软弱的国王，他不快乐，也没有态度。如果人们让他安静地待着，他就能够感到幸福，如果他真的要去统治国家，他就会陷入绝望。如果革命没有把利斧砍进这个温和而迟钝的人那粗短的脖颈里，而是给他一处小花园和一株毫无意义的植物，他就会比兰斯大主教把法国王冠戴在他头上

---

① 厄洛斯：古希腊神话中的爱欲之神。

的时候感到更幸福，二十年来他就冷漠地戴着这顶王冠，既无骄傲，也无尊严。

就连最爱奉承的宫廷诗人也不敢把这样一个善良而又缺乏男子气概的人奉为伟大的君主。与之相反，王后得到的却是各种形式、各种词汇的赞美，被做成大理石像、陶土人像、素瓷人像、蜡笔绘画和精巧的象牙微雕，被写进优雅的诗篇，所有艺术家都在狂热地竞争，因为她的脸孔、她的举止都恰好完美地反映了这个时代的风尚。温柔、纤细、优雅、迷人、轻佻而娇俏，十九岁的女王从一开始就成了洛可可风格的女神，成了时尚的典型和良好品味的主导人士。如果有一位女士想要变得美丽而迷人，就要努力模仿她。可是玛丽·安托奈特的面孔既无深刻内涵，也无法给人留下特别的印象，她平滑、形状优美的鹅蛋脸有一些小小的不规则的尖锐之处，比如哈布斯堡家族那厚重的下嘴唇，还有那有些平坦的额头，她既不因为富有灵性的表情而显得迷人，也不具有个人色彩明显的特征。这张尚未完全舒展、还对自己颇为好奇的少女面孔有些冷漠和空荡，就像均匀上色的珐琅，直到之后几年的少妇生活里，她的身上才表现出某种庄严的丰盈与果决。只有那双柔软的、目光游离、容易流泪、却又很快会在游戏作乐中迸发出光闪的眼睛暗示着她感情的活跃，近视让她那双柔和的、不很深沉的蓝眼睛显出某种飘摇又感人的特质。但这张洁白的鹅蛋脸没有一处表现出坚强意志所刻下的坚硬线条：人们只能察觉到某种软弱、某种易于屈服的天性，容易听从别人的声音，非常女性化，总是只遵循自己感受的洪流。这种温柔的优雅也是玛丽·安托奈特身上最为人所称道的地方。这个女人身上真正美丽的实际上只有她那最为本质的女性特质，她那茂密的、闪烁着红光的灰金色的头发，她那瓷白色的柔滑肌肤、丰满柔软的身材，还有她那象牙一样光滑、柔软而又圆润的双臂的曲线，她那经过了精心保养的双手，这种少女初绽的芬芳尽管具有过于短暂、业已升华的魅力，却胜过了所有的模仿品所能让人感受到的内容。

因为即便是她肖像里少部分的杰作也无法向我们展示她最为本质的天性和她最为个人化的影响力。油画几乎总是只能传达一个人被迫保持不动的姿势，而玛丽·安托奈特最根本的魔力就在于她的一举一动那难以模仿的优雅。只有在鲜活的举止之中，玛丽·安托奈特的身体才会显露出与生俱来的音乐性。如果她抬高纤细的脚踝，纤长的身子穿过镜厅里夹道欢迎的人们，如果她娇俏地在一张扶手椅上顺从地靠下来，和人开始聊天，如果她突然跳起来，沿着台阶轻捷地跑下去，如果她用自然的优雅姿态将白得发光的手伸出来，让人亲吻，或者是轻柔地把自己的手臂环抱在一位女友的腰上，她的举止会显得毫不费力却又完美无缺，完全出自女性身体的本能。"当她站立的时候，"平日里相当冷漠的英国人霍拉斯·沃尔波尔①迷醉地说道："她就是一尊美丽的雕像，当她走动的时候，她就是优雅的化身。"的确如此，她骑马和玩球的时候就像一位亚马逊女战士②。无论在哪里，只要她那柔韧而富有天赋的身体开始了动作，她就超越了所有人，成了宫廷里最美丽的女士，不仅仅灵

---

① 霍拉斯·沃尔波尔（1717—1797）：英国作家、政治家、艺术家，英国首相奥尔福特伯爵的第四个儿子。

② 亚马逊女战士：古希腊神话中，在黑海北部的赛西亚地区居住着一个名为Amazon的纯女性部落，由高大剽悍、作战勇猛的女战士组成。她们由女王统治，崇拜战神阿瑞斯，认为自己是战神的后代。为了传宗接代，她们每年都会和附近的部落举行联姻大会，生下的女婴会留下，男婴则会被杀死或返还给父亲。——编者注

巧，而且具有感官上的魅惑性。着迷的沃尔波尔曾经激烈地反驳那些有关她跳舞并不总是符合节奏的指责，说那肯定是音乐错了。出于某种清楚的直觉——每个女人都了解属于自己的美的法则——玛丽·安托奈特生性好动。她真正的性格充满了不安，不愿意静坐、听讲、阅读、倾听和思考，甚至睡觉在某种程度上对她来说都是难以容忍的对耐心的试炼。只有来回奔忙，不断地开始做一件事，再去做其他事，什么都不做完，总是忙来忙去，而不是严肃地追求什么。总是觉得时间没有静止，只要赶上时间，追上时间，超过时间！吃饭要快，只能匆匆吃几口甜食，睡眠要短，不要长久思考，只要不停地继续忙碌！玛丽·安托奈特做王后的二十年就是永恒的、围绕自我进行的旋转运动，从不关注外在的或内在的目标，在人格上和政治上都完全没有任何进展。

这种不安定的气质，这种从不关注自己内心的态度，这种自我荒废属于一种巨大的、只是用错了地方的力量，这也正是玛丽·安托奈特的母亲对她恼火的原因：这位了解人心的老妇人清楚，这个女孩有天赋，也有灵气，本来可以比现在发展得好几百倍。玛丽·安托奈特只需要做她自己，就能够拥有国王的权力。但是，灾难在于，她始终舒适地安于自己的精神水平。作为一个真正的奥地利人，她无疑拥有许多天赋，可惜她就连一点严肃地运用或者深入地发展自己天赋的意志力也没有：她轻率地消磨着自己的天才，只是为了自我消遣。"她最初的冲动，"约瑟夫二世这样评价她，"永远都是正确的，只要她能够坚持下去，再多加上一点思考，她就会变得超凡出众。"但是对于她那任性的脾气，就连这一点思考也已经成了负担。任何不是一时兴起的思想对她来说都意味着艰苦奋战，她那任性而无拘无束的天性憎恨所有精神层面的奋战。她只想要游戏，只想轻率地对待所有人和所有事情，不想付出努力，也不想进行真正的工作。玛丽·安托奈特说话只用嘴巴，不用脑袋。如果别人对她说话，她都是漫不经心地，时听时不听，在对话的过程中，她的迷人的魅力和闪烁的轻盈魅惑着别人，她的所有思想还没有编结成型，就再次崩散，她什么也不保证，什么也不思考，什么书也不读完，从来不为了汲取出某种意义和真正的经验而去钻研任何一个知识点。因此她从来不需要书籍、国家文件、严肃事务、耐心和专注力，只是非常不情愿地匆匆涂写完最重要的信件。即便是写给母亲的家书，也能够清清楚楚地看出她想要仓促写完。千万不要抱怨生活，不要让头脑变得阴沉、乏味或者是忧郁！谁掩饰了她那懒于思考的特点，她就认为谁是最聪明的人，谁要求她进行艰苦的奋战，她就认为谁是迂腐的学究，她就这样一举疏远了身边所有骑士和女性朋友们中间那些理智的劝告者。她只愿意享乐，只愿意不受到思考、计算和俭省的干扰，她就这样想，她圈子里的所有人也都这样想。只为感官活着，而不去思考。整整一代人的道德就是如此，十八世纪①就是如此，命运充满象征性地让她成了女王，她显然也要和这个时代一同降生，和这个时代一同灭亡。

没有一位诗人能够想象出这对极为不同的夫妇之间的显著性格差异。直到身体的神经末端，直到血流的节奏，直到他们脾气的每一次震动，玛丽·安托奈特和路易十六在所有的特征上都呈现出完全对立的特点。他沉重，她轻盈，他笨拙，她灵巧，他沉闷，她欢快，他

_____

① 原文为法语。

神经迟钝，她热情似火。在内心深处也是这样：他犹豫不决，她决心果断，他长久思考，她全凭兴致说出"是"还是"不是"，他非常虔信，她幸福地热爱着世界，他谦虚有礼，她娇俏自信，他富有学究气质，她做事轻佻，他节俭，她挥霍，他过度严肃，她过度爱玩，他的思想里有静水流深，她的脑子里全是泡沫和飞舞的浪花。他觉得最舒服的时候是自己待着，她则喜欢热闹的社交圈，他喜欢怀着动物般的饕餮大吃特吃，畅饮烈酒，她却滴酒不沾，吃得又少又快。他生活的重心是睡眠，她却是跳舞，他的世界是白天，她的世界却是夜晚。他们生命的时钟就这样像日月交错。十一点左右，当路易十六躺下睡觉的时候，玛丽·安托奈特才真正开始放出光彩，今天在镜厅，明天在舞会上，永远在去往其他地方。等到早晨，国王已经狩猎了几个小时，她才开始起身。他们的习惯、喜好与时间安排没有交汇点。实际上，玛丽·安托奈特和路易十六在生活中的绝大部分都"分开生活"①，就像他们几乎总是"分床而睡"②（玛利亚·特蕾莎对此极为遗憾）一样。

那么，这是一段糟糕的、充满争吵的、怒火迸发的、努力维持的婚姻吗？完全不是！相反，如果丈夫不是在一开始没有展现出男性气概，引发令人尴尬的影响，这本可以是一段舒适和令人满意的婚姻，甚至是一桩完美而幸福的婚姻。因为在紧张关系出现的时候，双方都需要某种力量，也就是意志必须和另一种意志对抗，必须硬碰硬。但玛丽·安托奈特和路易十六都在避免任何形式的摩擦和紧张，他是出于身体上的懒惰，她则是出于灵魂上的懒惰。

---

① 原文为法语。

② 原文为法语。

"我的品味和国王不一样，"玛丽·安托奈特在书信中口无遮拦地透露，"只有狩猎和机械工才能够吸引他……您会同意我的态度，因为我待在铁匠炉里也没有特别优雅：我无法在那里扮演火神，如果要扮演爱神，我的丈夫可能会比我从事我的其他爱好而更厌恶我。"路易十六再次发现这些令人眩晕的喧闹享乐不太合他的胃口，但这个软弱的男人既没有意志，也没有力量对此进行激进的干涉，只好对她无节制的行为报以温和的微笑，说到底，拥有这样一个饱受称赞的迷人妻子还是值得骄傲的。只要他贫乏的情感能够显示出一点波澜，这位谦逊的人就会以自己的方式——也是笨拙和诚恳的方式——对他美丽的、比他更有理解力的妻子表现出完全的顺从，他意识到自己的自卑感，于是躲在一边，不要抢她的风头。她则反过来，稍稍取笑一下这个听话的丈夫，但毫无恶意，因为她也以某种宽厚的态度喜爱着她的丈夫，就像喜欢一只毛茸茸的圣伯纳犬，可以挠挠他，爱抚他，因为他从来不对人吼叫，只是顺从地待在角落里：她无法长期对这个善良的胖子心怀恶意，仅仅出于感激之情，她也无法生气。因为他让她任性妄为，温柔地做出退让，只要她不愿意，他绝不未经通报就走进她的房间，他是一个理性的丈夫，尽管节俭，却愿意偿还王后的一切债务，最后甚至还允许她拥有情人。玛丽·安托奈特和路易十六生活的时间越长，她就越是注意到这个人的所有弱点背后那个令人尊敬的人格。这桩出于外交考量而缔结的婚姻逐渐发展成了一段真正的战友关系，一种良好的心灵上的陪伴，比那个时代大多数王侯的婚姻都更加真挚。

只有爱情，这个伟大而神圣的词汇，在这个场合最好不要牵扯进去。如果要论及真正的爱情，缺乏男性气概的路易十六在内心里缺少活力，此外，玛丽·安托奈特对他的好感又包含了太多的同情，太多的居高临下，太多的宽容，这种温和的混合情绪还称不上爱情。这个敏感而又温柔的女人出于责任感和国家利益，必须在身体上献身于她的丈夫，但如果我们设想，这个肥胖、怠惰、感觉迟钝的男人，这个福斯塔夫①可以唤醒这个快乐的女人身上涌流的情欲，或者是令她满足，这个设想就是没有意义的。"她对他根本就没有爱情。"约瑟夫二世在探访巴黎回到维也纳后，以就事论事的平静语气简短而清楚地汇报说。当她写信给母亲，说她觉得这三兄弟里，还是上帝赠给她做丈夫的那一位最值得爱的时候，这个不小心冒出来的"还是"泄露了天机，比她自己想要表达的意思更多：既然我无法得到一位更好的丈夫，那么这个永远善良的丈夫就始终"还是"最可以接受的替代品。这一个词衡量出了他们之间的关系那种不冷不热的温度。如果说玛利亚·特蕾莎最终对这种有韧性的婚姻状况感到了满意，只是她听到了另一个女儿在帕尔马经历了更糟的事情。玛丽·安托奈特在这段关系里稍微掩饰了一下她的心理状态，她只是更懂得如何对别人掩饰。实际上，她只把自己的国王丈夫视为无物，视为某种"可以忽略的量"②！但玛丽·安托奈特忘记了维护婚姻的形式，从而也忘记了丈夫的名誉（玛利亚·特蕾莎不能原谅这一点）。幸好她的母亲及时捕捉到了她的轻率之词。她的一位国务上的朋友罗森贝格伯爵③去凡尔赛宫访问，玛丽·安托奈特热情地欢迎了这位优雅且爱献殷勤的老先生，对他非常信任，以欢快的闲聊口吻写了一封信寄往维也纳，讲述

---

① 福斯塔夫：莎士比亚戏剧《亨利四世》和《温莎的风流娘们》中的人物，身材肥胖，热爱享乐。

② 原文为法语。

③ 罗森贝格伯爵（1723—1796）：出身显贵的外交官，与奥地利皇室关系密切，为玛利亚·特蕾西亚女皇的亲信。

舒瓦瑟尔公爵觐见的时候,她是如何悄悄捉弄了一下她的丈夫。"您肯定不肯相信,我用了什么巧计,没有求得国王的允许就见到了公爵。我说,我很想见一见舒瓦瑟尔公爵,但是日子还没有选定,我做得很妙,这个可怜的人甚至帮我找到了我接见他的最方便的时机。我觉得在这件事情上,我只是充分利用了我作为妻子的权利。"玛丽·安托奈特就这样轻率地用墨水写下了"可怜的人"①这个词,毫不留意地把信封上,因为她觉得自己只是讲了一件有趣的轶事,"可怜的人"这个称呼,在她心里只是出于诚恳的善意:这个"可怜的老家伙"。但维也纳读到这个掺杂着同情、怜悯和轻蔑的词却觉得是另一种意思。玛利亚·特蕾莎立刻意识到,这其中包含着多么危险的错误,法国王后竟然在私人信件里将法国国王,也就是基督教世界的至高主公开称为一个"可怜的人",竟然不尊重和崇敬身为君主的丈夫。这个疯女孩不知道会在花园宴席和舞会上和朗巴勒夫人②、波利涅夫人③,以及那些年轻骑士用什么样的语气大胆地嘲笑法国的统治者!维也纳立刻进行了严肃商议,寄给玛丽·安托奈特一封措辞严厉的信件,这封信数十年来都属于不对外公开的皇家档案。"我没有办法对你的所作所为表示缄默,"老女皇这样斥责自己忘记了责任的女儿,"你写给罗森贝格的信件,令我感到极度震惊。你那是什么表达,多么轻率!之前那位善良、温柔、具有献身精神的玛丽·安托奈特女大公去哪里了?我现在只能看到阴谋、小人的仇恨、嘲讽与

---

① 原文为法语。

② 朗巴勒夫人:玛丽-路易丝·德·萨瓦(1749—1792),玛丽·安托奈特王后的闺蜜,始终忠于王后,1792年被杀。

③ 波利涅夫人:德·波利涅克伯爵夫人(1749—1793),玛丽·安托奈特的宠臣。

恶意，只有蓬巴杜夫人和杜巴丽夫人才会玩弄这种阴谋，但一位公主不会这样，更不用说是一位出身于讲究善良和分寸的哈布斯堡-洛林家族的公主。我一直对你取得的快速进展和得到的阿谀奉承感到不寒而栗，今年冬天以来，你一直在纵情享乐，投身于可笑的时尚潮流。在国王缺席的情况下，追逐各种享乐，尽管你知道，他对此并不高兴，只是屈服于你，或者只是在容忍这一切，这一切都证实了我在之前写给你的信件里表达出来的不安。我通过这封信只是在确认。你用的是什么表达！'可怜的人'你对他所有的让步的尊敬和感激之情去了哪里？我让你对你自己的行为进行反省，不再说什么，尽管我本可以说很多话……但如果我发现还有这种不得体的事情发生，我就不会继续保持沉默了，因为我那么爱你，我比以往更能预见到这些事情，因为我清楚你是那么的轻率、那么的急切、那么的不假思索。你的幸福很可能会迅速走向终结，你会因为你自己的过错陷入巨大的不幸，这一切都是因为你那可怕的享乐欲，这一点让你无法做严肃的事情。你到底在读些什么书？让你竟敢插手所有最重要的事务和部长的任命？好像神父和迈尔西在你的眼里已经变得面目可憎起来了，因为他们没有奉承你，因为他们希望你幸福，而不只是取悦于你，利用你的弱点，有一天你会看清楚的，但那就太晚了。我希望你不必经历这一刻，我请求上帝早点终结我的日子，因为我对你已经派不上用场了，因为我不能忍受失去我的孩子，看着她变得不幸，直到最后一刻我都会充满柔情地爱着你。"

因为这个太开心的时候说出来的玩笑话"可怜的人"，就已经太早地描画出了墙上的魔鬼，她是不是太夸张了？但玛利亚·特蕾莎这次的话并非偶然，而是一个征兆。这个表达像闪电一样照亮了她，让她注意到了路易十六在自己的婚姻里是多么的不受尊敬，在整个宫廷里是多么的不受尊敬。她的心灵感到不安。在一个国家里，对君主的蔑视就意味着已经掏空了最坚实的梁柱，也就是他自己的家庭。那么在暴风雨中，还能够有什么支柱是屹立不倒的呢？一个受到威胁的王国如果没有君主，如果王座周围净是在血脉上、头脑里和心里都对君王的思想毫无感触的小人物，那该怎么办呢？一个软弱，一个喜欢寻欢作乐，一个犹豫不决，一个不去思考，这样轻率的组合该如何在这个危机四伏的时代统治他们的王朝？老女皇实际上根本没有对女儿生气，她只是感到担忧。

的确，怎么能够对这两个人发火，对他们报以谴责呢？即便是他们的控方国民议会，也很难将这个"可怜的人"说成是暴君和恶棍。在内心深处，这两个人并没有一丝恶意，就像大多数资质平庸的人一样，他们并不狠毒，并不残忍，也没有对荣誉的渴求或者是过高的虚荣心。但可惜的是，他们的优点也只不过是市民的一般水平：正直的善良，松懈的宽容，好脾气的良好意志。如果是在一个平淡的时代，他们一定会受到尊敬，尚可成为正面形象。但在这个戏剧化地突飞猛进的时代，人们的内心也随之高歌猛进，玛丽·安托奈特和路易十六都不知道该怎么办。他们更懂得如何体面地赴死，而不是坚强而具有英雄气概地活下来。每个不懂得成为命运主人的人都只能臣服于命运——所有的失败都有其意义和罪责。歌德已经公正地评判了玛丽·安托奈特和路易十六的案例：

为什么用一把扫帚
就能把一位国王赶走？
如果国王都是这样，
他们就都毫发无伤。

第八章　洛可可王后

在宿敌玛利亚·特蕾莎的女儿玛丽·安托奈特登上法国王座的一瞬间，奥地利的世仇——腓特烈大帝感到了极度的不安。他一封又一封地写信给普鲁士使者，想要详细调查她的政治计划。实际上，他觉得形势非常危险。玛丽·安托奈特只要愿意稍微努力一下，就能把法国外交的线索全部掌握在自己手里，欧洲就将被三个女人统治，玛利亚·特蕾莎、玛丽·安托奈特和俄国的叶卡捷琳娜大帝。但普鲁士很幸运，玛丽·安托奈特却不走运，她一点也没有被这项宏伟的世界史的使命所吸引，她根本没有想要理解这个时代，只想消磨时光，她懒散地抓起王冠的样子就像抓起一个玩具。她不想运用落到她手里的权力，她只想享乐。

　　这就是玛丽·安托奈特，在一开始犯下的致命错误。她想作为一个女人，而不是作为一位王后取得胜利，她那些小小的女人式的胜利对她来说远比世界史上重大又影响深远的胜利更为重要，因为她热爱玩乐的心不懂得赋予王后这个概念以灵魂的内容，只知道完美的形式，于是伟大的使命在她的手中就萎缩成一个转瞬即逝的游戏，高尚的职位就变成一个扮演性质的角色。对玛丽·安托奈特来说，在轻率的当王后的十五年里都仅仅意味着：被人称赞为宫廷里最优雅、最娇俏、衣着最华丽、最受宠爱，尤其是最爱享乐的女人，在自成一个世界的过分繁华的社交圈里独领风骚。二十年来，她就活跃在凡尔赛宫的私人舞台上，而这个舞台就像建造在一个深渊之上的日式鲜花小径，她以绝妙的风格和优雅，自恋地扮演着洛可可王后这个主要角色。但是这些社交喜剧的保留剧目是多么的贫乏啊：一点匆忙的调情、一点单薄的阴谋诡计、很少的精神和许多的舞蹈。在这些戏剧和游戏的过程中，她除了国王没有合适的伴侣，没有真正的男主人公和她排对手戏，观众总是同一批无聊的势利眼，而千百万人民却在镀金的栅栏外面苦苦等待着他们的王后。可是这个头晕目眩的女人不会放弃她的角色，她永远也不会疲倦，永远用新的琐事来迷住自己愚蠢的心灵。即便是巴黎的雷声已经在凡尔赛宫花园的上空震响，她也不肯放手。直到革命将她暴力地从这座微小的洛可可舞台拽到宏大的世界史悲剧里，她才意识到这个巨大的错误，也就是说，她二十年来都选择扮演一个微不足道的角色，一个女高音，一个沙龙夫人，但命运其实赋予了她力量和内心的坚强去扮演一个英雄人物。她认识到这个错误的时候为时已晚，但还没有太晚。因为就在她无法以王后的角色活下去，只能以王后的角色死去的那一刻，在喜剧以悲剧收尾的那一刻，她才达到了真正的高度。只有在戏剧成真。在人们夺走了她的王冠的那一刻，玛丽·安托奈特才真的从内心里成了王后。

玛丽·安托奈特的这种思虑，或者说是无所思虑，让她在将近二十年的时间里都把本质的事物牺牲给了无关紧要的事情，职责牺牲给了享乐，沉重牺牲给了轻率，法国牺牲给了小小的凡尔赛宫，真实的世界牺牲给了她的游戏世界，这种历史性的错误几乎是无法理解的。要感性地理解她这种无所顾忌的生活，我们最好在手里拿一张法国地图，把玛丽·安托奈特在位期间度过了二十年的小小的生活空间在上面画出来。结果令人吃惊，因为这个圈子那么小，在地图中心几乎只是一个点。在凡尔赛宫、特里亚农宫、玛尔利宫、枫丹白露宫、圣克劳德城堡、朗博耶宫这六个宫殿内部，小得可怜的那点空间只需要几个小时的路就可以走完，这个百无聊赖的女人就像一只金陀螺一样在中间滚来滚去。尽管空间如此狭小，玛丽·安托奈特一次也没有觉得有走出这个五角星的需要，所有魔鬼中最愚蠢的享乐之魔把她拘禁在这里面。在五分之一个世纪里，法国王后一次也没有产生想要了解一下自己统治的王国和省份的愿望，从来没有想要看一看拍击礁石的大海，看一看山岭、堡垒、城市和大教堂，看一看这辽阔而壮丽的国家。她没有一次从自己的懒散日程里抽出一个小时的时间，去看望她的臣民，或者只是思考一下他们，没有一次走进一个市民的家里：所有这些她的贵族圈子之外的真实世界，对她来说实际上并不存在。巴黎歌剧院周围还有一个巨大的城市，充满了贫穷和愤怒，而在特里亚农宫的池塘后面有着中国鸭子和精心喂养的天鹅和孔雀，在宫廷建筑师建造的整洁精美的乐园村哈默后面，真正的农舍已经倾颓，谷仓空空如也，在她花园的镀金栅栏后面有千百万民众在工作，饥饿而又心怀希望，而玛丽·安托奈特对这一切都一无所知。也许洛可可风格那种迷人的优雅就来源于对世界上一切悲苦的无知或者是不想知道的态度，这样才能有那种轻盈的、无忧无虑的优雅。只有不了解这个世界的严酷的人才能这样幸福地玩乐。但一位忘记了人民的女王可是在玩一场危险的游戏。一个问题就能为玛丽·安托奈特打开这个世界，但她不愿意问。只要看一看这个时代，她就能了解它，但她不愿意了解。她只想在旁边保持快乐、青春和清净。她被这道磷火引诱，不断地流连于自己的圈子，和那些宫廷傀儡虚度光阴，在一种造作的文化里荒废了她一生中至关重要、无可追回的时光。

这是她不可否认的过错：以无与伦比的轻率面对历史上最强劲的使命，以一颗柔软的心面对这个世纪最残酷的冲突。这是一个不可否认的过错，也是一个可以饶恕的过错，因为可以理解，即便是一个更坚强的人也很难抵御这种诱惑。从育儿室到婚床，从宫殿的后院像做梦一样被立刻召唤到权力的巅峰，还没有成熟，也没有得到精神上的发展，这个毫无恶意、不是特别坚强，也不是那么软弱的灵魂突然感到像太阳一样，被行星的舞蹈围绕着赞美。十八世纪，这一代人又是多么奸诈地诱惑一个年轻的女人！精密的谄媚被狡诈地调制成毒药，以不得而知的娴熟手法，加以毫无意义的引诱，灵活地运用献殷勤的手法和使人轻松生活的美妙艺术！他们在引诱和削弱灵魂这方面经验丰富，甚至是经验过于丰富了，这群宫廷人士就这样把这个不谙世事、对自己还抱有好奇心的少女的心灵从一开始就吸引到了他们那个充满魔力的圈子里。玛丽·安托奈特从当王后的第一天起就生活在无限崇拜的烟雾里。她说的话都被称为机智，她做的事都被当作法律，她的愿望马上就能实现。如果她一时兴起做了什么，明天这就成了时尚。如果她做了蠢事，整个宫廷都热情洋溢地模仿。她对于那些虚荣的、野心勃勃的人群就是太阳，她的目光就是赠礼，她的微笑就是祝福，她的到来就是盛宴。如果她举办招待会，所有女士从最年老的到最年轻的，从最高贵的到最普通的，都做出最卖力、最热情、最可笑、最愚蠢的努力，就为了看在上帝的分上，能在一秒钟内吸引她的注意力，她们捕捉她的任何反应，甚至是一个字，如果不行，那么至少能够被注意到，而不是被忽视。在街道上，又有人民环绕着她欢呼，成群结队，怀着虔信，在剧院里，从第一排到最后一排的观众都为她起身。当她走到镜前，她看到里面的人身穿华服，轻盈地凯旋，那是一个年轻美丽的女人，无忧无虑，充满幸福，简直就是宫廷里最美丽的人，也是——她把宫廷与世界混淆了——世界上最美的人。她怎么能怀着这颗幼稚的心，怀着平庸的力量，抵御如此使人心醉神迷的幸福魔药呢？这里面混合了所有强烈和甜蜜的情感精华，充满了男人们的仰慕和女人们带有艳羡的嫉妒，还有民众的献身和她自己的骄傲。如果一切都来得这么轻松，她怎么可能不变得轻率呢？既然金钱总是不断地飘来，只需要新写一张字条，匆匆在上面写两个字"付款"①，成千上万的杜卡特、宝石、花园和宫殿就像中了魔法一样滚滚而来？既然幸福的微风是如此甜蜜，令所有神经都放松下来？既然天赐的羽翼粘在了这双年轻的肩头，为什么不无忧无虑、心无旁骛地生活呢？如果这样的诱惑在引诱她，她该怎样才能够不失去脚下的大地？

这种轻率的人生观从历史上看无疑是她的错误，但同时也是整整这一代人的错误：正因为她完全融入了自己的时代精神，玛丽·安托奈特才成了十八世纪的典范。洛可可风格就是古老文化努力培植出来的极度娇柔的花朵，属于精致而懒惰的双手，属于过于放浪而又过度娇纵的精神，它在走向衰败之前找到了自己的化身。没有一位国王、没有一个男人在历史的图画书里可以代表这个夫人们的世纪，只有一个女人的形象，一位王后的形象可以感性地塑造出它的样子，这位洛可可王后的典型就是玛丽·安托奈特。她是无忧无虑的人里面最无忧无虑的，是挥霍无度的人里面最挥霍无度的，是风流娇俏的人里面最明显风流、最刻意娇俏的，她这个人把十八世纪的习俗和矫揉造作的生活方式像文献一样清晰地呈现了出来，给人留下了不可磨灭的印

---

① 原文为法语。

象。"不可能在这么礼貌的同时又这么优雅和善良，"斯泰尔夫人[①]这样描述她，"她绝对不能忘记她是王后，但她的所作所为又总好像是忘记了这一点。"玛丽·安托奈特就像演奏一件非常轻柔易碎的乐器一样，过着自己的生活。她没有显出所有时代都推崇的伟大人性，而是代表了自己的时代特色。就在她毫无意义地耗费自己的内在力量的时候，她也实现了一种意义：十八世纪在她身上走向完美，也随着她走向终结。

早晨在凡尔赛宫里，洛可可王后醒来关心的第一件事是什么？是城里和国家的报告？是大使的信件，军队胜利的战报，是否在针对英国的战役中获胜的报告？绝对不是。玛丽·安托奈特像往常一样在凌晨四五点钟才回家，她只睡了几个小时，她那不安的天性不需要长久的休息。现在，白天随着重要的仪式开启了。负责梳妆的首席宫廷女侍拿着几件衬衫、手帕、毛巾走进来，进行清早的更衣，她旁边站着首席管家。她鞠躬并送上一个大开本名册给王后看，里面用别针别着衣柜里所有衣服的布料小样，玛丽·安托奈特需要决定她今天穿哪一件礼服：多么艰难而责任重大的决定啊，因为每个季节都规定要制作十二套新的国务礼服、十二套舞会礼服和十二套仪式礼服，还不算每年都要新制的上百件其他衣服（可以设想，一位时尚王后把同一件衣服穿上好几次，这是什么样的耻辱）！此外，还有看不见的武器库里的那些晨服、紧身胸衣、蕾丝手帕、披肩、帽子、大衣、腰带、手套、长筒袜和内衣，有一群女裁缝和衣橱管理员做这方面的工作。选

[①] 斯泰尔夫人（1766—1817）：法国女作家，代表作为《德意志论》。十七岁嫁给瑞典驻巴黎大使斯泰尔。起先同情法国大革命，1792年后同情王室，同年9月逃离巴黎。

择的时间一般需要很久：最后用别针标记出玛丽·安托奈特今天想穿的布面小样，国务礼服在招待会上穿，"便装"①在下午穿，盛大的礼服在晚上穿。第一件要事解决了，用布面小样做成的书被拿走了，选定的服装原件被送了进来。

　　毫不意外的是，既然服装如此重要，那么首席女裁缝，也就是几乎具有神性的贝尔丹小姐对玛丽·安托奈特来说就比国家部长更有权力了，国家部长可以成批更换，贝尔丹小姐却只有一个，而且无与伦比。尽管她的出身只是来自最底层的普通制帽匠，粗壮、自信、善于争抢，非但不优雅，反而很粗俗，但这位"高级裁缝"②把王后完全置于自己的掌控之中。就因为她，在真正的革命爆发前十八年，在凡尔赛宫里爆发了一次宫廷革命：贝尔丹小姐打破了礼仪规定，也就是市民不得进入王后的"小房间"③。这位女艺术家在自己的领域赢得了伏尔泰和当时所有的诗人和画家都没有赢得的东西：得到王后的单独接见。当她每两个星期带着新设计图现身的时候，玛丽·安托奈特就让所有的贵妇人都离开，和这位备受尊敬的女艺术家在上锁的私人房间里进行秘密商议，推出一个比昨天更加愚蠢的新时尚。这位懂得做生意的裁缝自然会利用这种胜利来捞钱。在玛丽·安托奈特对她付过高价以后，她就开始敲诈整个宫廷和所有贵族：她已经用巨大的字母在圣奥诺雷大街的商店招牌上宣布，自己是王后的宫廷供货商，然后高傲又漫不经心地对等待着她的顾客解释道："我刚和王后陛下一起工作来着。"很快就有一群裁缝和刺绣工受雇于她，因为王后穿得越优雅，其他夫人也就更加努力，不甘人后。有些甚至重金贿赂这个

---

① 原文为法语。
② 原文为法语。
③ 原文为法语。

不忠实的女魔术师，给她们缝纫王后自己都还没有穿过的衣服：时装的奢侈像一种疾病传播开来。国家的骚乱、议院的纷争、与英国的战争给这个非常虚荣的宫廷社交圈带来的震动都不如某件新的棕褐色长裙，那是贝尔丹小姐带来的时尚，或者是一种特别大胆的拖着裙裾的鱼骨长裙，或者是里昂第一次染出的一种丝绸颜色①。每个关注自己的夫人都觉得自己有义务紧跟这场浮夸的闹剧，有一位丈夫哀叹道："法国女人从来没有花这么多钱，最后却只是把自己变得可笑。"

但是在王后制造的这种气氛里，玛丽·安托奈特觉得这才是她的本职义务。在登上王座三个月后，这位小公主就已经一跃成为优雅世界的时尚玩偶，引领了所有服装和发型的潮流。所有的沙龙，所有的宫廷里都回荡着她凯旋的声音。这一点当然也传到了维也纳，从那里传来了不悦的回应。玛利亚·特蕾莎希望自己的孩子完成根本的使命，愤怒地退回了大师送来的一幅画像，她的女儿在上面打扮入时，彰显出了过头的华丽，像一个女演员，而不像是法国的王后。她气愤地警告女儿，但当然还是和以往一样毫无用处："你知道，我一直认为我们应该适度地追随潮流，但绝对不要过头。一个年轻而又漂亮的女人，一位优雅的王后不需要所有这些毫无意义的东西，相反，简朴的装扮更适合她，会显得王后的等级更尊贵。既然她可以引领基调，那么全世界都会努力效仿，即便是她微小的失误。但我，我深爱我的小王后，会一步一步地观察着她，绝不能在向她指出这些小小的轻率行为的时候显得迟疑。"

每天早晨要操心的第二件事：发型。幸好这里也有一位高级艺术

---

① 原文为法语。

家待命，也就是莱昂纳尔先生，洛可可风格那创意不绝、超凡脱俗的费加罗①这位尊贵的先生每天早晨坐六驾马车从巴黎前往凡尔赛宫，用梳子、洗发液和油膏在王后身上每天尝试新的高贵艺术。就像伟大的建筑师芒沙，在房子上面盖上以他命名的充满艺术气息的屋顶，莱昂纳尔先生在每个注重外貌的贵妇人的前额上盖上头发堆成的塔楼，把这座高耸的建筑装饰成象征性的图案，利用巨大的发针和大量定型发蜡，头发从根部像蜡烛一样竖起在额头上，比普鲁士掷弹兵的帽子大约高一倍，然后在空中，比如在眼睛以上半米开始建立这位艺术家真正的想象王国。不仅有果实、花园、房屋和船只、摇曳的海浪，用梳子在"女性头饰"②或者"鸡窝"（博马舍③在一本小册子里这样称呼它们）塑造一幅多姿多彩的世界景观，而且还根据时尚进行丰富的变化，按照当时的重大事件进行象征性的造型。这些蜂鸟的脑子在忙什么，这些大部分空空如也的女人脑子里在想什么，都必须在头上进行炫耀。如果格鲁克的歌剧引发了轰动，莱奥纳尔就立刻发明一种"伊菲盖妮发式"④运用黑色的丧服缎带和狄安娜⑤的半月形。如果国王接种了天花疫苗，那么这件令人兴奋的新闻就立刻会引发"接种发式"⑥。如果美国的起义成了时尚，那么当天获胜的就是自由"发式"⑦，但更卑鄙和更愚蠢的是：当巴黎的面包店因为饥荒被抢劫的时候，这些轻浮的宫廷人士却认为最重要的就是戴上"暴乱者的贝雷

---

① 费加罗：指《费加罗的婚礼》里的主人公，费加罗是一位理发师。

② 原文为法语。

③ 博马舍（1732—1799）：法国剧作家，喜剧《费加罗的婚礼》的作者。

④ 原文为法语。

⑤ 狄安娜：古罗马神话中的月亮女神和狩猎女神。——编者注

⑥ 原文为法语。

⑦ 原文为法语。

帽"①来展示这个事件。这些空空荡荡的脑袋上面的艺术建筑越来越疯狂。头发的高塔逐渐因为巨大的底座和假发越堆越高，夫人们已经不能坐在豪华马车里了，而是只能挺直后背跪着，否则她们珍贵的发型就要撞上马车的顶棚。宫殿里的门框加高了，这样盛装打扮的贵妇走进来的时候就不需要弯腰了，剧院包厢的屋顶也加高了。这种反人类的发型给这些夫人的情人造成了很特别的尴尬问题，人们在同时代的讽刺文学里可以找到一些好笑的东西。但既然这是时尚，女人们就甘愿做出任何牺牲，而王后明显认为，如果她不引领或者是超越这些蠢事，她就不是真正的王后了。

维也纳又传来咆哮的回声："我不得不指出一点，我在报纸上经常注意到一件事，就是你的发型！人们说，你的头发卷了高达三十六英寸的发卷，上面还有羽毛和缎带。"女儿就找借口回避她"亲爱的"②妈妈，在凡尔赛宫，人们的眼睛已经习惯了，因此全世界都没有觉得这样特别引人注目（玛丽·安托奈特所说的世界永远只有宫廷里的上百名贵妇）。而莱昂纳尔大使继续兴致勃勃地建造着那些发型，直到全能的君主终于禁止了这种时尚，第二年，高塔拆除了，显然只是为了一种更奢侈的时尚腾出地方：插鸵鸟毛。

第三件操心的事：如果没有相称的珠宝，人们怎么可能永远穿戴得别致呢？不，王后需要比所有人都大的钻石和珍珠。她需要更多的戒指、手镯、手链、冠冕、发链和宝石，需要更多的鞋扣或者是弗拉戈纳尔③画的扇子上的钻石镶边，要比国王两个弟弟夫人扇子上的钻

---

① 原文为法语。

② 原文为法语。

③ 弗拉戈纳尔（1732—1806）：法国洛可可风格画家。

石都多，比宫廷里所有其他贵妇的都多。尽管她已经从维也纳拿到了许多钻石，在结婚的时候也从路易十五那里得到了整整一箱传家的珠宝。但如果不是一直在购买更美、更珍贵的新宝石，当王后又有什么意义呢？凡尔赛宫里人人都知道——很快我们就会发现，人人都在谈论和窃窃私语这件事并不好，玛丽·安托奈特痴迷于珠宝。如果那些灵活机敏的犹太人，那些从德国来的犹太人波莫尔和巴桑日用天鹅绒托盘把他们最新的艺术品，把这些耳环、指环和扣子展现给她，她就无法抵抗。此外，这些善良人在做交易的时候从不为难人。他们知道尊重法国王后，尽管向她要两倍的价钱，但是可以赊账，也可以拿旧钻石半价抵扣。这种高利贷的买卖中的屈辱一方，玛丽·安托奈特从来没有察觉，只是四处借债——她知道，如有必要，她那位节俭的丈夫会介入。

现在维也纳的警告越来越严厉了："所有来自巴黎的消息都说，你花二十五万里弗尔就买了一些手镯，这样就使你失去了收支平衡，使你负债，为了控制这件事，你甚至低价出售你的宝石……这样的行为使我的心都碎了，尤其是当我想到未来的时候。你什么时候才能成为你自己？"母亲绝望地对她喊道，"一位王后如此降尊纤贵地打扮，还要在这样的一个时代大肆挥霍，真是颜面扫地。我只是太了解这种挥霍的习惯了，没有办法保持沉默，因为我太爱你了，想要你好，不想奉承你。请注意，不要因为这种轻浮的行为失去你刚刚即位时的威望。人们都知道国王很谦逊，那么所有过错就都会落到你一个人的身上。我不希望你经历这样的变化与颠覆。"

钻石要花钱，服饰要花钱，尽管好脾气的丈夫一即位就把妻子的俸禄加了一倍，这只装得满满的钱箱想必还是有个漏洞，因为永远都面临着可怕的缺钱状况。

从哪里弄钱呢？幸好魔鬼为轻率的人发明了一个天堂：赌博。玛丽·安托奈特觉得宫廷里的赌博只不过是无害的晚间消遣，就像台球和跳舞一样：只需要花一点钱就可以玩毫无危险的雇佣兵纸牌①。玛丽·安托奈特为自己和其他人发明了臭名昭著的法老牌②，我们从卡萨诺瓦③那里得知这是所有奸诈的骗子饱经检验的猎场。国王再次发出明令，任何赌博行为都要接受惩罚，但她的牌友无动于衷：警察无法进入王后的沙龙。国王自己不能容忍赌桌旁的金钱活动，可是这些轻浮的人完全不屑一顾：人们在他背后照样赌，还有望风的人，只要国王一来，就给出警报。然后纸牌就像中了魔一样消失在了桌子底下，人们只是在闲聊，所有人都在嘲笑这个善良的老实人，然后聚会继续。为了增加参与者，带来更多盈利，王后允许任何一个拿着钱的人走进小房间，来到绿色的赌桌前。偷渡者和走私犯也挤了进来，没过多久，城里的人们就都在谈论一桩丑闻，说王后在赌博的时候作弊。只有一个人对此一无所知，因为她被自己的享乐行为蒙蔽了，什么也不想知道，那个人就是玛丽·安托奈特。一旦当她开始玩火，就没有人能劝阻她，她一天天赌下去，一直赌到凌晨三点、四点、五点，有一次甚至彻夜赌博，成了整个宫廷的丑闻。

维也纳又传来了回音："赌博无疑属于最危险的娱乐，因为它引来恶劣的同伴和恶臭的流言……它通过赢钱的欲望紧紧地把人禁锢住，

---

① 雇佣兵纸牌：原文为法语，意为"瑞士雇佣兵"。此处指一种纸牌赌博游戏，诞生于17世纪，三十年战争期间在士兵中间广泛流传。

② 法老牌：18世纪诞生的纸牌游戏，玛丽·安托奈特最喜欢的游戏，因为在纸牌游戏中大幅增加了"运气"的成分。

③ 卡萨诺瓦：基阿科莫·卡萨诺瓦（1725—1798），意大利作家、冒险家，代表作《回忆录》。

如果我们能够以正确的方式计算，我们也还是总会受骗，因为人没有办法长时间又体面地赢钱。所以我乞求你，我亲爱的女儿：不要屈服，你必须立刻戒掉这种冲动。"

但服装、打扮和赌博只能占据半个白天和半个夜晚。其他的忧虑随着钟表的时针又转了一圈：该怎么寻找娱乐方式呢？可以骑马出门，可以狩猎，这是王侯们一种古老的娱乐方式：但是如果要选一位同伴，她自己的丈夫就太无聊了，她很少选择她，而是更喜欢性情欢快的小叔子阿尔托瓦伯爵和其他骑士。有时候也会因为有趣而骑驴，尽管这不太高贵，但是当一头灰驴翘脚的时候，王后就以令人着迷的方式跌下来，整个宫廷都能看见她那蕾丝镶边的内衣和形状优美的双腿。冬天可以穿得暖暖和和，坐雪橇出去，夏天可以在傍晚看烟火取乐，参加乡村舞会，在公园里举办小型的夜间音乐会。只要从阳台上往下走几步，就可以和经过了精挑细选的社交圈置身于黑暗的保护之下，可以在那里欢快地聊天、开玩笑——当然都包含尊敬，但这种游戏里还是包含着危险，就像人生中的其他一切事情一样。事后有个不怀好意的宫廷人士写了一本诗歌体的小册子，讲述的就是一位王后的夜间冒险，"晨光乍现"[①]：这还有什么其他意思？国王，也就是那位宽容的丈夫，并没有因为这样的挖苦而陷入激愤，人们依然保持着友好的往来。千万不要独自一人，千万不要在晚上待在家里，和书本还有自己的丈夫待在一起，只要永远快乐的活动，永远的寻欢作乐。哪里出现一种新的时尚潮流，玛丽·安托奈特就是第一个追随者。阿尔托瓦伯爵刚刚——他对法国做出的唯一贡献——把赛马从英国引进来，人们就能看见王后坐在看台上，被几十个年轻的、热爱英国的花

---

① 原文为法语。

花公子簇拥着，一起打赌，赌哪匹马会获胜，因为这种新鲜的神经刺激感到激情澎湃。不过，这样的如火激情通常不会持续很久，大部分情况下，她昨天还着迷的东西，今天就已经厌烦了。只有不断地变化娱乐手段才能压制住她那种神经质的焦躁，毫无疑问，她内心焦躁的源头来自于床帏中的那件秘事。在上百种不断变换的娱乐手段中，她最喜欢的也是她唯一可以长久痴迷于此的不巧也就是使她的名声受损最严重的：假面舞会。它给玛丽·安托奈特带来了持续不断的激情，因为她可以得到双倍的享乐，既能享受作为王后的快乐，又可以借助暧昧不清的丝绒面具，让人们认不出她是王后，因此敢于一直走到柔情冒险的边缘，不像在赌桌边上，只是投入金钱，而是把自己当作一个女人。她乔装打扮成阿尔忒弥斯①，或者是穿着娇俏的多米诺舞衣②，从冰冷的礼仪高峰下到陌生、温暖的人潮中，戴着面具，战栗着体验温柔的呼吸、切近的诱惑和已经几乎坠入危险的感觉，可以在面具的保护之下，把手臂交给一个年轻帅气的英国绅士长达半个小时，或者向迷人的瑞典骑士汉斯·阿克瑟尔·冯·费尔森说几句大胆的话，表明这位女人多么喜爱他，但可惜，唉！但可惜，作为王后她不得不遵守道德。这些小玩笑之后在凡尔赛宫的留言里立刻有了粗俗的情欲色彩，在所有的沙龙里广为流传。有一次，宫廷马车行驶途中有个车轮断裂了，玛丽·安托奈特下车走了二十几步，搭了一辆出租马车，前往歌剧院，秘密小报的内容就把这件蠢事虚构成了一次风流的冒险，玛丽·安托奈特不知道这些，或者说她根本不想知道。她的母亲徒劳地警告她："如果是在国王陪伴的情况下，我会保持沉默，但

---

① 阿尔忒弥斯：古希腊森林、狩猎、月亮女神。宙斯之女，阿波罗的孪生姐妹，相当于前注所说古罗马神话中的狄安娜。

② 多米诺舞衣：带有面具头巾的跳舞服。

他总是不在场，而且总是有那些巴黎名声最坏的年轻人，迷人的王后就是这群人里年纪最大的了。报纸和杂志过去在我看来总是能令我快乐，因为它们称赞我女儿的宽容大度和心地善良，现在却突然发生了变化。我们只能听说有关赛马、赌博和彻夜纵情的消息，所以我根本都不想看报纸了。全世界都知道我对我孩子们是多么的疼爱，有多么温柔，但尽管如此，我没有办法改变人人都在谈论和讲述你这些事情的现状。我甚至经常避免走进社交圈，这样就耳不听为净了。"

但所有的建议对这个失去理性的女人都起不到作用，她已经不再理解别人对她的不理解。那么，为什么不享受人生呢，人生本来就没有其他的意义。她以令人震惊的坦率对迈尔西大使表述了她对母亲警告的回答："她想要怎么样？我害怕无聊。"

"我害怕无聊"。玛丽·安托奈特用这句话说出了整个时代和她整个社交圈的关键词。十八世纪已经快要终结，它已经完成了自己的意义。王国已经建立起来，凡尔赛宫已经兴建完成，礼仪已经臻于完美，现在的宫廷其实已经没有什么事情可以做了。没有了战争，元帅们不过是身穿制服的道具，既然这一代已经不再信仰上帝，主教们不过是身穿紫色祭袍的优雅绅士，既然没有真正的国王陪在身边，也还没有养育王位继承人，王后也只不过是一个快乐的时尚女子。他们所有人都百无聊赖、一无所知地站在时代那波涛汹涌的洪水面前，有时候他们已经伸出了好奇的手，抓住了几颗闪光的小石子，像孩子一样笑着把玩它们，因为那强大的元素对他们手指的冲刷是那么的轻。但没有一个人预料到越来越快的涨潮。当他们终于觉察到危险的时候，逃生已经太晚，游戏已经输了，生命已经虚度。

第九章　特里亚农宫

玛丽·安托奈特用她轻盈的手随随便便地抓住了法国王冠，就像是一件意想不到的赠礼。她那时候还太年轻，不知道所有命运馈赠的礼物，都已在暗中标好了价格。玛丽·安托奈特从来没有想过要支付这笔馈赠。她只是接受王后这个地位的权力，却没有履行义务。她想要把两件事情结合起来，但从人性的角度看，它们是无法结合的。她既想要统治，也想要享乐。她想做任何愿望都能得到满足的王后，想要不受拘束地放任自己的任何情绪，她想要王后的权力和女人的自由，也就是加倍地、在两种层面上享受她那狂风骤雨般的青春。

　　但在凡尔赛宫里没有自由。在灯光明亮的镜厅里，任何举动都昭然若揭。每一个动作都有观众，每一个字都被泄密的风传播开来。在这里没有独处或者是两个人相处的空间，没有休息，也没有放松，国王是整个毫不留情地匀速运转的巨型时钟的中心，生活中的每一个举动，从出生到死亡，从起床到入睡，甚至是柔情蜜意的时刻也变成了一种国务行为。所有人都属于国王，而国王在这里也属于所有人，而不是属于自己。但玛丽·安托奈特憎恨任何别人的控制，因此她刚当上王后，就像几乎总是对她百依百顺的丈夫要求一个避难所，在那里她不必当王后。路易十六半是因为软弱，半是因为献殷勤，就把小型夏宫特里亚农宫送给了她，它成了强大的法国里第二个微小却独特的王国。

　　玛丽·安托奈特从丈夫手里得到的特里亚农宫本身并不是什么伟大的赠礼，只是一个玩具，让她在整整十年里都陶醉地保持无所事事的状态。这座小宫殿的建筑师从来没有想把它建造成国王家庭的长期驻地，而只是将它建造成了一个娱乐的行宫[①]，一个美好的隐居地[②]，一个休憩的场所，路易十五曾经和杜巴丽夫人还有其他偶然遇见的夫人把这里当作一个隐秘的爱巢加以充分利用。一位能干的机械师为优雅的晚宴设计了一张升降餐桌，这样做好的饭菜就能够直接从地下厨房升到餐厅，没有佣人在桌边窃听：因为这种提升了情爱中的舒适度的设计，杰出的设计师勒波耶罗得到了两千里弗尔的特别奖金，而国库为了这整座欢愉之宫支付了他73.6万里弗尔。凡尔赛宫花园里这座偏僻的小宫殿被玛丽·安托奈特接收的时候还弥漫着柔情蜜意的沉郁气味。现在她有了自己的玩具，尽管是法式品味有史以来创作出来的最迷人的玩具之一，线条柔和，尺寸完美，是真正应该送给一位优雅而年轻的王后的礼物。它的建筑风格是简洁、轻盈的古典风格，在花园温柔的青碧之中闪着白光，完全偏离凡尔赛宫，却又离得很近，曾经属于一位宠姬，现在属于一位王后。这座宫殿并不比今天的独栋别墅更大，也没有更舒适或者更奢华：一共有七八个房间，一个会客厅，一个餐厅，一个小沙龙，一个大沙龙，一个卧室，一个浴室，一个微型图书馆（一盏"不放出光芒的灯"[③]，所有的证据都显示，玛

---

① 原文为法语。

② 原文为法语。

③ 原文为法语。

丽·安托奈特在一生中没有读完一本书，除了几本翻了翻的小说之外）。在这个小宫殿里，王后在所有这些年里没有怎么进行陈设方面的改变，她有着稳重的品位，没有在这个强调私密的场所加入华丽的、浮夸的、粗糙而又昂贵的装饰。与之相反，她把一切都布置得温柔、明亮和含蓄，采用了某种新的风格，人们不公正地将其称之为路易十六风格，就像根据亚美利哥·维斯普契①命名美洲一样。这种风格也应该根据她，根据这个温柔、善变而优雅的女人命名为玛丽·安托奈特风格，因为这种脆弱而又优雅的形式绝不会使人想起那个肥胖的男人路易十六，想起他那些粗犷的爱好，而是想起这个轻盈、优雅的女人的形象，她的肖像至今还装饰着这些房间。从床榻到粉盒，从羽管键琴到象牙骨扇，从软垫躺椅到微型肖像，只采用精选的材料，做成毫不引人瞩目的形式，看起来脆弱，实际上很持久，古典的线条和法式的优雅结合在一起，我们在今天甚至还能赞赏这种不同于以往的风格，它宣布了一个有教养、有品位的女性以胜利的姿态开始了她在法国的统治，废弃了路易十五和路易十四那戏剧性的奢华，代之以亲密性和音乐性。房屋最具有代表性的中心不再是傲慢的高大厅堂，而是人们进行聊天和温和娱乐的沙龙。镀金雕花的木板护墙取代了生硬的大理石，光闪柔和的丝绸取代了令人压抑的丝绒和沉重的锦缎。浅淡柔和的色彩，柔软的奶油色、桃红色和春日的蓝色成了温和的主色调。这里的艺术围绕着女性和春天，是为了风流的聚会②和无忧无虑的欢聚而设计的。这里不需要追求宏伟，不需要戏剧性的庄严，而是收敛而且毫无威慑，这里强调的不是王后的权力，而是年轻女性的

---

① 亚美利哥·维斯普契：意大利商人、航海家，美洲以他的名字命名，但他并不是发现美洲的人。

② 原文为法语。

优雅，她四周的一切事物都报以温柔的回应。只有在这个贵重而娇俏的空间里，克洛迪翁①精美的小雕像、华多②和帕特尔③的绘画、波切利尼④那有着银子般质感的音乐和所有十八世纪的精美创造才能够得到真正的表现。在巨大的忧虑即将来临之前，这种无与伦比的艺术所展现的无忧无虑是那么的合理而又真实。特里亚农宫永远都是这朵精心培植的鲜花最为精致、最为娇柔但又绝不会走向破裂的容器：在这里，精致享受的文化作为一门艺术，在一栋房屋、在一个人身上达到了完美。洛可可的巅峰和低谷都在这里，一边盛放又一边死去，我们至今还能从玛丽·安托奈特房间大理石壁炉上的小钟摆那里读到属于它的时刻。

特里亚农宫是一个微型的游戏世界：它具有象征性的意义，因为从那里的窗口看不到任何鲜活的东西，看不到城市，看不到巴黎，看不到这个国家。十分钟就可以走完这个没有几百米的地方，但这个微型空间对玛丽·安托奈特来说却比整个法国和两千万臣民都更重要，对生活来说更有意义。因为在这里，她感觉自己不需要对任何人负责，不用顾忌仪式、礼仪甚至是道德。为了清楚地申明，在这块小小的土地上没有别人能够发号施令，她就不以丈夫的名义，而是以自己的名义，以"以王后的名义"⑤颁布所有指令，这让整个严格遵

---

① 克洛迪翁（1738—1814）：法国雕塑家。

② 华多（1684—1721）：法国洛可可风格的画家。

③ 帕特尔（1695—1736）：法国画家。

④ 波切利尼（1743—1805）：意大利作曲家、大提琴演奏家。

⑤ 原文为法语。

守萨利安法则①的宫廷极为愤怒。佣人不再身穿红白蓝三色的王室制服，而是身穿王后的红银两色制服。甚至她自己的丈夫在她这里都只能算是一位客人——还是一位非常有分寸的、令人愉快的客人，从来都不会不请自来，或者是在不恰当的时机露面，而是严格遵守妻子的家规。但这个单纯的人很愿意来，因为待在这里比待在巨大的宫殿里更舒服。因为根据王后的命令，这里所有的严格规定和神经过敏都不复存在，他不再主持宫廷，而是不戴帽子，穿着宽松而轻便的绿色衣服，等级秩序在愉快的聚会中消失了，所有僵硬的规定都消失了，但有时甚至尊严也会消失。王后在这里感觉很好，很快就习惯了这种轻松的生活方式，觉得在晚上返回凡尔赛宫是一件很艰难的事。在她尝试过了这种乡村式的自由以后，宫廷对她来说就变得越来越陌生，她所代表的职责，可能还有婚姻的职责，对她来说也变得越来越无聊，她越来越频繁地退居到自己那充满享乐的鸽笼里。她最想的就是一直待在自己的特里亚农宫里。既然玛丽·安托奈特总是为所欲为，她实际上就已经完全搬进了自己的夏宫。她布置了一间卧室，里面有一张小床，肥胖的国王几乎无法躺在上面。从现在起，婚姻亲密度不再取决于国王的意愿，而是取决于所罗门的萨巴女王②，玛丽·安托奈特只有在她愿意的时候才拜访（她的母亲猛烈抱憾"分床而眠"这件事情）这位善良的丈夫。国王却从来没有在她的床上成为过客人，因为特里亚农宫是玛丽·安托奈特幸福而不可涉足的乐园，是她唯一的维纳斯，只致力于享乐，而她的享乐从不把责任，至少是不把婚姻责任

---

① 萨利安法则：指法兰克王国古老的《萨利安法典》，法国的诸多规定，例如国王只能为男性，国王年满十三岁可以执政的规则都出自《萨利安法典》。

② 在《圣经》故事中，美丽的萨巴女王试图勾引所罗门，找出其弱点，把他灭掉，但自己也坠入爱河。

包括在内。她想在这里不受约束地做自己，仅仅做一个受宠爱的、受尊敬的、权力无边的年轻女人，她忘记了几千件无聊的事务，王国、丈夫、宫廷、时间和世界，有时也许是在最幸福的时刻，甚至忘记了她自己。

特里亚农宫终于让这个无所事事的灵魂忙碌了起来，这座宫殿是一个永远不断翻新的玩具。就像在裁缝那里不断地定制新的连衣裙，在宫廷珠宝匠那里不断地做新的珠宝，玛丽·安托奈特总是在为她的王国订购新的装饰品。她让宫廷里充满了裁缝、珠宝商、芭蕾舞大师、音乐教师和舞蹈教师，然后是建筑师、园艺师、画家、装饰师，她微型王国里所有这些新的国务部长，在经过了漫长的、简直漫长得可怕的时间里，他们努力地掏空了这个国家的钱袋。玛丽·安托奈特最在意的地方是花园，因为这个花园当然不能和凡尔赛宫历史悠久的花园媲美，这个花园必须是现代化的，是整个时代最现代的、最独特的、最俏丽的，是一个真正的、恰到好处的洛可可花园。但不知是有意还是无意的，玛丽·安托奈特想要追随这个时代已经改变了的品位。因为人们已经厌倦了花园总督勒诺特尔①那种就像用直尺画出来的草地平面，就像用剃刀一样修剪出来的树篱，还有那些经过冷酷计算的装饰，它们炫耀地彰显着太阳王路易不仅仅把王国、贵族、等级和民族，也要把上帝创造的风景置于自己要求的形式之下。人们不想再看到这些绿色的几何图形，人们已经厌倦了这种"粉饰自然"的行

---

① 勒诺特尔：安德烈·勒诺特尔（1613—1700），法国园艺师，路易十四的主要园艺师，负责设计凡尔赛宫的花园。

为。让-雅克·卢梭①这个社会的边缘人在《新爱洛伊斯》中主张"自然公园",就像整个时代文化令他感到不悦一样。

毫无疑问,玛丽·安托奈特从来都没有读过《新爱洛伊斯》,她只知道让-雅克·卢梭是音乐小品《乡村占卜者》②的作曲家。但是让-雅克·卢梭的观点在那个时候就飘荡在整个空气里。当人们对他们说起这位纯洁的律师的时候(在私人生活中他是个"变态的人"③),侯爵和公爵的眼睛都会变得湿润。他们很感激他,因为他采用了许多鞭笞性的手段之后又发明了最后的刺激——天真的游戏,纯真的变态,自然的伪装。玛丽·安托奈特当然也想要一个"自然"的花园,一片纯洁的风景,而且还要是最自然的、最新潮的花园。于是她召集了这个时代所有最好的、技术最精湛的艺术家,让他们集思广益,创造出最具有艺术性的花园。

这就是时代的潮流!因为人们不仅仅想要在这个"中西合璧的花园"里展现自然,而且还想要展示全部自然,用几立方米的微型宇宙展现出整个宇宙那玩具一样的缩略图。一切事物都要集中在微小的一点之上,法国、印度、非洲的树木,荷兰的郁金香,南方的玉兰花、池塘和小溪、假山和岩洞,罗马式的废墟和乡村式的房屋,希腊的神庙和东方式的景观,荷兰风车,南与北,西与东,最自然的和最奇异的东西,一切都是人造的,一切又都是可以想象出来的真实。建筑师甚至本来想把一座喷火的火山和一座中式宝塔都在这一小块地上呈现出来,幸好他的预算太高了。王后的焦躁驱使着几百名工人根据建筑

---

① 让-雅克·卢梭(1712—1778):法国启蒙运动思想家、作家,主张"回归自然"。《新爱洛伊丝》是一部书信体小说,写一对青年的恋爱悲剧。

② 原文为法语。

③ 原文为拉丁语。

师和画家的图纸，以魔法般的迅速建立起了一片尽量如在画中、有意识地将松散的自然风景集合起来的景致。首先是轻柔的、呢喃如诗的小溪穿过草地，这在任何田园牧歌中都是不可或缺的，尽管水流要用两千英尺长的管道从马利宫运输过来，水管运行的时候，金钱也像水一样流走，但最重要的是，蜿蜒的水流看起来可爱又自然。小溪轻轻地溅着水花，流进有着人工岛屿的人工池塘，谦卑地从精美的桥下流过，优雅地托起白天鹅闪光的羽毛。就好像是出自安纳克利翁①的诗篇，岩石长满了人工苔藓，有经过人工掩盖的适合偷情的岩洞和浪漫的观景台。简直感受不到，这幅如此淳朴动人的风景曾经在无数彩色设计稿上进行过描画，整个地方事先制造了二十个石膏模型，池塘和小溪用切割好的镜片做成，草地和树木用经过填充和彩绘的苔藓代表，就像在耶稣诞生的戏剧里一样。但还不止这些！王后每年都有新的想法，想要用更精美和更自然的设置美化她的国度，她不想等到账单结清，她现在找到了属于她的游戏，想要继续玩下去。她那浪漫的建筑师好像是偶然地在花园里布置了一些珍贵的小东西，实际上是刻意安排的，用来增添花园的美丽。一座小神庙，供奉着那个时代的神灵，（一座爱神庙）站在一座小小的山丘上，它那古典的圆形雕塑属于布沙东②最美丽的雕塑之一，那是一尊爱神，用赫拉库勒斯③的棒槌给自己雕了一把百发百中的弓。有一个岩洞，一个爱情的岩洞，精巧地建立在岩石上，在那里调情的爱侣可以及时注意到走近的人，不会在柔情蜜意的时分被撞见。有一条蜿蜒的道路穿过森林，草地上布满奇异的花朵，很快，闪着微光的绿荫之中会出现一座熠熠发光的小音乐

---

① 安纳克利翁：古希腊宫廷诗人，歌唱爱情、友谊、自然与美酒。

② 布沙东（1698—1762）：法国画家、雕塑家、建筑家。

③ 赫拉库勒斯：古希腊神话中的大力神。

亭，是一座白亮的八角形建筑，所有这一切都以富有品味的方式排列和交融在一起，人们的确感受不到这种优雅氛围里的人造成分。

但当时的潮流还追求更真实的内容。为了用诡计将自然进行自然化，为了将背景以最精美的方式粉饰上生活的真实感，这个有史以来最昂贵的田园喜剧还需要通过真实的人物来渲染它的真实性：真正的农夫和农妇，真正的挤奶女工和真正的奶牛，小牛、猪、兔子和绵羊，真正的刈麦人和牧羊人，猎人、洗衣工和奶酪匠，让他们在这里刈麦、洗衣、施肥、挤奶，这样这场木偶剧就能不断地保持鲜活。国库遭受了新的打击，按照玛丽·安托奈特的命令，在特里亚农宫附近，为这些贪玩的孩子建立了一个有真实世界那么大的木偶剧院，有马厩、草垛、谷仓、鸽笼和鸡窝，这就是著名的哈默村。伟大的建筑师米克①和画家于贝尔·罗贝尔②画图，设计建造了八个完全效仿农村建筑的农舍，屋顶是用稻草做的，还有养鸡场和肥料堆。为了让这些崭新的仿造品不要在高价建造的自然环境里显得不真实，天哪！还要在外观上模仿真实的贫苦人家的贫穷和衰败。用铁锤在墙上砸出裂痕，让石灰以浪漫的方式剥落，拆掉几块屋顶上的木板。于贝尔·罗贝尔在木头上涂画人工的裂隙，这样一切都显得发霉了，很古老，把烟囱熏黑。但是许多外表破败的小房子内部却布置了所有的舒适设备，有镜子和火炉，台球桌和舒适的长沙发。因为如果王后感到无聊，想要扮演一下让-雅克·卢梭，比如带着她的宫廷女侍亲手制作黄油，那么绝对不能让她弄脏了手指。如果她想去牛棚里看看自己的奶牛"小棕"和"小白"③，那么肯定有人悄悄把地板打扫得和镶木

---

① 米克（1728—1794）：法国建筑师。

② 于贝尔·罗贝尔（1733—1808）：法国画家。

③ 奶牛"小棕""小白"的名字，作者原文均用法语书写。

地板一样干净，把牛皮刷成花蕾的白色和桃花心木的棕褐色，冒着泡沫的新鲜牛奶不能装在粗糙的农家奶桶里，而是要装在绘有她名字首字母的塞弗尔瓷器里端上来。这个哈默村在今天因为其衰败显得可爱，它曾经是玛丽·安托奈特的露天剧院，她可以在这里演一出正因为轻浮才几乎非常具有"魅力"①的喜剧。因为在整个法国，正当农民群起抗议、正当真正的人民被税务压迫，无比激动地奋起反抗，要求改善他们已经无法维持的处境的时候，在这座布景式的假象小村里却笼罩着愚蠢而虚假的舒适。绵羊系着蓝色缎带被带到草场上，王后在宫廷女侍举着的阳伞下面观看着洗衣妇在呢喃的溪边漂洗亚麻布。唉！这种单纯的生活真是美妙、富于道德又令人舒适，在这个天堂般的世界里，一切都整洁而迷人，这里的生活明亮而澄澈，就像从奶牛乳头里喷出的牛奶。人们穿着轻薄的麦斯林纱②，遵循简朴的乡村生活（然后穿着这样的衣服，花几千里弗尔让人画像）。人们沉浸于纯洁的享乐，以充分餍足生活里的全部轻浮，享受着大自然的品位。人们捕鱼、采摘鲜花、散步穿过——很少独自一人——蜿蜒的小径，人们跑过草地，观看那些善良的农民演员工作，玩接球游戏，在花丛中而不是光滑的石头地上跳着小步舞曲和加伏特舞③，人们在树间挂秋千，建立了一个中式的轮盘赌桌，人们输牌，人们在小房间和有树荫的小路上相遇，人们骑马，作乐，让人们在这个自然剧院里演戏，最终自己也在别人面前演戏。

---

① 原文为法语。

② 麦斯林纱：一种稀松组织布，多为白色或米色，可染成各种柔和色。夏天天气炎热、蚊虫较多，麦斯林纱制成的纱帘能过滤光和昆虫。

③ 加伏特舞：一种古老的宫廷舞曲，16—17世纪流行于法国的宫廷大臣之间，据说起源于加伏特人。

玛丽·安托奈特最后就发现了这种激情。在一开始，她只是让人们建造了一个小小的私人剧院，剧院保存至今，依然具有精美迷人的形式，这次一时兴起就花了14.1万里弗尔——原本是要让意大利和法国的喜剧演员登台表演，但之后她突然做了一个大胆的决定，自己登台演出。她周围热爱享乐的那些小人们也对演戏感到兴致勃勃，她的小叔子阿尔托瓦伯爵、波利涅夫人和那些骑士很愿意参与，有时候甚至国王本人也会来，欣赏他的妻子如何担任女演员，特里亚农宫里快乐的狂欢节几乎会持续一整年。有时候给丈夫和弟弟举办庆典，有时候给来做客的陌生王侯举办典礼，玛丽·安托奈特想要对他们展示自己的魔法王国，在这些庆典上，成千上万个小小的、隐蔽的彩色玻璃灯会点亮灯火，像紫水晶、红宝石和黄玉一样在黑暗里闪烁，与此同时，焰火划过天空，音乐从看不见的近处甜美地传来。几百副餐具摆在桌上，人们建造新年集市的摊位，为了取乐和跳舞，纯洁的风景顺从地为奢华的行为充当精美的背景。不，人们不会在"自然"之中感到无聊。玛丽·安托奈特退隐到特里亚农宫，不是为了静下心来沉思，而是为了更好和更自由地娱乐。

特里亚农宫的全部开支在1791年8月31日才得以公布，共计164.9529万里弗尔，但实际上还要加上其他隐藏的单独开支，超过了二百万里弗尔。当然，在国王财政这个漏水的桶里，它仅仅是一滴水，但是考虑到财政面临崩溃，人民普遍贫穷的状况，这也是一笔巨额的支出。在革命法庭上，"卡佩的寡妇"①自己也不得不承认："小小的特里亚农宫很可能耗费了一笔巨款，也许超过了我自己想要花的

———————

① 即王后。

钱。我们在不断地提高开支。"但是在政治意义上，王后也为自己的一时兴起付出了高昂的代价。因为她让全部宫廷显贵无所事事地留在凡尔赛宫，她就剥离了宫廷生活的意义。那个把手套递给她的夫人，那个把坐便器推给她的夫人，那些尊贵的夫人和尊贵的骑士，那些上千名的贴身侍卫、佣人和佞臣，他们失去了职务该怎么办呢？他们整天无所事事地坐在"观景室"①里，就像一台机器，不用就会生锈，这个被冷漠地弃之不顾的宫廷心里也就充满了越来越危险的怒气与怨恨。很快，这些显贵们就达成了默契，不再参加宫廷典礼：让这个高傲的"奥地利女人"在她自己的"小美泉宫"里自娱自乐吧。只是在接见的时候对她冷漠而仓促地点点头，这些和哈布斯堡家族一样古老的贵族觉得这样做已经是"非常礼貌了"。自从王后离开了凡尔赛宫，法国大贵族反对王后的阵线就越来越公开化，莱维公爵②非常形象地描述了这个处境："在纵情欢乐、轻率而为的过程中，王后陶醉在至高权力里，不愿意强迫自己。礼仪和典礼会引发她的焦躁和无聊。人们向她证明，在这样一个启蒙的世纪里，人们已经从所有的束缚中解放了出来，统治者也应该卸下习俗强加给他们的令人不适的镣铐，简而言之，认为人民顺从与否取决于国王家庭在自己无聊、也使人无聊的宫廷圈子里待的时间是长是短，是非常可笑的……除了几个因为王后的兴致或者计谋而受到了恩宠的人，整个世界都被排除在宫廷之外。等级、功绩、威严和好的出身已经不再是进入国王家庭亲信圈子的合法理由。只有在星期天，被推荐的王侯才能见到国王几秒钟。但他们中间的大多数很快就会厌倦这种毫无必要的辛劳，因为人们并不

---

① 原文为法语。

② 莱维公爵（1764—1830）：法国政治家、作家。

懂得如何感谢他们。他们自己也意识到从远道而来，却没有得到更好的接待是一件很愚蠢的事情，于是就放弃了……凡尔赛，路易十四展示庄严的舞台，人们曾经从欧洲各地快乐地前来，学习高雅的生活形式和礼仪规范，现在却只不过是一个外省小城，人们只会放弃，尽快地远离这里。"

　　有关这个危险，玛利亚·特蕾莎在远处也及时地预见到了："我自己也懂得作为权威代表的无聊和空虚，但相信我，如果忽略了这一点，就会产生比这一点烦恼还要严重很多的问题，尤其是在你们那里，这个民族如此生气勃勃。"但是如果玛丽·安托奈特不想要理解，和她讲道理就是毫无意义的。住在离凡尔赛宫只有半小时路程的地方又能够引起什么轰动呢！事实上，她却由于这两三英里的路程，在一生中都远离了宫廷，也远离了人民！如果玛丽·安托奈特留在凡尔赛宫，生活在法国贵族和传统习俗中，如果她在危险时刻有亲王、公侯和贵族的大军簇拥着她，事情又会怎么样呢。如果她以另一种方式，像她的哥哥约瑟夫那样做出尝试，以民主的姿态接近人民，那么几十万巴黎人民和两千万法国人民就都会崇敬她。但玛丽·安托奈特是个彻头彻尾的个人主义者，既不需要贵族的喜爱，也不渴望人民的爱戴，她只想她自己，她为了这个她热爱的、一时兴起的产物特里亚农宫，得到了第一等级、第二等级和第三等级平等的不喜爱，因为她想要独自一人沉浸在幸福里的时间太长，她在不幸里就只能孤身一人，不得不为了这个幼稚的玩具付出了王冠与生命的代价。

第十章　新的社交圈

玛丽·安托奈特几乎刚在她快乐的家里住下来，就开始用力挥舞辞旧迎新的扫帚。首先要扫除老一辈人——老人无聊而又丑陋。他们不会跳舞，不会娱乐，总是在宣传谨慎与深思，永远要保持内敛、接受警告的状态让这个情绪丰富的女人在作为公主的时候就感到了彻底的厌烦。那个头脑僵化的女教师，礼仪夫人诺埃伊伯爵夫人必须离开：王后不需要被人教育，她可以想做什么就做什么！她得跟她母亲让她带过来的忏悔神父兼顾问韦尔蒙保持恰当的距离，和所有让她保持精神紧张的人保持距离！只有年轻人可以来这里，他们是欢乐的一代人，不会出于愚蠢，严肃地对待生活，从而耽误了游戏与享乐！至于这些同游者是否拥有较高的等级，是否出身于贵族家庭，是否有着值得尊敬和无可挑剔的性格，这些都很少被列入考虑，他们也不需要特别聪明或者是特别有教养——有教养的人们太迂腐了，聪明的人们往往不怀好意，他们只需要有点灵气，知道怎么讲述一些刺激的逸闻，在典礼上打造出良好的形象，这就够了。娱乐、娱乐、娱乐，这就是玛丽·安托奈特对她那狭小的社交圈子所提出的最重要的、也是唯一的要求。于是在她身边，就像玛利亚·特蕾莎所叹息的，围绕着

"全巴黎最糟糕的和最年轻的一群人"①，就像她的哥哥约瑟夫二世气恼地嘟囔的那样，那是一群看似懒散、实际上极度自私的家伙，他们承担了最轻松的职务，也就是王后的"欢乐大师"②，却得到了最丰厚的薪水，在风流的游戏中悄悄地把最丰厚的年金塞进了他们小丑的口袋里。

只有一个无聊的先生偶尔会短暂地扰乱这个轻浮的社交圈。但人们可不能毫不尴尬地就把他赶走，因为——人们几乎忘了这一点——他就是这位性格开朗的女人的丈夫，此外,他还是法国的统治者，宽容的路易十六真正地钟爱着自己迷人的妻子，有时候会事先征求允许，从凡尔赛宫来到特里亚农宫，看着这些年轻人如何娱乐，如果他们无忧无虑地越过习俗的界限，或者是看到了天价的开支，他就试图羞怯地进行规劝。但这时王后就会发出大笑，用这样的笑声把一切都抹平了。就连那些快乐的旁观者看到国王总是善良而顺从，在王后给他的那些任命最高官员的政令下面，用漂亮的书法签下"路易"两个字，心里也感到一种居高临下的同情。这个善良人从来不会打扰他们很长时间，每次都只待一个小时、两个小时，然后就闲庭信步地走回到凡尔赛宫，回到他的书堆和他的锁匠活计里。有一次，他在那里坐了太久，王后已经不耐烦了，想要和她这个欢快的社交圈前往巴黎，就悄悄地把钟摆的指针往前拨了一个小时，国王没有发现这个小小的欺骗行为，温顺地走了，不是在十一点，而是在十点就上床睡觉了，所有这些爱献殷勤的小瘪子笑得肩膀都歪了。

国王的尊严这个概念当然不能通过这样的玩笑得到提升。但特里

---

① 原文为法语。

② 原文为法语。

亚农宫要拿一个如此笨拙、如此愚蠢的人怎么办呢？他不会讲述诱人的轶闻，不知道怎么大声发笑。他总是紧张而羞怯，就像是肚子疼一样，坐在这个欢快的社交圈里打着哈欠，做着自己的梦。而其他人直到午夜才真正活跃起来。他不去假面舞会，不参加赌博，不向任何女人献殷勤[①]，不，人们根本不需要他，不需要这个善良而无趣的人。在特里亚农宫的社交圈子里，在这个洛可可王国里，在这个轻率而放纵的牧歌似的空间里，他无处落脚。

　　这样看来，国王根本不能算是这个新的社交圈的成员。就连他的弟弟普罗旺斯伯爵都因为把野心藏匿在无动于衷的外表之下，觉得还是不要和这些年轻的花花公子交往更明智，以免损害自己的尊严。可既然总要有一位宫廷里的男性成员来陪伴王后寻欢作乐，那么路易十六最小的弟弟阿尔托瓦伯爵便充当了这个护花使者的角色。他头脑简单、轻浮大胆，但是懂得娴熟地谄媚，和玛丽·安托奈特心里怀着同样的恐惧，也就是害怕无聊，或者是害怕从事严肃的事情。他喜欢追求女性，经常欠债，是个非常懂得取乐的优雅绅士，也很爱吹嘘，与其说他勇敢，不如说他放肆，他表面上看起来比内心更富有激情，无论哪里出现了新的体育运动、新的时尚和新的娱乐方式，他就开始引领欢乐的队伍，很快，他欠的债就超过了国王、王后和整个宫廷的债务总和。但正是因为他的性格，他非常适合与玛丽·安托奈特来往。她却不太尊敬这个放肆的、头重脚轻的家伙，更谈不上爱他，尽管恶毒的流言很快就宣称王后爱上了他，其实他只是在给王后打掩护。这对叔嫂完全是出于寻欢作乐的欲望，才很快就结成了不可分割

[①]　原文为法语。

的同盟关系。

阿尔托瓦伯爵是这批精挑细选的贴身侍卫的司令，玛丽·安托奈特就带着这支队伍，日夜在各个行省开展欢乐的闲逛活动。这支队伍实际上很小，而且领导阶层不断变化。因为宽宏大量、乐于忘记一切的王后原谅她随从的一切过失、负债与狂妄、莽撞或过于亲昵的举止、恋情或其他丑闻——但是只要某个人开始让王后感到无趣，那么他就会失去她的恩宠。贝森瓦尔男爵曾经在一段时间内占据首席地位，他是一位五十岁的瑞士贵族，具有老军人那种旗帜鲜明的粗暴，然后柯依尼公爵又占据了上风，他"经常不断地受到恩宠，成为被咨询问题最多的人之一"①。这两个人和野心勃勃的基内公爵还有匈牙利的埃斯特尔哈奇伯爵同时接到了一个奇怪的任务，在王后得风疹的时候照料她，这在宫廷里引发了一个恶毒的问题：如果国王遇到同样的情况，他会挑选哪四位宫廷女侍呢。只有福德罗伊伯爵，也就是波利涅伯爵夫人的情人，玛丽·安托奈特的宠儿守住了他的位置。一直留在背后的是所有人中最聪明、最敏锐的一位，也就是利涅亲王，他是唯一一个没有从他在特里亚农宫的位置得到一大笔国家年金的人，也是唯一一个在年老的时候写下的回忆录里想起王后依然心怀尊敬的人。这片牧歌般的天穹里摇摆不定的星辰是俊美的狄翁和年轻、火热、鲁莽的劳松公爵②，他们两个在一段时间里对于被迫保持处女状态的王后相当危险。迈尔西大使付出了巨大的努力，才在这个莽撞的劳松不仅仅是赢得了王后好感之后成功地把他赶了出去。阿德玛尔伯爵可以边弹竖琴边优美歌唱，而且也是一个好演员：

---

① 原文为法语。
② 劳松公爵（1747—1793）：法国将军。

这就足以让他得到了布鲁塞尔的大使职位，然后又被派往伦敦。其他人宁可留在家里，在人工喷泉中钓取宫廷里收入最为丰厚的职位。在这些骑士中间，除了利涅亲王，没有一个拥有精神上的真正等级，没有一个拥有把王后出于友谊而给予的权力在政治意义上加以充分利用的野心，这些特里亚农宫的化装舞会主角没有一个成为历史上真正的主角。他们中间也没有人在心里真的尊重玛丽·安托奈特。这个年轻而娇俏的女人对有些人表现出了过多社交场上的信任，这样做并不适合一位王后的地位，但至关重要的是，她没有在灵魂上或者是作为一个女人的层面上完全献身于任何一个人。他们当中应该是唯一一个曾经抵达，而且永远留驻在王后内心的那个人物依然隐藏在阴影中。这些到处忙乱的配角的作用也许只是更好地阻止他的靠近，掩饰他的在场。

对王后来说，比这些不断变换的、不可靠的骑士更危险的是她的女性朋友们。神秘地混合的感情力量在这里灾难性地卷入了游戏。玛丽·安托奈特的性格非常自然，她是一个非常女性化的温柔女子，充满了献身的需求和柔情蜜意，这种需求在她婚后最初几年里都没有得到那个困倦而迟钝的丈夫的回应。按照正常的情况，她想把灵魂中的紧张倾诉给别人，按照习俗来讲，这个人不能也不可以是一个男人，一位男性朋友，于是玛丽·安托奈特从一开始就不自觉地寻求着女性朋友的帮助。

玛丽·安托奈特和女性的友谊总掺杂着柔情的基调，但这也很自然。十六岁、十七岁和十八岁时的玛丽·安托奈特尽管已经结婚，或者不如说是看起来已经结婚，但在内心中还是流露出了这个年龄的典型表现，表现出了在膳宿学校里结交朋友的典型特征。还是个孩子的时候，她就早早地被迫与母亲分离，与她真心敬爱的女教师分离，被带到一个笨拙的、并不温柔的男人的身边，于是迸发出了一种想要信任别人的心态，这属于少女的天性，就像芳香属于花朵的天性。所有孩子气的小动作，手拉着手走路，互相紧抓着彼此，在角落里窃笑，穿过整个房间疯玩，彼此崇拜，所有这些幼稚的"春天的觉醒"的征兆还没有从她稚气的身体里迸发出来。在十七岁、十八岁、十九岁和二十岁的时候，玛丽·安托奈特还不能真正算是一个年轻人，也不能够即便是幼稚地爱上别人——在这样狂暴的情感激荡中，起到作用的根本就不是性欲，而是有关两性的那种羞怯的预感，那种热情的冲动。因此，玛丽·安托奈特和女友最初的关系肯定也充满了柔情蜜意，而王后这种反常规的举止立刻会招致优雅的宫廷最为尴尬的曲解。宫廷里充满了过度的教养，已经到了变态的地步，无法理解自然而然的事情。很快地，人们就开始窃窃私语，谈论王后的萨福①倾向。"人们夸张地说我对女人有特别的偏爱，还喜欢找情人。"玛丽·安托奈特出于对自己感情的确信，非常坦率而高兴地给她的母亲写信。她以高傲的正直蔑视宫廷，蔑视公众舆论，也蔑视世界。她还不知道，成千上万张嘴巴的造谣污蔑可以具有什么样的威力，还毫无保留地投身于她意料之外的快乐，觉得自己终于可以去爱别人、去信任别人，她牺牲了一切谨慎的顾虑，只是为了向她的女性朋友们证明，她是多么无条件地热爱着她们。

王后的第一位宠姬朗巴勒夫人是一个相对幸运的选择。她出身

---

① 萨福（前612？—前570？）：古希腊最著名的女抒情诗人，诗歌大多以情色为内容。传说她与许多女弟子维持同性恋关系，最后为自己钟爱的美男子法翁殉情。

于法国最高等级的家族，因此对金钱和权力都没有贪欲，她天性温柔敏感，不是非常聪明，但也因此不会搞阴谋诡计，她不是非常出众，但也不野心勃勃，对王后的好感回报以真挚的友谊。她的道德可以说是无可挑剔，她产生的影响仅仅限于王后生活的私人圈子，她不乞求王后保护她的朋友、她的家人，她不牵扯到国家事务或者是政治事务中。她不待在赌场里，没有把玛丽·安托奈特更深地推入寻欢作乐的循环之中，而是静静地、毫不引人注目地保持着忠心，她英勇的死亡在最后为她的友谊打下了鲜明的烙印。

但是有一天傍晚，她身上的权力突然像一盏被吹灭的油灯一样熄灭了。1775年，在一次宫廷舞会上，王后注意到一位她还不认识的年轻女子，被她的谦逊和优雅打动了，她有天使一样纯洁的蓝色目光，少女一样柔媚的身姿。王后问她的名字，得知她是儒勒·德·波利涅伯爵夫人。这次与上次和朗巴勒亲王夫人的邂逅不同，不是出于人性层面的好感，才渐渐地形成了友谊，而是出于一种突如其来的、饱含激情的兴趣，"一阵电击"①，一种狂热的偏爱。玛丽·安托奈特走向那位陌生女人，问她为什么在宫廷露面的次数这么少。波利涅伯爵夫人诚恳地承认，她的财产地位还不足以作为宫廷的代表人物，这种坦率令王后着迷，因为这个迷人的女人心里想必包藏着一颗非常纯洁的灵魂，所以她才能一开口就怀着如此动人的无拘无束，承认那个时代最为不堪的耻辱，也就是没有钱！难道她不就是王后寻觅已久的理想朋友吗？玛丽·安托奈特立刻把波利涅伯爵夫人带到了宫廷里，把所有的恩宠都以引人瞩目的方式堆叠到她的身上，这样她就引发了普遍的嫉妒：王后公开和她挽着手臂走路，王后让她住

---

① 原文为法语。

在凡尔赛宫里，王后去哪里都要带上她，有一次甚至下令整个宫廷前往马利宫，只是为了坐在她那备受宠爱的、正在坐月子的朋友身边。几个月以后，这个贫穷的贵族就变成了玛丽·安托奈特和整个宫廷的女主人。

　　但很可惜，这个娇柔、无辜的天使并不来自天国，而是来自一个债台高筑的家庭，这个家庭迫不及待地要利用王后的恩宠给自己挣钱。很快，财政部长就开始怨声载道。首先要为她支付40万里弗尔的债务，然后她的女儿获得了80万里弗尔的嫁妆，她的女婿获得了一个上尉的职位，一年以后又获得了一所庄园，这所庄园每年都能给他们带来7万杜卡登①的租金，她的父亲得到了养老金，她那不起眼的丈夫实际上早就被一个情夫所取代，得到了公爵头衔和法国收入最为丰厚的职位之一，也就是邮局局长。她的姻娌狄亚娜·德·波利涅尽管名声已经败坏，却也成了宫廷里备受尊敬的贵妇，儒勒·德·波利涅伯爵夫人自己则成了后来王后子女的女教师，她的父亲除了那一份养老金，还得到了公使的职位，整个家庭财源广进，名声大噪，此外还从他们装得满满的丰饶角②里把恩惠分给他们的朋友。最终，王后的一时兴起让波利涅一家人每年花费了国家的50万里弗尔。"简直是史无前例，"迈尔西大使震惊地写信给维也纳，"在这么短的时间里把这么一笔巨款仅仅发放给一个家庭。"即便是曼特侬夫人③、蓬巴杜夫人也没有像王后的这个天使一样楚楚可怜地垂着眼睛的宠姬，这位如此谦逊、如此善良的波利涅夫人花掉更多的金钱。

---

① 杜卡登：十四至十九世纪在欧洲通用的金币名。

② 丰饶角：起源于罗马神话，以装满鲜花和水果的羊角象征丰收和富饶。

③ 曼特侬夫人：曼特侬侯爵夫人（1635—1719），路易十四的最后一任情妇，后来与路易十四成婚，成为路易十四的第二任王后。

那些并没有卷进这场旋涡的人们站在一旁，惊讶地看着，无法理解王后为什么要毫无底线地屈服，滥用自己的名义、自己的地位、自己的声誉来给这个毫无尊严、毫无价值、拼命榨取的家族以恩惠。每个人都知道，王后在天生的智慧、内心的力量和品质的正直方面都要比这些每天围在她身边的小人物强上几百倍。但在不同人格陷入紧张关系的时候，起到决定性作用的从来都不是力量，而是娴熟，不是精神方面的优势，而是意志方面的优势。玛丽·安托奈特非常懒惰，波利涅夫人则努力钻营，王后即兴行事，波利涅夫人则坚忍不拔，王后孤身一人，波利涅夫人则结成集团，想要有计划地把王后和其他整个宫廷都割裂开来。他们紧密地团结在一起，想办法娱乐王后。可怜的老忏悔神父韦尔蒙警告他过去的学生，但什么用也没有："您对于您的男性和女性朋友的品德和名声表现得过于大度了。"他甚至怀着令人瞩目的大胆进行规劝，"恶劣的举止，低劣的品德，饱受诟病的名声，或者就是完全丧失了名誉，这竟然恰恰就是被您的社交圈所接纳的一种手段。"但又有什么用呢，一句话怎么能与彼此挽着手臂、甜蜜而温柔地聊天相比呢，到底是什么样的智慧才能战胜这种每天处心积虑的诡计呢！这个波利涅夫人和她的小集团掌握了能够打开王后心灵的魔术钥匙，他们娱乐王后，让她摆脱了无聊，几年之后，玛丽·安托奈特已经完全依赖这个冷酷算计的集团。有人在波利涅夫人的沙龙里制造声势，为其他人谋取职务和地位，为彼此争取职位和年金，每个人表面看上去都只是在为别人的利益而付出努力，于是王后就浑然不觉，让正在走向枯竭的国库里的最后一点黄金流到这少数几个人的手里。部长们无法制止这种行为。"您去找王后施恩吧"①"您看看，王后能不能说一些对您开恩的话"，他们耸耸肩，对所有的请愿者回答道，因为在法国，等级和头衔、职位和年金现在都仅仅通过王后之手来授予，而王后的手在暗中却由那个有一双紫罗兰色眼睛的女人，那个美丽、温柔的波利涅夫人所引导。

这个社交圈用持续不断的娱乐在玛丽·安托奈特周围设立了一道无法逾越的篱笆。宫廷里的其他人很快就注意到了这一点，他们知道，在这道墙垣后面就是人间的伊甸园。各种职位在那里如繁花盛放，各种年金如江河奔涌，在那里，如果讲个笑话，说句讨人喜欢的奉承话，就能像摘果子一样得到一种恩惠，而其他人为了这个恩惠需要十多年来坚持不懈地做出成果。那极乐的对岸笼罩在永恒的欢乐、欣喜与无忧无虑的气氛中，任何一个人只要走进了这个天国，王室的恩惠就会迎面汹涌而来，那是人间的所有恩惠。毫不意外，那些被流放在高墙之外的人们，那些古老、高贵、功勋卓著的家族，那些不被允许进入特里亚农宫的人们，那些同样贪婪的双手永远沐浴不到黄金雨露②的人们越来越激烈地抱怨。奥尔良家族、罗罕家族、诺埃伊家族和玛尔桑家族都在嘟囔，难道我们还不如这个穷困的波利涅家族？难道我们终于有了一个年轻、谦虚、诚实的国王，终于有了一位不是情妇的玩物的国王，但还是要在蓬巴杜和杜巴丽夫人之后，从一名宠姬，一个备受宠爱的女人手里去乞求我们有充分权力和道理享有的东西？难道我们真要忍受这种羞耻的被排挤的状态，忍受这个年轻的奥

---

① 原文为法语。

② 出自古希腊神话，宙斯化作金雨飘入塔楼，使达那厄受孕。

地利女人的无视？她的身边围绕着陌生的年轻人和可疑的女人，而不是出身于有着几百年历史的家族的贵族。这些被排挤的贵族团结得越来越紧密，每一天、每一年，他们的队伍都在壮大。很快，从凡尔赛宫被弃之不顾的窗户里，就有几百双仇恨的眼睛盯着王后那个无忧无虑、浑然不觉的游戏世界了。

第十一章　兄长访妹

STEFAN
ZWEIG

在1776年和1777年的狂欢中，玛丽·安托奈特的寻欢作乐行为直线上升，到达了顶峰。这位时尚的王后从不缺席任何一次赛马、任何一场歌剧舞会和假面舞会，从来不在黎明之前回家，总是躲避着她的婚床。直到清早四点，她还坐在赌桌前面，她的损失与负债已经激起了公开的愤怒。迈尔西大使在写给维也纳的报告中绝望地喊叫道："王后陛下完全忘记了她外在的尊严"，几乎不可能对她进行教育，因为"不同的娱乐形式一个接着一个，飞速到来，需要非常努力才能找到几秒钟的时间，和她谈论严肃的事情。"很长时间以来，凡尔赛宫都没有像这个冬天看起来这样荒凉，在最近一个月里，王后一直在忙碌，或者不如说，她完全没有改变，也没有减少寻欢作乐的活动。好像这个年轻的女子已经被魔鬼附身：她的不安、她的躁动从来没有像在这至关重要的一年里一样毫无意义。

　　这时，一种新的危险第一次出现了。1777年的玛丽·安托奈特已经不再是那个刚刚来到法国的天真无知的十五岁孩子了，而她已经二十二岁了，她绽放出了更为繁盛的美丽，成了一个非常吸引人、自己也已经受到引诱的女人。如果她在凡尔赛宫这种充满肉欲的、充满感官刺激的氛围里保持完全无动于衷的冷淡，那就非常不自然了。和她同龄的女性亲戚和她所有的女性朋友早就有了孩子，他们都有了一位真正的丈夫，或者至少有了情人，只有她因为她那不幸的丈夫的笨拙而被排除在外，只有她这个比自己社交圈里的所有人都美丽的女人，这个比所有人都满怀渴望也备受渴望的女人还没有把自己的感情献给任何一个人。她徒劳地将她强烈的对柔情的需要转移到自己的女性朋友身上，想用不断的社交活动来填满她内心的空虚——但没有用，自然会在每一个人身上，同样也会在这个完全自然和正常的女人身上渐渐行使自己的权利。玛丽·安托奈特在与那些年轻骑士待在一起的时候逐渐失去了一开始那种无忧无虑的安稳。尽管她还是惧怕最为危险的事情发生。但她没有停止冒着风险继续玩耍，在这个过程中也无法控制那泄露天机的滚烫血液。她面色发白，她两颊潮红，她开始在这些下意识地渴求着她的年轻人中间颤抖，开始意乱情迷，眼里充满热泪，总是不断要求这些骑士再一次对她进行优雅的恭维。劳松的回忆录里记述了一个引人注意的场景，刚刚还气得头晕的王后突然匆匆拥抱了他一下，然后自己也吓了一跳，立刻羞愧地逃走了，这件事情，显然可能是真实的，因为瑞典大使也报告了她在年轻的费尔森伯爵身上被激发出来的公开的热情和同样激动的状况。毫无疑问：这个二十二岁的女人被自己愚蠢的丈夫回避，被他牺牲，深受折磨，正处在自我失控的边缘。她的神经已经无法经受那种无形的紧绷状态了，尽管玛丽·安托奈特会为自己辩护，但也许这就是她神经紧绷的原因。实际上，就好像是要为这个临床表现做出补充一样，迈尔西大使报告了这种突发的"神经反应"①，这种所谓的"晕眩"②。充满恐惧的顾虑暂时将玛丽·安托奈特从她自己的骑士中间拯救出来，以免对她的婚姻名誉形成真正的伤害——这两个人，劳松和费尔森，一注

---

① 原文为法语。

② 原文为法语。

意到王后对他们展现出了明显的兴趣，就匆匆离开了宫廷，但毫无疑问，如果有一个宠臣能够以某种风流的方式玩弄她，在有利的时机发动大胆的进攻，也许就可以轻易战胜王后心中只是以很微弱的方式留存的道德。迄今为止，玛丽·安托奈特还很幸运，没有真正迈出那一步。但是随着内心不安的增长，这种危险也越来越大：她那诱人的光线总是在招蜂引蝶，越来越近，越来越纷扰，只要翅膀的拍打稍有不慎，玩耍的人就会坠入那毁灭性的难以挽回的深渊。

母亲派来的那位看守也知道这种危险吗？可以假设，根据他对劳松、狄翁和埃斯特尔哈齐的警告能够看出，这个经验丰富的老单身汉比王后本人更能够理解这种紧张状况的根源，而王后反而毫无预感，她那突然的激动，她那狂野的、不平静的焦躁泄露了多少东西。他完全明白，如果法国王后在和她的丈夫生下真正的继承人之前，先成了一个陌生情人的战利品，那将会是一场什么样的灾难：一定要不惜任何代价阻止这件事情发生。于是他给维也纳写了一封又一封的信，希望约瑟夫皇帝能够来一次凡尔赛宫，看看到底应该怎么做。因为这位冷静又镇定的观察者知道：是时候从王后自己手里挽救她了。

约瑟夫二世的巴黎之旅有着三重的目的。他应该以男人对男人的方式和国王，也就是他的妹夫，谈论一下他还没有完成婚姻义务的这件棘手的事情。他应该怀着兄长的权威，给他热爱享乐的妹妹洗洗脑子，让她好好看看她热爱享乐这件事会在政治和人性的层面造成什么样的危险。第三点，就是他应该加强法国和奥地利统治家族之间鲜活的联系。

在这三个强加给他的任务之外，约瑟夫二世还自愿地承担了第四项任务。他想要利用这次引人注目的访问，让他自己显得更引人注目，为他个人尽可能地赢得更多的赞赏。这个人在内心里非常注重荣誉，也并不愚蠢，但是也不比一般人更有天赋，而且极度虚荣，几年以来还一直受到王储典型的顽疾的折磨。令他感到气恼的是，作为一个成年男性，他还是不能自由而毫无限制地进行统治，而是只能站在他声名远扬、备受尊敬的母亲的阴影里，在政治舞台上仅仅扮演二号人物，或者就像他自己气愤地说的那样，"充当马车上的第五个轮子"。他也非常清楚，无论是聪明机智，还是道德权威，他都无法与这位站在光辉之下的伟大女皇相匹敌，于是他就努力为自己的配角身份寻找一种独特的色调。既然女皇已经让整个欧洲领略了她那英雄主义的坚决统治力，他就要在自己的方面扮演一个"人民的皇帝"，一个现代、仁爱、毫无成见且具有启蒙精神的国父。他作为农夫扶犁耕作，他穿着简朴的市民外衣混迹在人群里，他睡在简单的行军床上，为了做试验，他把自己囚禁在斯皮尔伯格山①上，同时却又担心全世界是否都能够看到这种故意表演出来的谦逊。迄今为止，约瑟夫二世只是在自己的臣民面前扮演亲民的哈里发②，而这次巴黎之行终于给他提供了登上更广大的世界舞台的机会。在动身前几个星期，皇帝就开始研究他这个谦逊角色可以设想到的一切细节。

约瑟夫皇帝的目的达到了一半。尽管他没有骗过历史，历史在他的罪账里记下来一桩又一桩的罪过，过早地又不娴熟地推进改革，灾难性的仓促行为，也许只是因为他的英年早逝才使奥地利从那时面临崩散的危机中存活下来。但人们更愿意相信传说而不是历史，而他赢得了传说。很久以后，善良的人民皇帝的传说还在流传，无数充满谣传的小说都描写一位高贵的陌生人，披着简朴的大衣，用温和的手做着善事，热爱来自民间的少女。这些小说一再重复着一个反复出现的

---

① 斯皮尔伯格山：位于奥地利中部的一座山，山上有用于清修的修道院。

② 哈里发：阿拉伯国家的政教领袖。

结尾：这个陌生人敞开大衣，人们惊讶地看到了一身华丽的军服，这位高贵的人转过身去，说了一句意味深长的话："你们永远也不会知道我的名字，我是约瑟夫皇帝。"

这是一句愚蠢的玩笑话，但本能实际上比人们想得更机智：这句话以几乎天才的方式描绘出了约瑟夫皇帝的历史特征，一方面扮演一个谦逊的人，另一方面又尽可能地让自己的谦逊备受赞赏。他的巴黎之旅成了一次典型的实验。因为约瑟夫二世皇帝自然不是以皇帝的身份前往巴黎的，他不想要引起瞩目，而是自称法尔肯施泰因伯爵，最重要的是没有人知道他这次微服私访。冗长的文件规定道，任何人都只能称他为"先生"[①]，甚至法国国王也一样，他不住在宫殿里，只乘坐简朴的出租马车。但欧洲的所有宫廷都肯定知道他到访的确切日期和时间。就在斯图加特，符腾堡公爵就给他开了一个不怀好意的玩笑，命令所有的旅馆都取下招牌，于是这位人民皇帝没有其他地方可以待，只能去公爵的宫殿里睡觉。但是这位新的哈茸·阿尔·拉希德[②]怀有某种迂腐的固执，一直将他早就广为人知的微服私访坚持到最后一刻。他乘坐简朴的出租马车进入巴黎，住在特莱维尔饭店，也就是今天的福约酒店，化名为不为人知的法尔肯施泰因伯爵。他在凡尔赛宫里选择了一个普通的房间，睡在一张行军床上，就像是在军营里一样，身上只盖着一件大衣。他的算盘没有打错。对于知道自己的国王只能过奢侈生活的巴黎人民，这样一位君主引发了轰动，这样一位皇帝在医院里购买穷人喝的粥水，参加学术会议，旁听议会讨论，和水手、商人交谈，参观聋哑学校、植物园、肥皂工厂和手工工场。约瑟夫在巴黎看到了很多东西，也很高兴被人看见。他的亲密态度吸引了所有人，而他自己更被他所赢得的热烈

————————

① 原文为法语。

② 哈茸·阿尔·拉希德（786—809）：伊拉克的犹太人国王。

欢迎所深深吸引。在这种真假交替的双重角色中，这位性格神秘的皇帝始终能够意识到自己的分裂感，在离别的时候他写信给他的弟弟："你比我更有价值，但我只是一个骗子，我在这个国家里不得不这样。我仅仅是因为深思熟虑和谦虚谨慎才这样做，但我是在故意夸张。我在这里激发的热情真的已经令我有些尴尬了。我会非常满意地离开这个王国，但是毫不遗憾，因为我对这个角色已经演够了。"

在个人成就之外，约瑟夫也完成了之前规定的政治目标。首先就是和他的妹夫谈论这件人尽皆知的棘手事情，这件事情进行得惊人地顺利。路易十六诚实又和蔼，满怀信任地迎接了自己的大舅子。腓特烈大帝的计谋没有得逞，他之前曾指使自己的大使格尔茨男爵在整个巴黎散布谣言，说约瑟夫皇帝对他说过："我有三个妹夫，三个都很可怜。在凡尔赛宫里的那个感觉迟钝，在那不勒斯的那个是个蠢货，在帕尔马的那个没有头脑。"在这件事情，这个"恶劣的邻居"只不过是徒劳地搅浑水，因为路易十六并不怎么爱慕虚荣，这支利箭只能在他谦逊善良的性格之上反弹回来。大舅子与妹夫的谈话非常自由和诚恳，在更深的了解之后，路易十六也在约瑟夫二世那里赢得了某种人性层面的尊重。"这个人是个懦夫，但不是个蠢材。他有知识，有判断力，但他在身体层面和精神层面都很冷淡。他可以进行理智的对话，但没有真正的欲望去提升自己，也没有真正的好奇心。他身上还没有出现那种'要有光'[①]的状态，物质还处于原始状态。"几天后，约瑟夫二世就把国王完全掌握在了手里，他们在所有政治问题上都达成了共识，几乎不需要怀疑，他没有费多大力气，就说服了妹夫去做那个私密的手术。

更艰难也更责任重大的是约瑟夫面对玛丽·安托奈特这件事的处

---

① 原文为拉丁语，引自《圣经》的《创世纪》章节。

理方式。妹妹怀着复杂的情绪期待着兄长的来访，她很开心终于可以见到自己的血亲，而且还是她最为信任的、可以和她开诚布公地谈论问题的一个，但也非常惧怕，因为这位皇帝很喜欢用生硬的说教口吻和他的妹妹说话。不久前他还像训斥女学生一样训斥她："你到底在干预什么事情？"他给她写信说道，"你撤掉一位部长，把另一位部长流放到他的地产那边，你在宫廷里设立耗资高昂的新职位！你有没有问过你自己，你有什么权力干涉宫廷事务和法国的王国事务？你到底获得了什么知识，才敢牵扯到这些事情里面，自以为你的意见可能在某种程度上非常重要，尤其是在那些需要特别深刻的知识的国家事务的方面？你是一个年轻可爱的女人，却整天耽于轻浮的事情，满脑子都是你的服装和你的享乐，什么书也不读，一个月都没有一刻钟进行过或是倾听过一场理智的谈话，什么也不思考，什么事情也不做到底，我很确定，你也从来不想一想，你说过的话和做过的事情会有什么后果……"这样严厉的教师口吻已经让这位被特里亚农宫的宫廷人士娇纵、宠爱的女人感到不习惯了，所以当宫廷总管突然通报，法尔肯施泰因伯爵已经来到巴黎，明天就要出现在凡尔赛宫的时候，我们也可以理解她的心突然开始怦怦地跳了起来。

但事情比她想象的要好。约瑟夫二世是个足够优秀的外交家，没有立刻就在宫里大发雷霆。相反，他说了一些有关她迷人外表的话，承诺如果他再婚，他一定要娶一个和她一样的女人，他先献了献殷勤。玛利亚·特蕾莎又一次做出了正确的预言，她在事先写给大使的信里断言："我实际上并不担心他会严格审判她的行为，我更相信这么漂亮，这么迷人，会将她的娴熟、灵气和谈话时良好的态度掺杂进来，赢得他的称赞，而这反过来也是对他的谄媚。"实际上，这位美丽迷人的妹妹所展现出来的可爱，她再次见到哥哥时真挚的喜悦，她听他讲话时保持的尊敬态度，还有另一方面来自妹夫的亲切温和，皇帝自己在巴黎上演的谦逊喜剧所引来的巨大成功，都让这位心怀恐惧的迂腐皇帝哑口无言。这头严苛的爱抱怨的大熊闭上了嘴巴，因为人们给了他足够的蜜糖。他的第一印象相当友好："她是一个可爱而体面的女人，只是太年轻了，考虑的事情也太少了，但她的根基充满了体面和道德感，此外还有某种正确的理解事物的天赋，我经常为此感到惊讶。第一反应永远是正确的，如果她更专注于自己，稍微多做一点思考，而不是屈从于围绕在她身边的那些鼓吹她做这做那的军官，她就会变得完美。她的享乐欲望非常强烈，既然人们知道了这一弱点，人们就会抓紧这一点，而她总是一再听从的主要就是懂得在这件事上服务于她的人们。"

当约瑟夫二世看起来在妹妹给他举办的各种庆典上懒散地享受的时候，这个奇怪而矛盾的灵魂也同时进行了尖锐而准确的观察。首先他必须承认的是，玛丽·安托奈特"对她的丈夫根本没有任何爱意"，她对待他的时候漫不经心、无动于衷，带着一种不合适的居高临下的态度。他没有耗费多少努力，就看透了这个"疯女人"恶劣的社交圈，尤其是波利涅夫人一家。他只是在一点上感到安心。约瑟夫二世在道德上松了一口气，很可能他正在惧怕真正恶劣的事情。尽管所有的年轻骑士都在卖俏，他的妹妹却一直保持着道德。他还谨慎地加了一个附加条款，"至少到目前为止"——在这个道德沦丧的圈子里，她的举止在道德层面上比她的名声要好。但无论如何：他见到了这种关系以后，觉得她的未来不是很有保障，觉得给出一些强有力的警告似乎也不是多余的。有几次他教训自己的妹妹，引发了激烈的争吵，比如说，他当着别人粗暴地指责她，"对于自己的丈夫来说实在不够好"，或者说她的女性朋友吉梅内公爵夫人的赌博房间是"一个藏污纳垢的地方"①，是一个真正的骗子窝点。这种公开的指责令玛丽·安托奈特感到气恼：有时候这对兄妹之间的谈话会变得越来越冷酷。这位年轻女人怀着幼稚的倔强对抗这种妄自尊大的监护，但与此同时，她正直的内心又觉得她哥哥的所有指责都是那么的有道理，她自己的性格具有弱点，她身边其实需要这样的一个守卫者。

两个人似乎最终也没有进行一次总结性的开诚布公的谈话。尽管之后，约瑟夫二世在一封信中警告似的提醒玛丽·安托奈特记住他们在一条石头长椅上进行的某次谈话，但显然他并没有在这些偶然的谈话中透露最本质和最重要的东西。约瑟夫二世在两个月内视察了整个法国，他比这个国家的国王还要了解这个国家，比他的妹妹还要了解她本人的危险之处。但他也承认，他所说的任何话对于这个轻浮的女人都是犹如耳旁风，在下一个小时里就会被全部忘记，尤其是她想要忘记的那些东西。于是他非常平静地写了一份指导书，刻意在最后的时刻才把这个长达三十页的文件交给她，求她在他启程以后阅读一下。"写下的话语将会永存"②，这份书面警告应该在他不在的时候陪伴着她。

这份"指导书"，也许是我们所拥有的概括了玛丽·安托奈特性格的最充分的文件，因为约瑟夫二世是出于良好的意愿和完全坚定的态度写下这份文件的。形式虽有点浮夸，对于我们的趣味来说可能有过于激烈的道德色彩，但同时也展现出了极高水平的外交层面上的娴熟，因为德意志皇帝③很有分寸地避免了对法国王后提出直接的行动上的规章制度。他只是列举了一个又一个问题，就像某种教义问答，想要让这个懒于思考的女人进行思考，开始自我认识和自我反省，但是他情不自禁地把这些问题都

---

① 原文为法语。

② 原文为法语。

③ 此处原文如此，实际上应为"奥地利皇帝"。

变成了控诉，看起来随意的顺序变成了玛丽·安托奈特所有过错的完整目录。约瑟夫二世首先提醒妹妹，她荒废了多少时间。"你的年纪在增长，你不能以你还是一个孩子作为脱罪的借口了。如果你继续犹豫不决，会发生什么事情，你会成为什么人？"他以耸人听闻的准确洞察力进行着自问自答，"一个不幸的女人和一个更为不幸的王后。"他以问题的形式逐项列举她的疏忽：一道锋利且冷酷的闪电首先落到了她对国王的态度上面。"你真的利用了一切机会吗？你回报了他对你表现出来的感情吗？难道他和你说话的时候，你不是表现的冷漠而心不在焉吗？难道你不是会在有时候表现出无聊或厌烦吗？你为什么会想用这种态度，来对待一个天性冷淡、但是正在接近你，而且真心爱你的男人？"他无情地责备她——看起来一直都是提问，实际上却是尖锐的控诉——因为她没有遵从国王的命令，而是利用国王的笨拙和软弱，把所有的功绩和注意力都吸引到自己而不是国王的身上。"你明白吗，你该怎么真正地对他派上用场？"他以更严厉的语气问道。"你有没有说服他，没有人像你这样，以正直的方式爱着他，用心牵挂着他的名誉和幸福？你有没有抑制过你那想要以他为代价才能放射出光芒的愿望？你有没有处理他所忽视的事情，为了避免让人觉得你是利用了他才取得成果的？你有没有为他做出过牺牲？你有没有对他的错误和弱点保持态度模糊的沉默？你有没有原谅这些错误，有没有立刻下令让那些敢于对此做出暗示的人们噤声？"

接下来，约瑟夫皇帝一页又一页地列举着她享乐行为的名录。"你有没有哪怕有一次仔细想过，你的社交关系、你的友谊，如果涉及的不是在所有方面上都无可指摘的人物，就必然会对公众舆论产生什么样的恶劣影响？因为这样人们就会不自觉地怀疑，要么就是你赞成这些恶劣的道德行为，要么就是你甚至参与到了其中。你有没有哪怕一次权衡过，赌博、这个进行赌博的恶劣社交圈还有它带来的名声会产生什么样的可怕后果？你想一想你自己亲眼所见的一切，你想一想，国王自己并不赌博，而你这样一来就是整个家庭里唯一赌博的成员，这种恶劣的习惯就会产生煽动性的影响。你也要至少稍微想一想所有歌剧舞会、所有可怕的冒险所带来的尴尬场面，你亲自对我讲过这方面的事情。我无法保持沉默，因为在所有娱乐行为中，这毫无疑问是最不恰当的，尤其是你去舞会的方式，由你的小叔子陪伴，这完全不行。在那里扮演一个无人认识的陌生女人到底有什么意义呢？难道你没有看出来吗，尽管如此，人们还是认识你，还会对你说一些与自己身份不符的话，你听到的话都是人们有意说的，是为了娱乐你，让你相信他们处于完全无辜的状态。那个地方的名声已经很不好了。你在那里寻求的到底是什么呢？面具阻碍着体面的交谈，你也不能在那里跳舞，那么这些冒险、这些不合时宜的举动，和这些放荡不羁的仆从还有陌生人混在一起，听着暧昧的谈话，也许自己也加入类似的谈话，到底有什么意义呢？不，这样做并不合适。我告诉你，这一点正是所有热爱着你、有着正派思想的人们感到最为恼火的一点：国王整晚整晚地独守凡尔赛宫，你却和这群无赖组成的社交圈待在巴黎！"约瑟夫急迫地重复着母亲的教导，说她是时候开始读一点书了，每天读两个小时并不算多，但这样她就能更聪明和更理智地度过其余的二十二个小时。突然，在这篇漫长的说教里迸出一句具有预见性的话，读到这句话会令人不寒而栗。如果在这方面不遵从他的指导，约瑟夫二世说，那么他预见未来会发生可怕的事情，他的原话是："我现在为你而颤抖，因为不能再这样继续下去了。如果你们不做准备，革命将是残酷的。""革命将是残酷的"[①]，这句可怕的话，在这里第一次被写下。尽管，实际上另有所指，但确实非常具有先见之明。可是玛丽·安托奈特要到整整十年后才能够理解这句话的含义。

---

① 原文为法语。

第十二章 成为母亲

STEFAN
ZWEIG

约瑟夫二世的造访，从历史上看只是玛丽·安托奈特一生中一个无关紧要的插曲。但实际上，它却引发了决定性的转变。因为奥地利皇帝与路易十六就那个棘手的床帏话题进行了商谈，这段对话在几个星期后就产生了结果。变得强大的国王怀揣着崭新的勇气面对自己的婚姻义务。1777年8月19日，玛丽·安托奈特写给维也纳的报告还只是"稍好了一些"①：她的"（处女）状态未能得到改变"，伟大的进攻没有成功，"但我并不对此抱有怀疑，因为稍有改变，国王比之前更温柔了，这对他来说意义重大。"在8月30日，胜利的号角终于吹响，在长达七年的爱欲战争经历了无数次失败之后，这位"冷漠的丈夫"②终于攻克了那座根本没有设防的堡垒。"我正处于我一生最大的幸福之中，"玛丽·安托奈特匆匆向母亲报告说，"现在已经八天了，我的婚姻完美地实现了。昨天我们又尝试了一次，比第一次更完美。我首先想到的就是派出特派信使去给我亲爱的母亲送信，但我有点担心，这样会不会招致过多的注目与鲜花，我也希望等我的事情更

---

① 原文为法语。

② 原文为法语。

162

有把握再说。我觉得我现在还没有怀孕，但至少我现在有了希望，我每时每刻都有可能怀孕了。"但这个光荣的转变没有办法成为长久的秘密：西班牙大使比所有人都先知道了确切的消息，因为他甚至向本国政府报告了命运发生转折的确切日期（8月25日），还补充道："既然这样的事实非常有趣，而且显然非常重要，我就与莫勒帕部长与维尔内部长进行了单独交谈，两个人都向我证实了同样的情况。此外，可以肯定的是，国王把这件事情告诉他的一位姑母，而且非常坦率地说：'我很爱这种娱乐方式，很遗憾我在这么长的时间里都不了解它。'陛下现在比以前要快乐多了，王后现在也比以前可以观察到的更经常出现黑眼圈。"但是，这位年轻女人对她能干的丈夫发出的第一次欢呼还是有点太早了，因为路易十六对这项"新的娱乐方式"远没有像对待从前的狩猎活动那么热心。十天以后，玛丽·安托奈特就不得不再次对母亲抱怨了："国王不喜欢两个人一起睡觉。我试图说服他，至少不要完全放弃与我同床共枕。有时候他在我身边过夜，我想不要经常这么折磨他。"母亲听到这个消息不怎么高兴，因为她认为这一点"至关重要"，但她赞同在这件事上有分寸的女儿，不要逼迫她的丈夫，只是她这方面也应该比以前更努力适应丈夫睡觉的时间。维也纳心急如焚地盼望着这桩缺乏激情的婚姻的怀孕消息，但就一直等了下去，直到四月，这位焦躁的女人才实现了内心深处的愿望。玛丽·安托奈特在出现一点迹象时就立刻向母亲派去加急信使。御医尽管私下里已经下了一千金路易的赌注，认为王后的感觉是正确的，他们还是建议她先等等。5月5日，小心谨慎的迈尔西汇报了确切消息，7月31日晚上10点半，王后第一次感受到了胎动。在之后的8月4日，宫廷里正式宣布了王后怀孕的消息。"自此以后，"她写信给玛利亚·特雷莎，"胎儿经常活动，这让我感到非常高兴。"她情绪良好，使她感到特别有趣的是她以毫不做作的方式向她后知后觉的丈夫告诉他要当父亲的消息。她走到他面前，摆出阴沉的脸色，以受了委屈的样子说道："陛下，我必须向您抱怨您的一位臣民，他实在是胆大妄为，用双脚踢我的肚子。"忠厚的国王没有马上理解，然后他就充满骄傲地发出了大笑，拥抱着他的妻子，为自己意想不到的能干感到非常陶醉。

各种公开仪式立刻开始举办。教堂里唱起了赞美诗，巴黎大主教命令人们祈祷王后顺利生产，人们非常谨慎地为这个即将降生的王室孩子寻找奶妈，将10万里弗尔分发给穷人。整个世界都紧张地期待着这一重大事件，尤其是助产士，这件事对他来说是一件特殊的赌局，如果生下一位王位继承人，他就会获得4万里弗尔的年金，但如果是一位公主，就只有1万里弗尔的年金。整个宫廷也都非常激动地期待着这场延迟已久的好戏，因为根据几百年来的神圣习俗，法国王后的分娩绝对不仅仅是一件私密的家庭事件，她最艰难的时刻必须依照古老的规章制度，在所有的亲王、亲王妃和整个宫廷的监督之下渡过。每个王室成员和每个最高等级的贵族都有权在生产的过程中待在产房里，也没有人想要放弃这个野蛮的、有损产妇健康的特权。好奇的人们从所有的行省、从偏僻的城堡赶着马车涌来，小城凡尔赛最狭小的阁楼都住满了客人，巨大的人流使得生活必需品的价格都抬高了三倍。但王后让这些不速之客等了很久。终于，在12月18日，铃声在夜晚响彻房屋，阵痛开始了。朗巴勒夫人第一个冲进产房，在她后面跟着所有激动的宫廷女侍。三点钟，国王、亲王和亲王妃都被唤醒，侍童和贴身侍卫都飞身上马，匆匆赶往巴黎和圣克劳德城堡，把所有王室血亲和享有亲王头衔的人都及时叫来见证：只差敲响风暴警钟，发射预警大炮。

御医用响亮的声音宣布，王后最艰难的时刻已经来临，几分钟后，所有的贵族都拖着步子走了进来。旁观者紧紧挤在这个狭小的房间里，按照等级决定距离产床的位置。在前排找不到位置的人甚至站在扶手椅和长椅上，祈求上天不要让自己错过这个备受折磨的女人的每一个动作、每一次呻吟。封闭房间里的空气越来越沉郁，充满了五十个人的呼吸，还有醋和香料的浓重气味。但没有人去开窗，没有人离开自己的位置，这场公开受刑持续了整整七个小时，最终，直到中午十一点半，玛丽·安托奈特才生下了一个孩子——唉！一个女儿。人们满怀敬畏地把国王的后代抱到了隔壁的小房间内为她洗澡，然后立刻交给家庭女教师来看护。国王出于骄傲也跟了过去，想要观赏一下他的性器所做出的迟到的贡献，整个宫廷都像往常一样好奇地挤在他的身后。这时，突然响起了助产士一声尖厉的命令："通风，热水！必须放血。"热血突然涌上了王后的头部，她晕了过去，可能是由于不新鲜的空气，也许也是因为面对五十个好奇的观众不得不努力忍受，她一动不动地躺在枕头上，发出喉音。所有人都惊骇地站住了，国王亲自打开窗户，所有人都充满惊吓地跑来跑去。但热水迟迟不来。这些佞臣在生产过程中想好了全套中世纪一般的仪式，但就是没有想到这种情况下最自然的解决方案：烧热水。于是外科医生没有在做任何准备的情况下大胆采取了措施。一股血流从被割开的脚部喷溅了出来，看啊：王后睁开了眼睛，她得救了。现在欢呼声毫无保留地爆发了出来，人们彼此拥抱，彼此祝贺，流下喜悦的泪水，轰响的钟声将喜悦的消息在全国传播开来。

女性的苦难结束了，母亲的幸福开始了。即便这并不是完美的幸福，庆贺公主诞生的礼炮只有二十一响，可是庆祝新生的王位继承人的礼炮却有一百响，但整个凡尔赛宫和巴黎还是都在欢呼。信使已经被派往欧洲各国，全国的穷人都得到了救济，因为欠债被拘留的人和罪犯得到了大赦，几百名年轻的订婚夫妇由国王出资举办婚礼，得到了新的服装和陪嫁。王后坐月子结束以后就前往巴黎圣母院，那里有一百对幸福的新人列队等候着她——警察部长特意挑选了尤其漂亮的一百对新人——热烈欢迎他们的恩主。巴黎人民看到了烟火和节日灯火，葡萄酒从喷泉里涌出，面包和香肠得到了免费分发，法兰西喜剧院①免票开放，烧煤的工人也可以坐进国王包厢，渔女也可以坐进王后包厢：穷人也应该偶尔参加一下庆典。所有人现在看起来都幸福而善良，路易十六自从成了父亲，就变成了一个开朗和自信的男人，玛丽·安托奈特自从成了母亲，就变成了一个幸福、严肃而认真的女人：巨大的障碍已经清除，婚姻得到了稳固和增进。父母们、宫廷和整个国家都可以进行欢庆了，实际上，他们也确实在通过庆典和娱乐进行各种欢庆活动。

唯一一个不是完全满意的人就是：玛利亚·特蕾莎。尽管她亲爱的孩子的地位通过这个孙女得到了提升，但还是不够稳固。作为女皇，作为政治家，她所思考的不仅仅是个人的家庭幸福，而且也在不断地思考着王朝的维系问题。"我们无论如何都需要一位太子，一位王位继承人。"她喋喋不休地向女儿重复着这一警告，现在千万不要"分床而眠"，不要轻率行事。之后又有几个月，没有传来怀孕的消息，女皇简直要发怒了，觉得为什么玛丽·安托奈特运用自己婚姻中夜晚的方式如此之差。"国王很早睡觉，很早起床，王后却作息相反，这样怎么能期待有好的结果？如果只是每天匆匆见一面，那么就无法

---

① 原文为法语。

期待会有真正的结果。"她的催促越来越急切。"迄今为止我一直很谨慎，但我现在变得急迫起来了。如果不多生几个你们血脉的孩子，那就是犯罪。"她只想要再见证这一件事情："我急不可待，我这个年龄的人也等不了多长时间了。"

但是她没能享受到最后的快乐，也就是亲眼看到哈布斯堡家族的血亲生下一个未来的法国国王。玛丽·安托奈特下一次怀孕无果而终，为了关上一辆豪华马车的窗户，一个猛烈的动作导致了流产，而如此焦躁地长期等待着外孙降生或者是女儿怀孕的玛利亚·特蕾莎在1780年11月29日就死于肺炎。这位早就对生活失望的老妇人对人生只还抱有两个愿望。第一个是看到她的女儿为法国生下一位可以继承王位的孙子，但命运回绝了她。但她的另一个愿望是——不要看到自己最爱的孩子因为愚蠢和不理智陷入不幸，上帝满足了这个虔诚女人的这个愿望。

直到玛利亚·特蕾莎逝世一年以后，玛丽·安托奈特才生下了这个备受期盼的儿子：考虑到第一次生产时那些令人激动的先例，这一次产房不允许进行大规模的围观：只有最亲近的家庭成员才能够进入。这一次生产非常轻松。但当人们把新生儿抱出去的时候，王后已经没有力气问一声，这一次是个男孩还是又只是个女孩了。但这时国王走到了她的床前，这位平时很难激动的男子泪流满面，用洪亮的声音报告说："太子请求觐见。"这时所有人都开始欢呼，两扇门都庄重地打开，清洗干净、裹在襁褓里的孩子在整个宫廷的欢呼之下——他就是诺曼底公爵——被带到了幸运的母亲面前。现在太子诞生的隆重仪式终于可以举办了。玛丽·安托奈特命中注定的对手红衣主教罗罕再一次出现了，为太子洗礼，他总是在她生命之路的关键时刻与她擦身而过。人们找来了一位健壮的奶妈，她以某种好笑的方式被称为"波特丽娜"①夫人。礼炮齐鸣，很快巴黎就知道了这个喜讯。王国的庆典又开始举办，这些庆典的意义比公主诞生的时候还要重大。所有的职业行会都派出了代表，伴随着乐师，根据命令前往凡尔赛宫，各行各业丰富多彩的方阵持续了九天，因为每个等级都想以特殊的方式欢迎这位新生的未来国王。烟囱工扬扬得意地拖着一整根烟囱，上面坐着几个小小的烟囱工，唱着欢快的歌曲；屠夫带着一头肥硕的公牛过来；轿夫带来一顶镀金的轿子，里面坐着奶妈和小太子的玩偶；鞋匠做了小小的童鞋；裁缝为未来的统治者做了迷你制服；铁匠带来了一套铁砧，在上面敲出音乐的节奏。锁匠却知道国王是他们满怀热爱的同行，付出了特别的努力，送了一把充满艺术性的密锁，路易十六怀着专业人士的好奇心打开了它，里面蹦出来一个小太子，是用钢精工制作的。市场上的夫人，也就是几年后用下流的笑话嘲笑王后的这些女人，穿着贵族一般的黑色丝绸连衣裙，背诵着拉·哈尔佩②的致辞。教堂举办弥撒，商人们在巴黎市政厅里举办大型宴会。与英国的战争、困苦和所有的不适全部被遗忘。一瞬间内，不再有任何不平，不再有任何不满，甚至未来的革命者和共和党人都沉湎在这种熙熙攘攘的保王气氛里。日后的雅各宾派主席科洛·德尔布阿③当时还是里昂的一个普通演员，亲自写了一出戏致敬"高贵的王后，她的美德征服了所有人心"，就是他，那个之后签署了路易·卡佩死刑判决的人，当时敬畏地乞求上天：

---

① 原文为法语，意为"乳房"。

② 拉·哈尔佩（1739—1803）：法国诗人、文学评论家。

③ 科洛·德尔布阿（1750—1796）：法国演员，后成为革命家与国民公会成员。

为了法兰西的福乐，

我们善良的路易十六，

永远地连接了

特蕾莎的血脉。

这个幸福的结合，

产生了一个俊美的后裔。

为了在我们的心上喷洒

完美的幸福，

请保佑，啊，天上的庇护者，

保佑安托奈特的时光。[①]

人民和他们的统治者还维持着紧密的联系，这个孩子还是为了整个国家而降生，他的到来还是所有人的节日。小提琴手和鼓手走到街角，在所有城市和乡村里演奏、拉琴、敲鼓、吹号又唱歌。所有人都热爱着、赞美着国王和王后，他们终于如此英勇地履行了自己的义务。

现在，灾难性的魔咒终于被打破了。玛丽·安托奈特又生了两次孩子，1785年她生下了第二个儿子，也就是未来的路易十七，一个健康强壮的孩子，"一个真正的农家子"，1786年，她第四次也是最后一次分娩，生下了索菲·贝雅特丽丝，但她只活了11个月。母亲的身份使玛丽·安托奈特迎来了最初的转变，还不是最关键的转变，但是已经是做出关键转变的开始了。怀孕就使她一连几个月都无法从事毫无

---

① 全诗原文为法语。

意义的娱乐行为，与孩子们的温情游戏对她的吸引力很快就胜过了绿色赌桌旁边的轻浮游戏，她之前毫无意义地消耗在引人注意方面的柔情终于找到了一个正常的倾泻出口。自我沉思的道路已经开敞。只需要再过几年安静的、幸福的生活，这个有着温柔双眼的美丽女人就会从毫无意义的喧闹中抽身而退，满足地注视着自己的孩子慢慢长大，开始自己的生活。但是命运不再给她这点期限。恰好在玛丽·安托奈特的躁动不安终止的时候，世界的躁动不安开始了。

第十三章　王后不再受人爱戴

太子出生的那一刻意味着玛丽·安托奈特的权力到达顶峰。她赠给了王国一位王位继承人，就仿佛第二次当上了王后。人群又一次对她发出了喧闹的欢呼，这个精力充沛的首都再次展示出来，尽管经历过了诸多失望，法国人民依然对古老的王室怀着热爱与信任，这个国家的统治者不需要费太大力气，就可以把自己和人民紧紧地捆绑在一起。现在她只需要迈出决定性的一步，从特里亚农宫回到凡尔赛宫，从洛可可世界回到真实世界，从轻浮的社交圈回到贵族中间，回到人民中间，她就会赢得一切。但在艰难的时刻过后，她又无忧无虑地开始了轻浮的寻欢作乐。在人民的庆典之后，特里亚农宫里又开始了花费高昂、灾难深重的庆典。但命运深厚的耐心已经结束，幸福的分水岭已经到达。水从现在开始往下流，一直流入深渊。

在一开始，并没有发生什么显而易见和引人注目的事情。凡尔赛宫里越来越平静，出席大型接待会的先生和女士越来越少，还在的少数几个人在互相致意的时候也表现出某种就事论事的冷漠。他们还在捍卫形式，但只是为了形式，而不是为了王后。他们还在行屈膝礼，但只是出于礼貌才吻王后的手，心里却不再渴求与她攀谈的恩宠，目光也始终阴沉而冷漠。当玛丽·安托奈特走进剧院的时候，大厅和包厢里的观众不再像以前一样如风暴一般站起身来，在街上也已经听不到早已为人们所熟悉的"王后万岁"！但现在也没有出现公开的敌意，只是之前招致人们敬意的热情消失了。人们继续臣服于王后，但人们不再爱慕这个女人。人们满怀尊敬地服务于国王的妻子，但人们不再努力取悦于她。人们没有公开违反她的愿望，而是保持沉默。这是属于叛乱的那种沉默，冷硬、邪恶而有所保留。

这次秘密叛乱的总部就在国王家族的四五座宫殿内，即卢森堡宫、王室宫殿、望景宫和凡尔赛宫本身，它们都联合起来反对特里亚农宫，反对王后的住所。领导这支充满恨意的合唱队的是那三位老姑母。她们永远也无法忘记，这个年轻女孩从她们恶毒的学校里逃了出来，成了最高级别的王后。她们非常气恼，因为她们没有什么可以继续扮演的角色了，于是就撤回到了望景宫。在玛丽·安托奈特最初高奏凯歌的几年里，她们就相当寂寞地坐在那里，百无聊赖地待在自己的房间里，没有人关心她们，因为所有人都在奋力奉承那位年轻而迷人的王后，她把所有的权力都握在了自己那双纤巧而洁白的手中。但是玛丽·安托奈特越是不受人爱戴，望景宫的大门开启得就越是频繁。所有没有受邀进入特里亚农宫的女士、被免职的"礼仪夫人"、被撤职的部长、因为丑陋而不得不遵守礼仪的女人、被降级的骑士、被排挤的"官职海盗"，所有这些憎恨"新路线"并且缅怀古老的法国传统、教会的虔诚和"良好"道德习俗的人们都定期前往这个退隐者的沙龙进行会晤。姑母们在望景宫的房间变成了秘密的毒药作坊，宫廷里所有心怀恨意的流言，这个"奥地利女人"最新的蠢事，关于她风流韵事的"谣传"都一点一滴地得到提纯，装进瓶子里。在这里，所有恶毒的搬弄是非的大型军火库建立了起来，这就是臭名昭著的"诽谤工坊"①。在这里，简短的恶毒"对句"②得到创作，被人朗诵，被鼓励在凡尔赛宫里热情地传播。在这里，所有失望的行尸走肉，失去宝座的人、受到侮辱的人、所有过往世界的假面具和木乃伊，整个被抛弃的老一代人，为了复仇都聚集在这里，因为他们已经年老，已经失去了权力。但这种逐日积蓄的仇恨之毒却不针对"可怜的好国王"，他们伪善地对他表示惋惜，而是只针对玛丽·安托奈特，这位年轻的、光芒四射的、幸福的王后。

比这些无穷无尽的老掉牙的一辈和他们的上一辈更危险的是新一代人，他们还从来没有接触过权力，不想长久地在黑暗中等待。凡尔赛宫由于密闭和懒惰的态度长期与真实的法国隔绝，失去了对它的感触，因此完全没有察觉到推动整个国家震荡的新浪潮。一个智慧的资产阶级觉醒了，他们通过让-雅克·卢梭的作品学会了自己的权利，他们看到了邻国英国的民主改革，参加美国独立战争后返家的人们给他们带来了一个陌生世界的消息，在那里，财产和等级的区别已经因为平等和自由的理念得到了摒弃。但是在法国，他们只能看到完全无所作为的宫廷招致的僵化与衰落。人们在路易十五去世的时候曾一致希望，情妇干政的耻辱、肮脏的保护人制度的胡作非为终于结束了，但取代这些的依然是女人的统治，也就是玛丽·安托奈特和她背后的波利涅夫人。得到启蒙的资产阶级越来越愤怒地意识到，法国的政治权力地位已经大幅下滑，债务已经急剧上升，军队和舰队都陷入腐败，殖民地大量丧失，而周围所有其他国家都在精力充沛地发展。在

---

① 原文为法语。

② 原文为法语。

广大的圈子里，人们都产生了终结这种因为懒政而管理不善的行为的意志。

这些正直、爱国而具有民族主义情结的人们聚集起来的不满主要针对的是玛丽·安托奈特（并非全无道理）。国王没有能力，也没有意志做出真正的决定，所以根本不能算是统治者（全国都知道这件事情），只有王后的影响才是压倒一切的。现在玛丽·安托奈特有两个选择：要么就像她母亲一样，认真、实际、精力充沛地接管政府事务，要么就干脆放手不管。奥地利的一群人不断劝说她参与政治，但是没有用，因为统治或者说参与统治就必须每天定时阅读几个小时文件，但王后不喜欢阅读。还得倾听并思考部长们的汇报，但玛丽·安托奈特不喜欢思考。仅仅是不得不旁听，对这位感官轻浮的女人来说已经造成了令人难堪的紧张。"她几乎不听别人说的话，"迈尔西大使向维也纳抱怨道，"几乎不可能和她谈论某件重要和严肃的事情，或者是让她的注意力集中在一个意义重大的话题上。享乐的欲望对她施展了一种神秘的力量。"当他按照她母亲或者是哥哥的命令猛烈催逼她的时候，在最好的情况下，她也只是时不时地回答他："您告诉我，我该怎么做，我就这样做。"然后就真的去找国王了。但第二天她就忘记了一切，她的干预只是"某种焦躁的冲动"，最终维也纳宫廷的考尼茨也放弃了。"我们再也不要指望她做任何事情了。我们就把她当作一个糟糕的顾客，能从她那里得到多少报酬就得到多少。"我们得学会满足，他给迈尔西写信说，反正在其他宫廷里，女人根本不参与到政治中。

但如果她真的对国家事务放手不管就好了！这样她至少没有过错，也没有责任！但是她受到波利涅夫人集团的唆使，立刻就对部长职位进行了全新的任命，为了一个国家级的职位，不断干预政治。她做了政治领域里最危险的事情，她在并没有深入了解资料的情况下就开始谈论政治，在各个领域，对至关重要的问题发表外行的意见，然后做出决定，她把巨大的影响力用在国王身上，只是为了给她的宠臣挣得好处。"一旦涉及严肃的事物，"迈尔西抱怨道，"她做起事来就立刻感到恐惧和缺乏自信，但是如果受到那个阴险狡猾、诡计多端的社交圈的催促，她就会不惜一切代价地满足他们的愿望。""没有什么比这种做法给王后招来更多仇恨的了，"国务部长圣普利斯特注意到，"这种一时兴起的干政行为，这种不公平的任人唯亲。"因为在资产阶级的眼里，王后才是处理国家事务的人，那么既然她任命的将军、大使和部长都无法胜任，这种独断专行的体系就像船只触礁一样遭遇了彻底的失败，而法国就随着越来越急促的洪水漂向经济破产的深渊，那么所有的错误都归咎于这位完全没有意识到自己责任的王后（唉，她只不过是帮助几个迷人的、讨人喜爱的人得到了好的职位！）。法国所有要求进步、新秩序、公正和创造性行为的人都在谈论、抱怨和威胁这位挥霍无度、无忧无虑、永远快乐的宫殿女主人，她出于愚蠢和不假思索，为了由二十位夫人和骑士组成的傲慢圈子牺牲了两千万人的爱戴与幸福。

这种巨大的不满情绪要求一种新制度、一种更好的秩序和一种更有意义的责任划分，而且很长时间以来都缺少一个集会的地方。最终他们在一栋房子，在一个人的身上找到了。这个顽强的敌人身上也流淌着王室的血液，就像望景宫里的三位姑母所采取的措施一样，革命者在奥尔良公爵①的王室宫殿里聚集起来。两个具有完全相反意义的阵线都展开了对玛丽·安托奈特的斗争。这位非常平庸的贵族天性热爱享乐胜于追逐野心，热衷于追逐女性、喜爱赌博、挥霍无度、举止优雅，完全说不上聪明，但实际上也不邪恶，只是具有缺乏独创性的人物的通病：也就是仅仅建立在表面上的虚荣心。这种虚荣心却被玛丽·安托奈特本人所伤害了，她随随便便地开玩笑议论这位堂兄的战绩，"取笑"，用奥地利人的话说是这样，妨碍他获得法国大将军的权杖。奥尔良公爵深受侮辱，决定卸下伪装。作为王室一个同样古老的支线，他非常富有，地位独立，不怕在议会里倔强地对国王提出抗议，也不怕公开地与王后为敌。他个人的不满最终使人们得到了渴望已久的领袖。谁想要推翻哈布斯堡家族和处于统治地位的波旁家族主线，谁把不受限制的君主独裁视为过时的和具有压迫性质的，谁想要法国出现理性和民主的新秩序，现在都来找奥尔良公爵寻求庇护。在王室宫殿里，在实际上是第一个，而且由王公贵族保护的革命俱乐部里，所有的革新派、自由派、立宪派、伏尔泰主义者、博爱主义者和共济会成员都齐聚一堂。此外还有所有的不满者，被贬斥的贵族、有教养却没有官职的资产阶级、无法开张的律师、蛊惑分子和记者，所有发酵着的、过分活跃的力量，在之后凝聚成了革命的先锋队。在一个软弱而又虚荣的领袖之下，一支在精神上最为强大的军队已经形成，法国将凭借它争得自由。那时还没有进攻的征兆。但是每个人都认识了方向，知道了口号：打倒国王！尤其是：打倒王后！

---

① 奥尔良公爵来自波旁家族的支系波旁－奥尔良家族，奥尔良家族的这一支线在整个波旁王朝史上都发挥了重要作用。这位奥尔良公爵后期成了新生资产阶级的代表，曾经在波旁家族主系的最后一位国王查理十世退位后复辟波旁王朝。

在这两组反对派中间，在革命派和反动派之间，也许还有一个人是王后最危险也是最具有灾难性的敌人，他就是她丈夫的弟弟。"先生"①弗朗索瓦·哈维尔·德·普罗旺斯伯爵，也就是之后的国王路易十八。这个人狡猾地躲在阴影里，诡计多端，行事谨慎，为了不匆忙地抛头露面，他决定不加入任何一派，而是左右摇摆，直到命运向他显示出一个恰当的登场时刻。他不愿意看着困难逐渐增长，但他避免对此进行公开的批评。他就像一只沉默的黑鼹鼠，在地下挖掘着自己的隧道，等待他哥哥的地位受到足够的撼动。因为只有当路易十六和路易十七死亡，弗朗索瓦·哈维尔·德·普罗旺斯伯爵才能最终当上国王，终于成为路易十八。这就是他从童年时起就暗自锁在心中的野心勃勃的目标。他曾经沉湎于合法的希望，也就是担任权力的代表，成为他哥哥的合法继承人"摄政王"。路易十六婚姻中悲剧的七年因为不详的障碍没有产生任何成果，这对他那焦躁的野心来说就是《圣经》中的七个丰年②。但在这之后，他篡位的希望就受到了沉重的打击。当玛丽·安托奈特生下第一个女儿的时候，他就在写给瑞典国王的信中做出了痛苦的自白："我并不隐瞒我深受这一情况的触动……面对外人，我很快就控制住了自己，举止一如往常，但没有强调我的快乐，人们会觉得这是虚伪，不过这也的确是……在内心里保持胜利的样子更为艰难。有时候我又有了那种感觉，我希望我至少可以削弱这种感觉，如果我没有办法完全战胜它。"

　　太子的出生彻底粉碎了他最后的继承王位的梦想。现在正途已经封闭，他不得不采取某种迂回而虚伪的道路，才能最终——尽管在

---

① 原文为法语，为普罗旺斯伯爵成为路易十八之前的称呼。

② 约瑟在《圣经》中统治埃及的时候做过预言，会有七个丰年和七个荒年，后来事情果然如他的预言发生。

三十年后才取得了成功——达到自己渴望的目标。普罗旺斯伯爵的敌意和奥尔良那种公开的仇恨之火完全不同，那是一种在灰烬之下焖烧的嫉妒之火。只要权力依然稳固地掌握在玛丽·安托奈特和路易十六的手里，他就绝不提出哪怕是最低的公开要求，始终保持冷静和沉默，只有当革命爆发，他才会开始阴险地左右摇摆，在卢森堡宫里召开奇怪的会议。但他刚刚幸运地逃过了国境线，就开始发表挑衅性的宣言，挖掘着他哥哥、嫂子和侄子的坟墓，心里怀着——这果然实现了——在他们的棺木里找到自己渴求的王冠的希望。

　　普罗旺斯伯爵还做过更多的事情吗？他的角色是不是就像许多人声称的那样，还要更类似于靡菲斯特①吗？他那篡位者的野心真的如此过分，让他亲自印刷并传播诋毁他嫂子名誉的小册子吗？他真的把那个不幸的孩子，人们悄悄从圣殿里救出来的路易十七，通过偷窃文件又把他送回了黑暗的、至今都没有完全查明的命运里吗？他的许多行为都给人们留下了最极端的怀疑的空间。因为路易十八国王一登上王位，就立刻动用重金或者是强权，把他作为普罗旺斯伯爵时写的许多信件夺回到了自己手里，或者是直接销毁。他不敢把圣殿里死去的孩子尸体当作路易十七安葬，是不是只能解释为，路易十八自己也不相信路易十七的死亡，而是实际上用一个陌生的孩子调换了他？但这个走在阴影里的倔强之人太懂得如何保持缄默和如何隐藏自己了。今天，他用来接近法国王座的那些地下通道早就已经被摧毁。人们只知道：即便是在最无情的敌人中间，玛丽·安托奈特也没有比这个在背后捉摸不透的人更危险的敌人。

---

① 靡菲斯特：中世纪的魔鬼形象，诱惑浮士德的魔鬼。

在十年的游玩和挥霍的统治生活过后，玛丽·安托奈特已经被四面包围。1785年，仇恨已经滔天。所有反对王后的组织——几乎是由全体贵族和一半的资产阶级组成的——已经各就各位，只是在等待进攻的信号罢了。但现在，继承下来的权力依然具有过于强大的权威，因此还没有某个确切的计划。只有轻佻的交谈与抱怨，只有精美的羽毛箭呼啸着穿过凡尔赛宫，每支箭镞上都带着一滴美德的毒液，全都与国王擦身而过，射向王后。印刷或手写的小册子在桌子下面手手相传，如果有陌生的脚步接近，它们就迅速地消失在大衣下面。在王室宫殿的书店里，非常高贵的贵族先生们戴着路易十字勋章，佩着钻石鞋扣，跟着卖家走进后面的小房间，然后门就小心翼翼地闩上了，针对王后的最新嘲讽文章被从"蒙尘的角落里"的旧书堆中间拿出来，据说是从伦敦或者阿姆斯特丹偷运进来的，实际上印刷痕迹新鲜得惊人，还是潮湿的，也许就是在这栋房子里印的，在属于奥尔良公爵的王室宫殿里，或者在卢森堡宫里印刷的。尊贵的客人们毫不犹豫地支付比这本小册子页数还要多的金币，它们有时候还不到十页或者二十页，但饰以丰富的铜版画插图，充斥着恶毒的小玩笑。这样浸满毒液的东西现在成了贵族献给情人们的最受欢迎的礼物，如果玛丽·安托奈特没有给这位情人荣誉，邀请她进入特里亚农宫。这种阴险的礼物比昂贵的戒指或者扇子更能取悦于人。作者匿名，印刷者未知，传播者难以掌控，这些损害王后名誉的小册子就像蝙蝠一样飞出了凡尔赛宫的花园大门，飞进女士们的闺房①和外省的城堡。如果警察局长想要追查，就会突然发现自己被某种无形的权力阻碍了。这些传单飞得到处都是。王后在桌子上的餐巾下面发现了它们，国王办公的时候在

---

① 原文为法语。

书桌上发现了它们，在王后的包厢里，在她的座位前面，有一首恶毒的诗被用针钉在了上面，如果她在夜晚从她的窗户探出身来，就能听到那首嘲讽的打油诗，这首早就人人会唱的诗是这样开头的：

> 每个人都在问：
>
> 国王行吗？他不行吗？
>
> 悲伤的王后绝望了……

在色情的细节之后是威胁性的结尾：

> 二十岁的小王后，
>
> 谁能对人如此恶劣？
>
> 你就回巴伐利亚吧！

在一开始，这些小册子与"顽皮捣蛋"①的行为相比之后的内容还很收敛，只是刻薄，而不是恶毒。箭镞只是浸泡了碱水，而不是毒液，只是削尖了，为了让人难堪，而不是为了致死。直到王后怀孕的那一刻，这个出人意料的事件才使得宫廷里各种各样的篡位者深受打击，明显加强了敌意。恰恰是现在，因为传言不再真实，所以所有人都开始蓄意大声谈论国王的性无能，嘲笑王后在婚姻中犯下了罪行，同时也从一开始就出于某些人可以预料到的利益，把即将到来的后裔说成是私生子。尤其是在太子，这个无可争议的王位继承人降生以后，那些阴暗的掩体就开始对玛丽·安托奈特发射"红色炸弹"。她

---

① 原文为法语。

的女性朋友朗巴勒夫人和波利涅夫人被当作娴熟的女同性恋性爱大师被钉在耻辱柱上，玛丽·安托奈特被说成不知餍足的变态色情狂，国王被说成可怜的戴了绿帽子的人，太子被说成私生子。当时的这段话可以作为例证，人们大胆地传唱着：

> 路易，如果你想看
> 私生子，绿帽和淫妇，
> 就看看你的镜子，
> 王后和太子。

1785年，诽谤的音乐会已经全面展开，节拍已经给定，歌词到处流传。革命现在只需要在街上高声呐喊沙龙所炮制、所构思的话语，就可以把玛丽·安托奈特送上法庭。实际上控告书的关键词是由宫廷悄悄提示的。砍倒王后的仇恨之斧是由白皙、纤瘦、戴着戒指的贵族之手递到刽子手手里的。

这些毁灭名誉的小册子是谁写的？这实际上是个无关紧要的问题，因为创作那些小诗的诗人们在做这些事情的时候大多数是完全毫无预感与漫无目的的。他们只是为了别人的钱，为了别人的目的而工作。在文艺复兴时期，高贵的先生如果想要杀死一个令他不适的人，就用一袋黄金购买一把可靠的匕首，或者购买毒药。十八世纪却变得博爱起来，于是采用更精妙的方式。人们反对政敌的时候不再雇佣一把匕首，而是雇佣一支羽毛笔，不再从肉体的层面上消灭政敌，而是从道德的层面上杀死他们：人们通过滑稽的元素来杀人。幸运的是，正是在1780年，大量的金钱可以雇来最好的羽毛笔。那就是博马舍先生，不朽的喜剧家，布里索①，也就是未来的护民官，米拉波②，那位自由的天才，还有乔德洛斯·德·拉克洛③，这些杰出的人物因为反对政权，尽管具有天才，却可以被廉价收买。在这些天才的诽谤文章作者背后，还有数以百计更粗鲁、更卑劣的人物带着肮脏的指甲和辘辘的饥肠等待着。他们随时准备好可以写人们要求他们写的任何东西，如蜂蜜或毒液，婚礼献词或污蔑文章，颂歌或传单，长文或小品，尖刻或是柔和，政治性或是非政治性，完全符合仁慈的先生们的要求。此外，如果他们胆大而且机敏，就能在这样的生意里获得两三倍的收益。起先不知名的付款方要他们撰写诽谤蓬巴杜夫人和杜巴丽夫人的文章，现在他们付费要求撰写诽谤玛丽·安托奈特的文章。然后有人悄悄向宫廷报告：有这样一篇有损名誉的文章已经在阿姆斯特丹或者在伦敦印刷完成，然后就可以为此从宫廷财务总管或者警察局长那里得到一笔钱，用来阻止文章发行。比别人聪明三倍的人就可以赚到第三笔钱——博马舍就这样赚到了钱——尽管他以名誉发誓，但还是从据说已经完全销毁的印刷物里留下了一两个样本，稍加改变，或者是保持不变，威胁说要进行重印——这是一个大胆的玩笑，它天才的发明者在维也纳，在玛利亚·特蕾莎的统治下曾被拘留十四天，但是在后来，在惶恐的凡尔赛宫里却能得到一千金币外加七万里弗尔的补偿。很快，那些诽谤者中间开始流传一个消息：针对玛丽·安托奈特的小册子是时下收益最为丰厚的生意，而且没有一点危险。于是

---

① 布里索（1754—1793）：法国政治家、新闻记者，雅各宾党人，后成为吉伦特党人的领袖，死于断头台。

② 米拉波（1749—1791）：法国作家、政治家，革命爆发后成为雅各宾俱乐部主席、国民议会主席。

③ 乔德洛斯·德·拉克洛（1741—1803）：法国作家、军官，代表作为《危险的恋情》。

这种灾难性的行为就继续大肆开展。沉默与闲话，生意与卑鄙，仇恨和贪婪在购买和传播这些文章的过程中保持忠诚地良好合作。很快，它们的共同努力就成功地达到了预期的目的：使玛丽·安托奈特作为一个女人，作为一位王后在整个法国都饱受憎恨。

玛丽·安托奈特很清楚地感受到了背后这种恶意的运作，她知道那些嘲讽文章，也预料到了幕后的发起人。但是她那从容的^①、天生的、不受教导的哈布斯堡家族的骄傲倾向于蔑视危险，而不是聪明和小心地应对危险。她轻蔑地把这些脏水从她的衣服上掸掉。"我们身处一个充满了'讽刺香颂'的时代，"她迅速地写信给自己的母亲，"人们针对宫廷里的所有人都写这种东西，无论男女，法式的轻浮甚至不会在国王面前止步，所以我也无法幸免。"这就是一切，看来就是她的全部恼怒、全部火气了。就算有几只苍蝇落到她的衣服上，这对她又有什么伤害呢！她以王后的尊严作为铠甲，自以为那些纸做的箭矢无法伤害到她。但她忘了，仅仅是一滴恶魔般的污蔑的毒药，一旦渗透进了公众舆论的血液循环，就会激发一种烧热，在日后，最充满智慧的医生应对这种烧热都表示回天乏术。玛丽·安托奈特微笑着，轻盈地从危险的旁边走过。话语对她来说只是风中的稻谷壳。直到风暴到来，她才会被唤醒。

---

① 原文为法语。

第十四章　洛可可剧院的闪电

1785年8月的前两个星期，王后非常忙碌，但并不是因为政治局势变得特别艰难，只是尼德兰起义使得法奥同盟遭受到了最为严峻的考验。对玛丽·安托奈特来说，一切都一如既往，戏剧性的世界舞台并不如她在特里亚农宫的洛可可小剧院重要。她狂风骤雨般的兴奋这一次是因为一场新的首映式。人们已经感到不耐烦，要在宫廷剧院里上演博马舍先生的喜剧《塞维利亚的理发师》，该有哪些精挑细选的演员将这些人间的角色扮演得如此神圣呢！阿尔托瓦伯爵亲自扮演费加罗，福德罗伊①扮演伯爵，王后则亲自扮演欢快的少女罗西娜。

　　这部剧作是博马舍先生写的？但该不会是警察局所熟悉的那位卡戎先生吧？十年前，他那本卑鄙的宣传册《论西班牙家族支脉拥有法兰西王冠权利的重要意见》②，向全世界咆哮着路易十六的性无能，他说这是他发现的，但实际上就是他自己写的，而且他还把这个小册子交给了愤怒的玛利亚·特蕾莎女皇。就是那个人，那位女皇母亲曾经说他是个"无赖"③，一个混蛋，路易十六曾经说他是一个傻瓜，一个"低劣

---

① 福德罗伊：福德罗伊侯爵（1724—1802），美国独立战争时，法国海军第二司令。
② 原文为法语。
③ 原文为法语。

的家伙"①? 就是那个人，在维也纳曾经因为女皇的命令，因为放肆的敲诈罪而被关进监狱，在圣-拉查尔监狱得到了当时通用的鞭挞惩戒？不错，就是同一个人！只要事关自身的娱乐，玛丽·安托奈特就只有短暂得可怕的记忆，考尼茨在维也纳说的话完全不是夸大事实，他说她的愚行只不过是使她"日渐成长，变得越来越美"（"成长并美化"②）。因为这个活跃又独具天赋的冒险家不仅嘲弄王后本人，激怒了她的母亲，也将国王的权威遭到的可怕凌辱和这个著名戏剧家的名字联系在一起。在文学史上，甚至也在世界史上，人们在一百五十年后还会记得一位国王曾经在一位诗人那里得到了可悲的羞辱。只有国王本人的妻子在四年后就把这一切全都忘了。1781年，印刷物的审查官以机敏的嗅觉发现，这位诗人的新喜剧作品《费加罗的婚礼》充满了蓄意而为的火药味，在充满丑闻的夜间剧院会点燃火炽的情绪，有可能把整个旧政府都炸飞到空气里。国家部长委员会一致同意禁演这部戏剧。但是博马舍遇到事关荣誉或者甚至事关金钱的事情都会变得非常积极，找出上百条路径，不断地将他的剧本推到台前，最终他争取到了向国王本人朗读这部戏剧的机会，让国王做出最终有效的决定。但这位善良的国王尽管平时很是迟钝，却还没有傻到看不出这部神圣的喜剧是在鼓励反叛。"这个人把一个人在一个国家里必须尊重的所有东西都拿来找乐子！"他愤怒地骂道。"所以这部戏剧就真的不能上演了吗？"王后失望地问道，对她来说，一次有趣的首映式比国家利益更重要。"不能，肯定不能，"路易十六这样答道，"这一点你可以肯定。"

这样一来，这部戏剧似乎已经得到了宣判。整个基督教世界的国王，法国权力不受限制的统治者不愿意看到《费加罗的婚礼》在他的剧

---

① 原文为法语。

② 原文为法语。

院里得到上演：这是不可违抗的命令。这件事情对国王来说已经结束了。但对博马舍来说绝对不是这样。他并不觉得他已经丧失了胜利的机会。他很清楚，国王的头像只是用来印在硬币和公文上面的，但实际上统治着这位统治者的是王后，而统治着王后的是波利涅家族。那么就去求这个最高机构！博马舍热情洋溢地——被禁反而导致这部戏剧的流行——在所有的沙龙里朗诵这部戏剧，整个贵族阶层都被某种神秘的自我毁灭的冲动所驱使——这种冲动在那个社会发生蜕化的时代是非常典型的——激情澎湃地庇护这部喜剧，首先是因为剧本嘲讽的是他们自己，其次是因为路易十六本人觉得这个剧本不合时宜。波利涅夫人的情人福德罗伊大胆妄为地让国王亲自禁演的戏剧在他所资助的剧院里得到上演，但这还不够：国王必须公开承认自己的做法并不公正，公开地还给博马舍一个公道，这部被国王禁演的喜剧必须在国王自己的家里上演，而且正是因为他本人禁演了这部喜剧。王后觉得波利涅夫人的微笑比自己丈夫的声名更为重要，所以演员们在私下里排练，研究自己的角色，也许王后对此知情。门票已经进行了售卖，剧院门前已经挤满了马车——但是国王直到最后一刻依然想着自己正在受到威胁的尊严。他禁止这部戏剧上演，现在这件事情关涉到他的权威。在开演之前一小时，路易十六用一道手谕①禁止戏剧上演。灯光全部熄灭，马车不得不开回家去。

这件事情看起来再次结束了。但是王后那个放肆的小集团觉得，如果现在正式证明，他们团结起来的力量要比一个头戴王冠的懦夫的力量强大得多，这才是有趣的。阿尔托瓦伯爵和玛丽·安托奈特被第一批派出去，对国王进行逼迫，像往常一样，只要他的妻子对他有所要求，这个意志薄弱的男人就会屈服。为了掩饰他的失败，他只要求把那些挑衅性的段落加以更改，也就是说，是那些实际上早就广为人知的段落。《费加罗的婚

---

① 原文为法语。

礼》定于1784年4月17日在法兰西剧院上演，博马舍战胜了路易十六。国王曾经想要下令禁演这部戏剧，也表达过希望这部剧本迎来失败的希望，这使得反对派的贵族们把这天晚上的演出当作了轰动事件。拥挤的人流一度挤坏了大门，压断了铁栅栏。这个古老的社会对这部在道德上对之加以致命一击的戏剧报以雷鸣般的掌声，它没有预见到，这阵掌声就是反抗的力量所表现出的第一次公开姿态，是革命那明亮的闪电。

玛丽·安托奈特在面对这种事情的时候本应该保持最低限度的体面、分寸和理智，在上演博马舍先生这部喜剧的时候保持回避的态度。因为正是这位博马舍先生放肆地用墨水玷污了她的名誉，让国王在整个巴黎都沦为了笑柄，他不能因为玛利亚·特蕾莎的女儿、路易十六的妻子——这两个人都曾经把他作为无赖关进监狱——亲自扮演他戏剧里的一个人物而出名。但是——这就是"最高法律"①，是统治着这位时尚女王的至高机构——博马舍先生因为战胜了国王，而王后也遵从时尚，所以这最终成了巴黎那伟大的流行趋势。而荣誉和体面又算得了什么呢，她只不过是在一出戏剧里演了演戏。而且，她扮演的是一个多么迷人的角色啊，这个狡黠的少女！且看剧本里是怎么说的？"您想象一下这个美丽至极的小宝贝，轻俏、温柔、生气勃勃、气质清新又秀色可餐，一双小脚步履如飞，笔挺的腰肢来回摇曳，还有圆润的手臂，朝露般湿润的双唇！还有那双手！那些皓齿！那双眼睛！"难道除了法国和纳瓦拉王国②的王后，真的还有其他人——谁还有这么白皙的双手，这么柔美的双臂？可以扮演这个迷人的角色吗？所以，就把所有的思考和顾虑全都抛到脑后吧！把法兰西剧院出色的达青古尔③叫到这里，这样他就可以教会这些高贵的业余爱好

---

① 原文为法语。

② 纳瓦拉王国：位于法国与西班牙交界处，曾为独立王国，后加入法国，现为西班牙领土。波旁王朝的第一位统治者即为出身于纳瓦拉王国的亨利四世。

③ 达青古尔（1747—1809）：当时法国的著名演员。

者真正优雅的姿态了，去找贝尔丹小姐定制最为优雅的戏服！人们只是又想要娱乐一下了，而不是总是想着宫廷里的仇恨情绪、亲爱的亲戚们的满心恶意还有愚蠢的政治纠葛。日复一日，玛丽·安托奈特在她那迷人的白金色小剧院里忙于这出戏剧，完全没有预料到另一出戏剧的大幕已经升了起来，她既不知情，也不愿意，却被选中在其中扮演主角。

《塞维利亚的理发师》的排练已经接近收尾。玛丽·安托奈特依然非常不安，非常忙碌。她扮演亲爱的小罗西娜看起来是不是真的足够年轻、足够美丽，她那些看惯了杰出的戏剧、要求极高的受邀坐在正厅里的朋友们会不会责备她，说她太不灵巧，太过拘束，只不过是一个演戏的业余爱好者？的确，她心中怀着忧虑，对于一位王后，那真是一种奇特的忧虑！还有，为什么康庞夫人今天还没有来排练她应该扮演的角色？康庞夫人终于、终于出现了，但是到底是怎么回事？她好像激动得异乎寻常。昨天珠宝商波默尔非常困扰地去找了她，想要立刻与王后面见，她终于吞吞吐吐地说出来了。这位具有撒克逊血统的珠宝商讲述了一个非常疯狂和混乱的故事：王后在几个月之前让他去买一条著名的、珍贵的钻石项链，那时候讲好分期付款。但是第一期付款的约定日期早就过了，一个杜卡特也没有得到支付。他的债主在催促他，他需要马上就拿到钱。

怎么回事？什么东西？什么钻石？什么项链？什么钱？什么分期付款？王后一开始没有理解。那条巨大的贵重项链其实是波默尔和巴桑日这两位珠宝商以非常艺术化的方式制作出来的，她当然知道那条项链。他们已经向她以160万里弗尔的开价兜售过一次、两次和三次了。她当然很想要拥有这件华丽的首饰，但部长们不给她钱，他们总是谈论着财政赤字的事情。这两个骗子怎么能够声称她已经用秘密的分期付款方式购买了这条项链，而且为此欠着他们钱？一定是有什么疯狂的误会。无论如何，现在她想起来了，大约一个星期以前，这两个珠宝商不是寄来了一封奇怪的信吗，他们在信里为了什么东西表示感谢，还谈到了一件昂贵的首饰？那封信在哪里？啊，对了，被烧掉了。她从来不会彻彻底底地阅读信件，那时候她也把这些尊敬却难以理解的胡言乱语立刻销毁了。但他们到底想要从她这里得到什么？玛丽·安托奈特立刻让她的秘书写一封短笺给波默尔。但是她没有让他明天立刻就来，而是让他在8月9日来。上帝啊，这个傻瓜的事情的确不需要这么着急，我们还需要把我们的头脑用在排练《塞维利亚的理发师》上面呢。

8月9日，珠宝商波默尔出现了，心情激动，面色苍白。他讲述的故事完全不可理喻。在一开始，王后觉得她面前的这个人疯了。王后的一位亲密女友瓦卢瓦夫人——"什么？我的女友？我从来没有听说一位叫这个名字的夫人！"在他手里看到了这件首饰，对他解释说，王后想要秘密把它买下来。然后主教大人，红衣主教罗罕——"什么，这个令人反感的家伙？我从来就没有和他说过一句话。"接受了王后陛下的委任，收下了这件首饰。

尽管一切听起来都非常疯狂，但这件事情肯定有某些真实的地方，因为这位可怜人满头冷汗地站在那里，手脚都在颤抖。王后也气得发抖，因为这些陌生的无赖如此卑鄙地滥用她的名义。她命令珠宝商立刻把整件事情写成一份清晰的书面报告。8月12日，她拿到了这份至今还可以在档案里找到的奇怪的文件。玛丽·安托奈特简直如在梦中。她一直读下去，每读一行，她的怒气和恼火都在增长：这样的欺诈行为可是史无前例的。必须把这当作一个警示性的范例。她暂时还没有告诉国务部长，也没有和她的任何朋友商议。她只是在8月14日把整件事情原原本本地告诉了国王，要求他捍卫她的名誉。

玛丽·安托奈特在后来才知道：她本来可以做得更好，这种混乱而背景复杂的事情需要小心翼翼地反复思考。但彻底的思考、反复的沉思从来都不是这个天性焦躁的人的强项，尤其是当她性格中决定性的神经已经变得激动的时候：她那冲动的、极易引发的骄傲。

在失控的情况下，王后从这份控告书中读到的也始终只有一个名字，也就是那位红衣主教路易·德·罗罕，多年来她一直怀着那颗变化无常的心里的全部猛烈的恨意憎恨着他，未经思考，就觉得他是一个轻率和卑鄙的人。但这位世俗化的贵族神父从来没有做过恶事，甚至在她列队进入法国的时候还在斯特拉斯堡城门以过分热烈的方式表达过欢迎。他为她的孩子进行了洗礼，寻找每一个友好地接近王后的机会。这两个人的天性在内心深处其实完全没有矛盾，恰恰相反，红衣主教罗罕实际上就是玛丽·安托奈特的男性镜像，同样轻率，同样肤浅，同样挥霍，同样忽视他们的精神职责和他们对国王的义务，这是一位时尚的神父，就像她是一位时尚的王后一样，他是一位洛可可主教，就像她是一位洛可可王后一样。他凭借有教养的举止、漫不经心的慵懒和不受限制的慷慨，本可以非常杰出地适应特里亚农宫的氛围，她原本有可能完全理解他，这位优雅、俊美、轻率、殷勤而轻浮的红衣主教和这位热衷于作乐、相貌美丽、热爱玩乐和生活的王后。只是一个偶然使他们两个成了敌人。但是事情经常是这样，那些本质上最为相似的人会成为最可怕的敌人！

玛丽·安托奈特与罗罕之间实际上的心结是由玛利亚·特蕾莎引起的。王后的仇恨是从母亲那里继承下来的，是一种被动的、被人说服后的仇恨。在成为斯特拉斯堡的红衣主教之前，路易·德·罗罕曾经是驻维也纳的使者：他在那里的行为招致了老女皇对自己无边无际的愤怒。她期待着有一位外交家来到这里，结果却发现了一个漫无边际、爱说闲话的人。玛利亚·特蕾莎甚至宁可接受他精神上的低能，因为一个来自外国势力的头脑简单的大使对自己的政治是一大利好。尽管他非常奢侈，尽管这个耶稣虚荣的仆人进入维也纳的时候乘坐着两辆国家级别的豪华马车，每辆价值4万杜卡特，带着拴满马匹的马厩、宫廷侍从与宫廷佣人、雇佣兵与文书、宫廷总管与管家和许许多多戴着插着羽毛的头盔和穿着绿丝绸服装的贴身佣人，大胆的排场使得整个皇宫都被遮蔽在阴影里，尽管这件事情令她感到非常难堪和气恼，她原本也可以原谅他。但是有两点让这位年老的女皇感到深恶痛绝，即涉及宗教和道德的问题，这不能开玩笑。看到这个上帝的仆人把圣衣抛到一旁，被着迷的夫人们簇拥着，穿着棕褐色的外套，一天就打死130只野兽，这在这位虔诚的女士心里激起了无限的愤怒，最后变成了诚心诚意的怒火，因为很快她就发现。这种松懈、挥霍和轻浮的举止在维也纳，在她那属于耶稣会和道德委员会的维也纳不但没有遭到抨击，反而得到了普遍的喝彩。整个贵族阶层都因为美泉宫严格的节俭要求几乎喘不过气来，在这位高贵优雅的人士的社交圈里却可以自由地呼吸空气；所有夫人都因为那位清教徒般的孀妇的严格道德要求过着洁净的生活，现在都去出席他那快乐的晚宴。"我们的女性，"气恼的女皇不得不承认道，"无论年轻还是年老，无论是美丽还是丑陋，都被他迷住了。他成了她们的偶像，她们完全为他发了疯，所以他在这里感觉非常舒适，还保证在他的叔叔斯特拉斯堡主教去世以后也愿意留在这里。"不仅如此，这位饱受折磨的女皇甚至还不得不看着她非常信赖的亲信考尼茨将罗罕称为自己亲爱的朋友，她的亲生儿子约瑟夫总是开玩笑，只要母亲说"不"的事情，他就要说"是"，而他也和这位主教骑士成了朋友。她不得不眼看这个爱献殷勤的人去吸引整个家庭、整个宫廷、整个城市学会他那种轻松的生活艺术。但玛利亚·特蕾莎不想要把她严格信奉天主教的维也纳变成轻

193

浮的凡尔赛，变成特里亚农宫，不想要让她的贵族们陷入婚姻破裂的境地，出现通奸行为。这种恶疾不能永远留在维也纳，因此罗罕必须离开。她一封又一封地给玛丽·安托奈特写信，要她尝试一切方法，让这个"值得谴责的人物"，这个"下流的主教"①，这个"无药可救的灵魂"，这个"发表谬论的大胖子"②，这个"恶劣的家伙"③，这个"真正挥霍的浪子"④从她的身边离开，我们可以看出来，这位深思熟虑的女人用了多么恶劣的词汇来表达她的愤怒。她在呻吟，她几乎是在绝望地喊叫，想要立刻从这个敌基督派来的使者手里"解脱"出来。玛丽·安托奈特刚当上王后，就真的这么做了，她听从了她的母亲，把路易·德·罗罕从他驻维也纳大使的职位上召了回来。

但如果说罗罕倒台了，那么他其实是往上倒了。他失去了大使职位以后，人们将他晋升为主教，很快又升职为大布施者，也就是宫廷里最高的神职荣誉代表，国王所有的慈善性恩赐都经过他的双手分发。他的收入是难以估量的，因为他成了斯特拉斯堡的主教，此外还是阿尔萨斯的地方侯爵、收入丰厚的圣-瓦斯修道院的院长、国王医院的主管院长、索邦大学校长，此外还是——没有人知道他到底做出了什么贡献——法兰西学院的成员。但是尽管他的收入积累下来如此丰厚，他的支出还是总会超过收入，因为罗罕做事随意、天性随和、内心轻率而又乐于挥霍，大把大把地花钱。他花了好几百万在斯特拉斯堡重建主教宫，举办奢侈的庆典，在女人这方面从不吝啬，对待他所宠幸的卡里奥斯特罗先生⑤尤其大方，这个骗子一个人的花销就超

---

① 原文为法语。

② 原文为法语。

③ 原文为法语。

④ 原文为法语。

⑤ 卡里奥斯特罗先生（1743—1795）：意大利著名冒险家，非常善于行骗。

过了七个情妇。主教的财政状况非常悲惨，这很快就不是一个秘密了，人们更经常在犹太高利贷者那里而不是在教堂里，更经常在夫人的社交圈而不是博学的神学家那里遇到这位基督的仆人。就连议会也在忙于调查罗罕领导的医院的债务问题：所以王后在第一时间就坚信是这个轻浮的家伙玩了一个骗局，用她的名义来贷款，又有什么可奇怪的呢？"红衣主教滥用我的名义，"在一开始，她怀着光明正大的愤怒写信给她的哥哥，"真是一个卑劣又笨拙的骗子。可能他实在是太迫切需要金钱，希望能够在约定的时间里向珠宝商付款，这样事情就不会败露。"我们可以理解她的错误判断，理解她的抱怨，因为她恰恰无法原谅的就是这个人。因为十五年来，自从他们在斯特拉斯堡主教堂第一次见面的时候，玛丽·安托奈特就忠诚地遵从着母亲的命令，没有对这个人说过一句话，而是公开地在整个宫廷里对他冷眼相待。因此她肯定觉得，恰好是这个人把她的名誉卷入一场欺骗性的交易是一桩非常卑劣的报复行为。在法国大贵族让她承受的所有针对她名誉的挑衅行为中，这一桩似乎是最大胆也最阴险的。她用激烈的话语，眼睛含着泪水命令国王，要毫无怜悯地把这个骗子当作一个反面典型——这时她已经错误地把那个自己也受了骗的人当成了骗子——在整个公众面前进行惩罚。

国王毫无意志地听从于自己的妻子，只要王后有所要求，他就不去多想，而王后在自己的行动和愿望过程中从来不去权衡后果。没有检查指控，也没有调查档案，没有审讯珠宝商或者是红衣主教，国王就像奴隶一样顺从于一位不假思索的女人的怒火，为她而奔走。8月15日，国王震惊了他的部长委员会，因为他表明要立刻逮捕红衣主教。红衣主教？红衣主教罗罕？部长们都震惊了，吓坏了，面色苍白地彼此对视。终于有一位部长敢于小心翼翼地提出了问题，如果像对待罪

195

犯一样公开逮捕这样一位地位高贵、有精神方面的荣誉职位的人，是不是有些尴尬。但玛丽·安托奈特恰好，恰好要的就是这种公开的羞辱作为惩戒。这样可以终于树立一个显而易见的反面典型，表达出不能容忍对王后的名义展现出任何轻蔑的意图。因此，她毫不动摇地坚持遵循公开程序。部长们最终非常不情愿、非常不安地屈服了，心里怀揣着不祥的预感。几个小时后，意想不到的戏剧就拉开了帷幕。因为圣母升天节恰好也是王后的命名日，所以整个宫廷都聚集在凡尔赛宫进行庆贺，"观景厅"和走廊里挤满了宫廷人士和高官显贵。就连毫无察觉的主教罗罕也接受了任务，在这个庄严的日子里主持神圣的大弥撒，正穿着猩红色的祭衣，披着白色罩袍，在为高贵的先生，也就是"高级来宾"[1]准备的国王会客室里等待着。

但路易十六并没有庄严地出现，和他的妻子一起去望弥撒，而是有一个佣人走近了罗罕。国王请他去自己的私人房间。王后站在那里，双唇紧咬，目光转向一侧，没有回应主教的问候，他的私敌也就是部长布雷泰尔男爵也一样保持着严肃和冰冷，很不礼貌。罗罕还没有想明白人们真正想要他怎么样，国王就直接而粗鲁地开了口："亲爱的堂兄，您以王后名义购买的钻石项链到底是怎么回事？"

罗罕的面色变得苍白。他没有想到会是这样。"陛下，我觉得，我被人骗了，但是我自己并没有想要蒙骗别人。"他吞吞吐吐地说道。

"如果您是这样行事的，亲爱的堂兄，那么您就不需要担心了。但请您把这一切解释清楚。"

罗罕无法回答。他看到玛丽·安托奈特沉默而咄咄逼人地站在自己的对面。他说不出话来。他的迷惑激起了国王的同情，他试图给他

---

① 原文为法语。

找台阶下。"您把您想要报告给我的事情都写下来吧。"国王说，然后和玛丽·安托奈特、布雷泰尔一起离开了房间。红衣主教独自留下，在纸上大约写了十五行字，然后在国王再次进来的时候，把他的解释交给了国王。一个名叫瓦卢瓦的女人命令他给王后弄到这条项链。他现在看出他被这个女人蒙骗了。

"那个女人在哪里？"国王问。

"陛下，我不知道。"

"您有那条项链吗？"

"项链在那个女人的手里。"

这时国王让人把王后、布莱托尔和掌玺大臣叫进来，朗读两个珠宝商交上来的文件。然后他问据说是王后亲笔写下的全权委托书在哪里。

红衣主教只好诚惶诚恐地承认："陛下，委托书在我手里。显然是伪造的。"

"当然是伪造的。"国王回答道。尽管红衣主教现在请求由他自己支付项链的款项，国王还是严厉地结束了对话："我的先生，在目前这种情况下我不得不承认，我必须把您的房子贴上封条，将您本人进行拘禁。王后的名声对我来说非常珍贵。她的名声受到了损伤，我不能再造成任何损失了。"

罗罕努力哀求，不要让他经历这样的耻辱，尤其是在这个他应该走到上帝面前，为整个宫廷主持大弥撒的时刻。软弱而善良的国王又开始犹豫，要不要让这个自己也是受骗者的人陷入这种公开的绝望。但这时玛丽·安托奈特再也无法继续忍耐了，她流下了愤怒的泪水，责备着罗罕，她八年之久都没有和他讲过一句话，他怎么能相信，她会背着国王挑选他来做这种秘密交易的中间人。红衣主教无法回应这句责备：他现在自己也无法理解，自己怎么会深陷于这种毫无意义的愚蠢冒险。国王感到很遗憾，但他做出了结论："我希望您能够为自己做出辩护！但我必须做出我作为国王和丈夫有义务去做的事情。"

谈话结束了。外面，挤得满满的会客室里的全体贵族已经等得不耐烦了，非常好奇发生了什么。弥撒早就应该开始了，为什么推迟了这么久，发生了什么？窗户发出了轻微的震动，有几个人非常不耐烦地走来走去，还有一些人坐下来窃窃私语：人们感觉到空气中弥漫着某种暴风雨的气息。

突然，通往国王房间的双扇门被掀开了。第一个走出来的是身穿朱紫色祭衣的红衣主教罗罕，他面色苍白，双唇紧闭，他身后是老军人布雷泰尔，长着一张种葡萄的农民一样通红而粗糙的面孔，他的眼睛里闪烁着兴奋。他突然在房间的中间故意对贴身侍卫上尉大声喊道：

"逮捕红衣主教先生！"

所有人都大吃一惊。所有人都呆住了。逮捕一位红衣主教！一位罗罕家族的成员！而且是在国王的会客室里！是不是布雷泰尔这个老兵喝醉了？但不是，罗罕没有反抗，没有发怒，而是垂着眼睛，顺从地走向了卫兵。宫廷人士瑟瑟发抖地退到了两侧，在围观的人们探询、羞辱和讽刺的目光中，罗罕亲王、国王的大布施者、赐人极乐的教堂的红衣主教、阿尔萨斯的地方侯爵、法兰西学院的成员兼许多名誉的获得者就这样一个大厅一个大厅地走了出去，一个楼梯一个楼梯地走了下去，冷酷的士兵就像看守一样走在苦役船的犯人后面。当人们把罗罕转移到一个宫廷看守的偏僻房间的时候，这位主教从麻木中苏醒过来，利用大家的惊慌，飞快地在一张纸上写了几句话，指示他的家庭神父把一个红色信封里的所有文件立刻烧毁，就像人们后来在审讯中了解到的那样，这就是那些伪造的王后的书信。罗罕的一个雇佣兵策马狂奔，带着这张字条赶往斯特拉斯堡的饭店，在动作缓慢的警察到达并封缄文件之前，在无与伦比的耻辱蒙受前，法国的大布施者应该给国王和整个宫廷做弥撒之前的一刻，他就被送进了巴士底狱。同时传来命令，他在这一晦暗不明的事件中的所有帮手都要被逮捕。在这一天，凡尔赛宫没有举办弥散，还要弥散做什么用？不会有人再有心思去听讲道了。整个宫廷、整个城市、整个国家都被这个消息震撼了，仿佛一道晴天霹雳。

　　只有王后激动地待在上锁的门后，她的神经依然在愤怒地战栗着。这一幕令她自己也感受到了可怕的震惊，但最终，造谣者中间的一个，暗中抹黑她名誉中的一个人已经被捕。难道现在不是所有善良的人都应该赶到她这里，向她祝贺捉拿了这个无赖？难道整个宫廷不是应该赞美国王的魄力，他长期以来被视为软弱，却用坚决的手段捕获了这个无耻的神父？但很奇怪：没有人来。她的女性朋友们也尴尬地避开了目光，今天特里亚农宫和凡尔赛宫里一片寂静。贵族并不努力掩饰他们的愤怒，因为人们竟然如此不名誉地对待一个来自他们特权阶级的人。国王提出若他愿意由国王亲自审理这桩案件，就可以得到宽赦，但罗昂从最初的惊恐里恢复过来以后，冷漠地拒绝了这一恩典，选择议会做他的裁判官。行事草率的王后令他不适。玛丽·安托奈特并不为自己的成果感到高兴：她的女佣在晚上发现她在哭泣。

　　但旧日的轻率思维很快又闯了进来。"至于我，"她在写给哥哥约瑟夫的信里表现出愚蠢的自我欺骗，"我很高兴，因为我们不会再听到这些令人反感的事情了。"她是在8月写的信，而议会的审判最早也要到12月才能够进行，也许要到下一年才能进行——那么现在为什么要为这件事情伤脑筋呢？人们愿意对这件事进行一番胡扯或者是嘟囔，那又有什么关系呢！也就是说，马上去拿脂粉和新的装束，人们不能因为这么一件小事，放弃一部如此迷人的喜剧！排练继续如期进行，王后练习（而不是阅读警察关于那场重大审讯的档案，这样的话可能还会阻止事情发生）《塞维利亚的理发师》里快活的小罗西娜的角色。但看起来，就连她扮演角色的时候也太漫不经心了。因为不然的话，她读到自己的搭档巴西里奥这句有预见性地描述污蔑的力量的台词一定会大吃一惊，然后开始思考。"污蔑！您还没有预感到您轻蔑的是什么东西！我曾经见过最诚实的人饱受它的折磨。您相信我，没有什么恶毒的言论、什么卑鄙的话语、什么荒谬的故事是不能灌输给那些大城市里的闲人的，因为只要善于编造就可以做到这一点，而我们这里的人非常熟练！……起先只是悄声低语，就像暴雨之前的雨燕一样飞掠，非常微弱①，只是呢喃，然后消逝，但它在飞行中播撒着有毒的种子。一张嘴巴接住了它，然后就轻轻地、轻轻地②以最灵巧的方式吹到一只耳朵里。现在灾祸来了，它生长，长得很高，强烈地③口口相传，像魔鬼一样奔跑。突然间，天知道，污蔑就站直了起来，吹着口哨，不断膨胀，跳得高高，来回旋转，兜着圈子，牵着别人的鼻子，像雷鸣一样震响，借助上天的力量化为普遍的呐喊，公开的渐强音④，成了仇恨与蔑视的巨型合唱团。哪个魔鬼能抵挡住它？"

但玛丽·安托奈特一直没有专心听自己的搭档讲话。否则，她一定会理解，这出表面轻松的喜剧正在闲聊般地诉说着她自己的命运。这场洛可可喜剧在1785年8月19日最终上演结束：悲剧开始了⑤。

---

① 原文为意大利语，为音乐术语。
② 原文为意大利语，为音乐术语。
③ 原文为意大利语，为音乐术语。
④ 原文为意大利语，为音乐术语。
⑤ 原文为拉丁语。

第十五章　项链事件

实际上发生了什么？进行可信的描绘并不是一件易事，因为真实发生的项链事件属于所有不可能的事件里最不可能发生的，即便是在小说里也令人难以置信。如果真相突然有了某个精妙的念头，同时又遇上了一个诗意的日子，那么它一定会在幻想的层面，在剧情发展的巧妙方面，超越最具有创造力的诗人。那么所有的诗人最好还是远离这一幕喜剧，不要试图以自己天才的构思艺术来战胜它。甚至是歌德，他尝试在《大科夫塔》[①]中把这个有关项链的故事写成一部戏剧，但最后只是把它变成了一个僵硬而并不生动的笑话，实际上，它却是历史那些最放肆、最闪耀、最激动人心的闹剧之一。在莫里哀[②]的所有喜剧里，人们都找不到这么丰富多彩、以这么有趣的逻辑编织在一起的花束，这是一出由骗子、说谎者、被骗者、愚人和被愚弄的人组成的大胆妄为的杂烩，窃贼一般的喜鹊、涂满各种江湖郎中香膏的狐狸和一只愚蠢轻信的大熊联合炮制了世界史上最疯狂的一出喜剧。

　　在这出货真价实的喜剧的中心，永远站立着一个女人。在项链事

---

① 　《大科夫塔》：歌德以"项链事件"为背景写的五幕喜剧，所有人物在其中全部改名换姓。

② 　莫里哀（1622—1673）：法国杰出的喜剧作家。

件中，这个女人是一个没落的贵族和一个堕落的女佣的女儿，从小就是一文不名的肮脏乞丐，赤着脚去地里偷土豆，为了一块面包而给农民放牛。父亲死后，她的母亲沦为妓女，这个孩子就四处闲逛。如果不是一个幸运的偶然，这个七岁的小女孩就会堕落，她刚好在街上用令人惊讶的哀号向布兰维耶侯爵夫人乞讨："怜悯、怜悯有着瓦卢瓦血脉的可怜孤儿吧！"什么？这样一个生着虱子、快要饿死的孩子竟然是王室血脉①的后裔？虔诚的路易的神圣血脉？不可能，侯爵夫人这样想道。但无论如何，她还是停下了她的豪华马车，前去盘问这个小乞丐。

在项链事件中，我们必须从一开始就习惯把最不可能发生的事情当作真相，把最为惊人的事情当作事实。这位让娜②真的是雅克·德·圣-雷米的合法婚生女，这个人的标签就是偷猎、酗酒和乐于恐吓农民，但无论如何还是瓦卢瓦家族货真价实的直系后裔，这个家族在等级和古老程度上都不逊色于波旁家族。布兰维耶侯爵夫人看到一个王室后裔竟然沦落到如此凄惨的境地，感到某种似真似幻的震惊，受到了触动，立刻就把这个女孩和她的妹妹一起带走了，花钱让两个女孩去一家寄宿学院接受教育。

让娜十四岁的时候去一个女裁缝那里当学徒，成了洗衣女工、熨衣女工、挑水女工和衬衣裁缝，最终被带到一个为贵族少女设立的修道院里。

但是事情很快就证实，小让娜并没有什么做修女的天赋。父亲

---

① 瓦卢瓦为法国波旁王室之前古老的王室，十六世纪的法王亨利二世便是这一家族成员。

② 让娜：项链事件中的女主人公，全名为让娜·德·圣-雷米，父亲是法国前任国王的私生子。

那流浪者的血脉在她的血管里沸腾，二十二岁的时候，她和妹妹下定决心翻过了修道院的篱栅。她们口袋里没有钱，头脑里却满是冒险的冲动，在巴尔-苏尔-奥伯地区出没。让娜因为漂亮，在那里找到了一位小贵族宪兵军官尼古拉·德·拉·莫特，很快就和他结了婚，而且还是在紧要关头，因为再过一个月，神父的祝福就赶不上那对已经迫不及待地要降生的双胞胎了。和这样一位在道德方面马马虎虎的丈夫（他从不嫉妒）在一起，拉·莫特夫人实际上本可以过上舒适而简朴的小市民生活。但"瓦卢瓦的血脉"里嘶响着自己的权利。从一开始，这个小让娜就只有一个念头：晋升！无论通过什么途径。首先，她回去找她的女恩人布兰维耶侯爵夫人，立刻就幸运地被侯爵夫人在红衣主教罗罕位于查伯恩的城堡里接见了。她漂亮而又灵巧，立刻利用了这位爱献殷勤、脾性温和的红衣主教那可爱的弱点。侯爵夫人的推荐使她的丈夫——显然是用某种看不见的代价交换的——立刻在龙骑兵里获得了一个骑兵上尉的委任书，他迄今为止未付清的债务也得到了偿还。

现在让娜本应该再次感到满意。但她也把这次漂亮的晋升仅仅看作是一个阶段。她的拉·莫特已经被国王任命为骑兵上尉，现在为了得到不用交税的完整权力，他还将自己自称为伯爵。如果可以用一个类似于"瓦卢瓦·德·拉·莫特伯爵夫人"这种响亮的名号到处吹嘘，那么为什么还要沦落在外省，靠一份出于恩典的年金和一份微薄的军官薪水度日呢？简直荒谬！这样一个名字在一年内就能给一个漂亮而无所顾忌的女子弄来20万里弗尔，如果她下定决心，要对那些虚荣和愚蠢的人们进行彻底的劫掠。这两个同伙为了这个目的，在巴黎的新圣希尔大街上租了一整栋房子，对放高利贷的人们一通胡扯，说伯爵夫人作为瓦卢瓦家族的后裔有着什么样的权利，然后用借来的摆设出演大型的社交活动——银器总是从附近的店铺借来，用上三个小时。等到巴黎的债主终于开始毫不留情的催逼，瓦卢瓦·德·拉·莫特夫人就解释说，她会去凡尔赛宫，去宫里提出她的要求。

她自然不认识宫廷里的任何人，她就算在那里一连几个星期站着，让自己漂亮的双腿疲惫不堪，也不可能仅仅是在王后的会客厅里得到一次接见。但这个计谋高超的骗子已经准备好了自己的绝招。她和其他想要申诉的女人一起待在伊丽莎白夫人[①]的会客室里，然后突然晕倒过去。所有人都冲了过去，她丈夫念着她那显赫的名字，含着泪水讲述，长年的饥馑是如何导致了这种无力地晕倒的情况。于是她们充满同情地把这位非常健康的病人抬到担架上，送回家去，之后还给了她200里弗尔，将她的年金从每年800里弗尔提到每年1500里弗尔。但难道对一位瓦卢瓦家族的后裔来说，这不就像是施舍一样吗？因此她越来越努力地往她打开的空子里钻：第二次晕厥发生在阿尔托瓦侯爵夫人的会客室里，第三次发生在王后肯定也会经过的镜厅里。可惜，玛丽·安托奈特并不知道，这个暴力的女乞丐尤其希望得到她的宽容以待，但如果在凡尔赛宫第四次晕厥，就会显得有些可疑了。所以这两个人带着这些微不足道的战利品回到了巴黎。他们在很长时间里都没有得到自己想要的。但是他们当然非常注意保护自己，没有宣扬这件事情，而是恰恰相反，他们鼓起脸颊吹嘘着，说王后多么仁慈，多么真心地像对待自己亲爱的亲戚一样接见了他们。既然已经有很多人认为，这位瓦卢瓦伯爵夫人是王后的社交圈里一位备受尊敬的熟人，那么很快就有丰厚的羊毛可以薅了，她的信用在一段时间内又

---

① 伊丽莎白夫人（1764—1794）：伊丽莎白·菲丽庞娜·玛丽·海伦·德·法兰西，法国公主，路易十六的妹妹，后死于断头台。

恢复了。这两个负债的乞丐创造了（世界乐于被欺骗[1]）自己的宫廷小国，由所谓的第一秘书带领，他名叫雷多·德·维耶特，他实际上不仅仅参与欺骗行为，也不怀好意地分享了尊贵的伯爵夫人的床榻。第二秘书洛特甚至来自教士等级。此外，他们还雇用了马车夫、佣人、贴身女佣，很快，新圣希尔大街上的生活就非常舒适了。那里会举办娱乐性的赌局，受骗的傻子很少能挣到钱，但还是会因为这个暧昧的夫人的世界感到非常愉快。很可惜，那些咄咄逼人的人又掺杂了进来，可以看出是他们债主的执行人，提出很不恰当的要求，在几个星期和几个月之后，终于又要求他们还债了。这对值得尊敬的夫妇又一次束手无策，那些小伎俩已经不够了。很快他们就要干出一件大事了。

一个正式的骗局永远需要两个必要条件：一个大骗子和一个大蠢货。幸运的是这个大蠢货就在他们身边：除了那位法兰西学院的成员、斯特拉斯堡的主教阁下、法国的大布施者、红衣主教罗罕没有别的选择。他完全属于这个时代，不比别人更聪明，也不比别人更愚蠢，这位外表上非常有魔力的教会王侯也患有那个世纪的通病，就是过于轻信。人类不可能没有信仰地长期生活，既然这个世纪的偶像伏尔泰已经把教会的信仰赶出了流行趋势，那么迷信就悄悄潜入了十八世纪的沙龙。炼金术士、犹太神秘主义者、玫瑰十字会[2]、江湖郎中、巫医和奇迹医学的医生迎来了他们的黄金时代。没有一个贵族男人，没有一个贵族夫人没有去卡里奥斯特罗的包厢里坐过，和圣日耳

---

[1]　原文为拉丁语，下半句是"那么就让它被欺骗"。

[2]　玫瑰十字会：玫瑰十字会起源于十七世纪，属于新教改革运动的产物之一，主张神秘主义的反理性宗教观。

曼伯爵①一起坐在桌边，在麦斯梅尔②那里见识过磁力的魔法。正是因为人们的精神如此明亮，如此风趣而又轻浮，正是因为将军不再认真对待自己的职责，王后不再认真对待自己的尊严，神父不再认真对待自己的上帝，这些过着"启蒙"生活的人们才需要用某种神秘主义，某种迷幻的、超验的和无法把握的事物来继续玩游戏，以对抗自己心里那种可怕的空虚，尽管非常清醒，非常聪慧，却也掉进了最笨拙的骗子那最愚蠢的罗网。现在这一位就是这些精神上的穷人中间最轻信的一位，红衣主教罗罕阁下，面对着最为诡计多端的骗术大师，所有骗子的教皇，"神一般的"卡里奥斯特罗。后者在查伯恩宫里已经安营扎寨，以大师般的手段把他东道主的金钱和理智都骗到了自己的口袋里。占卜师和大骗子在第一次对视的时候就能立刻认出彼此，卡里奥斯特罗和拉·莫特夫人的情况就是这样。通过这个知晓了红衣主教所有的秘密愿望的中间人，她了解到了罗罕最隐秘的愿望，也就是成为法国最高级别的国务部长，她也发现了他唯一惧怕的障碍：也就是王后玛丽·安托奈特对他本人所怀有的反感，这种反感人尽皆知，但他自己却无法解释。了解一个男人的弱点，对一个狡猾的女人来说就意味着已经把他掌握在手里了。这个女骗子飞快地织出了一条绳索，就让这头主教级别的笨熊跳起舞来，直到他的汗液变成黄金。1784年4月，拉·莫特夫人开始时不时地散播出一些简短的评论，她"亲爱的女友"也就是王后是多么的温柔，是多么地信任她。她用越来越丰富的想象力编造一些轶事，在这位毫无察觉的红衣主教心里唤醒了一个念头，也就是这个娇小而又美丽的女人实际上是一个可以为他在王

① 圣日耳曼伯爵（1710—1784）：欧洲著名炼金术士、冒险家，非常善于行骗。
② 麦斯梅尔（1734—1815）：德国医生，发现了动物磁力理论，也是催眠理论的奠基者。

后那里说几句话的理想人选。不错，他坦率地承认，几年以来，王后陛下甚至不愿意屈尊看他一眼，这令他感到非常难过，因为他除了满怀敬畏地效忠于王后，也不指望更高的幸福了。唉，如果有人真的能给他解释一下王后对他的真实想法，那该有多好！这位"亲密的"女友对他充满同情，感到触动，答应在玛丽·安托奈特面前为他说几句好话。而罗罕也为她这几句话的影响力感到震惊，因为五月的时候，她就告诉他，王后已经改变主意，很快就会向红衣主教发出她改变看法的暗示，尽管她不会明确表示这一点：她将在下一次宫廷觐见的时候以某种特定的方式向他默默点头。如果你想要相信什么东西，你就很容易相信它。如果你想要看到什么东西，你就很容易看到它。事实上，这位善良的红衣主教在下一次见面的时候察觉到了某种"微妙"①的点头动作，就给了那位感人的中间人许许多多的杜卡特。

但拉·莫特夫人觉得这个金矿的矿脉流淌得还是不够丰沛。为了让红衣主教更加坚信他们，还必须向他展示一些表示王后恩宠的行为。采用信件如何？人们把这个秘书毫无顾忌地留在家里和床上，到底是为了什么？雷多实际上毫不迟疑地就伪造了一些玛丽·安托奈特写给她的女友瓦卢瓦夫人的亲笔信。既然这个蠢货把这些东西当真，发出了惊叹，那么为什么不在这条收入丰厚的路上再迈出一步呢？为什么不立刻安排罗罕与王后之间进行秘密的信件交换，把他的钱箱掏得底朝天呢？头昏脑涨的红衣主教根据拉·莫特夫人的建议，写了一封有关他迄今为止的行为的详细辩护书，经过了几日修改，最终把这份充满了肺腑之言的誊清稿交给了这个无价的女人。看啊——难道她不是一位真正的魔法师，不是王后最信任的女友吗？几天以后，

---

① 原文为法语。

拉·莫特夫人就带回来了一封短笺，写在有着烫金切口、尺寸很小的白棱纹纸上，角落里还印着法国王室的百合花。这位平常难以接近、拒人千里的来自哈布斯堡家族的高傲王后给她之前一直轻蔑的主教写道："我很高兴，不必再把您视为有罪的，但是我还不能同意您觐见的请求。只要情况允许，我就会告知您。请您对此事保密！"被骗的主角几乎无法克制自己的喜悦，根据拉·莫特夫人的建议，他写信给王后表示感谢，又收到信，然后再次写信，他的心里越是充满了在玛丽·安托奈特那里得到最高恩宠的骄傲和渴望，拉·莫特夫人就越容易掏空他的钱包。这场大胆的好戏已经接近了高潮。

只可惜，还有一个重要人物一直都没有找到，也就是真正扮演了这部戏剧的人物，还恰恰就是主要人物：王后。但是这个危险的角色，没有她的介入就难以长久地维系下去，因为即便是最为轻信的人，也不可能永远蒙蔽自己说王后是在向他致意，而她实际上总是用凝滞的目光从这个她所憎恨的人身上掠过，而且从来不和他说话。这个蠢货最终会触发导火索的危险越来越大。那就必须想出非常大胆的一步棋。既然这件事情自然是不存在的，王后从来没有亲自和红衣主教说过话——那么只要让这个笨蛋相信，他曾经和王后说过话，这不就足够了吗？如果选择所有骗术最喜爱的时段，在黑暗中，在合适的地点，在凡尔赛宫花园里某个林荫道上，教给一个长得很像王后的女人几句话，让罗罕和她见面呢？所有的猫在黑夜里都是黑猫，而善良的红衣主教激动又愚笨，这种方式肯定不比卡里奥斯特罗的胡言乱语或者毫无教养的文书所写出来的、装在烫金切口的信封里的信件效果更差。

但在这么匆忙的情况之下，应该去哪里找一位女演员，一位像人们今天在电影领域所说的"替身"呢？去哪里找那些类型多样、身高各异，或纤细或圆润，或瘦削或敦实，或金发或棕发的非常讨人喜欢的女人呢？就去以此为生意的少女和少妇中间去找，去王室宫殿的花园里找，那里就是巴黎的卖淫天堂。拉·莫特伯爵接管了这个棘手的问题，他没有用多长的时间就找到了一个可以扮演王后的替身的人，那是一个名叫妮可的年轻女人——之后被称为奥利瓦男爵夫人——自称是一位女裁缝，实际上比起为女顾客更多是为男顾客效劳。不用费很大力气就可以说服她饰演这个轻松的角色，"因为，"德·拉·莫特夫人在她的审判者面前解释道，"她非常愚蠢。"8月11日，人们把这个心甘情愿的爱情女佣带进了凡尔赛宫里一个出租的房间，瓦卢瓦伯爵夫人亲手给她穿上一件有白色圆点的、用麦斯林纱做成的长裙，完全是在模仿王后在维歇-勒布隆夫人①画的肖像上穿的那一件。现在再戴上一顶宽边帽，把面孔笼罩在阴影里，戴在她那小心翼翼地扑了粉的头发上，然后就麻利又放肆地带上这个稍有惧怕的小女人，在傍晚黑暗的花园里，在这个王国的大布施者面前扮演十分钟的法国王后！有史以来最为大胆的欺骗行为就此拉开了帷幕。

这对夫妇带着他们经过了乔装打扮的假王后悄悄来到了凡尔赛宫的阳台上。上天总是保佑骗子，那个漆黑的晚上没有月亮。他们下到了维纳斯灌木丛中，那里被枞树、雪松和云杉浓密地笼罩着，几乎只能看清一个人的身影轮廓，也就是说，对于爱情的游戏和这场魔幻般的愚人游戏都出奇地合适。这个可怜的小妓女开始颤抖。她在这里被陌生人拽进了什么样的冒险啊？她真想逃走。她满怀恐惧地在手里握着那支玫瑰和那份短笺，她应该按照规定把它们交给一位在这里和她

---

① 维歇-勒布隆夫人（1755—1842）：法国洛可可时期的著名女画家，代表作为《玛丽·安托奈特王后和她的孩子们》。

说话的高贵的先生。碎石路已经开始窸窣作响。一个男人的轮廓出现了，那是秘书雷多，他扮演一位王室佣人，把罗罕引上来。妮可突然觉得自己被人猛地推了一把——就像被黑暗淹没了一样，她身边的两个皮条客消失了。她独自站在那里，或者说已经不再是独自一人，因为现在有一个陌生的男人走向了他，他身材纤长，帽子低低地戴在额头上：他就是主教。

很奇怪，这个陌生人的举止非常愚蠢。他恭敬地鞠躬，几乎碰到了地面，他亲吻这个小妓女的裙摆。现在妮可应该把玫瑰花和那封拿在手里的信交给他。但在慌乱中，她不小心弄掉了玫瑰，也忘记了那封信。她只是用窒息般的声音吞吞吐吐地说着人们费力交给她的那几句话。"您应该希望，所有的往事都已经被遗忘了。"这些话语似乎对这个陌生的骑士具有无限的吸引力，他一次又一次地鞠躬，吞吞吐吐地表示着自己莫大的感激之情和公开的幸福感觉，这个可怜的小裁缝却不明所以。但谢天谢地，碎石路上又传来了一阵急促的脚步声，有人轻悄却激动地喊道："快，快离开！阿尔托瓦伯爵和伯爵夫人就在附近。"这个关键词立刻吓到了红衣主教，他匆匆在拉·莫特夫人的陪伴之下离开了，而她那位高贵的丈夫则把小妮可带了回去，这部喜剧里的假王后心怦怦直跳，从宫殿旁边溜走了，而在夜晚漆黑的玻璃窗后，真正的王后还在毫无察觉地酣睡。

这场阿里斯托芬[①]式的闹剧光荣宣告成功。现在，红衣主教这头可怜的祭牛头上挨了一记重拳，令他完全丧失了所有理智。在这之前，他们还都不得不对他的疑窦施以麻醉，他所以为的"点头致意"

---

① 阿里斯托芬：古希腊著名喜剧作家。

也只能算是半个证据，那些信件也是，但现在，这个上当受骗的人亲自和王后说了话，从她的口中听到她原谅了他，这使得德·拉·莫特伯爵夫人的每一句话在如今看来都比《福音书》还要真实。现在他完全被这位夫人掌控了，要与她共进退。这天晚上，整个法国都没有比他更幸福的人了。罗罕已经看到自己将会成为最高等级的部长，成为王后的宠臣。

几天后，拉·莫特夫人就已经把另一个显示王后恩宠的证据报告给了红衣主教。王后陛下——罗罕非常了解她的慈悲心——想要给一个陷入困境的贵族家庭5万里弗尔的资助，但她目前无法付款。红衣主教是否愿意为她从事这一善举。罗罕非常荣幸，一点也没有怀疑，收入丰厚的王后为什么会没有办法付款。整个巴黎也都知道，她一直都处于负债状况。他立刻就找了一个名叫塞尔夫-贝尔的阿尔萨斯犹太人，向他借了5万里弗尔，两天后，这些钱就在拉·莫特夫人的桌子上叮当作响了。现在他们终于牢牢地把握住了这个玩偶的牵引线。三个月后，他们牵引得更用力了。王后又想要钱了，罗罕谄媚地把家具和银器都典当了，只为了迅速而慷慨地讨得他这位女恩人的欢心。

现在拉·莫特伯爵和伯爵夫人过上了天堂般的日子。红衣主教远在阿尔萨斯，但他的钱欢乐地在他们的口袋里跳动。现在他们不需要忧虑了，他们已经找到了一个蠢货和一个付款方。只需要时不时地以王后的名义给他写一封信，他就会流出更多的杜卡特之汗。迄今为止，他们还舒服快乐、轻松自在地生活着，根本不需要去想明天！不仅仅是统治者、王侯和红衣主教在这个松懈的时代不假思虑，骗子也一样。他们很快就在巴尔-苏尔-奥伯买了一栋乡间别墅，附带一个漂亮的花园和一个真正的农庄，用黄金餐具吃饭，用闪闪发光的水晶杯喝酒，在贵族宫殿里玩乐、奏乐，最高级的社交圈都想要得到能够和瓦卢瓦·德·拉·莫特伯爵夫人交往的荣光。世界上有这样的蠢货，是多么美妙啊！

　　如果有谁在赌博中一连三次抽到最大的牌，他就会不假思索地在第四次也投下最胆大的赌注。一个意想不到的偶然把王牌送到了德·拉·莫特夫人的手里。在她的一次社交活动上，有人提到，可怜的宫廷珠宝商波默尔和巴桑日现在非常忧虑。他们把所有的资本和一大笔贷款都花在了一件极为美丽的钻石项链上，可以说那是世界上最美丽的项链。实际上这是为杜巴丽夫人打造的，她肯定会买下它，如果路易十五没有如此不幸地感染了天花。之后他们向西班牙宫廷兜售过这根项链，第三次的时候，他们找了玛丽·安托奈特王后，她确实痴迷于首饰，以往都是不怎么多问价格就大手大脚地购买。但讨厌的路易是个节俭大师，不愿意拿出这160万里弗尔。现在这两个珠宝商面临着灭顶之灾，利息正在啃咬这些美丽的钻石，也许他们不得不把这条奇妙的项链再次砸碎，才能拿回所有的钱。既然瓦卢瓦伯爵夫人和玛丽·安托奈特王后彼此信任，她当然可以努力提供建议，条件是最好的——可以分期付款。拉·莫特夫人正在努力思考如何维持她对王后具有影响的这个传说，于是就非常大方地说，会为他们说几句话，12月29日，两位珠宝商就把珍贵的首饰匣拿到了新圣希尔大街给她观赏。

　　简直就是奇迹！拉·莫特夫人的心跳停止了。这些钻石在阳光下面是多么的闪闪发光，多么的熠熠生辉，一个放肆的想法贯穿了她的脑海：如果我们让红衣主教这头大蠢驴秘密地为王后买下这条项链，那该有多好。他刚一从阿尔萨斯回来，拉·莫特夫人就给他发送紧急信件。她说有一项新的恩宠正在向他招手。王后希望，当然是在她的丈夫不知情的情况下，购买一件价格高昂的首饰，因此她需要一位守口如瓶的中间人，这项秘密的光荣任务就交给了罗罕，这是王后信任他的标志。事实上，没过几天，拉·莫特就向幸运的波默尔得意扬扬地宣布，她已经找到了买家——红衣主教罗罕。1月29日，交易在红衣主教宫，也就是斯特拉斯堡饭店达成：160万里弗尔，在两年内分四期付款，每六个月付一次款，在1785年8月首次付款。红衣主教亲手在这些条款上面签了字，并将条款交给了拉·莫特夫人，让她将合同提交给她的"女友"，也就是女王。1月30日，这个骗子已经带来了答复，说女王陛下同意一切条款。

但是——这头好脾气的蠢驴在走进驴厩之前还有一步。毕竟，这件事情涉及160万里弗尔，即便是最奢侈的王公贵族也不会觉得这是一笔小钱！这样的巨额担保简直事关生死，所以手里至少必须有一张借据，一份由王后亲笔签署的文件。有什么文字证明吗？但这一点很容易！否则雇佣秘书是为了什么？第二天，拉·莫特夫人就再次带来了合同，可以看到每一条的边缘都是亲笔手写的"同意！"在合同末尾有着亲笔签名："玛丽·安托奈特·德·法兰西"。宫廷的大布施者、法兰西学院的成员、前任大使和已经梦想过成为未来的国家部长的人肯定立刻会发现，文件里的法国王后绝对不会写上她本人的名字，也就是这个签名："玛丽·安托奈特·德·法兰西"，这第一眼看上去甚至不是一个精巧的伪造品，而是一个来自底层的、非常缺乏教养的伪造者的作品。但如果王后本人在维纳斯灌木丛中秘密接见了他，他又怎么会怀疑呢？这位上当的人高尚而神圣地对那位骗子起誓，绝不会对别人展示这些握在他手里的借据。第二天清早，也就是2月1日，珠宝商就把首饰带给了红衣主教，他在傍晚亲手交给了拉·莫特夫人，为了亲自确认它能够被转交到王后珍贵的手里。他没有在新圣希尔大街等待很久的消息，就听到了一阵男性化的脚步声走上了楼梯。

拉·莫特夫人请红衣主教来到侧室，通过一道玻璃门可以观察和确认交接的过程符合程序。事实上，一个年轻的男人穿着一身黑衣出现了，当然又是雷多，那个勇敢的秘书——以这样的话语通报道："以王后的委任。"多么奇妙的女人啊，这位德·拉·莫特－瓦卢瓦伯爵夫人，红衣主教心里肯定在想，是多么谨慎、忠诚而又巧妙地为自己的女友做好了所有的安排！他平静地把首饰匣交给了德·拉·莫特夫人，她又把首饰匣交给了那个神秘的使者，他带着这个珍贵的负担很快就消失了，就像他来的时候一样迅速，这根项链就跟着他一直走到了末日的审判。红衣主教感动地道别：现在，在这样友善的服务之后，他不可能需要等上太久了，他，这个王后的秘密帮手，一定很快就能成为国王最高的佣人，成为法国的国务部长！

几天以后，一个犹太珠宝商出现在巴黎警察局，想要以他蒙受了损失的同行的名义提出抗议，某个叫作雷多·德·维耶特的人以如此低廉的价格售卖价值昂贵的钻石，那肯定是偷来的赃物。警察部长逮捕了雷多。他解释说，这些钻石是从国王的一位亲戚，从德·拉·莫特－瓦卢瓦伯爵夫人那里得到的，用来出售。瓦卢瓦伯爵夫人这个尊贵的名字就像泻药一样在这个官员身上起了作用，他吓得要死，立刻让这个雷多走了。但这样一来：伯爵夫人现在注意到，继续试图在巴黎售卖单独取下来的钻石——他们立刻就把这只追猎已久的猎物的内脏掏空，肢解开来——是一件多么危及性命的事情。于是，她就在她勇敢的丈夫口袋里塞满了钻石，把他派到了伦敦，新邦德大街和皮卡迪利街上的珠宝商很快就对这些美丽又便宜的珠宝感到心满意足。

快，现在需要弄到钱，比这个胆大包天的女骗子敢于梦想的还要多一千倍。疯狂的成功使她变得毫无羞耻心，毫不犹豫地开始炫耀新到手的财富。她竟然敢购买四匹英国马拉的马车，雇佣穿着华丽制服的佣人，还雇用了一个黑人，从头到脚都穿着饰有银边的衣服，还购买了地毯、绘画挂毯、青铜器和饰有羽毛的帽子，还有一张用猩红色丝绒做成的床榻。当这对可敬的夫妻把他们显赫的住所搬到巴尔-苏尔-奥伯地区的时候，至少需要42辆马车，才能够装下他们迅速采购的许多昂贵用品。他们在巴尔-苏尔-奥伯举办了一场难忘的一千零一夜式庆典。衣着华丽的特急信使走在这个新晋大亨的队列前面，然后是一辆涂了珠灰色油漆的英国马车，用白布做衬里。给这位夫妻暖腿用的锦缎被子（他们真应该带着这些东西逃往国外）上面绣着瓦卢瓦家族的家徽："从先王那里得到的鲜血，姓名和百合花"[①]——"从国王，也就是从我的祖先那里，我继承了鲜血，姓名与百合花。"这位昔日的宪兵军官把自己打扮得非常浮夸：所有的手指上都戴着戒指，鞋上有钻石鞋扣，这位主角的胸前有三四条闪闪发光的表链，他服装的清单——我们可以在之后的法院档案里进行核对——包括了不少于十八件全新的丝绸或锦缎西装，装饰着麦切林蕾丝花边，纽扣是用雕花的金子做的，此外还有珍贵的绶带。他旁边的夫人在奢侈程度上一点也不比他逊色。她就像一尊印度神像一样金光闪烁，浑身珠光宝气。这样的财富在小小的巴尔-苏尔-奥伯地区还是前所未见的，很快就施展出了自己的魔力。附近的所有贵族都涌进他们的房屋，享受在这里举办的奢华宴席，成群的佣人用昂贵的银器端来精挑细选的菜肴，乐师演奏宴会音乐，这位伯爵作为新的富豪穿过他华丽的家宅，大把大把地把金钱分给别人。

项链事件在这个节点上再次变得荒谬和奇幻起来，几乎显得不真实。难道这个骗局在三个、五个、八个和十个星期之后还没有被

---

① 原文为拉丁语。

撞破？怎么可能呢——具有正常理智的人们不禁会问——这两个骗子如此大胆而放肆地炫耀他们的财富，就好像警察不存在一样？但是拉·莫特夫人的计算实际上完全正确，她想的是：如果真的有什么不好的阻碍发生，我们还有一位善良的替罪羊。就算是事情败露，他也会处理的，这就是红衣主教罗罕先生！他会保护她高枕无忧地远离这件事情，法国的大布施者不会让自己受到永远的嘲笑。他宁可完全保持沉默，连眼睫毛也不眨一下，自己掏钱为这条项链付款。那么还有什么要担心的呢：有这样一位生意伙伴，当然可以在锦缎做成的床上安眠。他们实际上并不担心，无论是勇敢的拉·莫特夫人，还是她那可敬的丈夫，还是那个善于伪造信件的秘书，只是全心全意地享受着他们灵巧的手从人性的愚蠢这一取之不尽的资本里获得的一切。在这期间，善良的红衣主教罗罕确实也注意到了一件小事。他期待王后在下一次公开接见的时候就已经戴上了那条昂贵的项链，可能还会有一句话和一次充满信任的点头致意，有一个别人无法看透、只有他能理解的姿态表示认可。但什么也没有！玛丽·安托奈特一如既往地冷漠地略过他，那条项链没有在她白皙的颈部闪耀。"为什么王后不戴我买来的那件首饰？"最终，他非常困惑地去问拉·莫特夫人。这个狡猾的女人绝对不会被一个问题难倒：王后觉得只要款项没有付完，戴着这条项链就令她感到挣扎。她想要等到金额付讫的时候再给她的丈夫一个惊奇。这头有耐心的蠢驴就再次得到了干草，变得心满意足。但是四月结束后是漫长的五月，五月结束就是六月，时间越来越接近8月1日，也就是灾难性的第一次约定好的40万里弗尔的付款期限。为了推迟付款，这个女骗子又想出了一个新的伎俩。王后考虑了这件事，她讲述到，她觉得价格太高了，如果珠宝商不愿意降价20万里弗尔，那么她就决定退回这件珠宝。她设想的是，珠宝商会和她讨价还价，这样就会推迟一段时间。但她错了。珠宝商本来就把价格定得过高，现在已经对出售这条项链的事情感到火烧眉毛，毫不迟疑地就同意了。巴桑日写了一封信，说应该向王后报告他们对此表示同意，波默尔在7月12日就把这封信和罗郐的同意书交给了王后，在那天，他无论如何都要把另一件首饰交给玛丽·安托奈特。这封信是这样写的："王后陛下，我们非常荣幸地怀着所有努力和崇敬接受您最新的支付条件，以此证明我们对陛下命令的完全献身与顺从。我们真正满意的是，想着世界上最美的钻石首饰能够为最崇高、最卓越的王后效劳。"

这封信的形式很迂回，对此事毫无预感的王后第一眼没有理解。但如果王后能够仔细阅读一下，稍微思考一下，她肯定会惊讶地发问：什么支付条件？什么钻石首饰？但我们已经从上百个事例里知道：玛丽·安托奈特很少专心地把书面文件或者是印刷品读完，她觉得那太无聊了，认真地思考从来就不是她的事。所以，直到波默尔已经离开，她才打开这封信。既然她——对真正发生的事情完全没有预感——不理解这些含蓄而迂回的话语，她就命令她的贴身女佣把波默尔叫回来进行解释。但很可惜，这位珠宝商已经离开了宫殿。现在，很快我们就会知道，波默尔这个傻瓜到底在说什么了！那么下次再说吧，王后想道，然后立刻就把那封短笺扔进了火里。王后这种销毁信件、不再继续拷问的行为第一眼看起来——就像项链事件中的所有事情一样——很不堪，就连诚实的历史学家路易·勃朗①都有片刻怀疑过这个仓促烧毁信件的行动，好像王后真的对此有一些隐约的知晓一样。实际上，她匆匆烧毁信件的行为并不属于偶然，这个女人一生都

---

① 路易·勃朗（1811—1882）：法国历史学家，空想社会主义者，代表作有《法国大革命史》。

惧怕自己的不谨慎和宫廷里的眼线，总是立刻销毁她手里的任何一行字：即便是在人们冲进杜伊勒里宫的时候，人们也没有在她的写字台上找到任何一封给她的信件。只是——谨慎的想法在这件事情上变成了不谨慎。

必须有一系列偶然事件连接在一起，才能使骗局不要太早地被揭露。但现在所有的伎俩都派不上用场了，8月1日临近了，波默尔想要他的钱。拉·莫特夫人还想尝试做出最后的挣扎：她突然在两个珠宝商面前摊牌，放肆地解释道，"你们受骗了。红衣主教拥有的那份担保上面是一个假签名。但这位亲王很有钱，他本人就可以付款。"她希望这样就能把矛头掉转，她希望——实际上她的计算非常符合逻辑——珠宝商现在会怒气冲冲地去找红衣主教，把一切事情报告给他，而他害怕成为整个宫廷和社交圈的笑柄，会耻辱地对此闭口不谈，宁可被人默默地掠夺160万里弗尔。但波默尔和巴桑日现在没有按照逻辑学和心理学的套路思考，他们只为自己的钱感到激动。他们并不想把这个债台高筑的红衣主教怎么样。对他们两个来说，王后——玛丽·安托奈特也参与了这场游戏，她对那封信件保持了默认。对他们来说，王后是一个比这个轻浮的红衣主教更有支付能力的付款人。而且：在最坏的情况下——这两个人又想错了——王后还拥有着那条项链，那件珍贵的抵押品。

现在时候到了，牵傻瓜的绳索没有办法牢牢牵住对方了。当波默尔来到凡尔赛宫，要求得到王后接见的时候，这座用谎言和互相误导构成的巴别塔已经是一推就倒了。一分钟后，珠宝商和王后都明白了，这里涉及了一个可耻的骗局。但骗子到底是谁，应该由审判的过程来证明。

在阅读过所有错综复杂的审讯的档案与口供之后，我们今天确切无疑地知道：玛丽·安托奈特对这场涉及她的名义、她的人格、她的荣誉的卑鄙游戏一点也不知情。她在法律意义上是完全无辜的，只能被判定为受害者和不知情者，更不用说是这个世界史上最大胆的骗局的共犯了。她从来没有接见过红衣主教，从来都不认识女骗子拉·莫特夫人，从来没有用手摸过那条项链上的哪怕是一颗宝石。只有坚定而恶意的仇恨，只有刻意的污蔑才会认为，玛丽·安托奈特与这个技术高超的女骗子联合行动，与这个头脑愚笨的红衣主教沆瀣一气。我们需要一再强调，王后是在完全不知情的情况下，被一群骗子、伪造者、窃贼和愚人拽进了这个有失尊严的事件里。

但尽管如此——在道德的意义上，玛丽·安托奈特并不是完全无辜的。因为整个骗局之所以能够得到布局，都是因为她那全城皆知的恶劣名声鼓励了这些骗子，因为这些骗子从一开始就相信，王后不会认真思考。如果不是已经在特里亚农宫进行了多年的轻率思考和愚蠢行为，这个欺骗性的喜剧就缺乏先决条件。没有一个思维正常的人胆敢设想，玛利亚·特蕾莎，一位真正的女皇，会背着自己的丈夫和人通信，或者甚至是在花园黑暗的灌木丛里与人私会。如果不是因为之前整个凡尔赛宫都在窃窃私语，谈论王后夜晚在花园里散步，谈论赎回来的珠宝，谈论未被偿还的债务，那么罗罕和两个珠宝商就绝对不会相信这个愚蠢的骗子，说王后缺钱，想要背着自己的丈夫，以分期付款的方式通过一位中间人购买昂贵的珠宝。如果王后的轻率不是已经为自己埋下了基石，她的坏名声不是已经为自己搭起了天梯，那么拉·莫特夫人就绝对不会搭建起这样的欺骗大厦。我们需要一再强调：玛丽·安托奈特在整个异想天开的项链事件的非法交易过程中是完全无辜的，但是人们胆敢以她的名义进行欺诈，并且欺诈的行为得到了人们的相信，这已经成了、也将永远是她在历史上的过错。

第十六章　审理与判决

拿破仑曾以猎鹰般的锐利目光断言过，玛丽·安托奈特在项链事件的审讯过程中关键性的思想错误。"王后是无罪的，为了公开宣告她的无罪，她想要议会来担任判决者。结果却是人们认为王后有罪。"实际上，在这件事上，玛丽·安托奈特第一次失去了自信。她以往都是不屑地从这些散发着臭气的污蔑、闲话和诽谤旁边走过，连看都不看它们一眼，这次却向一个她之前所轻视的机构寻求庇护：公众舆论。几年以来，她的做法都是对这些含毒的利箭的呼啸声充耳不闻，视而不见。现在却突然几乎是以歇斯底里的愤怒对法庭提出要求，这一点揭示了她的骄傲已经被激怒了多久，已经被激怒到了多么猛烈的程度：现在这个红衣主教罗罕，这个胆大包天地做出了最为过分行为的人应该在所有人面前进行公开的忏悔。但具有灾难性的是，她是唯一一个依然相信这个可怜的傻瓜仍具有敌对性的目的的人。甚至是在维也纳，约瑟夫二世看到自己的妹妹把罗罕描述成一个顶级罪犯的时候都怀疑地摇了摇头："我知道这位大布施者是个思想极为轻率、生活极度挥霍的人，但我承认，我认为他绝对没有能力施行骗术，或者是做出人们现在指控他的如此黑暗的卑鄙勾当。"凡尔赛宫更不相信罗罕有罪，很快就传出了某个奇怪的谣言，说王后只是想用这种粗暴的逮捕方式清理掉一个令她不快的共犯。她母亲灌输给她的仇恨使得玛丽·安托奈特不做更多的思考就采取行动。这种笨拙而激烈的举措使得保护性的统治者的大氅从她的肩头滑落，她把自己暴露在普遍的仇恨之下。

因为现在所有秘密的敌人终于可以为一件共同的事情团结起来了。玛丽·安托奈特不谨慎地把手伸进了一个虚荣心受到了伤害的蛇穴里。路易·德·罗罕红衣主教是——她怎么能忘记这一点！法国最古老和最著名的家族之一的姓氏传承者，和其他封建家族都有着共同的血脉，尤其是和苏比士、马尔桑和孔德家族①紧密相连。他们中间的一位就像一个偷偷摸摸的窃贼一样，在国王的宫廷里被捕，所有这些家族自然都觉得自己也承受了致命的羞辱。那些高级神职人员甚至更为愤怒。一位红衣主教，一位尊敬的阁下，在应该当着上帝的面主持弥撒的几分钟之前，穿着教会的隆重祭衣，被一个粗鲁的卫兵逮捕了！他们的怨言一直传到了罗马：无论是贵族还是教士，都觉得他们的整个等级都受到了侮辱。强大的共济会成员也怀着战斗的决心走上了竞技场，因为不仅仅是他们的恩人，这位红衣主教被抓进了巴士底狱，而且不信仰上帝的人们的上帝，这些人的首领，这些人的主席卡里奥斯特罗也被抓进了巴士底狱。现在终于有了机会，可以透过窗户向统治一切的王座和祭坛扔几块强有力的大石头了。民众一般被宫廷世界的所有庆典和尴尬丑闻排除在外，这次却相反，对着整个事件都感到非常兴奋。最终上演了一场宏大的好戏：一位还在世的红衣主教受到了公诉，他紫色主教长袍的阴影遮掩了一群真正由骗子、说谎者、皮条客和伪造者所组成的样本集合，此外，还有居于幕后的——真是最大的乐事！那位骄矜的、傲慢的奥地利女人！对所有依靠舞文弄墨来撞运气的骑士来说，对那些小册子的写手、漫画的画家和报纸

---

① 这些家族的后裔在当时的法国均为亲王或高级军官，具有极高的政治影响力。

的叫卖者来说，没有比这位"俊美的主教阁下"更具有娱乐性质的题材了。即便是蒙格尔夫兄弟[①]的登天事件，这个为整个人类征服一个全新领域的事件在巴黎，不，在整个世界都不如王后的这次审讯，这次渐渐变成针对王后的审讯所引起的轰动更大。因为根据法律，在审讯开始之前，所有辩护词都可以不经审查就得到印刷，所以人们都冲向了书店，警察不得不维持秩序。无论是伏尔泰还是让-雅克·卢梭，还是博马舍不朽的作品，在几十年里的印刷数量都比不上这些辩护词在短短几个星期内的巨大发行量。七千、一万、两万份样本油墨还未干透，就被从书商手里抢购一空，外国大使馆里的使者整天都在捆扎邮包，为了尽快把对凡尔赛宫这项丑闻的嘲讽文章寄给他们怀着战友般好奇心的君主。所有的人都读过了所有的文章，一连几个星期内都没有关于别的事情的谈话，最疯狂的猜测也被人们盲目地相信。甚至有大队人马从外省赶来旁听审讯，有贵族、资产阶级市民和律师。在巴黎，手工业者一连几个小时不顾他们的商铺。人民在某种难以欺骗的直觉下下意识地察觉到：这里的法庭针对的不仅仅是一个个别的犯罪行为，而是从这个肮脏的小线团自动滚出的所有线索，这些线索都指向凡尔赛宫，这种无效的"监禁令"[②]，这种独断专行的拘捕令，宫廷的挥霍行为，财政方面的经营不善，现在所有事情都可以成为事件的可信证据，整个民族第一次通过一道偶然撕开的篱栅瞥见了不可接近的神秘世界。现在，审判所涉及的不仅仅是一条项链，而且还涉及现存的统治体系，因为这项控诉如果得到巧妙的转向，就会反过来针对整个统治阶级，针对王后，从而也针对君主制。"这是一个多么重大的事件啊，它预言了许多事情！"一

---

① 蒙格尔夫兄弟：约瑟夫·米歇尔·蒙格尔夫（1740—1810）和雅克·埃济哀纳·蒙格尔夫（1745—1799），兄弟二人为法国人，热气球的发明者。

② 原文为法语。

个秘密的反对者在议会里喊道。"揭露出一位红衣主教是一个骗子！王后卷入了一桩丑闻的审讯！这对于主教和国王的权杖是何等的玷污！对于自由的理想是何等的胜利！"

王后还没有预料到，她这个过于仓促的动作引发了何等的灾祸。但如果房屋已经腐朽，早已被蛀空，那么只需要从墙上拔下一枚钉子，整座房屋就会轰然倒塌。

在审理之前，神秘的潘多拉魔盒就已经打开。里面散发出的并非玫瑰的芳香。情况证明，那个女贼具有优势，因为高贵的拉·莫特先生及时地带着靠这条项链掠夺的剩余金额逃到了伦敦，因此缺少明显可见的物证，可以声称这件看不见的物品被人偷窃，推说已经被另一个人占有，同时暗地里一直透露出某种可能性，也许这条项链就在王后本人手里，拉·莫特夫人预感到尊贵的先生们会把这件事情完全推到她头上，因此为了让罗罕成为笑柄，把自己的嫌疑洗清，她就指控完全无辜的卡里奥斯特罗进行了偷窃行为，强行把他牵扯到这个审讯过程中。她完全不择手段。她大胆而恬不知耻地解释说，她是主教阁下的情人，因此才会在一夜之间暴富——所有人都知道这个柔情蜜意的主教是多么的慷慨！事情已经变得至少对红衣主教来说很难堪了，最后终于成功找到了雷多和"奥利瓦男爵夫人"，也就是那个小裁缝两位帮手，事情才通过他们的口供得以澄清。

但有一个名字是控方和辩方总是心怀恐惧地躲避的：王后的名字。任何指控都小心翼翼地避免给玛丽·安托奈特造成哪怕是一点负担，就连拉·莫特夫人——她之后改换了说法——都把王后收到了项链这个念头当作具有犯罪性质的恶意诽谤予以驳斥。但正是因为这种情况，正是因为他们在说起王后的时候就像约定好了一样，进行了深深的鞠躬，表示出了满满的敬意，公众反而对此产生了怀疑。谣言继续传播，说人们之间有一道"口令"，要"保护"王后。人们已经开始窃窃私语，说红衣主教宽宏大量地把罪责担在了自己的身上，还有那些他如此仓促、如此谨慎地叫人烧毁的信件，难道真的是伪造的信件吗？也许还有点什么——尽管人们不知道这是什么——但在这件事情里还是有点什么，有点什么对王后来说非常危险的东西？澄清所有的事实也无济于事，"永远会有什么东西留下来"①。正因为她的名字在法庭上没有被提及，玛丽·安托奈特才在无形之中站到了法庭上。

5月31日是应该做出最终判决的日子。从清早五点开始，一望无际的人群就水泄不通地挤在了法院宫门口，塞纳河左岸根本容纳不下这么多人，新桥和塞纳河右岸也有许多不耐烦的人们一动不动地站立着。骑警努力地维持着秩序。64名法官在半途就感受到了观众激动的目光和热情的呼喊，意识到了自己的判词对于整个法国的重要性。但是关键性的警告在大会议厅，也就是"大厅"②的接待室里等待着他们。站在那里的是罗罕、苏比士和洛林家族的19名身穿丧服的代表，夹道等待法官经过，在他们经过的时候鞠躬。没有人说话，也没有人迈步向前。他们的服装，他们的举止已经说明了一切。他们在默默地请求，法院可以用他们的判词恢复罗罕家族那受到威胁的荣誉，这对法官们产生了巨大的影响，因为他们自己也大多数都属于法国大贵族的行列。在开始讨论之前他们已经知道：无论是人民还是贵族，整个国家都希望宣判红衣主教无罪。

但讨论还是持续了十六个小时，罗罕家族的人和一万名民众不得不

---

① 原文为拉丁语。
② 原文为法语。

在街上等了十七个小时，从早晨六点一直等到晚上十点。因为法官面临着一个影响深远的决定。关于女骗子的判词已经在之前做出，她的帮手也是一样，至于那个小女裁缝，他们很愿意放过她，因为她非常漂亮，而且完全是不知不觉地被人骗进了维纳斯灌木丛里。真正的决定仅仅与红衣主教有关。所有人都一致同意宣布他无罪，因为他已经证明了，自己也是受到了欺骗的人，而不是行骗者。大家的意见分歧只在于这次无罪宣告要采取什么样的形式。宫廷党要求——也不无道理，这次无罪宣布必须伴随着对他"值得惩戒的大胆行为"进行斥责，因为红衣主教这一方竟然会相信，法国王后会让他去幽暗的灌木丛中和她私会。控方代表认为，这是对神圣的王后本人缺乏尊敬的做法，要求他进行公开而谦逊的道歉，而且在"大厅"前面免除他的职务。反对派，也就是反王后派认为，应该采取恰恰相反的态度进行处理。红衣主教是受人欺骗的，因此没有问题和过错。这样完整的无罪声明在箭囊里藏了一支毒箭。因为如果人们赞同红衣主教，觉得他和王后这种私密的、自然进行的来往是可以设想的，那么王后的轻率就会受到公然的谴责。天平上出现了一个更重的砝码：如果人们认为罗罕的行为至少是对王后缺乏尊敬，那么玛丽·安托奈特就会因为被滥用的名义受到补偿；如果人们宣布罗罕完全无罪，那么人们同时就是在审判王后的道德。

议会的法官都知道这一点，两个党派都知道这一点，好奇而缺乏耐心的人民也都知道这一点：这个决定不仅仅是在对一桩单独的卑劣行径做出审判。这里涉及的并不是一件私人的事务，而是一个时代的政治问题，也就是法国议会是否依然应该把王后本人视为"神圣的"、不可触及的，还是应该把她视为和任何其他法国市民一样的受制于法律之下的人。即将到来的革命第一次把鲜艳的霞光投进了这栋建筑的窗户，还有贡西尔歇里看守所，那座可怕的牢狱，玛丽·安托奈特就是从那里被送上断头台的。就在同一栋房子里，在这里开始的事情将同样在这里结束。在同一个大厅里，在之后，王后将像拉·莫特夫人一样为自己做出辩护。

法官们讨论了十六个小时，激烈地争论着不同的观点和利益。因为两个党派，支持王室的党派和反王室的党派都用上了所有手段，自然也不必说金钱。几个星期以来，议会的所有成员都受到影响、遭人威胁、受人劝说、被人贿赂，人们已经在街上唱起了这样的歌谣：

> 如果逮捕红衣主教，
>
> 让你们觉得是非法的，
>
> 是财政的事情，
>
> 哎，好吧，
>
> 在统治整个法国，
>
> 您真的理解了我！①

最终，国王和王后多年以来对议会的冷漠态度招致了报复。法官里面有太多的人认为是时候给专制政体来一个彻底而响亮的教训了。26对23票——这一次是险胜——赞同以"不受任何谴责"的方式宣布红衣主教无罪，就连他的朋友卡里奥斯特罗和来自王室宫殿的那个小女裁缝也得到了这样的待遇。人们对几个共犯也展现出了宽大，只不过是宣判将他们驱逐出境。所有的罪责都归于拉·莫特夫人，她被一致判决由行刑人施加鞭刑，烫上一个"V"②字，然后终身监禁在萨尔佩吉埃尔医院③里。

---

① 原文为法语。

② 原文为法语，是"小偷"（Veleuse）的第一个字母。

③ 萨尔佩吉埃尔医院：是巴黎的一所医院，建于十七世纪，原为法国古代宫殿，后来成了一座囚禁女犯人的监狱。

但还有一个人，她没有坐在被告席上，却随着红衣主教的无罪释放得到了判决，而且也是终身的判决：玛丽·安托奈特。从这一刻开始，她就毫无保护地暴露在了对手的诋毁和无穷无尽的憎恨之下。

第一个人拿着判决书冲出法院大厅，几百个人跟在后面，陶醉地在街上呼喊着无罪释放的宣告。欢呼声不断增长，在塞纳河对岸都能听到。"议会万岁"——一声新的呼喊取代了熟悉的："国王万岁"——雷鸣般在城市里震响。法官们努力应对这种满怀感激的热情。人们拥抱他们，女人在大厅里亲吻他们，鲜花被撒在他们经过的道路上。被宣判无罪的人们开始了他们壮大的凯旋之旅。上万的民众就像跟随一位凯旋的将军，跟随着再次穿上了紫色祭衣的红衣主教前往巴士底狱，他还要在那里度过这一晚。直到清早，都总是有新的一批人在那里等待，发出欢呼。卡里奥斯特罗受到的崇拜也毫不逊色，只有警察的命令可以阻止全城为他亮灯致敬。全体人民就这样——这是一个令人深思的迹象——为两个人欢庆，而他们并没有对法国做出其他事迹或者是贡献，只是以致命的方式损害了王后与君主制的威严。

王后徒劳地努力掩饰她的绝望。这一鞭子过于响亮、过于公开地抽到了她自己的脸上。她的贴身女佣发现她泪如雨下，迈尔西向维也纳报告说，她的痛苦"太大了，似乎没有办法用符合理智的原因解释清楚"。玛丽·安托奈特总是依靠本能胜过有意识的沉思，她立刻认识到这次失败是不可弥补的。从她戴上王冠以后，她第一次遇到一种比她的意志更强大的力量。

但国王依然掌握着最终决定权。他还可以通过一次强硬的措施来拯救他妻子受到侮辱的名誉，及时地震慑住人们暗中的抵抗。一位强大的国王、一位决心坚定的王后一定会把这个叛变的议会解散，路易十四就会这样做，也许路易十五也还能够这样做。但路易十六只有些微的勇气。他不敢去反对议会，而是只能给他的妻子一点补偿，把红衣主教流放，把卡里奥斯特罗驱逐出境——这个措施只能起到一半的效力，使议会感到气愤，却没有带来真正的打击，对法官进行了羞辱，却没有恢复自己妻子的名誉。他和往常一样，犹豫不决地采取了中间路线，这在政治上在任何时代都被证实是最严重的错误。这样一来，事情就脱离了正轨，很快，这对夫妻被捆绑在一起的命运就验证了古老的哈布斯堡家族的诅咒，格里尔帕策[1]以令人难忘的方式在诗句中这样表述：

> 这就是我们高贵家族的诅咒，
>
> 总是半途停步和半途而废，
>
> 用只做一半的手段犹豫地追求。

国王不可挽回地错过了一次做出重大决定的机会。议会针对王后的判决开启了一个新的时代。

宫廷对拉·莫特夫人采取的也是这种灾难深重的解决一半问题的方法。这里本来也有两种可能性：要么就是宽宏大量地对待这位犯人，为她免去残酷的惩罚，这样原本会留下令人深刻的印象——要么就是尽可能公开地实施惩罚。但内心的尴尬导致人们又逃向了这种介于二者之间的惩罚措施。尽管人们隆重地建立了行刑架，以此向全体人民预告了公开施以火焰的野蛮大戏，四周房屋的窗户都已经以难以置信的价格租了出去，但在最后一刻，宫廷被自己的勇气吓坏了。清早五点，也就是故意选择一个不用惧怕证人的时间段，十四个行刑者把一个尖叫着的、愤怒地踢打着的女人拉到了法院宫的台阶上，在那

---

① 格里尔帕策（1791—1872）：奥地利浪漫主义时期作家，代表作《音乐家》。

里向她宣读判决，进行鞭打，然后进行火烙。但人们抓住的是一头狂暴的母狮，这个歇斯底里的女人发出尖厉的嚎叫，对国王、红衣主教和议会都进行着辱骂，惊醒了住在附近的人们，她抓来抓去，咬来咬去，双脚乱踢，最终，人们强迫性地扯下了她的衣服，准备给她打上烙印。但是，就在火热的烙铁即将触碰到她的肩头的那一瞬间，这个受刑者痉挛性地抬了一下身子，观众可以很高兴地看到她的整个裸体，那个火热的"V"字也没有落到她的肩头，而是落到了她的乳房上。这只疯狂的动物大声号叫着，透过短上衣咬住了行刑者，然后这个受刑者就晕了过去。人们就像拖尸体一样，把这个失去知觉的女人拖进了萨尔佩吉埃尔医院，根据判决，她在那里要终身身穿灰色麻衣和木头拖鞋进行劳作，只能靠黑面包和豆子维生。

这次行刑的可怕细节刚一公开，所有的同情就立刻转向了拉·莫特夫人。五十年前——可以在卡萨诺瓦的著作中读到——全体贵族和他们的夫人观赏过对智力衰弱的达米安的行刑过程，他用一把小折刀在路易十五身上划了一个小口子，他们开心地看了四个小时，看这个不幸的人被用烧红的火钳夹着，被泼上嘶嘶作响的热油，在无穷无尽的痛苦之后，他的头发突然变白了，在头上竖立起来，然后才用车刑处死他。就是这同一个社会，现在却因为时代的流行趋势已经变得博爱起来，突然对"无辜的"拉·莫特夫人满怀着感人至深的同情。因为人们现在很幸运地找到了一个新的、一点也不危险的形式来反对王后：也就是公开对"牺牲者"表示同情，对那个被展示出来的"可怜的不幸女人"表示同情。奥尔良公爵举办了一次公开募捐活动，全体贵族都往监狱里送礼物，每天都有显贵的豪华马车驶到萨尔佩吉埃尔医院门前。探访这个受到了惩罚的女贼已经成了巴黎社会的"最新时尚"①。有一天，女院长

---

① 原文为法语。

震惊地在名声远扬的女访客里认出了王后最好的朋友，也就是朗巴勒亲王夫人。她是自己主动来的，还是就像人们很快开始窃窃私语的那样，是接受了玛丽·安托奈特的秘密委托才来的？无论如何，这种不恰当的同情对王后的事情投下了一道尴尬的阴影：这种引人注目的同情意味着什么？所有人都在问。王后会不会良心不安？她会不会在暗地里向她的"牺牲品"寻求谅解？闲言碎语从来就没有中断过。几个星期以后，以某种神秘的方式——一双陌生的手为那个女人在夜间打开了监狱的房门——拉·莫特夫人逃亡英国，整个巴黎笼罩在一个声音之下：王后把她的"女友"救了出来，是为了感谢她在项链事件的法庭上对自己的罪过，或者说是作为共犯的罪恶保持着宽宏大量的缄默。

实际上，拉·莫特夫人之所以有逃亡的可能性，是因为那些阴谋集团在暗地里使出的险恶招数。因为现在不仅仅是关于王后和这个女贼合谋的秘密言论可以大肆宣扬，而且从拉·莫特夫人的角度讲，这个受过酷刑的女人可以在伦敦扮演一个控诉者，可以印刷最为无耻的谎言和诽谤，而不受到任何惩罚，甚至还有更多的事情，她可以最终又赚到很多钱，因为法国和欧洲有无数的人等待着这类的"揭露真相"。就在她抵达英国的当天，一位伦敦印刷商就给了她一大笔钱。宫廷现在认识到这种诽谤行为的影响之深远，想要捕捉这些毒箭，徒劳地寻找着她。王后的宠姬波利涅夫人被派了出去，试图用20万里弗尔让这个女贼噤口不言。但这个不要命的女骗子第二次欺骗了宫廷，她收下了这笔钱，之后却毫不犹豫地一次、两次、三次地重新出版她的"《回忆录》"，还不断地改变形式，不断增加新的轰动性的编造内容。在这些"回忆录"里，有喜欢丑闻的公众希望听到的一切内容，此外还有更多的东西：议会的审讯被说成一个虚荣而且虚伪的骗局，人们卑鄙至极地抛弃了这位可怜的拉·莫特夫人。自然，订购项链的不是别人，就是王后本人，接见罗罕的也是王后，但她这个完全无罪的人只是出于友谊，才把犯罪行为揽到了自己的身上，只是为了维护王后免于陷入被诋毁的命运。至于她是以什么方式和玛丽·安托奈特缔结了如此深厚的友谊，这个毫无顾忌的女骗子这样解释，就像那个阴险的团体也想要这么解释的一样："是女同性恋"①，是床上的亲密关系。

任何不受拘束的审视都能够揭穿这些谎言笨拙的伪装，例如拉·莫特夫人声称玛丽·安托奈特还是女大公的时候就和在维也纳担任大使的红衣主教罗罕有着爱情纠葛——因为每一个心怀善意的人都可以用手指数出来，在罗罕担任驻维也纳大使的时候，玛丽·安托奈特早就是凡尔赛宫的王储妃了，但这也没有起到什么作用。心怀善意的人们现在变得很少了。与之相反的是，广大公众都在陶醉地阅读着王后写给罗罕的那些散发着麝香味道的情书，这些都是拉·莫特夫人在自己的回忆录里伪造的，她把王后描绘得越是扭曲，人们就越是想要了解其内容。诽谤文章如今一篇接一篇，一篇比一篇更淫荡、更卑鄙，很快就出现了一份公开的"和王后有放纵关系的所有人员的名单"，其中包含了不下三十四个名字，有男有女，有公爵、演员、佣人、国王的弟弟还有他的贴身佣人，有波利涅夫人、朗巴勒夫人，总而言之，还有"巴黎所有的女同性恋"②，最后还有那个当众受过鞭刑的女骗子。但是这三十四个名字还远远没有涵盖人们刻意强加给她的情人，而这些愿望都是玛丽·安托奈特在沙龙里和大街小巷里引发的。一旦整个城市，整个民族荒淫的情色幻想抓住了一个女人不放，那么无论她是女皇还是电影明星，无论她是王后还是歌剧演员，无论是在今天还是那时，人们都会像雪崩一样地编造出所有可以想象出来

---

① 原文为法语。

② 原文为法语。

的夸张与反常行为，然后在匿名的高潮之中，怀着表面上的愤怒共同享受着他们梦中的欢愉。还有一篇讽刺文章，题为《玛丽·安托奈特充满丑闻的一生》，详细讲述一个强健的卫兵在奥地利的皇廷里就平息了这个十三岁少女的"子宫之火"①（另一本小册子采用了这个耐人寻味的标题）；《王室妓院》（另一本小册子的标题）利用了无数的色情铜版画，向那些陶醉的读者详细描绘了那里的"众多迷娘"②，王后和她的各种伴侣在画中暴露出阿累蒂诺③小说中的情爱姿势。污水越泼越高涨，谎言越说越恶毒，所有编造都广受信任，因为人们愿意相信这个"女罪犯"的所有罪行。在项链事件的审讯过了两年、三年以后，玛丽·安托奈特在整个法国的声名都不可挽回地毁灭了，被视为最淫荡、最堕落、最阴险和最残暴的女人，而那个老奸巨猾、遭受火烙的拉·莫特夫人却完全相反，被视为一个无罪的牺牲品。法国大革命刚一开始，那些俱乐部就开始试图把逃亡的拉·莫特夫人在他们的保护之下接回巴黎，故意重启项链事件的审讯，但这一次是在他们的革命法庭上进行，由拉·莫特夫人担任控方，玛丽·安托奈特则坐在被告席上：只是拉·莫特夫人的突然离世——她在1791年由于被迫害妄想症发作，从窗口坠落——阻止了人们把这位伟大的女骗子像凯旋一样地高高抬起，穿过巴黎，向她授予一份荣誉，"她曾经为共和国效力"。如果没有命运的这一次干预，那么全世界将会共同见证一次比项链事件的审讯还要荒谬的司法喜剧：拉·莫特夫人会被观众的欢呼声簇拥，而他们会旁观着受她诬蔑的王后接受行刑。

----

① 原文为法语。

② 歌德小说《威廉·迈斯特的学习时代》中的人物，为灵巧可爱的流浪少女形象，曾为杂技团里的演员，后被威廉·迈斯特收养。

③ 阿累蒂诺（1492—1557）：意大利文艺复兴时期诗人、剧作家，作品以充满了荒淫场面而著称。

第十七章　人民觉醒，王后觉醒

项链事件审讯的世界史意义在于，它使得公众的探照灯准确而尖锐地对准了王后本人，对准了凡尔赛宫的窗户。但在骚动的时代，将一切看得清清楚楚总是意味着危险。因为在聚集起战斗力的过程中，不满的情绪——它本身还只是一种消极的状态——始终需要一个具体的人类形象，作为一个理念的旗手，或者作为一种积压的仇恨的靶子，也就是《圣经》中的替罪羊，才能转化成行动。"人民"这个神秘的存在只能从拟人的角度来思考人类，它的理解力从来都无法清清楚楚地彻底掌握什么概念，而是只能掌握形象，因此，在它感觉存在罪恶的地方，它就总是要看到一个罪人。法国人民现在觉得长久以来就有一种隐约的不公正，不知道来自何处。他们长久以来就顺从地接受着压迫，虔诚地企盼着一个更好的时代，在每一位新的路易王登基的时候，他们都热情地挥舞着旗帜，永远虔敬地向封建领主和教会缴纳税务，履行徭役，但是他们越是卑躬屈膝，压迫就越是严重，税务就越是榨干他们的鲜血。在富有的法国，粮仓空空荡荡，田地一片贫瘠，在这片最为富庶的土地之上，在欧洲最为美丽的晴空之下，人们却没有面包吃。那么肯定得有什么人来承担罪责，如果某个人拥有的面包太少，那么肯定是因为别人吃得太多了，如果某个人被自己的义务压得喘不过气，那么肯定是因为别人抢夺走了太多的权利。这种沉闷的不安情绪逐渐开始在全国滋长起来，每种清晰的思想和尝试都以它为创造的前提。资产阶级因为伏尔泰、让-雅克·卢梭而睁开了双眼，开始进行独立的判断，开始批评、阅读、写作、彼此沟通，有时候，一道闪电已经预示了巨大的风暴，庄园受到劫掠，封建领主受到威胁。许久以来，一种巨大的不满情绪像一片乌云沉重地笼罩着整个国家。

这时，有两道刺眼的闪电为人民照亮了全局。其一就是项链事件的审讯，其二就是卡洛尼子爵①揭穿了财政赤字的状况。这位财政部长在改革的过程中受到了阻碍，也许也是出于对宫廷隐秘的敌意，所以第一次公布了清晰的数字。现在人们知道了隐瞒已久的事情：在路易十六统治的十二年间，国家债务高达25亿。这道闪电把所有的人吓得脸色惨白。25亿这个天文数字是如何花掉的，又是为谁花掉的？项链事件的审讯给出了答案，这里的穷鬼们每天苦干十个小时才能挣两三个苏，但价值超过一百五十万的钻石在特定的圈子里只不过是偶尔为之的爱情赠礼，这些人花上一两千万购买城堡，人民却在忍饥挨饿。既然所有的人都知道，国王是个节俭的蠢货，是个精神上的小市民，懂得不去参与这种异想天开的挥霍行为，那么一切的反对情绪就以非常典型的方式涌向了光艳夺目、挥霍成性和头脑轻率的王后。国家债务的替罪羊找到了。现在人们明白了，为什么纸币日益贬值，面包越来越贵，税务越来越高：因为这个贱女人在她的特里亚农宫里大肆挥霍，用钻石装饰整个房间，因为她把上亿的黄金悄悄地送去了奥地利，给自己的哥哥约瑟夫用于征战，因为她用年金、官职和有利

---

① 卡洛尼子爵（1734—1802）：法国政治家，1783—1787 年任财政总检察官。

可图的职务荫蔽着自己的床伴和宠姬。不幸突然有了一个原因，破产突然有了肇事者，王后有了一个新名字。从法国的一端到另一端国境线，人们都叫她"赤字夫人"——这个词就像烙印一样烙在她的背上。

现在，那片阴沉的乌云崩裂了。小册子、檄文组成的冰雹，文章、建议书、请愿书组成的巨浪呼啸着从天而降，法国还从来没有进行过这么多的谈论，写过这么多的文章，组织过这么多的布道，人们开始觉醒了。参加过美国独立战争的志愿者和军人们向最愚昧的村落讲述那个民主的国家，那里既没有宫廷，也没有国王和贵族，每一个人都是公民，都拥有完整的平等和自由。难道让-雅克·卢梭的《社会契约论》写得还不够清楚吗？难道伏尔泰和狄德罗的文章没有更精致、更隐蔽地表达——君主制绝对不是现存的所有世界形式中上帝唯一想要的形式，也绝对不是最好的一种形式？那种古老的、默默躬身的敬畏之心第一次好奇地抬起了头，于是有一种全新的安全感征服了贵族、人民和资产阶级。共济会包厢里的窃窃私语在国家各地的会议上逐渐变得响亮，变成一种传得很遥远的轰响与雷鸣，空气中带有电的张力，仿佛空间里带有火焰，"使得糟糕的事情以可怕的速度膨胀的，"迈尔西大使向维也纳这样报告道，"是人们的精神越来越亢奋。可以说，宣传逐渐赢得了社会上的所有阶级，这种烧热般的不安赋予了议会面对自己的敌人时坚守的力量。你们可能无法相信，人们怀着何等的放肆，在公共场合发表自己对国王、亲王和部长们的看法，人们批评他们的工作，人们对宫廷的挥霍行为进行抹黑，强调召开三级会议的必要性，好像这个国家没有政府一样。已经不可能采取惩罚措施来抑制这种自由的言论了，因为这种烧热已经具有了普遍性，即便把几千个人投进监狱，也没有办法阻止灾难的到来，反而还会激发人民的怒火，难免会导致一场起义爆发。"

现在，这种普遍的反对意见已经不再戴着面具，不再小心翼翼，而是公开地走到台前，说自己想说的话：就连外在的形式上的敬畏也已经不再被人遵守了。当王后在项链事件的审判之后不久，第一次走进自己的包厢，迎接她的是一片响亮的嘘声，这导致她在这之后一直不敢去剧院。当维歇-勒布隆夫人想要在"沙龙"里公开展示她给玛丽·安托奈特绘制的肖像的时候，人们对这幅"赤字夫人"肖像画进行激烈辱骂的可能性实在是太大了，所以人们还是在展览之前紧急撤走了这幅王后的肖像。在妇人的卧房里，在凡尔赛宫的镜厅里，玛丽·安托奈特无论走到哪里，都能感到一种冷漠的憎恨，不仅仅是在背地里，而且也已经是公开的目光直接接触，额头彼此相接，最终她还经历了最后的耻辱：警察局长以某种迂回的方式报告说，如果王后暂时不前往巴黎，这才是值得推荐的做法。否则就很难在尴尬的突发事件中保护她。整个国家积累起来的激动情绪，现在在一个人的身上得到了狂野的释放，而王后突然从自己无忧无虑的状态中被仇恨的鞭子打醒，绝望地询问着她身边最后几个还忠于她的人："他们从我这里想要得到什么？我对他们做了什么？"

只有一声惊雷才能把玛丽·安托奈特从她高傲的、无动于衷的"对一切撒手不管"①的状态中唤醒。现在她觉醒了，现在这个已经听到了恶劣消息的人开始理解了，她错过了多少良机，她怀着那种神经质般的急躁，急于弥补自己犯下的那些令人气愤的错误。她大笔一挥，首先缩减了戏服方面的预算。贝尔丹小姐被赶走了。在衣橱、家

---

① 原文为法语。

务和马厩这些方面，一年可以省下一百多万里弗尔，豪赌行为和那些庄家都从沙龙里消失了，圣克劳德城堡的重建工程被中断了，其他几座城堡也得到了尽快的变卖，一系列不必要的职位被取消，首先就是她那些来自特里亚农宫的宠臣的职务。玛丽·安托奈特第一次警觉地张开耳朵生活，第一次没有听从于古老的权力和社会时尚，而是听从于某种新的东西：公众舆论。就是这第一次尝试也要归功于她首先看清了那些在十多年里通过她的恩惠损毁了自己名声的朋友们对她真正的感情态度，因为这些剥削者对这个国家里以他们为代价的改革展现出非常不理解。这些无耻的佞臣在所有公开场合抱怨，生活在这样一个国家里是多么令人无法忍受的事情，人们无法确定自己明天是否还拥有昨天拥有的东西。但是玛丽·安托奈特态度坚决。自从她开始用觉醒的眼光看待事物，她对许多事物的认识能力都提高了。她引人注目地从波利涅夫人这个灾难深重的社交圈子里抽身而退，再次接近她旧日的顾问，也就是迈尔西和早就被她冷落的韦尔蒙：好像她想要做出迟来的承认，也就是玛利亚·特蕾莎曾经给她的徒劳警告其实是正确的。

但"太晚了"！这几个灾难深重的字眼现在将成为她所有努力的答复。所有这些微不足道的放弃在普遍的骚乱中都没有被人注意到，这些仓促的节俭行为相比于数额庞大的财政赤字只不过是杯水车薪。现在宫廷才惊恐地认识到，只是偶尔采用一些个别的措施已经无法挽救局面，必须得有一位大力士，才能够最终举起这块财政赤字的巨石。一个又一个帮手，一个又一个部长被任命，进行财政重组工作，但是他们所有人采用的都是只应对当前的暂时有效的方法，我们在以前和以后都可以看到这样的例子（历史总是一再地重演）。大量进行贷款，在表面上掩盖之前的贷款，毫无顾忌地调整税务、过度征税，增印纸币，把金币熔成可以贬值的形式，也就是进行隐蔽的通货膨胀。但由于实际上的病根埋得更深，也就是病根在于存在缺陷的货币流通形式，在于国民经济不健康的分配形式，全部财富都掌握在几十个封建家族的手里，由于财政方面的"医生们"不敢在这里实行必要的手术措施，所以国库就逐渐失去了力量。"一旦挥霍和轻率的行为耗尽了国王的国库，"迈尔西写道，"就会传来一阵绝望和惊恐的喊叫。因为这些财政部长总是在使用谋杀一般的手段，比如最近熔化金币这种具有欺骗性的形式，或者是创立新的税种。这些暂时的帮助手段平息了眼下的困难，然后人们就立刻怀着难以理解的轻率态度，从绝望之中迅速进入到莫大的无忧无虑的状态。最后，可以肯定一点，现在的政府在混乱和剥削方面已经超过了原先的政府，要在道德层面继续维持事物的状态已经是不可能的，肯定会引发一场灾难。"但是人们越是迅速地感受到崩溃的临近，宫廷里的这些人就越是不安。人们终于、终于、终于开始理解：更换部长还不够，必须要更新整个系统。在濒临破产的时刻，人们第一次不再要求他们期待的救星出身于显赫的家族，而是首先——这在法国宫廷还是个全新的概念——要受人欢迎，能够对那个陌生又危险的存在"人民"产生影响，取得他们的信任。

这样的一个人就在那里，宫廷里的人们认识他，甚至已经在困境中征询过了他的建议，尽管他出身于市民阶层，是一个外国人，一个瑞士人，而且更令人感到几千倍的气恼的是：他是一个虔诚的新教徒，是一个加尔文主义者。但是其他部长对这个外来者并不是很欢迎，因为他在"账目统计"①中让整个国家都清清楚楚地看到了财务

---

① 原文为法语。

的窘境，于是就急着把他赶走。那时，这个人感到非常生气，用一张羞辱性的小小的四方信纸向国王递交了他的辞呈。路易十六无法忘怀他这种毫无礼貌、缺乏尊敬的行为，很长一段时间里都宣布说——或者甚至发誓说——再也不会重新任用内克尔。

　　但现在除了内克尔，没有其他合适的人选。王后终于意识到，一位能够把公众舆论这头狂暴的野兽驯服的部长对她来说是多么的重要。她也必须克服自己内心的挣扎，贯彻自己的选择，因为之前那位很快就不再受人爱戴的部长洛梅尼·德·布雷纳①也是完全由于她的干涉才得到任命的。在这种情况下，她还能够再度为一次失败负责吗？但因为她看到自己一直都迟疑不决的丈夫还在犹豫，就下定了决心，任用这个危险的人物，就仿佛饮鸩止渴。1785年8月，她把内克尔叫到自己的私人内阁里，运用她全部的说服话术来赢得这个被惹恼过的人的欢心。内克尔在这一分钟内赢得了双重的胜利：他不是得到了王后的任命，而是接受了王后的请求，同时也满足了全体人民的要求。"内克尔万岁！""国王万岁！"这天傍晚，任命的消息刚一公布，凡尔赛宫的走廊里和巴黎的大街小巷上就传来了雷鸣般的呼喊。

　　只有王后没有勇气根据一同欢呼。她惧怕用自己那双毫无经验的手推动命运的车轮的责任会过于沉重。此外还有一件事：这个名字给了她一种说不清道不明的晦暗预感，她不知道为什么，但她的本能又一次表现得比她的理智更为强大。"我一想到，"她在当天写信给迈尔西，"是我把他召了回来，我就全身颤抖。我的命运就是带来不幸，如

---

① 洛梅尼·德·布雷纳（1727—1794）：法国政治家，1787年任财政大臣，不到一年便下台。——编者注

果那些魔鬼般的阴谋再一次让他迎来了失败，或者是他反抗国王的权威，人们会比以前更恨我。"

"我一想到……就全身颤抖""请您原谅我的软弱""我的命运就是不幸""在这种时刻，我非常急需一个像您这样善良和忠诚的朋友来支持我。"我们无法在以前的玛丽·安托奈特那里读到或是听到这样的话语。这是一种新的语调，是受到震撼的、一个内心深处风起云涌的人的声音，不再是那个被宠坏了的轻浮女子伴随着欢笑的声音。玛丽·安托奈特已经品尝过了苦涩的智慧果，现在她那种梦游一般的安全感消失了，因为只有没有认识到危险的人才会无所畏惧。现在她开始理解了那沉重的代价，伟大的地位总是伴随着这种代价：责任，她第一次感受到了王冠的沉重，她之前都像戴着贝尔丹小姐做的时尚女帽一样戴着它。她现在的每一步都变得那么迟疑，自从她意识到了龟裂的大地下面沉闷的火山爆发的轰响：只是现在不要再继续走了，最好退后！最好置身于所有决定之外，永远远离政治和那些混沌的政治事务，不要再掺和那些看起来那么轻松、实际上却非常危险的决定。玛丽·安托奈特的态度发生了彻底的转变。之前她幸福地生活在喧嚣与熙攘之中，现在却寻觅寂静和隐蔽。她避开剧院、舞会和化装舞会，她不想再继续参与国王的国务委员会，只有在自己的孩子周围，她还能够自由地呼吸。仇恨和嫉妒的瘟疫无法挤进这个充满欢笑的房间。比起做一位王后，她更知道该怎么做一位母亲。这位失望的女人发现另一个秘密的时候也太晚了：有一个男人，一个真正的朋友和灵魂伴侣，第一次触动了、抚慰了她的感情，使她感到了幸福。现在一切原本都可以好起来，只要静静地生活在这个最狭窄、最自然的圈子里，不要再向命运挑衅。她第一次理解了这个神秘的敌人，理解了它的力量与阴险。

但正是现在，在她心里的一切都渴望宁静的时候，时代的气压计预示了风暴。正是在玛丽·安托奈特意识到了自己的错误，想要抽身而退，躲到看不见的地方的时候，一种毫无怜悯的意志把她推向前方，推进了历史上最为激动人心的事件当中。

第十八章　决断之夏

内克尔是王后在最艰苦的海难中被任命来为国家掌舵的人，他采取了直击风暴的坚决方向。他没有惊恐地收起风帆，他没有躲避太久，因为不够彻底的措施已经无济于事，只能采取坚决而强硬的措施：彻底扭转人民的信任。在最近几年里，民族信心的重点已经从凡尔赛宫偏离开来。整个国家都不再相信国王的诺言，不再信任他的债券和纸币，人们不再对贵族的议会和知名人士集会抱有希望。必须创造一个新的权威——至少是暂时的——这样才能巩固信用，抑制无政府状态，因为严酷的冬天也使得人民的拳头攥得更硬了，绝望的人们随时随刻都有可能从乡村逃出，而现在城市里那些忍饥挨饿的暴民的绝望也就要爆发出来。于是国王在经过了一贯的迟疑以后，最终在紧要关头决定，召开全国三级议会，两个世纪以来，这一次真的是为了全体人民。为了从一开始就削弱那些已经手握权力和财富的人们的权重，也就是第一等级的教士和第二等级的贵族的权重，国王遵从内克尔的建议，将第三等级的代表数量翻倍。于是两者的力量达到了均衡，国王因此而保证了最后的决策权。国家级会议的召开将减轻国王的责任，加强他的权威：这是宫廷的想法。

但人民却有着不同的想法。他们第一次感到自己负有使命，而且清楚：国王只会在绝望的情况下，而绝对不会是出于好意才会要求他的人民给他提供建议。这样一来，一个巨大的使命就被赋予了整个民族，但这同时也是一个不可再来的机会，人民决定要利用这个机会。城市里和乡村里都燃烧着热烈的激情，选举变成了节日，各省的会议成了宗教般的民族感情的振兴场合——就像每次在巨大的风暴之前，自然总是要创造出绚烂的、具有欺骗性的朝霞一样。最终活动开始：在1789年5月5日，三级会议开幕的日子，凡尔赛宫第一次不再仅仅是国王的住所，而是成了整个法兰西王国的首都、头脑、心脏和灵魂。

小城凡尔赛从来没有像在1789年这几个阳光明媚的春日这样见证过这么多人的在场。这个王室的宫廷小国像以往一样容纳了四千人，几乎有两千名代表从法国各地派出，此外还有无数好奇的人们从巴黎和上百个地方赶来，想要旁观这出具有历史意义的戏剧。人们用一大口袋一大口袋的金币费力租下一个房间，用一大把杜卡特租下一个稻草床垫，几百个没有找到住处的人就睡在门廊或者是门口，许多人从晚上就开始排队，尽管下着暴雨，只是为了不要错过这场大戏。生活必需品的价格飙升了三到四倍，人流逐渐大到难以忍受。现在已经出现了象征性的征兆：这个狭小的外省城市只能容纳下一位法国的统治者，容不下两位。随着时间的推移总得有一位腾出位置：不是君主制，就是国民大会。

但是最初的时刻不应该用于争吵，而是应该属于国王与人民之间伟大的和解。5月4日，从清早起就开始鸣钟：在人们开始讨论之前，应该先在这个神圣的地方祈求上帝为这项高尚的工作赐福。整个巴黎都像朝圣一般前往凡尔赛，想要向孩子们和孙子们讲述这一天的场景，一个新的时代就在这一天开始。在挂着珍贵挂毯的窗边，人头攒动，人们黏在烟囱上，无视生命危险，就像一串密密麻麻的葡萄，没有人想要错过这场伟大场面的每一个细节。三个等级出场的场面确实很壮观，凡尔赛宫廷最后一次展现了它全部的壮丽，向人民展示出了真正的庄严，给人民留下了深刻的印象，作为与生俱来、拥有神誓的统治者出现在人民面前。早晨十点，国王的队列离开了宫殿，侍童穿着闪闪发亮的制服，骑马走在前面，豢养猎鹰的人高举着拳头，上面站立着猎鹰，然后国王镀金的、饰有玻璃的豪华马车庄严地慢慢驶来，由套着美丽挽具的骏马拉着，它们的头上摇晃着多彩的羽毛头饰。他右边坐着他较为年长的弟弟，车夫座上坐着较为年幼的弟弟，后座上坐着年轻的昂古莱姆、贝里和波旁公爵。"国王万岁"的欢呼声宛若狂风骤雨，涌向第一辆豪华马车，和第二辆王后和亲王妃们乘坐的马车所迎来的冷硬气氛形成了尴尬的对比。公众的评价在清晨时刻已经在国王和王后之间划下了一条清晰的分界线。迎接接下来的马车的是同样的沉默，马车里坐着其他的王室成员，以隆重的姿态缓缓驶向圣母教堂，两千位来自三个等级的代表每个人手里都拿着一只燃烧的蜡烛，等待着宫廷的到来，准备共同巡游全城。

豪华马车在教堂前面停了下来。国王、王后和宫廷人士一起下车，一幅不同寻常的场景展现在他们面前。尽管他们已经在庆典和舞会上熟悉了贵族等级的代表，这些人打扮华丽，穿着有金丝绣花的丝绸大氅，帽子上的白羽毛大胆地翘起，教士阶层也展现出了五彩斑斓的华丽，红衣主教穿着火红的长袍，主教穿着紫罗兰色的祭衣：这两个阶层，也就是第一和第二等级几百年来都忠诚地站立在王座的旁边，装点着所有的庆典。但是那些灰暗的人群，那些故作简朴地穿着黑色外套的人们是谁，只有他们的领结洁白地闪烁着，那些带着寻常的三角帽的陌生的人们是谁，他们直到今天，作为每一个个体都还是籍籍无名的，现在却作为一个团结起来的整体，像一块坚实的黑色巨石站在教堂前面？这些陌生的、从未见过的脸孔有着大胆、清晰甚至是严厉的目光，它们隐藏着什么样的思想？国王和王后审视着他们的敌人，这些人因为团结在一起而变得强大，不再像奴隶一样卑躬屈膝，也不再爆发出热情的欢呼，而是仅仅怀着富于男子气概的沉默等待着，等待着和这些骄傲的、衣冠华丽的人们，这些享有特权、名声卓著的人们一起去参与革新的事业。难道他们穿着阴沉的黑色衣服，怀有着严肃而不可动摇的态度，看上去不是更像法官，而非顺从的顾问吗？也许国王和王后在第一次遇见他们的时候，就怀着预感被他们的命运骇住了。

但这第一次相遇并不算是刀锋相见：在不可避免的战斗之前还要有片刻的融洽。规模巨大的巡游严肃而冷静地举行着，每个人的手里都举着一支燃烧的蜡烛，两千个人走过了从凡尔赛宫的圣母教堂到圣路易主教堂之间的这一小段路，穿过了法国和瑞士雇佣兵那盔甲闪光的队列。钟声在他们的头顶震响，鼓声在他们的身边喧哗，他们的制服闪着光彩，只有神父们唱的宗教歌曲缓和了军事色彩，将其升华为某种更崇高的隆重氛围。

在这个长长的队列的最前方，行军的——最低下的变成了最领先的——是第三等级的代表，两个人排成一排，在他们后面是贵族等级，然后是教士等级。当第三等级的最后几位代表走过的时候，观众中间爆发出了一阵狂热的欢呼声。这种热情属于奥尔良公爵，这位宫廷的背叛者，他出于蛊惑人心的盘算，没有走在国王家族的队列里，而是自己把自己归入了第三等级的代表。就连走在最神圣的华盖——巴黎大主教穿着缀满钻石的法衣举着它——之下的国王走过的时候也没有得到这样的喝彩。这个人公开在人民面前表示拥护民族，表现出反对国王权威的立场。为了清清楚楚地昭示出这种对宫廷的秘密敌意，有几个人趁机接近玛丽·安托奈特，没有喊"王后万岁！"而是蓄意高声喊出了她敌人的名字："奥尔良公爵万岁！"玛丽·安托奈特感受到了这种羞辱，感到迷惘，脸色变得苍白，非常努力地才在不引人注目的情况下控制住了自己的举止，昂首挺胸地走完了这段屈辱的道路。但就在第二天，在国民大会的开幕式上，一次新的羞辱就在等待着她。国王在走进大厅的时候得到了一阵热烈的喝彩，但是在她走进来的时候，却没有一双嘴唇、没有一双手做出任何表示：一阵冰冷的、明显的沉默像一阵寒风迎面吹来。"这就是牺牲品。"米拉波伯爵对他的邻座低语道。甚至一个完全置身事外的美国人加伏纳尔·莫里斯[①]都努力鼓励他的法国朋友发出什么喊声，这样可以使得这种侮辱性的沉默显得不那么羞辱人。但没有用。"王后落泪了，"这位自由民族之子在他的日记里写道，"没有哪怕一个声音为她发出呐喊。我都想要把我的双手举起来了，但是我没有权利在这里表达我的感情，我祈求我的邻座这样做，却是徒劳。"法国王后不得不就像坐在被告席上一样，在人民代表的面前坐了三个小时，没有任何人向她致意，没有得到任何尊重。只有当内克尔似乎无穷无尽的演讲结束以后，她站起身来，准备和国王一起离开大厅的时候，才有几个议员出于同情，振作起来，羞怯地喊了一声"王后万岁！"玛丽·安托奈特感动地对这几个人点头表示感谢，这个姿态终于激起了所有听众的喝彩声。但玛丽·安托奈特回到自己的宫殿里以后，并没有屈从于这个幻象，她清清楚楚地感受到了这次犹豫的、满怀同情的迎接和她第一次来到这里时用那颗依然童稚的心灵所感受到的宏大、温暖、无须召唤就能涌动而来的呼啸的人民之爱的区别。她已经知道了，她被排除在这场伟大的和解之外，生与死的搏斗开始了。

所有的旁观者都注意到了，这几天里玛丽·安托奈特状态不佳，心烦意乱。甚至是在国民大会开幕的当天，她身穿王后的华服出现，穿着紫罗兰、白色和银色的裙子，头上戴着美丽的鸵鸟毛头饰，显得庄严而美丽，斯泰尔夫人却注意到她的举止流露出某种忧伤和压抑的情绪，这在这个平日里无忧无虑、心情欢愉、轻佻娇俏的女人身上还是一种全新和陌生的感觉。事实上，玛丽·安托奈特只是非常努力，尽了所有的意志力才逼迫着自己站到了这个讲台上，她的思虑和她的忧愁在那几天

---

① 加伏纳尔·莫里斯（1752—1816）：美国政治家，美国开国元老之一，曾经参与起草美国宪法。1789年前往法国，1792—1794年任驻法国大使，在日记中记载了法国大革命的过程。

里都在别的事情上。因为她知道，正当她不得不穿着王后的华服，表现出符合义务的庄严，一连几个小时站在人民的面前的时候，她的长子，六岁的太子正在默东城堡的小床上承受着痛苦，陷入垂死状态。在前一年，她就已经经历过一次失去自己四个孩子中间的一个的痛苦了，也就是刚刚十一个月的索菲-贝雅特丽丝公主，现在死神再次悄悄地潜入了她的育儿室，寻找下一个牺牲品。她的长子在1788年就已经显示出了佝偻病的征兆。"我最大的儿子让我非常担心，"那时候，她在写给约瑟夫二世的信中说道，"他有一点畸形，一侧的臀部比另一侧高一些，后背上的脊椎骨有点错位和突出。一段时间以来他一直都在发烧，非常消瘦和虚弱。"在这之后是一次具有欺骗性的康复，但之后，这位久经考验的母亲就不再抱有希望了。三级会议开幕式上庄重的游行是这个可怜的生病的孩子最后一次接受崇拜的机会了：他裹着大衣，躺在枕头上，已经虚弱得走不动路了，只能用疲惫的、烧热的眼睛从王室席位的阳台上望着自己的父亲、母亲和烛光闪烁的队列从面前经过：一个月后，他就得到了安葬。玛丽·安托奈特的思绪被自己的孩子即将到来的、无可避免的死亡所占据，她的全部忧虑都围绕着自己的孩子：因此，某个一再重复的传说，说玛丽·安托奈特在作为一个母亲和作为一个人的最艰难的几个星期里，从早到晚都在领导反对这场大会的阴谋诡计，真是非常愚蠢的说法。在那几天里，她的斗志被经历到的痛苦、遭受到的仇恨完全磨灭了。直到后来，在孑然一身的时候，在作为一个绝望者，为了赤裸裸的生存，为了自己丈夫的王国和自己的第二个儿子而战斗的时候，她才能够重新振作起来，做出抵抗。但现在她的力量消失了，恰好是在这几天里，需要一位神灵的力量，而不是一个被摧毁的不幸者的力量，才能够阻止命运的车轮滚滚向前。

因为一件又一件事情以决堤江水的速度接连发生。几天以后，两个拥有特权的等级，也就是第一等级和第二等级就与第三等级陷入了无情的嫉恨之中。第三等级受到排挤，宣称自己对国民议会享有权力，在网球场起誓，表示在体现人民意志的宪法得到实现之前绝不解散。国王被他所有得到任命的和没有得到任命的顾问来回撕扯着，今天觉得第三等级说得有道理，明天又赞同第一和第二等级，在恰恰最需要头脑明晰和力量果决的时刻表现出灾难性的摇摆不定，时而倾向于军队里吹嘘的人们，这些人心里充满了旧日的骄傲，觉得可以用锃亮的刺刀把这些暴民赶回到家里去，时而又倾向于内克尔，他总是警告国王要做出让步。他今天禁止第三等级进入议会大厅，然后米拉波伯爵刚一宣布，"国民议会只能够在刺刀的权力面前退缩"，他就又被吓退了，恐惧地退缩回来。宫廷的犹豫不决同时也助长了整个民族的坚决。一夜之间，"人民"这个沉默的存在通过出版自由得到了一个声音，在上百本小册子里为了它的权利而发出呐喊，在热情似火的报纸文章中点燃着群情四起的怒火。在王室宫殿里，每天都有上万人聚集在奥尔良公爵这栋家宅的保护之下，喊叫着，表示着激愤，彼此不断地相互鼓励。这些陌生的人们一辈子都紧闭着自己的嘴巴度过，现在突然发现了发表演说和投身写作的欲望，几百个野心勃勃的人和无所事事的人察觉到了这是一个有利可图的时机，所有人都开始进行政治宣传、鼓动演说、阅读讨论、公开辩论。"每一刻，"英国人亚瑟·杨[1]写道，"人们都把自己的小册子拿来出版，今天就出版了十三册，昨天十六册，上个星期有二十二册，二十册中有十九册是有关自由的。"也就是说，是关于废除特权的，也包括君主的特权。每一天，每一小时都有一部分国王的权威在消失，"人民"和"民族"这两个字在两三个星期内，对于几十万人从两个冰冷的词汇变成了几乎具有所有权力的宗教概念和至高无上的公正概念。军官和士兵已经参与到了这场势不可挡的运动之中，城市和国家级别的官员已经惊慌地发现，人民反抗的力量已经挣脱了他们的缰绳，就连国民议

---

[1] 亚瑟·杨（1741—1820）：英国政论家、农业学家，曾于1787年游历法国。

会也陷入了这股湍流，不再跟随王朝的航向，开始摇摆不定。在国王的王宫里，那些建议者越来越恐惧，就像大多数情况下那样，内心里的不确定性总是出于恐惧，想要通过炫耀力量的姿态来拯救自己：国王为了威慑人民，把最后还忠于他的、可以信赖的几个军团调到身边，让巴士底狱做好准备，并且最终为了让自己相信自己具有实际上缺乏的内心力量，就向全民族提出挑战，在7月11日把最后一位受人欢迎的部长内克尔免职，像罪犯一样流放了。

接下来的几天以不可磨灭的字迹镌刻在了世界史上。显然，只有在一本书里我们没有办法试图读到它，那就是在这个不幸的、毫无察觉的国王的亲笔日记里。在7月11日的日记里只有一句："无事。内克尔先生动身。"在7月14日，也就是巴士底狱起义，他的权力最终走向崩溃的那一天，又出现了这个悲剧性的"无事"①——也就是说：这一天没有狩猎活动，没有猎杀到一头鹿，也就是说，没有任何具有重大意义的事件。但是在巴黎，人们对这一天却有着不同的看法，因为直到如今，整个民族还把这一天当作自己自由意志的诞生日进行庆祝。在7月12日中午早些时候，内克尔被免职的消息逐渐渗透到巴黎，这一点火星立刻就点燃了火药。在王室宫殿里，加米叶·德穆兰②，奥尔良公爵俱乐部的朋友之一跳上一把扶手椅，挥舞着一把左轮手枪，喊着说国王已经在准备进行一个圣巴托罗缪之夜③了，号召人们拿起武器。起义的象征在一分钟内就被发明了出来，也就是共和国的三色旗。几个小时后，各处的军队都受到攻击，军火库被抢劫，街道被封锁。在7月14日，两万人从王室宫殿向着备受仇恨的巴黎监狱进军，也就是向着巴士底狱进军，几个小时后，

---

① 原文为法语。

② 加米叶·德穆兰（1760—1794）：法国政治家，法国大革命的领袖之一，后死于雅各宾党人的审判。

③ 圣巴托罗缪之夜：发生在法国亨利三世时期的天主教徒对新教徒的大屠杀事件。

巴士底狱被攻陷，想要守卫监狱的狱长的头颅被挂在了一根长矛的尖端上，革命那血腥的灯笼第一次闪烁出了光芒。没有人敢于镇压人民的这次本质性愤怒的喷发，部队因为没有从凡尔赛宫接到任何明确的指令，所以就撤退了，傍晚，人们在巴黎点亮了几千支蜡烛庆祝胜利。

在这个重大的世界事件的十英里外，在凡尔赛宫里，所有人都毫无察觉。人们把那个引人不快的部长赶回到了家里，现在一切都归于平静，很快就可以再去狩猎了，希望明天就可以出发了。但这个时候，一位又一位使者从国民议会上跑了过来：巴黎陷入了动荡，人们在抢劫军火库，人们正在进攻巴士底狱。国王下令进行详细报告，但是他没有做出正确的决定，召开这个令人心烦的国民议会到底是为了什么呢？它应该提出建议。可是，和平时一样，这一天那最为神圣的时间安排也没有得到改变，和平时一样，这个身心感到舒适、感觉冷漠、对什么事情都缺乏好奇心的人（反正明天什么都会及时了解到的）在十点钟左右就上床睡觉了，任何世界事件都无法撼动他那肥胖和迟钝的身躯。但这是一个多么放肆、多么大胆、多么无政府的时代啊！甚至如此不知道尊敬，敢于扰乱一位君主的睡眠。利昂古尔公爵①骑着口吐白沫的骏马飞驰到凡尔赛宫，为了带来在巴黎发生的事情的消息。人们向他解释，国王已经睡了。他坚持要人们把国王叫醒。最终人们让他走进了那间最为神圣的卧室。他报告说："巴士底狱被攻陷了！监狱长被杀害了！他的头颅被挂在长矛上进行游街！"

"但……这就是一场叛乱了。"不幸的国王大吃一惊，吞吞吐吐地说道。

但是这位无情的使者铁面无私地纠正说："不，陛下，这是一场革命。"

---

① 利昂古尔公爵（1747—1827）：法国贵族、政治家，曾作为贵族代表参加本次三级会议。

第十九章　友人逃散

人们经常嘲笑路易十六在1789年7月14日才从梦中惊醒，在听到巴士底狱陷落的消息时，没有立刻理解这个刚刚诞生在世界上的词，也就是没有理解"革命"的全部深远含义。但是，"在知道已经发生的事件的全部过程之后，认识到该采取什么措施，那是再容易不过的事了。"莫里斯·梅特林克①在《智慧与命运》著名的一章里提醒这些未卜先知的聪明人。毫无疑问，无论是国王还是王后，在最早的狂风骤雨的信号到来的时候，都无法预见到即将到来的地震会引发何等规模的破坏，但另一个问题是，在所有这些同时代的人们中间，有谁在第一时间就能够感受到可怕的事情已经在这里开始了，即便是在那些点燃了并且煽动了革命的人们里面，有谁已经感受到了？这场全新的人民运动的所有领袖，米拉波、巴依利②、拉法耶特③，他们自己也并没有预见到，这种得到释放的力量会带着他们走到离自己的目标多远

①　莫里斯·梅特林克（1862—1949）：比利时作家，1911年获得诺贝尔文学奖，代表作为《青鸟》。
②　巴依利（1736—1793）：法国数学家，法国大革命后任巴黎第一任市长。——编者注
③　拉法耶特：拉法耶特侯爵（1757—1834），法国军人、政治家，参加过美国独立战争，被称为"两世界的英雄"，是美利坚合众国的八位名誉公民之一。——编者注

的地方，会在多大的程度上背离他们自己的意志，因为在1789年，即便是之后的革命中最危险的人物罗伯斯庇尔①、马拉②和丹东③都还是彻头彻尾的坚定保王党。只有当法国大革命本身赋予了"革命"这个词更深远、更野蛮、更具有世界史含义的时候，这个词才变成了我们今天语言中所使用的那个词。直到时代赋予了它在血肉与精神上的特色，而不是在最初的那一刻，它才具有了今天的含义。现在，出现了一个值得注意的悖论。并不是因为国王路易十六没有理解革命，这一切对他来说才变得灾难深重，而是恰恰相反，这个天赋平平的人曾经以感人至深的方式，努力去理解革命。路易十六很喜欢阅读历史，没有比著名的大卫·休谟④的《英国历史》给这个羞涩的少年留下更深刻印象的书了，休谟亲自给他介绍了这本书，因为这是他最喜欢的一本书。路易十六还是王储的时候，他就已经怀着出奇的认真，阅读了这本书中的一个章节，那里描述了一场针对另一位国王，也就是英国国王查理的革命，他最终被处死⑤。这个例子，对这位惊恐的法国王位继承人形成了一个强有力的警告。当类似的宣泄不满的运动在他自己的国家里发动起来的时候，路易十六觉得最好要保证自己的安全，如果他不断地研读这本书，就可以从他这位不幸的前任的错误中及时学到，一位国王在这样的骚乱时刻应该怎么做。如果那位国王表现得

---

① 罗伯斯庇尔（1758—1794）：法国大革命领袖之一，激进派的代表，后死于断头机下。——编者注

② 马拉（1743—1793）：法国大革命中激进的理论家、政治家，后被刺死。——编者注

③ 丹东（1759—1794）：法国大革命的领袖之一，公安委员会首任主席，死于断头机下。——编者注

④ 大卫·休谟（1711—1776）：英国哲学家、历史学家。——编者注

⑤ 即查理一世（1600—1649），英格兰、苏格兰、爱尔兰的国王，为克伦威尔所败，1649年被处死。

激进，他就要做出让步，他希望用这种方式回避最糟糕的结局。但恰恰就是因为这种想要用类比的方法理解法国大革命的意愿，使得国王陷入了灾难，因为那是一场完全不同的革命。因为一位统治者不可以在世界史上的重大时刻根据早已枯萎的概念，效仿早已失效的榜样做出他的决断。因为只有天才那具有预见性的目光才能够在当下的情况中认出拯救的方式和正确的做法，只有具有英雄气概的前进性的行动才能够束缚住这种野蛮的、从四面八方涌来的原始力量。要降服一场暴风雨，绝对不可以收起风帆，暴风雨反而会继续爆发出不羁的力量，直到自己衰竭并且平静下来。

路易十六的悲剧在于，他想要理解对他来说不可理解的事物，他在历史中寻找解决办法就像在一本教科书中翻阅答案，在革命面前保护自己的方式就是恐惧地放弃了自己所有作为国王的气度。玛丽·安托奈特就不一样了：她不向书本发出拷问，几乎也不向任何人发问。即使是在最危险的时刻，反思过去和展望未来也不是她的风格，她那善变的性格回避着任何的算计和联想。她人格的强大力量完全在于她的本能。这种本能在第一时间就对革命断然地说"不"。她出生在君主的宫殿里，在上帝的恩典之下长大，坚信她作为统治者的权力是上帝赋予她的，从一开始就认为这个民族对权利的要求是暴民们不知本分的反抗行为：总是那些要求自己拥有所有的自由和一切的权利的人们，最不愿意赞同别人也像他们一样。玛丽·安托奈特无论是在内心里还是在外表上都拒绝进行讨论。就像她对她的哥哥约瑟夫说的那样："我的任务就是当保王党人。"①她的立场就是身居高位，而人民就是处于低贱的位置：她不愿意降尊纡贵，人民也不得反抗。从巴

---

① 原文为法语。

士底狱被攻陷，一直到走上断头台，她没有一刻感觉到自己在道理上有所动摇。她没有一刻在内心里与这场新的运动做出妥协。所有的革命对她来说，都只是"造反"这个词的美化罢了。玛丽·安托奈特这种面对革命的高傲的、毫不动摇的僵硬态度却完全不包含（至少在一开始）对人民的丝毫敌意。玛丽·安托奈特在气氛更加友善的维也纳长大，觉得人民都是"好人"①，她把人民看作一个完全善意的、不是非常理性的存在，她坚信，总有一天，这些善良的羊群会失望地离开那些煽动者和谣言制造者，回到自己舒适的羊圈里，回到他们自己的主人家里。因此，她的仇恨全部针对那些"反叛者"②，针对那些造反者、挑唆者、俱乐部成员、蛊惑人心者、演说家、努力钻营者和无神论者，他们以混杂的意识形态的名义，或者是出于野心勃勃的利益，想要说服谦虚的人民对王座提出要求。"一群疯子、恶棍"③，也就是一群傻子、流氓和罪犯，她这样称呼两千万法国人选出来的议员，如果有谁曾有一瞬间参与到这个可拉家族里④，这个人在她眼里就完了，如果谁只是和这些热衷于革新的人们说过一句话，就已经显得可疑了。拉法耶特曾经三次冒着生命危险试图挽救她的丈夫和她的孩子的性命，却从未从她口中听到过一句感谢的话：宁可彻底毁灭，也不要被这个虚荣地追求人民宠幸的骗子拯救！即便是在监牢里，她也绝对不会承认那些法官，还称呼他们为刽子手，绝对不会给某个议员荣耀，请求他的帮助。她倚仗着性格里的全部倔强之力，毫不妥协地进行着不屈的反抗。从第一刻直到最后一刻，玛丽·安托奈特都只

---

① 原文为法语。

② 原文为法语。

③ 原文为法语。

④ 《圣经》中聚众造反的利未的曾孙，指聚众造反的人们。

把革命视为人类本能中涌动着的最为卑下、最为恶劣的一股污泥，她对革命对世界史所拥有的权利，对革命建设性的意志都一无所知，因为她下定决心，只理解和捍卫她自己作为王后的权力。

这种不想理解的态度是玛丽·安托奈特面对历史犯下的错误：我们无法否认这一点。这位资质平平、只有狭隘的政治观点的女人既没有通过教育，也没有通过内心的意志获得对各种关系深思熟虑之后的大局观，也缺乏内心里深刻的洞察力，她可以理解的永远只是那些符合人性的、切近的、可以感知到的东西。但是从近处来看，从人性的角度来看，每一次政治运动都变得混沌不清，每当一种理念在世界上得以实现，它的概念就立刻扭曲了。玛丽·安托奈特从领导革命的人们的方面——她还能怎么办呢？来看待革命，像以往一样，在发生巨变的时代，叫嚣得最响的并不是那些最忠诚的和最优秀的人们。在贵族中间，刚好是那些最为负债累累、声名狼藉的人们，那些道德最为败坏的人们，比如米拉波伯爵和塔利朗亲王①，最先表现出了对自由的忠心，这还能够不使王后不得不感到怀疑吗？如果玛丽·安托奈特看到了那个吝啬、贪婪、每件肮脏事情都已经插手其中的奥尔良公爵②为了这种新的兄弟情谊而热血沸腾，她还要怎么相信，革命事业是一件诚实和符合道德的事情呢？如果国民大会把米拉波伯爵选做了自己的宠儿，而这个人在贪污行贿和撰写下流文章的方面都是阿雷蒂诺的门徒，是贵族的败类，因为诱拐和其他黑暗的既往史在法国各地都坐过大牢，一辈子都像密探一样生活，那么为这些人而设立祭坛的

---

① 塔利朗亲王（1754—1838）：法国主教、政治家、外交家，曾在路易十六直到路易-菲利普等多任政府任职。

② 奥尔良公爵（1747—1793）：出身于波旁－奥里昂王室，反对路易十六，大革命时倾向革命派，投票主张处死国王路易十六，1793年恐怖时期仍被激进分子处死。

事业能够是神圣的吗？这些渔女和走街串巷的妓女把砍下的头颅挂在血淋淋的长矛上，作为她们食人族一般的战利品，难道她真的应该把这看作一种全新的人性的先驱？因为她看到的首先是暴力，所以玛丽·安托奈特不相信自由，因为她只看到了人，所以她没有感受到理念，没有感受到这场野蛮的、在整个世界都掀起了狂潮的运动背后那无形的理念。这场运动里，有关那些伟大的人性的激昂事件，有关那些作为人类基本关系所流传下去的伟大法则，她什么也没有察觉到，什么也没有理解。信仰自由、言论自由、出版自由、就业自由、集会自由，这些原则将阶级、种族和宗教之间的平等视为新时代的法律条文的第一位，此外，还废除了中世纪的可耻残余，例如严刑拷打、徭役和蓄奴制度，她从来都没有理解，或者是尝试理解这场发生在街道上的残忍暴乱背后的这些精神目标，哪怕只是只言片语。她在这片一望无际的骚动之中只看到了混乱，没有看到某种新秩序的雏形正要从这种可怕的奋战和痉挛之中诞生。因此，从第一天直到最后一天，她就怀着她那倔强的内心里的坚定意志，憎恨着这场运动的领导者和被领导的人们。所以必然发生的事情就发生了。既然玛丽·安托奈特对待革命的方式并不公正，那么革命也不会公正地对待她。

革命就是敌人——这就是王后的立场。王后就是障碍——这是革命的基础信条。人民群众凭着不可欺瞒的直觉感受到，王后是唯一本质上的对手，从一开始，斗争的所有怒火就都针对着她本人。路易十六并不算特别好，也不算特别坏，这一点就连最偏僻的乡村里的农夫都知道，就连街上最小的孩子都知道。只要开上几枪，就可以吓坏这个恐惧的、羞怯的男人，让他对所有的要求都表示赞同，连声祷告，如果给他戴上傻瓜的红帽子，他就会戴着它，如果对他强硬地下命令，他就会高喊："打倒国王！打倒暴君！"尽管他是国王，他却只会像木偶一样做事。捍卫着法国王位和国王权力的只有一个意志，这"唯一一个人，就是王后，"根据米拉波伯爵的话，"就是他的妻子。"也就是说，谁支持革命，谁也就不得不反对王后。从一开始，她就成了众矢之的，为了让人们清楚无误地认出这个靶心，划出清晰的界限，所有的革命文章都开始把路易十六说成人民真正的父亲，说成善良、道德、高贵只可惜过于软弱的"被诱惑的"人。如果按照这个人民之友的心意行事，那么国王和民族之间将存在最为美妙的和平。但是这个外国女人，这个奥地利女人听从于她的哥哥，深陷于她的男女情人的交际圈，具有强烈的统治欲，而且非常暴虐，只有她不愿意要这种和谐的场面，她总是在谋划新的阴谋，要招来外国军队，把自由的巴黎变成一片废墟。她用恶魔般的诡计笼络军官，她准备用加农炮对准手无寸铁的人民，非常嗜血地用美酒和赠礼鼓吹士兵，再发动一次圣巴托洛缪之夜。真的，是时候了，让可怜的、不幸的国王睁开眼睛看看她！在本质上，两个党派的思路都是一个方向：对玛丽·安托奈特来说，人民是善良的，只是受到了"反叛者"[①]的引诱。对人民来说，国王是善良的，只是被自己的妻子迷住了、蒙蔽了。所以这场斗争实际上只是在革命者和王后之间进行。但是随着越来越多的仇恨转移到她的身上，这些责备就变得越来越不公正、越来越具有污蔑性质，玛丽·安托奈特的倔强也就日益增长。如果有谁决定领导一场伟大的运动，或者是决心斗争，他内心的抵抗力也会超出他本人的掌控：自从整个世界都与玛丽·安托奈特为敌，她心里那种幼稚的傲慢也变成了孤傲，她那种散漫的力量也凝聚出了一种真正的人格。玛丽·安托奈特这种迟来的力量却只能在守卫中得到证明

---

① 原文为法语。

了：她的脚上如有千钧之重，无法迎击敌人。这千钧之重就是那位可怜的、犹豫不决的国王。他的巴士底狱已经被攻陷，这相当于在他的右脸颊上抽上了一个耳光，他第二天早晨还怀着基督般的谦虚，把左脸也伸过去①。他没有暴怒，没有谴责，也没有惩戒，而是在国民议会中承诺，将他的军队撤出巴黎，这些军队本来也许还会为他而战，这样一来，他就否定了那些为他倒下的巴士底狱的守卫者。他甚至不敢对杀死巴士底狱监狱长的那些凶手讲一句措辞强硬的话，这就等于承认了这种恐怖势力在法国是合法的，他的退缩赋予了这场起义合法性。为了感谢他降尊纡贵的做法，巴黎很愿意给这位讨人喜欢的统治者戴上花冠——但只在很短的一段时间里——赋予他"自由法国的修复者"②的头衔。市长在城门口用一句双关语迎接了他，说这个民族又赢回了他们的国王。路易十六顺从地接受了帽徽，这是人民为了冲击他的权威而选定的象征，他没有察觉到，实际上人群根本不是在为了他而欢呼，而是为了自己的力量而欢呼，因为他们使自己的统治者变得臣服于自己。路易十六在7月14日失去了巴士底狱，在17日又失去了自己的尊严，在敌人面前如此卑躬屈膝，最后王冠都从他的头上掉了下来。既然国王做出了自己的牺牲，那么玛丽·安托奈特也不能表示拒绝。她也必须证明自己的良好意愿，于是她宣布和新的主人，也就是全民族最有理由憎恨的人们公开脱离关系，也就是和她那些寻欢作乐的朋友们脱离关系，波利涅夫人和阿尔托瓦伯爵：他们将永远作为被鄙弃的人被逐出法国。其实如果不是被迫采取这种行动，与他们离别对王后来说也不是特别艰难，因为她在内心里早就摆脱了这群

---

① 基督在《圣经》中教导，如果有人打了你的右脸，就把左脸也伸过去让他打。

② 原文为法语。

闲散的人。只是现在，在离别的时刻，和这些同伴之间早已冷却的友情再一次使她想起了自己最美丽、最无忧无虑的年华。她曾经和他们一起做出许多愚行，波利涅夫人曾经分享过她的全部秘密，教养过她的孩子，看着他们长大。现在她却不得不离开：她怎么会看不出来，这次告别同时也意味着与自己无忧无虑的青春时光的告别？现在，不需要操心的时光已经永远逝去了。革命的铁拳已经把瓷器一样明亮、石膏一样光滑的十八世纪砸得粉碎了，那些精致而柔美的享乐已经一去不复返了。洛可可的银质八音盒已经奏完了它的旋律，特里亚农宫里的日子已经一去不复返。玛丽·安托奈特含着泪挣扎，无法下定决心，送她过去的朋友踏上最后的旅程：她待在自己的房间里，如此惧怕自己内心的感动。但在这之后，在傍晚，当宫廷在楼下已经为阿尔托瓦伯爵和他的孩子、为孔德公爵、波旁公爵和波利涅夫人备好了马车，部长们和韦尔蒙神父都在那里等待，等待着这些陪伴王后度过了青春时代的人们上车的时候，她迅速地从桌上撕下了一张信纸，给波利涅夫人写下了以下几句震撼人心的话语："再见了[①]，我最忠实的朋友！我的话语是可怕的，但我不得不这样。这里是命令马匹出发的指令。我现在只还剩下拥抱您的力气了。"

这种如雷贯耳的弦外之音自此就回荡在王后的每一封信件里：某种预见性的忧愁开始给她的所有话语蒙上黑纱。"我无法表示和您分别的全部遗憾，"她在之后几天里写信给波利涅夫人，"我只希望您也有同样的感受。我的健康状况相当不错，尽管因为持续发生的震撼之事而有点虚弱。我们身边已经被困厄、不幸与难过的事情包围了——还不算上那些已经远离的人们。整个世界都四散奔逃，但是想到那些以

---

① 原文为法语。

前和我很亲近的人现在已经离开我的身边，我还是很高兴。"但她好像还是不想让这个历经考验的女友发现自己的弱点，就好像她知道，她往日里作为王后的权力也只余下了一小部分，也就是王后的姿态，她急忙补充道："但您可以指望着，这些反对的力量既不会摧毁我的力气，也不会磨灭我的勇气，我什么也不会放弃，与之相反，这些反对的力量会教会我更加谨慎。正是在这样的时刻，我们才能够认清身边的人，学会鉴别谁是真正对我们好的人，谁不是。"

现在王后身边变得安静下来，而她过去一直都那么喜欢生活在喧嚣之中。大逃亡已经开始了。往日的朋友在哪里？所有人都像去年的雪一样消融了。平素像贪嘴的孩子一样在摆满恩惠的桌边吵闹的那些人在哪里，劳松、埃斯特哈齐和福德罗伊，牌桌旁边的那些搭档、那些舞者和骑士又在哪里？他们骑着马，乘着马车"自救"①，乔装打扮离开了凡尔赛宫，但这一次不是为了舞会而化装，而是遮住面孔，以避免人民的窥视。每天傍晚，都有一辆又一辆马车穿过镀金的栅栏门，一去不复返，大厅显得过于空旷，变得越来越寂静。不再有戏剧，不再有舞会，不再有巡游，不再有接待会，只是早晨依然还有弥撒，小内阁里依然还有和部长们进行的漫长而徒劳的议事，这些部长自己也不知道该如何给出建议。凡尔赛宫变成了艾斯克里尔王宫②：只要你聪明，你就知道应该隐退。

恰好是在这个时候，在所有人都弃王后而去的时候，为在世人面前证明是她最亲近的朋友的那个人，那个真正的朋友——汉斯·阿克瑟尔·冯·费尔森走出了黑暗。只要做玛丽·安托奈特的宠臣能够给

① 原文为法语。

② 艾斯克里尔王宫：西班牙旧王宫，位于马德里西北部，后渐渐地失去了政治中心的位置，成为仅仅是文化上的遗址。

他带来荣耀，这位模范的情人就总是羞怯地躲在一侧，为了维护他心爱的女人的荣誉，为了保守她一生中最深的秘密不受好奇心和闲言碎语的叨扰。但现在，成为这个备受责备的女人的朋友并没有益处，不会得到荣耀，不会得到尊重，不会受人嫉妒，而需要勇气和激昂的牺牲精神。现在，这个唯一一个爱过王后、也是唯一一个得到了王后深爱的人出于自由意志，坚决地走到了玛丽·安托奈特的身边，也因此走入了历史。

第二十章　挚友出现

STEFAN
ZWEIG

汉斯·阿克瑟尔·冯·费尔森的名字和形象很久以来都被遮蔽在秘密之中。他从来没有在那些公开印刷的情人名录里得到提及，没有在大使的信件和同时代人的报告里得到提及，费尔森并不属于波利涅夫人沙龙的那些著名的客人。在神圣的灯光之下，看不到他高大和严肃的身影。多亏了他这种机智而又精于算计的含蓄姿态，他才逃过了宫廷里那些混账的恶毒言论，但历史也将他忽视了很久，也许他本来会成为玛丽·安托奈特王后一生中最深的秘密，永远埋藏在黑暗之中，只是在上世纪①下半叶，突然开始流传一则浪漫的谣言。在一座瑞典的王宫里，存放着好几摞玛丽·安托奈特的私密书信，难以接近，得到了密封保存。一开始，没有人相信这个不可能的言论，直到那些秘密通信突然得到出版，这些书信——尽管所有私密的细节都经历了非常可怕的删节——使得这位默默无闻的北欧贵族一举成了玛丽·安托奈特所有朋友里面最重要的、最受重视的人。这些书信的公布从根本上改变了迄今为止这个性格轻率的女人的形象，一段触及灵

---

① 上世纪：指十九世纪。——编者注

魂的戏剧得以公开，它是如此宏大而又充满危险，是一段一半笼罩在国王宫廷的阴影之下，一半笼罩在断头台阴影之下的田园牧歌。它是一段震撼人心的罗曼史，只有历史本身才敢于以这种难以置信的方式进行书写。两个人怀着炽热的爱情，彼此献身，却受到义务和谨慎的强迫，极为恐惧地掩盖着他们的秘密。他们总是一而再地彼此分离，一而再地从他们星空般辽远的世界里追寻着彼此。一个是法国王后，另一个是来自北方国度的寂寂无闻的容克小贵族。在这两个人的命运之间，是一个正在坠毁的世界，一个末日般的时代。那是历史上烈焰燃烧的一页，因为人们只能从这些几乎被抹去、几乎被损毁的密码与符号中慢慢地解密事情的全部真相，这件事情才显得更加激动人心。

这部宏伟的历史爱情剧的开端并不华美，而是完全符合这个时代的洛可可风格。它的序幕就像是从《福布拉斯》^①里抄来的。一个年轻的瑞典人，一位参议员的儿子，继承了一个大贵族的姓氏，十五岁的时候，他在一位家庭教师的陪伴下开启了为期三年的游历——为了成为一位国际化的人，这直到今天都还不失为一种不错的教育方式。汉斯·阿克瑟尔进入德国的高校学习战艇技术，在意大利学习医学和音乐，在日内瓦去造访当时一定要去探访的所有智慧的巫师，也就是伏尔泰先生，伏尔泰穿着绣花的睡袍，裹着自己老朽干枯、轻若鸿毛的身体，满怀善意地接见了他。这样一来，费尔森就赢得了精神上的学术桂冠。现在，这个十八岁的年轻人只缺最后一道程序。去巴黎，学习优雅的谈话腔调，学习良好的举止艺术，这样一来，十八世纪一位年轻贵族的典型的教育流程就完成了。然后这位完美的骑士就可以

① 《福布拉斯》：让－巴普蒂斯特·卢埃·德·古弗拉农的长篇小说，描写一个外省青年在巴黎的恋爱故事。

出任大使、部长或者将军，上流社会的世界将会对他敞开大门。

年轻的汉斯·阿克瑟尔·冯·费尔森身份高贵，为人体面，拥有某种审时度势的智慧，拥有一份巨额财产，还有身为外国人的威望，此外，他还有一份特别的信用证明：他是一个外表俊美的男子。身材挺拔，肩膀宽阔，有着强健的肌肉，就像大多数斯堪的纳维亚人一样显得富有男子气概，却又不会让人觉得笨拙和臃肿，人们总是怀着无限的喜爱注视着他画像上那张坦率而匀称的面孔，那双清亮而坚定的眼睛，眼睛上面是两道土耳其弯刀一样引人注目的浓黑眉毛。他拥有宽阔的前额，温暖而多情的双唇，就像我们已经奇妙地得到证实的那样，他的双唇懂得如何保持毫无瑕疵的沉默：看到这幅画像，人们就可以理解，一个真正的女人会爱上这样的一个男人，不仅如此，她还会在人性的层面上信赖他。尽管只有极少数人称赞费尔森"能说会道"①，称赞他"是个聪明人"②，称赞他在社交场合特别讨人喜欢，但是他那种多少有些枯燥和平淡的聪明才智却和饱含人性的坦率与自然而然的分寸感很好地结合了起来。在1774年，使者已经可以骄傲地向古斯塔夫国王③报告说："在所有和我同时待在这里的瑞典人里，他是这个广大世界最乐于接纳的人。"

此外，这个年轻的骑士也不是什么性格阴沉、鄙视享乐的人，女士们称赞他在冰冷的外表之下有一颗"火热的心"④。他在法国也没有忘记进行娱乐活动，非常频繁地出入于宫廷和重要社交圈的所有舞会。于是他有了一次惊人的冒险经历。有一天傍晚，在1774年1月30日

———————————————————

① 原文为法语。

② 原文为法语。

③ 古斯塔夫国王：瑞典国王古斯塔夫三世（1746—1792），于1771—1792年在位。

④ 原文为法语。

的一场歌剧舞会上，也就是优雅人士和可疑人士出没的那个世界里，一位极为高贵的年轻女子漫步走向了他，她化了妆，身材纤长，腰肢纤细，步态极为轻盈，在天鹅绒面具的保护之下和他开始了一段风流的交谈。费尔森对此感到受宠若惊，享受地以大胆的语气作答，发现他这位咄咄逼人的伴侣颇为辛辣和有趣，也许他心里已经有了共度良宵的希望。但这时他突然注意到，渐渐地有另外几个先生和女士开始好奇地低语，围拢在他们两人的周围，他看出自己和那位戴面具的夫人已经成了人们兴致勃勃的注意力的中心。最终，情况已经变得很尴尬了，这位风流的女阴谋家摘下了面具。那是玛丽·安托奈特，在宫廷史里可是闻所未闻的案例。法国的王储妃再一次从她那昏昏欲睡的丈夫悲惨的婚床上逃离，来到歌剧舞会上，和一位外国的骑士开始了闲谈。宫廷女侍想要避免引发过于巨大的轰动。她们立刻围住了这位已经玩得过火的出逃者，把她带回了自己的包厢。但是在充满闲言碎语的凡尔赛宫里，哪里还有秘密？每个人都在叽叽喳喳，对王储妃这种违反礼仪的恩宠行为表示惊讶，第二天，迈尔西大使可能就已经非常气愤地去和玛利亚·特蕾莎抱怨了，美泉宫会派出急信使，将一封严酷无情的信件送给这个"疯女孩"[①]，这个发疯的女儿，说她是时候放弃这些不合时宜的"放纵行为"[②]了，不要在这些该死的舞会上和随便什么人进行谈话。但玛丽·安托奈特继续贯彻自己的意志，她喜欢这个年轻人，她也向他展示出了这一点。自从那天傍晚开始，这个等级和地位都不是特别出众的年轻骑士就在凡尔赛宫的舞会里得到了特别友善的接待。这个充满预兆的开端是不是意味着，在那个时

---

① 原文为法语。

② 原文为法语。

候，这两个人之间已经产生了某种喜爱之情？我们不知道。无论如何，没过多久，一个重大的事件打破了这段调情的时光（毫无疑问是没有犯下罪行的），因为小公主一夜之间因为路易十五的驾崩而成了法国王后。两天后，有人给过他暗示吗？汉斯·阿克瑟尔·冯·费尔森动身返回瑞典。

第一幕就此告终。这不过是一场风流的序幕，是真正戏剧的前戏。两个十八岁的年轻人彼此相遇，彼此喜爱，"这就是一切了"①——翻译成现代的语言就是：这是一段舞会上的友谊，一段高中生之间的恋爱。还没有发生什么本质性的东西，还没有触及感情的深处。

第二幕，四年以后的1778年，费尔森再一次出行来到法国。他的父亲派遣这位二十二岁的年轻人去给自己找一位富有的妻子，不是伦敦的冯·雷耶尔小姐，就是内克尔小姐，后者是内克尔这位日内瓦银行家的女儿，之后作为斯泰尔夫人而举世闻名。但是阿克瑟尔·费尔森对婚姻并没有展现出什么特别的兴趣，很快人们就明白这是为什么了。这个年轻的贵族刚一到达，就立刻穿上礼服来到了宫廷里。人们还认识他吗？国王闷闷不乐地点了点头，其他人无动于衷地注视着这个并不重要的外国人，没有人对他说一句礼貌的话。只有王后几乎刚一见到他，就难以克制地对他喊道："啊！这是我们的老朋友。""啊！我们早就互相认识了。"不，她没有忘记他，她那俊美的北欧骑士，她的兴趣立刻——那可不是三分钟热度！死灰复燃。她邀请费尔森加入她的社交圈，她对他表现出大量的宠信，就像他们在歌剧舞会上第一次见面的时候，是玛丽·安托奈特迈出了第一步一样。

---

① 原文为法语。

很快，费尔森就写信给自己的父亲报告说："王后是我认识的最值得敬爱的女王侯，她善良地询问我的消息。她问克洛埃茨①，为什么我不去参加她星期天的赌牌游戏，当她听说，有一天我在取消觐见的时候过去了，她甚至有点为我感到抱歉。""给了这个少年可怕的恩宠，"人们不得不赞同歌德的说法，因为这个高傲的女人甚至不去回应公爵夫人们的致意，长达七年都不和红衣主教罗罕说一句话，长达四年都不对杜巴丽夫人点一点头，却会对这么一个游历国外的小贵族感到抱歉，就因为他白白跑了一趟凡尔赛宫。"每一次，当我在她的赌牌社交圈里等待的时候，她都和我进行交谈。"几天后，这个年轻的骑士向自己的父亲报告。这位"最值得敬爱的女王侯"无视所有礼仪请求这位瑞典人，让他穿上自己家乡的军装来到凡尔赛宫，她无论如何都想要——真是一位恋人才会有的心绪！看一看，这身异国服装穿在他身上是什么样。"俊美的阿克瑟尔"②自然满足了这个愿望。旧日的戏剧重新开始了。

只是：这一次对于王后来说，已经是一个危险的游戏了，因为宫廷里有几千只千眼巨人一样的眼睛在监视着她。玛丽·安托奈特现在不得不更加小心谨慎，因为她已经不再是过去那个年幼的、十八岁的公主了，可以因为她还是孩子、还算年轻而得到原谅，但她已经是法国王后了。只是她的血液已经变得警醒。终于，在令人毛骨悚然的七年之后，那位笨拙的丈夫路易十六成功地完成了婚姻的义务，他真正地把王后变成了一位妻子。但是，这位已经完全绽放、几乎是带有茂盛的美丽的女人，这位感觉细腻的女人，将她大腹便便的丈夫和她

---

① 克洛埃茨：克洛埃茨伯爵（1731—1785），瑞典政治家、外交家、诗人，当时的瑞典驻法国大使。

② 原文为法语。

年轻而光彩照人的情人相比，心里该有什么样的感受呢！她自己也没有意识到，就开始第一次满怀激情地恋爱了，用许许多多的方式，此外还用脸上的红晕表达出了她对费尔森的混乱情感，向所有好奇的人都泄露了秘密。一而再地，玛丽·安托奈特人性中最为感性的特征使她陷入了危险：她没有办法掩饰自己的好感或者是厌恶。一位宫廷女侍宣称，她曾经清清楚楚地注意到，有一次费尔森意想不到地走了进来，王后就陷入了一阵甜蜜的战栗，还有一次，她正坐在钢琴前面，唱着狄朵的咏叹调①，当她当着整个宫廷唱到这一句："啊，我的激情如此奔涌，当我把您迎接到我的心中"②的时候，她平素如此冷漠的蓝眼睛带着隐秘的（现在已经不再隐秘了），洋溢的柔情望向了自己选中的那位对象。闲言碎语已经开始涌动。很快，因为整个宫廷社会都把王室的隐私视为世界上最重要的事情，他们就开始热情地探查情况：她会把他当成情人吗，要怎么做，要在什么时候做出这一步？因为她已经过于公开地表现出了她的感情，就好像并不是每个人都注意到了一样，实际上却只有她自己不知道，只要费尔森有勇气或者是有足够的轻率，他就可以赢得这位年轻王后所有的战利品，甚至是最后的战利品。

但费尔森是个瑞典人，是一个彻头彻尾的男人，性格无可挑剔：在北欧人身上，强烈的浪漫主义倾向可以毫无阻碍地和平静得近乎冷酷的理智手牵着手走路。他很快就看穿了，情况已经变得难以控制了。王后的弱点就在于他，这一点没有人比他更清楚，他在心里也深

———————————

① 狄朵的咏叹调：来自英国作曲家亨利·派赛尔的歌剧《狄朵与埃涅阿斯》，狄朵是《埃涅阿斯纪》里爱恋埃涅阿斯却无法阻止他前行的腓尼基女王，最终因为埃涅阿斯的抛弃而自尽。

② 原文为法语。

爱着、深深尊敬着这个女人，如果轻浮地滥用这种感情上的软弱之处，使得王后徒劳地陷入流言蜚语，对他来说是有违正义感的。公开的恋爱关系肯定会引发一场史无前例的丑闻：就连这种柏拉图式的恩宠关系也已经对玛丽·安托奈特造成了严重的影响。另一方面，扮演约瑟的角色[①]，拒绝一位年轻、美丽、心爱的女子那贞洁而冷淡的恩宠关系，费尔森又觉得自己过于热情和年轻了。于是，这位出色的男子做了一个男人在这种棘手的情况下所能做出的最为高尚的事情。他让自己和这位遭受到危机的女人相隔开两千英里，他报名参军，作为拉法耶特的副官前往美利坚。他在线索还没有变成一团可悲的、无法解开的死结之前就剪断了它。

关于这对恋人的告别，我们拥有一份确切无疑的文件，也就是瑞典大使写给国王古斯塔夫的官方文件，它在历史上证明了王后对费尔森激情洋溢的爱情。大使写道："我必须告知陛下，年轻的费尔森得到了王后的如此厚待，甚至引起了有些人的怀疑。我必须承认，我自己也相信她对他抱有喜爱之情，我注意到了非常清晰的迹象，所以不得不产生怀疑。年轻的费尔森伯爵在这种情况下通过谦逊的行为展现出了英勇的态度，他决心前往美利坚。他通过离开的方式消除了所有的危险，决心抵制这样的诱惑，毫无疑问，这种做法已经超越了他的同龄人。在最后的日子里，王后的眼睛无法从他的身上转移开来，当她注视他的时候，她的眼里就满是泪水。我请求陛下，独自和费尔森参议员保守这个秘密。当宫廷的宠臣们听到伯爵即将启程的时候，他们都非常高兴，菲茨-热姆斯公爵夫人对他说：'怎么，我的先生，您要

---

① 指《圣经》中，约瑟被自己的兄长卖到埃及，受到主人波提乏的妻子的引诱。约瑟拒绝诱惑，后反而遭到波提乏妻子的诬告，被投入狱中。

把您的征战成果留下吗？''如果我真的征服了一个女子，我就不会把她留下。我走的时候无牵无挂，毫无遗憾。'陛下肯定会承认，这个回答具有超出他年龄的机智和克制。此外，现在王后也比之前显得更有控制力，更加聪明了。"

那些捍卫玛丽·安托奈特的"美德"的人们自此以后都在不停地挥舞这面旗帜，以证明她的纯白无瑕。费尔森在最后一刻从这种破坏他人婚姻的爱慕中抽身而退，这对恋人做出了令人钦佩的放弃，离开了彼此，伟大的激情依然保持着"纯洁"，他们就是这样争论的。但是这个证据并没有证明什么有效的东西，只能证明一个暂时的事实，也就是在当时，在1779年，玛丽·安托奈特和费尔森还没有迎来最终的彼此信任。直到最后几年，这场激情决定性的危险才发生。我们现在才只是在第二幕的结尾，距离他们陷入最深的纠葛还有很久。

第三幕，费尔森的重返。在四年自愿的放逐之后，他在1783年6月和援助美国的部队一起在布雷斯特登陆，然后紧急赶往凡尔赛宫。他在美国期间和王后一直保持着通信联系，但爱情需要活生生的当下。现在不要被迫再次面临分离了，现在终于可以在彼此的近处扎下根来，不要再遥远地眉目传情了！显然是依照王后的愿望，费尔森立刻得到了一个法国团长的职位，为什么呢：这个谜题是那位身在瑞典的节俭的老父亲无法解开的。为什么汉斯·阿克瑟尔一定要留在法国？作为久经考验的军人，作为古老贵族姓氏的继承人，作为具有浪漫精神的国王古斯塔夫的宠儿，他可以尽情挑选家乡的任何职位。为什么一定要在法国呢，这位失望的参议员一再愤怒地发问。为了迎娶一位富有的女继承人，那位拥有几百万瑞士货币的内克尔小姐，儿子匆匆欺骗着这位心怀疑窦的父亲。但是实际上，他完全没有考虑婚姻这件事，他在同时期一封写给自己妹妹的私密信件里透露说："我已经下定决心，永远不缔结婚约，否则这样就会很不自然……我唯一想要属于的和热爱我的女人是我所不能拥有的。所以我就不想属于任何人。"

难道这还不够清楚吗？难道还要问谁是这个"唯一"爱着他，但无法和他在婚姻关系里相属的女人吗？"她"就像他在日记中这样称呼王后一样？一定是发生了一些决定性的事情，他才敢于如此坦率地面对自己，如此确切地对自己的妹妹承认他对玛丽·安托奈特的爱恋。当他在信中对父亲写道"有上千种我不敢于在信中书写的个人原因"使他不得不留在法国的时候，那上千种原因的背后其实只有唯一一种原因是他不愿意告诉别人的，那就是玛丽·安托奈特的愿望或者是命令，要求这位被选中的朋友持续地待在她的身边。因为费尔森几乎刚刚对这个团长的职位发起申请，就得到了它，那么是谁已经愿意表示出"干涉这件事情的恩宠"了呢——玛丽·安托奈特，这个平时根本就不管军事任职的人。又是谁很快就把这个得到贯彻的授职报告给了——与所有的习俗相悖——瑞典国王呢？不是最高的统帅①，不是这个唯一对此负责的职位，而是通过他妻子的一封手写信，也就是王后的一封手写信。

在这几年和接下来的几年里，玛丽·安托奈特和费尔森之间的亲密关系，或者更确切地说，是最为亲密的关系很可能就开始了。显然，费尔森还不得不，非常勉强地作为副官陪伴古斯塔夫巡游两年。之后在1785年，他最终在法国落下了脚。玛丽·安托奈特在这几年里发生了至关重要的变化。项链事件使得这个乐于相信全世界的女人陷入了孤立，使得她的感官接触到了本质性的东西。她从那些精神上并不可靠的人们、那些喜欢娱乐和泄密的人们，那些好献殷勤和爱好赌

---

① 此处指法国国王。

博的人们的危险社交圈子里抽身而退，她失望的心看到的不再是之前那许多毫无价值的人物，而是一位真正的朋友。在普遍的仇恨情绪之中，她对柔情、对依靠、对爱情的需求正在无限地增长。现在她已经成熟了，不再虚荣和愚蠢地在备受惊叹的镜花水月之物之上挥霍自己，而是将自己献给了一个拥有着坦诚和坚定的灵魂的人。而费尔森天生正直，具有骑士精神，自从他知道她正在受侮辱、受责骂、被迫害、被威胁，他就开始怀着全部的情感热爱着这个女人：只要她被世界崇拜，被上千名阿谀奉承者环绕着，他就回避开她的恩宠，但只有当她需要帮助，陷入孤身一人的境地的时候，他才敢于爱她。"她非常不幸，"他写信给他的妹妹，"最值得钦佩的是她的勇气，这使她变得更富有吸引力。我自己难过的地方在于，她没有办法减轻所有她受到的折磨，没有办法变得像她应该的那么幸福。"她越是不幸，越是被人抛弃在一旁，越是心烦意乱，他那富于男子气概的意志就变得越强大，通过爱情将一切都弥补给她，"她常常和我一起哭泣，您说，我是否应该更爱她。"灾难越是临近，这两个人就越是猛烈、越是满怀着悲剧性的精神紧紧相拥，她在经历了无穷无尽的失望之后，又在他这里找到了最后的幸福，而他通过他具有骑士精神的爱恋，通过他对她永不停息的牺牲精神，为她弥补了一个失落的王国。

现在，一度流于表面的喜爱变成了灵魂内心的爱恋，好感变成了爱情，为了在整个世界面前掩饰他们的关系，双方都做出了令人感动的努力。为了驱散所有的怀疑，玛丽·安托奈特没有让这位年轻的军官把自己的营房驻扎在巴黎，而是在靠近边境的地方，在偏远的瓦伦西埃。如果"有人"（费尔森在自己的日记里这样克制地写道）召他进宫，他就尽一切手段在所有的朋友面前隐藏自己旅行的真实目的地，这样人们就无法对他出现在特里亚农宫这件事情大做文章。"不要告诉任何人我是在这里给你写的信，"他从凡尔赛宫写信警告他的妹妹，"因为我所有其他的信件都写的是从巴黎寄出的。请保重，我现在得去见王后了。"费尔森从来没有加入过波利涅夫人的社交圈，从来没有让特里亚农宫的亲密社交圈看见到自己的身影，从来没有参加过雪橇聚会、舞会和赌局：王后表面上的宠臣们才应该在那里继续尽可能引人注目地炫耀，因为正是他们的风流行为，下意识地帮助人们把真正的秘密在宫廷的面前掩盖起来。他们统治着白天，费尔森的国度却属于夜晚。他们表示恭敬，说个没完，费尔森却只是被爱，沉默不语。万事通圣普利斯特①对这一切非常清楚，只是不知道自己的妻子也在为费尔森而痴狂，在给他写炽热的情书，他非常确切地报告说，他的判断比所有其他人都要更有效："费尔森每星期去三次或四次特里亚农宫。王后也一样，不带任何随从，这样的幽会引起了公开的议论，尽管这位宠儿非常谦逊和收敛，对外绝不强调自己的地位，在王后的所有朋友中间都是最隐秘的一个。"无论如何，在这五年里，这对恋人独享的时光都只不过是偷来的匆匆几个小时，因为尽管玛丽·安托奈特个人很有勇气，她的贴身侍女也非常可靠，但她还是不敢做太多的事情。直到1790年，也就是离别前夕，费尔森才怀着恋爱中的极度幸福进行报告，说他终于可以和她"在她的陪伴下"②度过了一整天。只有在夜晚与黎明之间，在花园的阴影中，也许在散落在特里亚农宫的哈默村那些一望无际的小小的村舍里，王后才能够等待她的契鲁比诺③。《费加罗的婚礼》中的花园场景还有它轻柔浪漫的音

---

① 圣普利斯特（1735—1821）：法国政治家、外交家。

② 原文为法语。

③ 契鲁比诺：《费加罗的婚礼》中伯爵的侍童，伯爵夫人侍女苏珊娜的追求者。——编者注

乐，在凡尔赛宫的小灌木丛中，在特里亚农宫蜿蜒迂回的小路上秘密地演奏到了尽头。但雷鸣已经响了起来，《唐·璜》音乐里沉重的节拍，已经迈着骑士团长那石化的、粉碎性的步伐在门前宏大地敲响，第三幕从洛可可的柔情走入大革命悲剧的宏大风格之中。只有现在，在最后的时刻，渐强音①的旋律才开始演奏，绝望的离别，末路的醉生梦死。

直到现在，在最艰难的危险之中，在其他人都四散奔逃的时刻，那个在幸福的时代高贵地隐藏起来的人，那个真正的、那个唯一的朋友才走了出来，准备和她一起赴死，他准备为了她，出生入死。此刻，费尔森那迄今为止一直蒙在阴影里的形象才从时代的雷雨那苍白的天空下具有男子气概地浮现了出来。他热爱的女人越是受到威胁，他的决心就越是坚定，他们两人毫不顾忌地跨过了迄今为止横亘在他们之间的传统界限，也就是他们中间的一位是哈布斯堡家族的公主，是法国的王后，另一位是来自外国的瑞典容克贵族的事实。每一天，费尔森都出现在宫里，所有的信件都要经过他的手，所有的决定都由他来做出权衡，所有最艰巨的任务、最危险的秘密都被托付给了他，他是唯一一个知道玛丽·安托奈特所有目的、所有忧虑和所有希望的人，也是唯一一个了解她的泪水、她的心痛与她苦涩的悲哀的人。就在所有人都弃王后而去的这一瞬间，她找到了她这一生都在徒劳地寻求的那个人，一位诚恳的、正直的、具有男子汉的英勇气概的朋友。

---

① 原文为意大利语，为音乐术语。

第二十一章　他是吗？他不是吗？

（一个插入式的问题）

STEFAN
ZWEIG

现在，我们都知道了，汉斯·阿克瑟尔·冯·费尔森并不像人们在很长一段时间里以为的那样——只是玛丽·安托奈特灵魂的长篇小说的一个配角。他是主角，这一点已经无可反驳。我们已经知道，他和王后的关系显然不仅仅是风流的嬉戏、浪漫的调情和骑士风格的吟游行为，而是在长达二十年里经过磨砺与考验的爱情，具备王后权力的一切象征，火焰般炽热的激情，君临一切的勇气，极度充溢的宏伟感情，最后这份爱情还笼罩在把握不定的气氛之中。难道这是一段——就像人们在十九世纪用书面语的形式称呼的那样——"纯洁"的爱情？人们以卑劣的方式指代那种满怀激情地热爱着别人、也被人热爱着的女人只能贞洁地拒绝最终献身于那个热爱着她、也被她热爱着的男人的情况。或者这段爱情在某种意义上是"有罪的"，也就是说：在我们的意义上，是一段完整、自由、慷慨而大胆地奉献自我、奉献一切的爱情？难道汉斯·阿克瑟尔·冯·费尔森只是一个具有骑士精神的仆从，只是玛丽·安托奈特的一个浪漫的崇拜者，还是真的在肉体意义上也是她的情人——他是吗？他不是吗？

"不是！""绝对不是！"某些保王党和反革命的传记作家立刻开始尖叫。怀着某种古怪的愤慨与可疑的仓促，不惜一切代价要捍卫

"他们的"王后的"纯洁"，想要保护她而拒绝所有的"贬低"。"他满怀激情地热爱着王后，"维尔纳·冯·海登斯塔姆[1]怀着令人羡慕的确信下了断言，"但他绝对没有让肉欲的念头玷污这段爱情，这段爱情应该配得上吟游诗人和圆桌骑士的风度。玛丽·安托奈特也爱过他，但是没有一刻忘记自己作为妻子的义务和作为王后的尊严。"对于这种充满敬畏的狂热分子，这件事情是不可设想的——这意味着他们拒绝承认，有人可以想象，"法国最后的一位王后竟然有可能背叛'荣誉的积蓄'[2]，这可是我们的国王几乎所有的母亲遗留给她的。"上帝保佑，也就是说，不要继续研究了，根本就不要再继续讨论这个"耸人听闻的诽谤"（引自龚古尔[3]）了，不要让"无耻之徒和阴险小人"揭露真实的情况！如果有人哪怕只是稍微接近一下这个问题，这些玛丽·安托奈特的"纯洁"的无条件的捍卫者就会神经质地敲响警钟。

难道我们真的必须遵守这样的命令，紧闭双唇，放过这个问题不管，也就是费尔森是不是一生中看待玛丽·安托奈特的方式都仅仅是以"额头上戴着光环"的方式，还是也以人类男性的目光看待过她？难道事情的重点不是更在于，贞洁地回避着这个问题的人，已经略过了实际上的问题？因为只要你不知道一个人最深的秘密，你就还不了解一个人，而只要你不理解一个女人爱情的本质形式，你就更没有办法理解她的人格。在这样的历史关系里，长年压抑着的激情不仅仅是

---

① 维尔纳·冯·海登斯塔姆（1859—1940）：瑞典诗人、作家，1916年获得诺贝尔文学奖。

② 原文为法语。

③ 龚古尔：埃德蒙特·德·龚古尔（1822—1892）和儒勒·德·龚古尔（1830—1870），法国作家，兄弟两人联名写作，除长篇小说外，他们一同撰写了《玛丽·安托奈特传》《蓬巴杜夫人传》《路易十五的情妇们》。

偶然地从一个人的生命里擦肩而过，而是填满了命运和灵魂的空间，满得几乎溢出来，那么这个有关这段爱情的界限形式的问题就并不是徒劳的，也并不含有恶意，而是对于呈现这个女人的灵魂图像至关重要。为了画出正确的图像，我们就必须睁开眼睛看问题。也就是说：我们要迈步前进，审查情况和文件。我们要继续研究，也许这个问题还是能够找到答案的。

关于第一个问题，前提条件是我们从资产阶级的道德观的角度来看，如果玛丽·安托奈特曾经毫无保留地献身于费尔森，那么这就是一种罪过——那么谁会指责她这种彻底的献身呢？在同时代，只有三个人，但那是三位等级最高的男人，不是躲在后面偷听的人们，而是知道内情的人物，我们可以相信他们无条件地对这种情况有所了解。拿破仑、塔利朗和路易十六的部长圣普利斯特，后者是所有事情每天的目击证人。这三位都毫无保留地宣称，玛丽·安托奈特曾经是费尔森的情人，他们声称的方式是不容许任何质疑的。圣普利斯特是最熟悉情况的，他知道最为详细的细节。他对王后完全没有敌意，完全实事求是地讲述了费尔森秘密夜访特里亚农宫、圣克劳德城堡和杜伊勒里宫的事情，拉法耶特只允许他一个人秘密出入这些地方。他报告说波利涅夫人也对此知情，她看起来对此事很赞同，因为王后的恩宠刚好落在了一个外国人的身上，他并不想因为他受宠的地位而得到任何好处。把这三个人的陈述都推到一边，就像那些愤怒的美德卫道士一样，把拿破仑和塔利朗都称为污蔑者，其实比进行一次不带偏见的调查需要更多的勇气。但第二个问题来了。在同时代人中或者是其他证人中，有哪些人曾经声明，指责费尔森曾是玛丽·安托奈特的情人是一种污蔑？一个人也没有。此外，引人瞩目的是，那些刚好知晓内情的人都怀着某种奇怪的一致性，甚至避免提到费尔森的名字：迈尔西这种把每根簪子插进王后头发都要先检查三次的人，没有一次在官方文件中提及过他的姓名。宫廷里的亲信在写信的时候，总是只提到要把信件交给"某个人"。但是没有人说出他的名字。一个世纪以来，某种可疑的沉默阴谋都笼罩着这个名字，最初几部公开出版的传记都刻意忘记甚至是提一提他。也就是说，我们无法避免留下这样的印象，就好像是在事后下了一道命令，让这个浪漫的美德传说中这个令人烦扰的朋友尽可能地被人彻底遗忘。

所以历史研究在很长时间里都面临着一个艰难的问题。人们在各个地方都遇到了紧迫的怀疑时刻，关键性的文件在各个地方都被勤奋的双手抹去。根据现存的材料——那些不复存在的材料包含了真正的罪证——也许无法得出真正的"现行犯罪"①的证明。也许是，也许又不是这样，也就是说，只要缺少最后的结论性证据，历史这门学科就只能在费尔森的事情面前合上档案袋，发出一声叹息：我们没有任何写下来的东西，没有任何印刷出来的东西，也就是说，在我们的领域里，没有任何有效的证据。

但是就在局限于眼见为实的证据的研究走到尽头的地方，灵魂那自由而轻盈的观察艺术开始了。在考古学失败的地方，心理学就必须经受住考验，它那符合逻辑的可能性时常比档案与事实所提供的赤裸裸的真相更加真实。如果我们的历史学只包括档案，那么历史将会多么狭隘、多么贫乏、多么残缺不全！科学的领域是含义明确、显而易见的，但随着灵魂艺术而产生的领域却是暧昧不清的，需要阐释和厘清。在材料还不足以充当书面证据的地方，还有无尽的可能性留给心理学。感情对一个人的了解永远胜过所有的文件。

---

① 原文为拉丁语，为法律术语，直译的意思为"当罪行还在燃烧的时候"。

但我们首先还是来检视一下文件。汉斯·阿克瑟尔·冯·费尔森尽管具有一颗浪漫的心灵，却还是一个秩序井然的人。他几乎以学究般的精确态度记着日记，每天早晨，他都用整洁的字迹记录下天气和气压，除了天气上的变化，还有政治层面和个人层面的事件。此外，他还有一本——真是一个极度讲究秩序的人——关于邮件的记录簿，在里面记录他接收到的和寄送出去的邮件的日期。除了这些，他还对他的记录做一些摘记，分门别类地保存他的邮件——也就是说，对历史研究者来说，他是一个理想的研究对象。因为当他于1810年去世的时候，他留下了一份有关他毕生的无可指摘的、极有秩序的档案，那真是一份无与伦比的文件宝库。

　　那么这份宝库现在怎么样了呢？什么都没有了。这一点就已经意味着某些奇怪的事情了。它的存在被继承者小心翼翼地隐瞒了起来（或者我们不如说心怀恐惧地），没有人可以接近这份档案，没有人可以获悉它的存在。最终，在费尔森去世半个世纪以后，一位后人，克林科夫斯特罗姆男爵[1]出版了这些通信和一部分日记。但奇怪的是，这份出版物从来都不完整。一系列来自玛丽·安托奈特的信件，装在一个标记着"约瑟芬"的信封里，全部消失了，就连费尔森在至关重要的那几年里写下的日记也不见了，此外——这是最奇怪的——信里反复出现一整行的文字被一个个小点点替代的情况。不知道是谁的手暴力地干涉了这些遗物。但和往常的情况一样，如果现在有一份曾经完整的通信材料经过了后人的损害或者是销毁，那么我们的怀疑就绝对不是没有道理的，这应该是为了一个苍白的理想化的目的，也

---

[1]　克林科夫斯特罗姆男爵：他是费尔森的姐姐海德薇格·埃莱奥诺拉·冯·费尔森（1753—1792）的后人，她在1773年嫁给克林科夫斯特罗姆男爵。

就是为了掩盖事实。但我们先不要有先入为主的观点，我们还是要保持冷静和公正。

也就是说，这些信件中缺少一些段落，它们被许多小点点替代了。为什么呢？它们在原件里就是难以辨认的，克林科夫斯特罗姆男爵是这样声称的。这是谁干的？很有可能是费尔森自己干的。"很有可能！"但这是为了什么？克林科夫斯特罗姆男爵对此（在一封信中）做出了相当尴尬的回答，说有可能是为了保守那个时代的政治秘密，或者是玛丽·安托奈特对瑞典国王古斯塔夫发表了一些表示反感的评论。既然费尔森把这些信件全部——全部？——都展示给国王看了，那么他很有可能——很有可能！——删掉了这些地方。奇怪！这些信件大部分都是加密的，所以费尔森只可能给国王阅读抄件。那么为什么要毁掉原稿，使之变得无法辨认？这件事情已经显得非常可疑了。但是就像我们之前说过的，还是不要先入为主。

让我们来研究一番！让我们来更仔细地再看一看这些被搞得无法辨认的、用小点点替代的段落。有什么引人注意的地方吗？首先就是这个：这些可疑的小点点几乎总是出现在信件开头和结尾的地方，在称呼对方或者在说完了"再会"①——"我说完了"②的地方，这也就是说：我已经说完了事务性的政治事件，现在轮到了……不，现在，在这个被删节的出版物里，除了点、点、点，什么也没有。但是，如果删节的地方出现在一封信的中间部分，那么人们就会发现一件很奇怪的事情，这些点点总是出现在与政治没有什么关系的段落里。再举一个例子："您的健康状况如何，我敢肯定，您一定不是特别关心自

---

① 原文为法语。

② 原文为法语。

己……至于我的话，我的状况从来没有这么好过，好过了我应该有的样子"①——会有一个拥有正常感知的人在这中间写上一段有关政治的内容吗？或者说，当王后写到她的孩子们的时候："这些事情是我唯一的幸福了……在我非常悲伤的时候，我就拥抱着我的小儿子"②那么在一千个人中，应该有九百九十九个人觉得，在这个空缺的地方应该填补上的是"自从你从这里离开以后"，而不是对瑞典国王的讽刺性评论。也就是说，我们不能严肃看待克林科夫斯特罗姆男爵那尴尬的断言，在这里，被隐藏的不是政治方面的秘密，而是其他东西：是一个人性方面的秘密。要发现这一点，幸好还有一个方法：用微距摄影技术可以轻易地重现这些信件里被涂掉的字行。那么就去找原件！但是——非常惊人！原件已经不复存在了，直到1900年左右，也就是在一百多年以后，这些信件都还完好无损、整整齐齐地放在费尔森世袭的城堡里。它们突然消失了，被毁坏了。因为在技术上出现了把抹去的段落重现出来的可能性，这对遵守道德的克林科夫斯特罗姆男爵来说肯定就是一场噩梦，所以他不得不在逝世之前匆匆焚毁了玛丽·安托奈特写给费尔森的信件——一个无与伦比的追逐名利的举动，非常不理智，就像人们看到的那样，而且也毫无意义。但克林科夫斯特罗姆男爵想要不惜一切代价地避免费尔森的这些事情得到清晰的揭露，宁可让它成为一段传说，也不能成为一种清晰而无可辩驳的真相。他认为，这样他就可以安宁地去世了，因为费尔森的"荣誉"、因为王后的荣誉通过把信件证据抹去的行为得到了拯救。

但是这种"焚书行为"③根据古老的意思不仅仅是犯罪：这还意

---

① 原文为法语。

② 原文为法语。

③ 原文为法语。

味着愚蠢。认真地销毁证据本身就成了某种罪恶感的证据，此外，根据犯罪学的一条隐秘法则，每次匆忙地销毁证据材料都总会留下一个额外的证据。于是，杰出的女学者阿尔玛·斯约德海姆在审阅剩余的文件的时候发现了费尔森写给玛丽·安托奈特一封信的手抄件，当时的出版方忽略了这封信，因为它只存在于费尔森的抄件里面（而那只"看不见的手"很可能已经焚毁了原件）。多亏了这个发现，我们第一次得到了王后一封私密信件的全文，因此也掌握了解密其他信件的钥匙，或者不如说是掌握了解密那些性爱音律的钥匙。现在我们可以预料到，那位拘束的出版者在其他信件中用那些小点点抹掉的是什么内容了。因为在这封信的末尾也有一个"再见"①，一个告别，但是之后出现的并不是刮掉的字迹和用小点点替代的段落，而是这样的内容："Adieu, le plus aimant et le plus aimé des hommes"，翻译过来就是："再见了，一切男人中再见我最爱的和最爱我的人。"

这个征兆对我们产生了多么不同的影响！现在人们理解了，为什么克林科夫斯特罗姆男爵、海登斯塔姆和所有其他"纯洁"的捍卫者，所有那些可能拥有更多档案的人们，在后世想要获悉这件事的时候，在人们想要不带成见地研究费尔森的案例的时候，都那么诡异地变得神经质起来。因为对那些可以理解内心的声音的人们来说，毫无疑问，王后如此勇敢地跨越了所有的习俗，这样称呼一个男人，她应该早就把自己柔情最后的证明交给了他：这个得到拯救的一行字迹取代了所有其他被销毁的字迹。如果销毁本身还不算是证明——那么这句得到拯救的话就给富有洞察力的人们带来了证据。

但除此之外，还有更多的内容！除了这封得到拯救的信件以外，

---

① 原文为法语。

在费尔森的生活中，还有一幕对于描绘他的性格起到了至关重要的作用。那是在王后去世六年以后。费尔森要在拉斯塔特会议上代表瑞典政府出席。这时拿破仑·波拿巴粗暴地对埃德尔斯海姆男爵解释道，他不和费尔森谈判，他早就认识到了他的保王思想，此外，他还和王后睡过觉。他说的不是：和王后有情感关系。而是挑衅地使用了那个几乎是粗俗的字眼，"和王后睡过觉"。埃德尔斯海姆男爵并没有想到要为费尔森辩护，他也觉得这个事实是非常不言自明的。因此他只是大笑着回答说，他以为这种事情只属于早就得到废黜的"古代政权"①，那些往事已经与政治无关。然后他就把整段谈话的内容告诉了费尔森。而费尔森呢，他做了什么呢？或者不如说，如果拿破仑·波拿巴这句话并不是真的，他将不得不怎么做呢？难道他不是必须立刻为了已故的王后反对这种指责（如果它是不公正的）吗？难道他不应该叫喊道，污蔑！这个初出茅庐的科西嘉小将军，使用极为粗鄙的话语指责别人，难道他不是应该马上就要求和他进行决斗吗？这样一个讲究荣誉的正直之人，怎么能够容许别人指责一个女人做过他的情人，而实际上这并不是真的？在这一刻，费尔森有着唯一一次机会，甚至是有着义务，用白刃劈穿长久以来暗自流传的说法，一劳永逸地驱散这些谣言。

但费尔森做了什么呢？唉，他保持着沉默。他拿起羽毛笔，把埃德尔斯海姆和波拿巴的这一整段对话，包括他和王后"睡过觉"的指责都用整洁的字迹写进了自己的日记里。他没有用一句话在自己最私密的记录里削弱这个论断，根据他的传记作者的意见，这是一句"卑鄙而且心怀恶意"的指责。他低下了头，以此说出了：是的。几天

---

① 原文为法语。

以后，英国公报开始传播这个事件，"与此同时，谈论他和不幸的王后"，他对此补充了一句"ce qui me choqua"，翻译过来就是"我对此感到很生气"。这就是费尔森的全部抗议了，或者说是并没有进行抗议。沉默再一次比话语表达了更多的东西。

也就是说：那些后代心怀恐惧、如此努力地试图掩饰的事情，也就是费尔森曾经是玛丽·安托奈特的情人这件事，这位恋人本人从未亲自否认。大量事实和文件中的几十件事情的细节继续提供着证明：她的妹妹请求他，当他在布鲁塞尔和另一位情人公开露面的时候，他一定要小心，不要让"她"（"elle"）知道这件事，否则她会受到伤害的（如果她不是他的情人，我们肯定会问，她又有什么权利受到伤害呢）。日记里有一个被删节的地方，费尔森在那里记录道，他在杜伊勒里宫王后的卧室里度过了一个晚上，有一位贴身侍女在革命法庭上陈述，总是有人在半夜悄悄离开王后的房间。这些都是细节，但却因为它们具有惊人的一致性，所以显得很有分量，——但是这些证据都是一些零散的元素，还没有说服力，还缺少最后的、也就是与人物性格的关键性联系。只有从一个个体的整体出发看问题，才能够解释清楚他的行为方式，因为一个人的每一次个别的、出于自己意志的行为都深藏在他天性中那种闭环的因果关系里。因此，费尔森和玛丽·安托奈特之间的关系到底是激情洋溢的亲密关系，还是仅仅是充满尊敬的传统关系这个问题，最终取决于这个女人灵魂的整体状态，我们在看过所有这些有罪的细节之后，不得不首先发问：是什么样的举止，是自由的献身精神，还是恐惧地表示拒绝，在逻辑上和性格特征上更符合王后的性格？如果有谁能够从这个角度看问题，他就不会犹豫很久。因为玛丽·安托奈特尽管具有所有那些弱点，她却拥有一种巨大的力量：她那不受拘束的、不假思索的、真正独立自主的勇气。她的内心深处非常正直，无法做出任何伪装，这个女人曾经几百次在很多更不重要的事件上无视所有传统的限制，对她背后的闲言碎语表现出无动于衷。而这时，她的命运已经把她真正地抬升到了伟大的地步。玛丽·安托奈特从不小气，从不畏缩，从不把另一种形式的荣誉与道德，也就是社会或者是宫廷的道德置于自己的意志之上。恰好就在她真正热爱的唯一一个人身上，难道这个英勇的女人会突然开始扮演一个古板的女人，扮演路易那惊恐的、可敬的妻子吗？她只是出于国家利益，从来不是出于爱情才和路易结合在一起的。难道她会在这个末世般的时代里，在这个挣脱了所有束缚和秩序的时代里，在死亡临近的狂热的醉意之中，在穷途末路的所有惊恐之中，为了社会的评判而牺牲自己的激情？这个没有人可以阻止和约束的女人，难道她应该从最自然的、最女性化的情感形式之中抽身而退，就为了一种幻象，为了一段永远只是一种嘲弄的婚姻，为了一个她从来都不觉得是个男人的男人，为了一种她出于不受控制的天性中追求自由的本能而一向憎恨的道德？如果谁想要相信这种不可置信的事情，就无法不面临着失败。但并不是那些完整而自由地谈论着玛丽·安托奈特在她唯一一段爱情经历中的勇敢和不假思索的人们丑化了她，而是那些想象这个无所畏惧的女人拥有一个无力、怯懦、因为顾虑和谨慎而变得恐惧的灵魂的人们丑化了她的形象，他们觉得她不敢迈出最后的一步，把自然而然的事情压抑在了内心深处。但是如果谁能够把一个人的性格当作一个整体进行理解，那么他就完全不会怀疑，玛丽·安托奈特把她整个失望的灵魂，还有她长久以来那被滥用的和深感失望的肉体都交给了她的情人汉斯·阿克瑟尔·冯·费尔森。

但是国王呢？每次婚姻破裂的时候，被欺骗的第三个人都是一个令人难堪、尴尬可笑的人物，可能是为了路易十六的利益，这段三角关系中间的很大一部分在日后得到了成功的掩饰。实际上，路易十六绝对不是什么可笑的傻瓜，因为他无疑知道费尔森和他妻子的这段亲密关系。圣普利斯特明确说过："她找到了方法告诉他，这样他就知道了她和费尔森伯爵之间的关系。"

这个论断完美地契合了当时的情况。玛丽·安托奈特从来不会做出伪善和伪装的行为，在背后瞒着她的丈夫行事并不符合她灵魂的姿态，那种非常频繁地同时出现在丈夫和情人身边的丑恶的卑鄙行径，那种不洁的混杂状态也不符合她的性格。毫无疑问，直到很晚，可能直到这段婚姻维持了十五年或者二十年之后，在玛丽·安托奈特与她的丈夫解除了肉体关系之后，她才最终确立了自己和费尔森的亲密关系。这种纯粹出于性格逻辑的猜测意外地因为一封她的皇帝哥哥的信件得到了补充，他不知怎么在维也纳听说，他的妹妹在第四个孩子出生之后就不再想要靠近路易十六了：这个时间点刚好和她与费尔森的亲密关系开始的时候相吻合。如果有谁想要看清楚情况，那么现在也就可以看清楚了。玛丽·安托奈特出于国家利益，嫁给了一个她完全不爱，绝对不讨人喜欢的男人，因为这段婚姻的强制性而常年压抑着自己灵魂中对爱情的需求。但一旦当她生了两个儿子，也就是生下了两个毫无疑问的波旁家族血脉的王位继承人之后，她就觉得自己已经尽了对国家的道德义务。在为政治牺牲了二十年后，在这个悲剧般天摇地动的时刻，这个久经考验的女人收回了自己纯粹的自然义务，不再拒绝那个她深爱已久的男人，他对她来说既是朋友，也是情人，既是亲信，也是同谋，他和她自己一样具有勇气，准备好以充满牺牲精神的勇气来回报她。所有那些刻意的假设，认为王后是一位甜美而具有美德的女人的假设，相比于她所采取的举动的真实情况是多么的贫瘠，而那些无条件地捍卫这个女人作为王后的"荣誉"的那些人又是如何地贬低了她充满人性的勇气和她灵魂深处的尊严！因为没有什么是比一个女人彻底而自由地遵从自己那不可欺瞒、经过多年考验的感情更诚挚和更高贵的事情了，也没有什么是比一位王后做出最符合人性的举动更具有王后尊严的事情了。

第二十二章　凡尔赛宫的最后一夜

STEFAN
ZWEIG

在法国，几千年以来，这个国家从来没有像1789年的夏天这样迅速成熟。高高的麦秆上挂满了稻谷，只是，一旦有了鲜血作为肥料，革命那急躁的种子就生长得更快了。几十年的荒废，几百年的不公都被一笔抹去，现在，另一座无形的巴士底狱正在被攻陷，法国人民的权利就被他们的国王囚禁在那里面。8月4日，在无休无止的欢呼声中，封建主义强加给人民的古老堡垒土崩瓦解，贵族们放弃了徭役和什一税制度①，教会的领导者们放弃了地租和盐税制度，农民变得自由了，市民变得自由了，出版自由和人权得到了公布。让-雅克·卢梭的所有梦想都在这个夏天实现了。"娱乐宫"②（那曾经是国王们用来享乐的地方，现在被人民用来确认自己的权利）大厅里的窗户不断叮当作响，时而回响着欢呼，时而回响着争吵：在距离百步之远的地方就已经可以听到这种无休无止地轰鸣的人声了，就像蜂群的嗡鸣声。但是在距离千步之远的地方，在凡尔赛宫里却笼罩着惊人的寂静。宫廷惊慌地透过窗户望着这些喧嚷的宾客，尽管他们只是被请来

---

① 原文如此，但什一税实际上属于教会征收的税务。
② 原文为法语，其大厅同时用作网球场。1789年5月5日，在这里召开三级会议。

提供建议的，却已经开始扮演统治者的角色了。该怎么把这些巫师[①]的学徒再次赶回家里去呢？国王手足无措与他的顾问们商议，他们的观点互相矛盾。最好还是等上一段时间，王后和国王想，等到这场风暴自己平息。现在只需要保持平静，待在幕后。只需要赢得时间，就可以赢得胜利。

但是革命想要向前，它必须向前，因为它不能搁浅，因为革命是奔涌的运动。停滞对它来说就意味着灾难，后退对它来说就意味着终结，它必须提出要求，一而再地提出要求，为了宣称它自己的存在，它必须征服，必须保持不被战胜。报纸为这场躁动的进军敲着喧天的锣鼓，孩子们在革命的大街小巷上跑来跑去，喧喧嚷嚷、无拘无束地跑在真正的部队前面。一支羽毛笔就赋予了写下来的、说出来的话语以自由，这些话语在最初爆发的时候总是充满了野蛮而毫无节制的特点。十家、二十家、三十家、五十家报纸出现了。米拉波伯爵创办了一份报纸，德穆兰、布里索、卢斯塔洛[②]和马拉都创办了自己的报纸，每份报纸都在争取自己的读者，因此每家报纸都想要在资产阶级爱国主义的层面超过其他家，于是它们就毫无顾忌地开始了吹嘘，全国都只能听到这些报纸的声音。现在只需要大声吵闹，只需要尽量狂放，声音喊得越响就越好，把所有的仇恨都堆积在宫廷身上！国王正在计划叛国，政府正在阻碍谷物供应，外国军团已经迫近，准备解散国民议会，一个新的圣巴托罗缪之夜正在威胁着人们。觉醒吧，市民们！觉醒吧，爱国者！咚隆隆，咚隆隆，咚隆隆！各个报纸日夜敲响着鼓点，把恐惧、怀疑、愤怒和怨恨敲进千百万人们的心里。在这些

---

① 此处应指前文提到的"所有智慧的巫师"伏尔泰。

② 卢斯塔洛（1761—1790）：法国新闻记者，创办报纸《巴黎革命报》。

鼓手背后已经站立着配着长矛和刺刀、但首先是以难以估量的怒火作为武器的、直到目前为止还是看不见的法国人民的大军。

国王觉得事情进展得太快，革命却觉得太慢，这个谨慎的、停滞不前的男人没有办法跟上这个如此年轻的理念那激情洋溢的进军。凡尔赛宫一而再地犹豫着。那么前进吧，巴黎！结束这场漫长的议会讨论吧，结束国王和人民之间这场难以忍受的讨价还价吧，各个报纸都这样鼓吹着。你有十万只、二十万只拳头，军火库里有火枪，还有加农炮在等待着你：把它们取出来，把国王和王后从凡尔赛宫里请出来，抓住他们，然后你就把你的命运牢牢地攥在了手里！在革命的总司令部，在奥尔良公爵的宫殿里，也就是在王室宫殿里，人们已经制定好了口号：所有人都已经武装起来，宫廷的倒戈者之一于吕热侯爵已经在暗地里策划征讨了。

但是在王宫和城市之间还有许多晦暗的地下通道互相联通。俱乐部里的爱国者们通过被收买的佣人知道了王宫中发生的所有事情，王宫又通过间谍知道了他们正在计划进攻。凡尔赛宫里的人们决定采取行动，因为法国士兵已经不再可靠，不愿意反对和自己同为市民阶层的人们，所以他们调来了一个佛兰德斯军团，来保护王宫。在10月1日，这个部队从驻地向着凡尔赛宫跋涉，为了鼓舞士气，宫廷为他们准备了一场隆重的接待会。大歌剧厅为宴会让出地方，毫不顾忌巴黎正面临着严重的食品短缺问题，毫不吝惜美酒和佳肴：忠诚就像爱情一样，经常来自于肠胃。为了让这个部队对他们的国王尤其充满激情，国王和王后抱着太子——前所未有的荣誉——穿过宴会大厅。

玛丽·安托奈特从来都不明白那些实用的技艺，她不善于用刻意的机智、用算计或者是谄媚来笼络人心。但是她的身体、她的灵魂天生就具有某种高贵的特质，对每个第一次见到她的人都能产生一种迷人的影响：无论是一个人还是一群人，都绝对无法摆脱这种第一印象所留下的神奇魔力（这种魔力在进一步了解之后又会匆匆消散）。这一次，这位美丽的年轻女子既高贵、又可爱地在军官和士兵面前登场的时候，他们都从座位上跳了起来，热情地拔刀出鞘，一阵"万岁"的咆哮声向着国王和王后爆发而出，在这个时候，他们也许忘记了之前人们为之欢呼的整个民族。王后穿过队列。她可以流露出迷人的微笑，以一种惊人的疏远的方式表示友善，她就像她那位独裁专制的母亲、像她的哥哥、像几乎所有的哈布斯堡家族成员一样（这种艺术还将继续在奥地利的独裁专制体制里被继承下去），在心里怀有不可动摇的骄傲，但恰恰能够在面对最下等的人们的时候以最自然的方式表现得礼貌而亲切，完全不会因此而显得居高临下。她带着发自内心的微笑，因为她已经很久没有听到这句"王后万岁！"了，然后带着她的孩子们绕着宴会桌走了一圈，看到这个善良而优雅、这个真正具有王后风范的女人走到他们中间，走到这些粗野的士兵中间，前来做他们的客人，这些军官和士兵就陶醉在了对国王的忠心之中：在这一刻，每一个人都准备好要为玛丽·安托奈特赴死。就连王后离开这个喧闹的人群的时候，她也感到了幸福。在喝下人们敬献给她的、表示欢迎的美酒的时候，她也喝下了"信心"那金色的美酒。在法国，王位依然拥有忠心和保障。

但是第二天，爱国主义的各个报纸就擂起了战鼓，咚隆隆，咚隆隆，咚隆隆，王后和宫廷已经雇用了针对人民的杀手。这些人用鲜红的美酒灌醉了这些士兵，以使他们顺从地泼洒同为市民阶级的人民的鲜红的血液，奴性十足的军官把三色旗扔在地上践踏、嘲笑，这群人唱着奴仆的歌曲——所有这一切都发生在王后那具有挑衅色彩的微笑之下。难道你们还没有注意到吗，爱国者们？——他们想要攻陷巴黎，这些军团已经开始了进军。那么现在，市民们，起来进行最后的战斗吧，起来做出决断吧！你们要团结起来，爱国者们，——咚隆隆，咚隆隆，咚隆隆……

两天以后，在10月5日，巴黎发生了暴乱。这场暴乱实际发生的形式属于法国大革命众多无法参透的秘密之一。因为这场暴乱看起来是自行发生的，但却被证明是经过了值得赞叹的深谋远虑的组织，在政治上具有无法超越的惊人特质，打击的点非常精准，从一个正确的地方出发，打击到了正确的目标，一定是一双非常精明、非常智慧、非常巧妙、非常熟练的手开的这一枪。仅仅是这一点就是一个可以和肖德洛·德·拉克洛①这样的心理学家相媲美的大师般的想法，这位大师也的确已经在奥尔良公爵的王室宫殿里领导针对王冠的运动了——不是用男人组成的军队，而是用一群女人组成的队伍，通过暴力的方式把国王从凡尔赛宫里请出来。人们可以把一群男人说成起义者和暴乱分子，训练有素的士兵会顺从地向这些男人们开枪。但是女人们在人民起义中扮演的永远只是绝望者的角色，最锋利的刺刀也会在她们柔软的胸前退缩，除此之外，这些教唆者也知道，一个像国王这么满怀恐惧、多愁善感的男人绝对不会下令把加农炮对准女人。也就是说，首先是使群情高涨，然后，我们又不知道这件事是经过谁的手达成的，是什么阴谋了。故意停止对巴黎供应面包，造成饥饿，这是激起人民的愤怒的唯一强烈动力。然后，一旦形成动乱的局面，就把女人们都迅速招来，让女人们冲到第一排去！

① 肖德洛·德·拉克洛（1741—1803）：法国作家，代表作《危险的关系》，在当时被认为有伤风化而被列为禁书，在二战以后却受到高度评价。他在法国大革命中担任奥尔良公爵的秘书，后加入又退出雅各宾俱乐部，他因为与奥尔良公爵的关系反复被捕入狱，直到热月政变才恢复自由，出任那不勒斯地区炮兵司令。

事实上，来的确实是一个年轻的女人。人们声称，她的双手上戴满了戒指，她在10月5日冲进了一间警卫室，抓起了一只鼓。在她身后立刻就聚集起了一队愤怒的妇女大军，高声喊着要面包。动乱已经发起，很快，乔装打扮的男人们也混入到了人群中，给了这个咆哮的湍流之前就已经得到的确定的方向，也就是市政府。半个小时后，市政府被攻陷，他们抢劫了手枪、长矛甚至两门加农炮，而突然之间——是谁安排的，是谁影响的？——出现了一位领袖，名叫马亚尔①，他把这群毫无秩序、乱成一团的人群组织成了一支军队，煽动他们向着凡尔赛宫进军，去索要面包，实际上是为了把国王请到巴黎去。太晚了，就像每次一样——某个思想高贵、诚实却笨拙的人总是在事情发生之后一个小时才赶到，这真是一种灾难，——国民警卫队的司令拉法耶特骑上了他的白马。他的任务本来自然是——他想要忠诚地履行任务——阻止这场进军，但是他的士兵不听从他的命令。于是他只能带着他的国民警卫队，跟在这支妇女大军后面行进，想要在事后以某种合乎法制的假象掩盖这场公开的暴乱。这不是什么高尚的职务，他也知道，这位热衷于自由的老人对他的任务并不感到高兴。拉法耶特骑着他那匹著名的白马，阴郁地跟在由妇女们组成的革命大军后面，作为一个冷静地、按照逻辑思考却无能为力的人类理性的象征，徒劳无功地努力着，想要追赶上那种非常不合逻辑的原发性激情。

　　凡尔赛的宫廷直到中午都对多达千人已经发起了进军的危险毫无察觉。就像每天的流程一样，国王让人备好狩猎用的马匹，已经骑行进入了默东一带的森林。王后再次在清早独自走向特里亚农宫。在凡尔赛宫里，在这巨大的宫殿里，在这最好的朋友们早已四散奔逃的

---

① 马亚尔（1763—1794）：法国革命家。

地方，在这附近的国民议会每天都有"反叛者"①提出针对她的新的仇恨议案的地方，她又能做什么呢？唉，她已经厌倦了所有这些苦难，所有这些毫无意义的斗争，厌倦了人类，厌倦了当王后。她现在只想要休息，只想要静静地坐上几个小时，没有别人打扰，远离所有政治，在秋日的花园里，十月的太阳给树叶镀了一层铜色！现在就静静地摘下花圃里最后的几朵鲜花，在冬天到来之前，在可怕的冬天到来之前，也许再喂喂鸡，喂喂小池塘里的中国金鱼。然后歇息下来，终于歇息下来，摆脱所有的激动与烦扰。什么也不做，什么也不去渴望，只是摊开双手，坐在岩洞里，穿着简朴的晨衣，长椅上放着一本打开的书，但是不去阅读，只是感受着自然那巨大的倦意，感受着自己心里的秋意。

王后就这样坐在岩洞里的岩石长椅上——她早就忘了，人们曾经称这里为"情人窟"，——这时她看到一位侍童沿着小路走过来，手里拿着一封信。她站起来走向他。这封信是圣普利斯特部长写的，他报告说，暴民已经在向着凡尔赛宫进军了，王后应该立刻回到宫殿里。她立刻抓起她的帽子，穿上她的大衣，匆匆迈着她那依然青春和轻盈的步伐，尽可能迅速地走了回去，甚至没有回头看一眼这个她所深爱的小宫殿，还有那片费了那么多儿戏一般的努力建立起来的人工风景。因为她怎么能够预料到，这就是她今生最后一次见到这片柔软的草地，这些屹立着爱神庙、拥有着秋日池塘的柔美的山丘，这就是她今生最后一次见到她的哈默村，她的特里亚农宫，而这一次已经意味着永别了！

玛丽·安托奈特在宫里发现，那些贵族先生和部长们都陷入了焦

---

① 原文为法语。

躁不安的激动状态。现在只有关于人们从巴黎出发的不确定的流言，还是由一位匆匆派出的佣人带来的消息，所有之后派出的信使都在半路被那些妇女抓住了。这时，终于有一名骑士赶到了，从口吐白沫的骏马身上跳下来，急匆匆地跑上大理石台阶：他就是费尔森。这位永远准备好自我牺牲的人在看到了危险的征兆的时候就飞身上马，跑在了被嘉米叶·德穆兰慷慨激昂地称之为"八千名尤滴①"的妇女大军前面，快马加鞭，只是为了在危险的瞬间里能够站在王后的身边。最终，国王也出现在委员会里。人们在夏狄戎城门附近的森林里找到了他，不得不打扰他进行他最喜爱的享乐活动。傍晚，他在自己的日记里愤怒地记下了这次狩猎可怜的收获，并且加了一句评语："被事件打断。"

现在他就站在那里，惊慌失措，眼睛里满是惊恐，一切都已经成了徒劳，人们在普遍的混乱中已经忘了要炸毁赛弗尔的桥梁，阻止叛乱者的先锋部队，然后人们开始了商议。还有两个小时，还有充足的时间做出果断的决定。一位部长建议说，国王应该亲自上马，率领龙骑兵和那个佛兰德斯军团，冲向没有纪律的群众。只要他一出现，那群妇女就不得不撤退。更加谨慎的人们反过来建议说，国王和王后应该立刻离开宫殿，前往朗布耶，这样阴谋所计划的直击王座的举动就会落空。但路易十六永远都是那么地犹豫不决，现在也依然犹豫不决。他再一次因为无法做出决定而让事件向他涌来，而不是自己面对事件。

王后站在那里，紧咬着双唇，在这些无法提供建议的男人们中

---

① 尤滴：《圣经》中记载的以色列民族女英雄，趁敌人亚述将领睡觉的时候砍掉了他的头。

间，没有一个是真正的男人。出于本能，她知道所有这些暴力行动都一定会取得成功，因为自从第一批鲜血泼洒出来以后，所有人就都对所有事情感到了惧怕："所有有关革命的事件都只不过是一系列的恐怖。"[①]但她怎么能够独自一人承担起对所有事情和所有人的责任呢！下面的庭院里已经备好了豪华马车，只要一个小时，国王全家和部长们，还有国民议会中发誓要永远追随国王的人们就可以抵达朗布耶。但国王一直都没有给出动身的信号。部长们越来越猛烈地催促着，尤其是圣普利斯特："如果人们明天早晨把您带到了巴黎，王冠就丢失了。"内克尔则相反，他更在乎民众对他的欢迎程度，胜过维持所有王国，他给出了反对意见，国王就像往常一样，在两种意见之间摇摆，就像一只毫无意志地摇摆着的钟摆。逐渐就到了傍晚，下面的马匹在突然爆发的暴风雨中越来越不耐烦地刨着地，佣人们已经在马车门口等了几个小时，人们还在不断地进行着商议。

但这时，一阵混乱的、混杂了上百个声音的噪音已经从巴黎的林荫道上如雷贯耳地传了过来。她们已经来了。在雷阵雨中，她们将工作罩衫盖在自己的头上，迈着大步走了过来，这群来自市井的亚马逊女战士、革命的卫队已经站在了凡尔赛宫的前面。一切都已经太晚了。

这些妇女现在迈着步子走了过来，全身湿透，饥寒交迫，鞋子里灌满了街道上的污泥。这六个小时可不算什么令人享受的散步，即便她们在中途暴力地造访了烧酒店铺，使自己辘辘作响的饥肠稍微暖和了一点。这些妇女的声音粗糙而又嘶哑，她们喊叫着的内容对王后一点也不友善。她们首先来到了国民议会。那里从清早就在开会，里面有许多人都帮助奥尔良公爵扫除了道路上的障碍，对这些亚马逊女战

---

① 原文为法语。

士的进犯并不完全感到意外。

这些妇女们在一开始只是向国民议会索要面包。根据程序，在一开始，根本没有提一句要把国王请到巴黎去的事！所以人们决定，派遣一个由这些妇女组成的代表团到宫里去，由议会主席德·穆尼埃①和几名议员陪同。六名被挑选出来的女性走进了宫里，佣人们礼貌地为这几个制帽女工、女渔人和小巷里的宁芙女神打开了大门。这个特别的代表团受到了所有的荣誉接待，穿过了巨大的大理石台阶，被人领进了那些平日里只有经过了精挑细选的蓝血贵族才能够进入的房间。在这个由议会主席陪同的代表团里，也有一位大腹便便、有所保留、外表和善、不是特别引人瞩目的先生。但他的名字给了他和王后的第一次会面一种象征性的分量。因为随着这位基罗丁博士②，随着这位巴黎市议员的到来，断头台也于10月5日完成了它在宫廷里的首次访问。

好脾气的路易如此友善地接待了这几位女士，这使得她们的发言人，一位年轻的少女竟然因为尴尬而晕了过去，这位少女曾经向王室宫殿的"常客"③兜售鲜花，很可能也兜售过其他的东西。她得到了仔细的喂食，这位善良的一国之父拥抱了这个受惊的少女，许诺给这些激动的女人们提供面包和她们想要的所有东西，甚至答应用他自己的豪华马车送她们回家。一切都显得异常顺利，但是在楼下，人们受到了秘密特工的煽动，妇女们以愤怒的吼叫迎接自己的代表团，说

---

① 德·穆尼埃（1758—1806）：法国政治家，在网球场宣誓之后当选为国民议会主席。

② 基罗丁博士（1738—1814）：法国医生、政治家，断头台的发明者，法语中的"断头台"以他的名字命名。

③ 原文为法语。

她们是被金钱收买了，被谎言欺骗了。她们在倾盆暴雨里跋涉了六个小时，不是为了再次空着肚子，带着空无一物的诺言回到家里去的。不，她们要留在这里，直到把国王、王后和所有这些人全都一起带回巴黎为止，人们可以在那里让他们杜绝掉这种阴谋诡计和拖延行为。这些女人们无所顾忌地冲进了国民议会，想要在那里过夜，而在她们中间，尤其是一些专业人士，首先是苔罗涅·德·梅里古①去收服那些佛兰德斯军团。一些恶劣的人们随后赶到，使得起义者成倍地增多，危险的人影在油灯那摇曳的、微弱的灯光之下，悄悄地围住了铁栅栏。

　　楼上的宫廷还是一直都没有做出决定。人们是不是还是应该逃走？但是沉重的豪华马车怎么敢穿行这群激动的人们呢？太晚了。终于，终于在午夜，人们听到了远方传来的鼓声：拉法耶特来了。他首先访问了国民议会，然后与国王会面。尽管他怀着诚挚的献身精神鞠躬说道，"陛下，我已经来了，想要不惜我自己的生命也要拯救陛下您"，但没有人对他表示感谢，至少玛丽·安托奈特没有。国王解释说，他已经不打算动身了，也不想要远离国民议会。现在一切似乎又恢复了秩序。国王已经给出了诺言，拉法耶特和武装的民兵已经就位，准备好保护他，于是议员们回到了家里，国民警卫队和暴乱分子在大雨滂沱之中跑到军营和教堂里去避雨，甚至是跑到拱门和有拱廊的台阶下面。最后的几盏灯火也渐渐熄灭，拉法耶特在再次视察过所有岗哨以后，才在德·诺埃伊饭店里，在凌晨四点左右躺下来睡觉，尽管他承诺过要为国王的安全而守夜。国王和王后也回到了自己的房间，他们没有预料到，这是他们最后一次在凡尔赛宫入眠了。

---

① 苔罗涅·德·梅里古（1762—1817）：法国女政治家，在法国大革命时期扮演了重要角色。

第二十三章　君主制的灵车

古老的势力，君主制和它的拥护者还有贵族都已经入睡。但革命如此年轻，它涌动着无拘无束的热血，它不需要休憩，不耐烦地等待着白日和行动。士兵们和巴黎的起义者找不到过夜的地方，就围绕着在街道上点起来的篝火躺了下来。没有人可以解释清楚，他们到底为什么还要留在凡尔赛宫里，而不是回到自己家里的床上，既然国王已经顺从地对所有事情表示了赞同，作出了承诺。但是有一种地下的意志依然在持续，统治着这些不安的人们。人影不断地在各扇门口来来往往，下达秘密任务，准备在清早五点，也就是宫廷还沉浸在黑暗与安睡之中的时候，就让几个小组的人被知情人士引导，绕路穿过小礼拜堂的庭院，一直来到宫殿的窗户下面。他们想要什么？是谁带领这群可疑的人们进来的，是谁驱动着他们前进的，是谁把他们推向了一个尚不明确、但已经经过了精准权衡的目标？幕后的推手还站在暗影里。奥尔良公爵和国王的弟弟普罗旺斯伯爵在这个晚上宁可不待在王宫里，不待在他们合法的国王的身边，他们也许知道这是为什么。反正：突然传来了一声枪响，一阵挑衅式的枪击，对于一场刻意制造的冲突，枪声永远是很有必要的。起义者立刻就从四面八方冲了过来，十几个、上百个、上千个，都拿着长矛、斧头和火枪，这个由妇女和打扮成妇女的男人组成的军团。他们的冲锋直指靶心：冲向王后的卧室！但是这些巴黎的渔女、这些市场上的妇女从来没有走进过凡尔赛宫，怎么能够如此奇妙地、如此有把握地在这座有几十道楼梯、几百个房间的一眼望不穿的宫殿里立刻就找到准确的通道呢？这些妇女和乔装打扮的男人一鼓作气地涌上了通往王后卧室的台阶。有几名贴身侍卫试图阻止他们进入，有两个侍卫被拖了下去，被野蛮地杀死了，一个蓄须的高大男人在开阔的地方把尸体的头颅砍了下来，几分钟后，两颗滴血的头颅就在巨大的长矛上跳舞了。

但是这两位牺牲者尽了他们的义务。他们死亡时发出的尖厉呐喊及时地唤醒了整个宫殿。三位贴身侍卫中间的一位挣脱出来，带着伤冲上楼梯，对着房间里的大理石贝壳传声筒尖声大叫："救王后！"

这声喊叫真的救了她。一位贴身侍女被惊醒了，冲进房间去警告王后。贴身侍卫迅速地插上门闩，外面已经传来了刀斧劈门的雷鸣般的声音。已经没有时间穿上鞋袜，玛丽·安托奈特只是在衬衣外面套上了一条裙子，在肩上披了一条披肩。她就这样赤着脚，手里拿着袜子，心怦怦跳着，跑过了通往"观景室"①的走廊，穿过这间开阔的房间跑向了国王的卧室。但真是恐怖！那扇门上了锁。王后和她的贴身侍女拼命地用拳头捶着门，捶个不停，但是那扇铁面无私的门依然没有打开。过了长达五分钟的时间，漫长得可怕的五分钟，那些被人雇用的杀手已经打破了旁边的房门，在床上和橱柜里到处翻找，而王后却不得不等待着，直到那边终于有一个佣人听到了敲门声，把她解救了出来。这时玛丽·安托奈特才逃进了她丈夫的房间，与此同时，家庭女教师也把太子和王后的女儿带了过来。一家人团聚在了一起，

---

① 原文为法语。

他们的生命得到了拯救。但是得到拯救的也只有生命。

最终，那位沉睡不醒的人也被惊醒了，他不想在这天晚上牺牲掉墨菲斯①，因此从这一刻就得到了"墨菲将军"这个轻蔑的绰号：这个人就是拉法耶特。他看出事情归咎于他轻率的轻信行为。他只有通过请求和承诺，而不再是动用权威和命令，才让人们放了那些被他们抓起来、准备杀死的贴身侍卫，只有尽了最大的努力才把这些闯进了王后卧室的暴民又赶了出去。现在，终于危险一结束，国王的弟弟普罗旺斯伯爵和奥尔良公爵就也都出现了，胡子刮得干干净净，假发上仔细地扑了粉。真奇怪，非常奇怪，激动的人群满怀敬意地给这两个人让路。现在可以开始和国王进行商议了。但还要商议什么事情呢？人数多达一万的人群把宫殿像一个小小的、薄薄的、易碎的核桃壳一样握在自己那黝黑的、被鲜血染红的拳头里，在这样的包围之下是没有办法逃亡、没有办法逃脱的。胜利者和被战胜者之间的谈判和协定已经结束。群众站在窗前，用几千个雷鸣般的声音喊着昨天和今天由俱乐部的特工悄悄吹到他们耳朵里的要求："国王去巴黎！国王去巴黎！"声音震得窗玻璃都在作响，挂在古老宫殿墙上的王室祖先的画像都在惊恐地发抖。

在这阵命令式的喊声中，国王向拉法耶特投去了一道问询式的目光。他应该听从他们吗，或者不如说：他已经不得不听从他们了吗？拉法耶特垂下了眼睛。从昨天开始，这位人民之神就意识到了自己的堕落。现在国王还在希望拖延时间：为了让这群咆哮的人们安静下来，至少要向这群渴望胜利的人们扔一小块面包，于是他决定走到阳台上去。这位善良的人刚一出现，群众就爆发出了生机勃勃的欢呼：

---

① 墨菲斯：古希腊神话中的睡梦之神，此处指"沉睡不醒的人"。

他们每一次战胜国王，都会为国王发出欢呼。为什么不为之欢呼呢，如果一位统治者不戴王冠，走到他们面前，友善地对着庭院里的人点头，而人们已经把他的两名守卫像小牛犊一样宰杀了，把头砍下来插在长矛上？但是这位性情冷淡、涉及荣誉也并不感到激愤的人并不觉得做出某种道德层面的牺牲是一件很困难的事情。如果在这样的降尊纡贵之后，人们就安安静静地回家了，那么他很有可能在一个小时后就骑上马去狩猎了，为了弥补昨天因为"事件"而荒废的事情。但是人民并不满足于这样的胜利，他们想要在自我陶醉中饮下更炽烈、更火热的美酒。她，王后，那个骄傲的、冷酷的、放肆的、不屈的奥地利女人也应该出来！她也应该出来，就应该是她，这个傲慢的女人应该在那无形的枷锁面前低下头颅。他们的喊叫声越来越野蛮，跺脚声越来越疯狂，呼唤声越来越嘶哑："王后，王后到阳台上来！"

　　玛丽·安托奈特气得面色苍白，紧咬着嘴唇，没有动一动脚。使她无法迈出步子、使她面颊失色的绝对不是对那些也许已经瞄准了的火枪，不是石头和责骂的话语，而是骄傲，是这个头颅、这个脖颈继承下来的从未被摧毁的高贵感，她从来没有在任何人的面前低过头。所有人都尴尬地看着她。终于，喧哗的声音震动了窗户，很快就会有石头呼啸飞来，拉法耶特走向了她："夫人，有必要这样做，这样人民才会平静下来。""那么我就不再犹豫了。"玛丽·安托奈特回答道，左手和右手分别牵着她的两个孩子。她高昂着头颅，紧紧闭着双唇，走到了阳台上。但并不是像一个乞求人民开恩的请愿者，而是像一位正在进攻的士兵，怀着坚决的意志，眼睛眨也不眨地走向死亡。她出现了，但是她没有屈服。正是她这种昂首挺胸的态度产生了某种强制的力量。两股力量在双方的目光，也就是王后和人民的目光中相遇，产生了非常强烈的张力，整整一分钟里，巨大的广场上空都笼罩着一片死寂。没有人知道这种惊讶和恐惧形成的死寂该如何化解，是应该引起一阵愤怒的咆哮、一阵火枪的射击还是一阵石头组成的冰雹。这时拉法耶特走到了她的身边，他在关键时刻总是非常具有英雄主义精神，他以富有骑士风度的姿态在王后面前躬身，亲吻她的手。

这个姿态一举打破了紧张的局势。最令人意外的事情发生了："王后万岁！王后万岁！"上千个声音呼啸着越过广场。就是这同一群民众，刚刚还陶醉在国王的软弱之中，现在却不自觉地为这个女人的骄傲、为这个女人不屈的倔强发出了欢呼，她显示出，她不会被迫微笑，不会怯懦地致意，以赢得人民的欢心。

玛丽·安托奈特从阳台上退了回来，房间里的所有人都围绕着她，祝福着她，好像她逃脱了致命的危险。但是这个曾经失望的女人已经不会再被人民迟来的欢呼"王后万岁！"所蒙蔽。她眼里含着泪水，对内克尔夫人说道："我知道，他们要强迫我们，强迫国王和我去巴黎，他们会拿着插着我们贴身侍卫的头颅的长矛走在前面。"

玛丽·安托奈特的感觉是正确的。人民已经不再能够满足于鞠躬这个动作。他们宁可用一块又一块的石头把这栋房屋的玻璃窗一扇又一扇地砸破，也不愿意放弃自己的意志。那些俱乐部并不是徒劳地开动了这台巨大的机器，这几千个人并不是徒劳地在雨里行进了六个小时。抱怨的声音已经危险地再一次高涨了起来，为了保护宫廷而调来的国民警卫队已经真诚地展现出来，他们愿意和群众一起向着宫殿冲锋。于是宫廷最终做出了让步。人们从阳台上和窗户里把写了字的纸条扔下去，说国王决定和家人一起搬到巴黎。人民也没有更多的要求了。现在士兵也放下了武器，军官和人民打成一片，人们互相拥抱、发出欢呼、高声大叫，旗帜在人群的头上舞动着，人们匆匆把插着血淋淋头颅的长矛送到巴黎去。这样的威胁现在已经没有必要了。

下午两点左右，宫殿镀金栅栏的大门打开了。一辆巨大的六驾轻便马车拉着国王、王后和整个家庭驶过崎岖不平的石头路，永远地离开了凡尔赛宫。历史的一个章节，长达千年的君主专制在法国走向终结。

在狂风骤雨里，革命在10月5日开始了斗争，为了掌握住国王。革命的胜利在10月6日迎来了一个阳光明媚的日子。秋高气爽，天空像蓝色的丝绸，没有一丝微风吹动树上染上金色的叶片。就好像大自然也好奇地屏住了呼吸，观看着这场几百年来绝无仅有的大戏，人民是如何劫持他们的国王的。因为路易十六和玛丽·安托奈特回到了他们的首都，这是多么精彩的一出戏！这半是送葬的行列，半是狂欢节的滑稽剧，是君主制的葬礼和人民的狂欢节。尤其是那些新颖的、非常时尚的礼仪！不再有穿着金银镶边的制服的侍从跑在国王的马车前面，就像往常一样，也没有骑着灰色骏马的养猎鹰的人，更没有穿着束腰外套的贴身侍卫走在左右两侧，也没有衣着华丽的贵族簇拥着隆重的豪华马车，而是由一群肮脏、混乱的洪流裹挟着那辆悲惨的轻便马车，就像裹挟着一艘触礁的船只。前面的国民警卫队身穿破破烂烂的制服，没有排成行列，而是手挽着手，嘴里吹着口哨，一边大笑，一边唱着歌，每个人的刺刀上都插着一块面包。中间是那些妇女，像骑士一样坐在加农炮上，和那些讨人喜欢的龙骑兵共享一个马鞍，或者是徒步前进。工人和士兵们手挽着手，好像要去跳舞。他们后面是满载着从国王仓库里取来的面粉的马车，隆隆作响，由龙骑兵看守着，这些骑士不断地跑前跑后，向爱看热闹的人们大声欢呼，挥舞着刺刀，狂热地向这些女战士的领袖苔罗涅·德·梅里古致敬。在这波涛翻涌的喧闹之中，那辆灰如尘土、可怜而又阴郁的豪华马车就这样漂浮着，路易十六，路易十五的这位性格软弱的后代，还有玛丽·安托奈特，玛利亚·特蕾莎悲剧性的女儿，他们的孩子还有女家庭教师都紧紧地挤在里面，车床的帘子拉了一半下来。在他们后面跟着同样悲伤的队伍，那些豪华马车里坐着王室的亲王、宫廷人士、议员和少数还忠于王室的朋友，法国古老的权力被这个新生的力量裹挟着，这个新生力量直到今天才第一次试炼了自己那不可抵挡的架势。

从凡尔赛宫到巴黎的出殡队列持续了整整六个小时。半路上，所有的房子里都有人冲到外面。但这些观众并没有出于敬畏，向这些可耻的失败者脱帽致敬，而只是好奇地列起队来，默默地站着，每个人都想看看国王和王后降尊纡贵的样子。妇女们发出胜利的欢呼，炫耀着她们的战利品："我们把他们带回来了，面包师、面包师的妻子和面包师的小孩子。现在不会再有饥饿了。"玛丽·安托奈特听着所有这些充满仇恨和嘲讽的呼喊，深深地躲进车厢的拱顶之下，什么也不想看到，也不想被人看到。她紧闭着眼睛。也许她在这漫长得似乎没有尽头的六个小时的车程里回忆起了无数次在这同一条路上的其他旅程，那些快乐的、轻松的旅程，和波利涅夫人做伴，乘双轮马车去化装舞会、去歌剧院、去参加晚宴，然后在黎明时分回到家里。也许她也在卫兵中寻找一个人，一个乔装打扮的、骑着马，伴随着这个队列行进的人，也就是费尔森，她唯一真正的朋友。也许她根本就什么也没有想，只是感到疲惫，简直是精疲力竭，因为车轮的行进缓慢、缓慢却又不可停止，她知道这是在走向灾难。

最终，君主制的灵车停在了巴黎城门的前面：庄严的祝福礼还在这里等待着这个政治层面的死者。市长巴依利举着闪烁的火炬迎接了国王和王后，称赞10月6日，这个路易永远变成了他臣民的臣民的日子是一个"美好的日子"。"多么美好的日子啊，"他热情洋溢地说道，

"因为巴黎市民可以在他们的城市里拥有陛下您和整个王室家庭。"即便是国王这么迟钝的人，也觉得这根针刺穿了他那大象一样的皮肤，他短促地反驳说："我希望，我的先生，我来到这里，可以让和平、和睦与服从成为法律。"但人们还是不让这几个累得要死的人休息。他们还必须去市政厅，这样就等于把他们的战利品带到了整个巴黎面前。巴依利负责传达国王的话："我永远在我美好的城市巴黎的居民中间感到享受和信任"，但他却忘了重复"信任"这个词。王后怀着意外的警觉注意到了这一疏漏。她认识到，现在对这些起义的人民说出"信任"这个词是多么的重要。她高声提醒他，国王也表达了他的信任。"诸位听好，我的先生们，"巴依利说道，他很快就镇定了下来，"这比我本人传达还要好。"

最后，人们强迫这对被迫回到巴黎的夫妇走到窗边。火炬从左右两侧贴近他们的脸，这样人民就可以确信，这并不是什么乔装打扮的傀儡，而是真正的国王和王后，被人们从凡尔赛宫带了过来。人民因为他们意想不到的胜利感到非常激动，非常陶醉：现在为什么不能善良一些？那早已沉寂的呼声："国王万岁！""国王万岁！"一次又一次地在格雷福广场上轰响，作为报答，路易十六和玛丽·安托奈特现在可以在没有军事人员陪同的情况下前往杜伊勒里宫，在这可怕的一天之后，终于可以休息并且思考一下，他们已经坠入了什么样的深渊。

满是尘土、滚滚发烫的马车停在了那个黑暗的、年久失修的宫殿前面。自从路易十四的时代起，也就是自从一百五十年来，宫廷就已经不再居住在杜伊勒里宫这个古老的国王居所里了。房间显得荒芜，家具被搬走了，没有床，也没有灯，房门无法锁上，冷风穿过破碎的窗玻璃吹进来。人们匆匆借来几支蜡烛，为这个像流星一样从天而降的王室家族勉强安排了一个过夜的地方。"这里的一切都多么丑恶啊，妈妈。"四岁半的太子在走进宫殿的时候说道，他在凡尔赛宫和特里亚农宫的光彩之下长大，习惯了闪烁的支形吊灯和闪光的镜子，习惯了财富和华丽。"我的孩子，"王后回答道，"路易十四曾经在这里居住过，他觉得这里很不错。我们不能比他的要求还要高。"但对一切都无动于衷的路易十六却对这个不够舒适的过夜地点没有任何怨言。他打着呵欠，疲惫地对其他人说："每个人都尽量找好地方。至于我的话，我很满意。"

玛丽·安托奈特却不满意。她永远会将这栋不是出于她自己的自由意志而挑选的房屋仅仅看作一个监牢，她永远也不会忘记人们把她拽到这里来的方式。"人们绝对不会相信，"她在匆匆写信给忠诚的迈尔西的时候说道，"在过去的二十四个小时里都发生了什么。无论人们怎么说，都不是在夸大事实，与之相反，他们的说法远远比不上我们所看到和所经受到的一切。"

第二十四章　自省

STEFAN
ZWEIG

在1789年，革命还完全没有意识到自己的力量，有时候还会被自己的勇气吓到：这次也是这样。国民议会、巴黎市议员和整个市民阶级在心里依然诚挚地忠于国王，都被这些亚马逊女战士的行动震惊了，她们竟然把毫无抵抗力的国王掌握在了自己的手里。出于羞愧，他们做了所有可以设想的事情，想要把这件凶残的暴力行为的不合法之处全部抹去，他们付出了一致的努力，把绑架王室家庭的行动在事后伪装成了一次"自愿"的迁移。他们以感人的方式，争相在国王权威的坟墓前面撒下最美丽的玫瑰，怀着隐秘的希望，想要隐瞒君主制实际上自10月6日就已经永远死去、永远被埋葬的事实。代表团一个接一个到来，为了向国王保证他们深厚的忠诚。议会派来了30名代表，巴黎市治安官满怀尊敬地等待接见，市长在玛丽·安托奈特面前鞠躬，说出了这样的话："我们的城市很荣幸能够在国王的宫殿里看见您，我们希望国王和王后可以显示恩典，将这里选作常驻的地点。"大内阁、大学、审计委员会、国王委员会相继出现，最终在10月20日，整个国民议会都挤到了窗前，每天都有大批人群在呼喊："国王万岁！王后万岁！"所有人都不择手段，为了向国王显示他这次"自愿的迁居"给大家带来的快乐。

　　但玛丽·安托奈特还是像以往一样不会伪装自己，关于她对唯命是从的国王的这种玫瑰色的粉饰现实的行为，她表示出了抗拒，这种做法尽管从人性的角度来看可以理解，但是从政治的角度来看却是非常愚蠢的顽固行为。"如果我们可以忘记，我们是以什么样的方式来到这里的，我们原本可以感到相当满意。"王后这样写信给迈尔西。但实际上，她既不能，也根本不愿意忘记这一点。她经历了太多的耻辱，人们动用暴力把她拉到了巴黎，冲进了她的凡尔赛宫，杀死了她的贴身侍卫，而且没有受到国民议会和国民警卫队的丝毫干涉。人们把她暴力地关在了杜伊勒里宫里，整个世界都应该知道，这位君主那神圣的权力已经经历了损伤。他们两个不断地刻意强调自己的失败——国王放弃了狩猎，王后不再去剧院，他们不再在街道上露面，他们不乘车出去，从而失去了在巴黎再次赢得民心的机会。但是这种倔强的自我封闭的做法创造了某种危险的预判。因为宫廷宣布自己遭受到了暴力，也就证明了暴力来自于人民，因此，国王不断地宣布他才是弱者，而实际上也是这样。不是人民，也不是议会，而是国王和王后自己在杜伊勒里宫周围挖了一圈无形的战壕，他们自己出于某种愚蠢的固执，把他们依然完好无损的自由变成了监禁。

　　如果宫廷如此慷慨激昂地把杜伊勒里宫视为一座监牢，那么它就真的会成为一座王室的监牢。在最初的几天里，巨大的马车就吱吱呀呀地把家具从凡尔赛宫运过来，木匠和裱糊匠在房间里一直敲敲打打，直到深夜。很快，旧宫廷的官员只要没有在之前就流亡国外，就在这个新居所里又聚集了起来，一大群侍者、仆人、马车夫、厨师又住满了佣人房。旧日的制服又开始在走廊里闪闪发光，一切都反射着凡尔赛宫的光彩，即便是仪式也原封不动地照搬过来，人们最多只能发现一个区别，站在门前的已经不再是被解雇的贵族贴身侍卫，而是拉法耶特领导的市民卫兵。

在杜伊勒里宫和卢浮宫那些无数的房间里，王室家庭只占用了很少的几个房间，因为人们不再想要举办庆典，不再想要举办舞会和化装舞会，不再想要引人注目，也不再想要不必要的光彩。只有杜伊勒里宫面对着花园的部分因为王室家庭进行了修整（在1870年巴黎公社时期被烧毁，没有进行重建）。楼上是国王的卧室和会客室，还有一个卧室留给他的妹妹，每个孩子各有一个卧室，还有一个小型沙龙。楼下是玛丽·安托奈特的卧室，还有一个会客室，一个化妆间，一个台球厅和一间餐厅。此外，除了实际的楼梯，这两层楼还通过一个新建的小楼梯连接起来。楼梯从楼下王后的房间通往楼上太子和国王的房间，只有王后和孩子们的家庭女教师拥有这扇通道门的钥匙。

如果我们观察一下这个空间分配的平面图，就会发现一件引人注目的事情：毫无疑问，玛丽·安托奈特故意将自己和其他家庭成员隔绝开来。她独自睡觉、居住，她的卧室和会客室都被安排成王后随时可以接待隐秘的客人的样子，这位客人不需要使用公共的楼梯和主要的入口。很快，这些措施的目的也就显现了出来，它的优势也显现了出来，王后可以随时上楼，而不会意外撞见佣人、间谍和国民警卫队的人（也许甚至还有国王自己），从而得到保护。即便是在监禁状态下，她的"无拘无束"还是将自己仅存的个人自由保持到了生命的最后一刻。

这座古老的宫殿里有许多阴沉的走廊，白天和夜晚都用冒着煤烟的油灯勉强进行照明，有着蜗牛壳一样弯弯曲曲的楼梯，挤得满满的佣人房，但首先还有来自人民权威的体面的见证人，也就是负责看守的国民警卫队，待在这里并不舒适。但是在命运的驱赶之下，王室家庭反而在这里过起了比在凡尔赛宫那座浮夸的石头房子里更宁静、更亲密，甚至也许也更舒适的生活。用过早餐以后，王后就让人把孩子带到楼下来，然后她去做弥撒，独自在自己的房间里待到共用午餐的时间。在这之后，她和自己的丈夫玩一局台球，对他来说，这只是被迫放弃的狩猎活动的一种很糟糕的替代品。然后在国王读书或者是睡觉的时候，玛丽·安托奈特再次回到自己的房间里，和自己信任的朋友们交谈，向费尔森、向朗巴勒夫人或者其他人征询建议。晚餐以后，整个家庭都聚集在大沙龙里：住在卢森堡宫的国王的弟弟普罗旺斯伯爵和他的妻子，老姑母们，还有少数几个忠心耿耿的人。十一点左右，油灯熄灭，国王和王后回到他们的卧室。这种宁静的、规律的小市民般的日常安排没有什么变化，没有庆典，也没有奢华。负责妆饰的艺术家贝尔丹小姐几乎再也没有收到过命令，珠光宝气的时代也已经过去了，因为路易十六现在不得不把钱攒下来，为了更重要的目的，为了行贿和秘密的政治任务。从窗口看到的花园已经展现出秋意，第一批树叶已经开始掉落：现在时间匆匆飞逝，以前王后却总觉得时间过得太慢。现在寂静终于包围了她，她之前一直惧怕着寂静，现在却第一次有了机会进行严肃和清晰的自省。

安宁是一种充满了创造力的元素。它聚集，它清洗，它整顿内在的力量，它把因为狂野的运动而散落的东西重新凝聚起来。就像一只被人摇动的玻璃瓶，如果把它放到地上，沉重的东西和轻盈的东西就会彼此分开，寂静和沉思也就这样在混杂的性格里结出更鲜明的晶体。在经受了野蛮的针对自身的打击之后，玛丽·安托奈特开始了她的自我追寻。现在她才意识到，在她轻率为人、轻率行事、轻率思考的天性里，没有什么比这种轻率更为灾难深重的了，命运就这样把一切馈赠给她，但恰恰是这份生命中不应该得到的赠礼使她的内心走向了贫瘠。她过早地习惯了过于顺畅的命运，出身高贵，没有经过努力就得到了一个更为高贵的位置，因此她觉得她不需要努力，她只需要随心所欲地生活，而一切看起来都没有什么问题。部长负责思考，人民负责工作，银行家为她的舒适生活付款，这个备受娇纵的女人接过一切事物的时候都不假思索，不怀有感激之情。直到现在，当她受到了这种可怕要求的挑衅，不得不面对史上规模最大的起义捍卫一切，捍卫自己的王冠、自己的孩子还有自己的性命的时候，她才开始在自己的内心找寻反抗的力量，突然发现了她心里存储着未加利用的聪慧与行动力。她终于完成了突破。"只有不幸的人才知道自己是谁"，这句优美、动人也使人震撼的话语现在就像闪电一样出现在她的信件里。那些提出警告的人们，她的母亲和那些朋友，几十年来对这个倔强的灵魂都束手无策。对这个顽固不化的女人来说，那一切都太早了。苦难才是玛丽·安托奈特第一位真正的导师，也是唯一一位教诲这位顽固不化的女人的导师。

一个新的时代伴随着这个奇特女人内心生活的不幸开始了。但是实际上，不幸从来也不会改变一个人，不会给一个人注入任何新的元素，它只能塑造一些早已存在的特质。玛丽·安托奈特并没有——这是一种假象——在最后的斗争的这几年里突然变得聪慧、实干、精力充沛和富有活力：这一切都是她原本就有的特质，她只是出于灵魂中某种莫名其妙的倦怠，出于某种幼稚的贪玩心理才没有将她个性中本质的这一部分付诸行动。之前她只是在和她的生活玩着游戏——这不需要什么力量——从来没有和它抗争过。直到现在，直到遇上了这种巨大的挑战，她所有的精力才都淬炼成了武器。玛丽·安托奈特只有到了不得不思考的时候才开始进行思考和衡量。她工作，是因为她被迫工作。她提高自己，是因为命运需要她变得伟大，这样才不会被那种强大的力量冷酷无情地碾碎。现在，在杜伊勒里宫里，她外在和内在的生活都迎来了彻底的转变。这个女人在长达二十年的时间里都不曾专心致志地听过一位使者把话讲完，都只是匆匆忙忙地阅读信件，从来也没有读过一本书，只关心游戏、竞技、时尚和诸如此类无关轻重的事情，现在却在她的写字台前变成了一位国家总理，她的房间变成了一个外交内阁。她改变了——她取代了她的丈夫，现在所有人都愤怒地把这个无可救药的软弱之人推到了一边，——她和所有的部长和大使交谈，她监视他们的措施，审阅他们的信件。为了和她在国外的朋友进行外交通信，她学会了给文件加密的手段，想出了最为奇特的秘密通信的技巧。她时而使用显影墨水，时而在杂志和巧克力包装盒上使用一种符码系统，骗过监视者，把东西送出去，每个字都必须体现出谨慎的机智，让知情者一清二楚，让不知情者一头雾水。所有这些事情她都是独自完成的，没有助手和秘书站在她的身边，而间谍就在门口，就在自己的房间里：只要有一封信被截获，她就会失去她的丈夫和她的孩子。这位从未习惯于工作的女人一直干到耗尽了全身的力气。"我已经因为这些文书工作感到很疲惫了。"有一次，她在一封信里呻吟道，还有一次，她说，"我已经看不懂我在写什么了。"

此外，还有一些非常有意义的灵魂方面的转变：玛丽·安托奈特终于学会了认识到正直的顾问的重要性，她放弃了她那愚蠢的高傲，不再用神经质的手段，匆匆一瞥就对政治事务作出决定。早些时候，她总是忍着呵欠接待那位安静的、银发苍苍的迈尔西大使，等到这个令人讨厌的迂腐家伙在身后关上门，她才显然松了一口气，她现在羞耻地围绕着这个长期以来遭到误解的、诚恳而经验丰富的人："我越是不幸，就越是从内心里觉得我对我真正的朋友们负有义务。"她现在用这种饱含人性的腔调给自己母亲的这位老朋友写信，或者是说："我已经等不及要找个时候能够和您再次进行坦率的交谈了，我想要怀着可以向您保证的感情见到您，我这一生有太多的理由将我的感情奉献给您。"在她三十五岁的时候，她终于意识到，她被一种特别的命运选中了：不是在其他那些漂亮、娇俏、精神上非常平庸的女性中间取得时尚方面的短暂胜利，而是在持续的，而且还会永远持续下去的东西面前，在后世不屈的目光面前经受考验，而且是双重的考验：作为一位王后，也作为玛利亚·特蕾莎的女儿。她的骄傲迄今为止还只是一个被宠坏了的少女那种小小不言的孩子的骄傲，现在却坚定地倾注在了一个使命上面，也就是在一个伟大的时代里，要在这个世界面前显得伟大和英勇。她不再是为了个人的东西而斗争，不再是为了权力或者是个人的幸福："涉及我们个人的话，我已经知道，所有关于幸福的念头都结束了，永远地结束了。但这就是身为一位国王的义务，为别人去受难，我们很好地完成了这项义务。但愿有一天，人们能够意识到这一点。"尽管很晚，但玛丽·安托奈特直到灵魂深处都理解了，她注定要成为一个历史人物，而这个超越了时代的要求将她的力量变得越来越伟大。因为如果有一个人接近了自己的内心深处，如果他下定决心要挖掘他性格最深处的东西，他就会触及荫蔽在自己血液里的所有祖先的力量。因为她是一位哈布斯堡家族的成员，是老皇帝的孙女和继承人，是玛利亚·特蕾莎的女儿，所以这个软弱的、游移不定的女人突然神奇地超越了她自己。她感到自己有义务"配得上玛利亚·特蕾莎",配得上她的母亲,而"勇气"这个词就成了她死亡交响曲的主旋律。她不断重复着,"没有什么能够摧毁她的勇气",当她听到从维也纳传来的消息,他的哥哥约瑟夫一直到经受可怕的垂死痛苦的时候都具有男子气概地做出了决定,要维持他的气度直到最后一刻,她就觉得自己也受到了某种预言式的召唤,以她一生中最为自信的话语回答说:"我敢说,他的死配得上我。"

这种宛若一面旗帜一样在世界面前高高升起的骄傲却让玛丽·安托奈特付出了更沉重的代价,比别人预料的更为沉重。因为在内心深处,这个女人既不傲慢,也不强大,不是什么女英雄,只是一个非常女性化的女人,是为了献身和柔情而生,而不是为了战斗而生。她所展现出来的勇气只能使其他人具有勇气。她自己在内心深处已经不再相信会有更好的日子。她一回到自己的房间里,那双在世界面前高举着骄傲的旗帜的手臂就疲惫地垂下来,费尔森发现她几乎总是在流泪。和这个她无限热爱、终于寻觅到的朋友的恋爱时光并不像那种风流的游戏,这位深受感动的男人也不得不用尽全力,以使他深爱的女人可以摆脱疲惫和忧郁,正是她的不幸在她的恋人心里激起了最为深刻的情感。"她经常哭,"他写信给自己的妹妹,"她非常不幸。我该怎么爱她!"最后的几年对待这颗轻信的心实在是太严酷了。"我们看到了太多残忍的事情,看到了太多鲜血,再也无法感受到幸福。"但是仇恨还是一再被激起,针对这个手无寸铁的女人,除了她的良心,再也没有任何人来捍卫她。"我向全世界提出挑战,让人们指出我犯下的真正错误,"她这样写道,或者是说,"我期待着未来公正的审判,能够帮助我承担我的所有苦难。那些拒绝对我进行公正审判的人,我非常蔑视他们,也不会理睬他们。"但她还是会呻吟:"怀着这样的一颗心，生活在一个这样的世界里，是什么样的滋味！"人们察觉到，很多时候，这个绝望的女人只希望一切尽快结束。"但愿有一天我们的所作所为和我们所承受的苦难，至少能够换来我们孩子的幸福！这就是我所能抱有的唯一愿望了。"

只有在想起孩子们的时候，只有这一件事，玛丽·安托奈特还敢于把它和"幸福"这个词结合在一起。"如果我还能够重新变得幸福，那也会是因为我的两个孩子。"有一次，她这样叹息，还有一次她说道："如果我感到非常悲伤，我就把我的小儿子带到我的身边。"还有一次："我整天都独自待着，我的孩子们是我唯一的慰藉。我让他们尽可能多地待在我身边。"在她一生中生的四个孩子里，有两个已经被死神从她身边夺走，现在她那被回绝的、曾经轻率地向着全世界敞开的爱都绝望而饱含激情地涌向了那两个还在世的孩子。尤其是太子带给了她很多欢乐，因为他健康地成长了起来，生机勃勃、聪明温柔，是一个"心爱的小宝贝"①，她满怀爱意地这样称呼他。但是在经过了许多考验以后，就像她的其他感情一样，她的喜爱与柔情也变得明察秋毫起来。尽管她将这个孩子奉若神明，她却并不骄纵他。"我们对待这个孩子的柔情必须变得严厉，"她写给他的家庭女教师说，"我们不能忘了，我们教育他的时候是在教育一位国王。"当她让图尔赛夫人取代波利涅夫人成为她儿子新的家庭教师的时候，她给她写了一份心理层面的描述作为指导，这份指导第一次展现出了迄今为止都隐藏在她心里的对人的判断能力和灵魂的本能。"我的儿子还差两天就满四岁四个月了，"她这样写道，"我不用谈及他的体格和外表，您自己可以看见。他的健康状况一直很好，但还

---

① 原文为法语。

在婴儿期就很引人注目的是，他的神经异常敏感，最细微的噪音都会对他产生影响。他的乳牙长得很晚，但没有生什么病，也没有发生过什么意外，直到长最后一颗乳牙的时候，我觉得是第六颗，他才发生了一次痉挛。在这以后，这样的痉挛只发作过两次，一次是在1787年到1788年冬天，另一次是在他接种疫苗的时候，但第二次很轻微。最轻微的感受都能对他的神经产生影响，任何他不习惯的噪音都会吓坏他，比如说他害怕在他附近咆哮的狗。我没有强迫他看狗，因为我相信，等他以后长大一点，这种恐惧也会自己消失。就像所有强壮而精力充沛的孩子一样，他非常骄傲，也会突然发火。但只要他不是那么倔强，他还是一个善良和充满温情的孩子。他有很强的自尊心，如果引导得当，有一天这会成为他的优点。在他信任别人之前，他懂得如何自我控制，知道如何忍耐自己的不耐烦和自己的怒气，表现得温柔而又可爱。如果他答应做什么事情，他就会表现得非常可靠，但他很爱说话，喜欢重复他听到的话，经常没有说谎的意图，却加上一些他的想象力让他信以为真的东西。这是他最大的缺点，这一点我们必须让他改进。除此以外，就像我反复说的那样，他是一个好孩子，怀着柔情，同时精力旺盛，我们很容易就可以对他进行引导，不需要太严厉就可以达到我们对他期待的目的。严厉的态度会激怒他，因为他在这个年龄已经很有性格了。我只需要举一个例子：从他很小的时候开始，'抱歉'这个词就总是让他发火。他会做人们要求他做的所有事情，说人们要求的所有话语，只有这句'我请您原谅'在他看来是不合理的，只有在含着泪水、忍受着难以置信的痛苦的情况下他才能够说出口。我们在一开始就教育我的孩子，要对我非常信任，如果他们做错了事情，也要告诉我。这是因为即使我责备他们，也绝对不表现出暴怒的样子，而是永远只是表现出好像我对他们做的事情感到伤心，或者是为之震惊。我让他们习惯对我所有说过的事情都坚决地回答'是'或者'不是'，但我总是让我的决定的理由显得在他们的年龄可以理解，这样他们就不会觉得我只是一时兴起。我的儿子还不会阅读，学习很差，他实在无法集中精力，做出努力。他对自己的崇高地位完全没有意识，我非常希望他可以一直这样。我们的孩子们将会在很早的时候就学到自己是谁。他很爱他的姐姐，这是发自真心的，如果有什么东西能够使他高兴，无论是在哪里，每次他得到了一个礼物，他做的第一件事就是立刻要求给他的姐姐准备一件一样的礼物。他天性开朗，为他的身体健康考虑，有必要多在户外活动……"

如果我们把这份母亲的档案和这个女人早年间的信件放在一起，我们就几乎难以相信是同一只手写下了它们，这位新的玛丽·安托奈特和之前的那位相去甚远，就像不幸与幸福、绝望与骄傲之间的距离。在这个柔软的灵魂之上，在这个不成熟的和屈服的灵魂之上，不幸非常鲜明地打下了它的烙印：一种性格现在轮廓清晰地浮现出来，迄今为止它都如流水般躁动而含混。"什么时候你才能终于成为你自己。"她的母亲曾经绝望地抱怨道。现在，当最初的白发出现在鬓角的时候，玛丽·安托奈特终于成了她自己。

有一幅画像也证明了这种彻头彻尾的转变，那是王后在杜伊勒里宫里找人为她完成的唯一一幅、也是最后的一幅画像。波兰画家古查斯基[①]以松散的轮廓进行了描画，出逃到瓦雷纳的事件导致他没有完成这幅画作，但这却是我们所拥有的最完整的一幅画作。维尔特米

---

① 古查斯基：亚历山大·古查斯基（1741—1819），波兰画家，主要在法国发展。

勒①那几幅骄傲的画像、维歇-勒布伦夫人那几幅沙龙画像都在不断地通过华贵的衣装和首饰来提醒观众，这个女人是法国的王后。她作画的时候头上戴着插有鸵鸟毛的华丽帽子，绸缎的长袍闪烁着钻石的光芒，行走在她丝绒的王座前面，或者即便是身上穿着神话中和乡村式的长袍，上面也有一个明显的标志，让人知道这位夫人是一位高贵的女人，不，是全国最高贵的女人，也就是王后。但古查斯基这幅画却把所有这些引人注目的装饰品都抛到了一旁：一位丰满美丽的女人坐在一把沙发椅上，带着梦幻的眼神望向前方。她看起来有一点疲惫和倦怠。没有身着盛装，没有佩戴首饰，没有宝石在她的脖颈上闪耀，也没有穿上戏装，因为现在已经不是那个时代了。引人注目的心态已经在这个宁静的女人心里熄灭，虚荣已经被简朴取代。头发松散而自然地披散下来，没有按照艺术的方式编结起来，已经有最初的几缕银丝在闪光，裙子仍随意地从她依然丰满和闪烁的肩头滑落，但姿态不再给人留下那种引人注目的印象。嘴唇不再微笑，眼神不再流转，笼罩在某种秋日的光辉之下，依然美丽，但那已经是一种更温和的母性之美了，介于渴望与放弃之间的暧昧光线之中，是一位"介于两个年龄段之间的女人"②，不再年轻，但也还没有衰老，不再满怀渴望，却又引人渴慕，这位女人就这样沉醉于自身。当我们已经通过所有其他的画留下了印象，也就是这是一位珍爱着自己美貌的女人在奔跑、在跳舞、在大笑，仅仅是匆匆地投给了画家一瞥就又回去疯玩的时候，我们却在这里发觉：这个女人变得安静下来，开始热爱安宁。

---

① 维尔特米勒（1751—1811）：瑞典画家，曾经受瑞典国王古斯塔夫三世的委托，为玛丽·安托奈特作画。

② 原文为法语。

在几千幅装在昂贵画框里的偶像式的画像、大理石和象牙雕塑之后，这一幅半完成的画作终于展现出了一个人类，在所有这些画像和塑像中，这幅作品第一次让人意识到，这位王后也有一个类似于灵魂的东西。

第二十五章　米拉波

STEFAN
ZWEIG

迄今为止，在这场摧毁性的针对革命的战斗中，王后只在唯一的一个盟友那里找到了庇护，也就是时间。"只有屈服和耐心可以帮助我们。"但时间是一个不可信任的、奉行机会主义的盟友，它总是站在强者一方，残忍而又轻蔑地抛弃那些无能地信赖着它的人们。革命继续进军。每个星期都在城市里、农村里和军队里招募几千名新兵，新建立的雅各宾俱乐部每天都在用力地撬动君主制的铁锚，想把它最终撬起。终于，王后和国王意识到了他们孤独的隐居状态有着什么样的危险，并开始寻求盟友的支持。

一个重要的盟友——这个珍贵的秘密还被密不透风地隐藏在最狭窄的圈子里——已经多次以含糊的话语向宫廷自荐过了。自九月以后，杜伊勒里宫里的人们就知道，国民议会的领袖，许多人惧怕、许多人称赞的米拉波伯爵，这头革命之狮已经准备好从国王手中接受黄金的饲料了。"麻烦您，"他有一次对一位中间人说道，"让宫里的人们知道，我现在的立场已经更倾向于他们了，而不是反对他们。"但只要国王还安全地坐在凡尔赛宫里，宫廷就依然觉得自己稳坐江山，王后也就还没有意识到这个人的重要性，没有人比他更有领导革命的能力，因为他自己就是一位天才革命家，是自由意志活生生的化身，是颠覆力量的人形代表，是呼吸着的无政府主义。国民议会里的其他人都是善良而且意愿良好的学者、思路敏捷的法官和诚恳的民主主义者，他们怀着理想主义，梦想着秩序和新的秩序。只有对这个人来说，国家的混乱状况可以成为他面对自身的内心混乱的自我拯救。他曾经骄傲地说，他那宛若火山爆发的精力可以顶得上十个男人，他需要一场世界性的风暴，才能够充分地发挥自己的力量。他自己在道德、物质和家庭关系上都已经陷入一塌糊涂的境地，需要一个一塌糊涂的国家才能从废墟中站立起来。他这种天性迄今为止的所有爆发，小册子、诱奸女性、决斗和丑闻都只不过是他那过于满溢的天性并不通畅的排气口。这个野性的灵魂需要更广阔的空间，这个强劲的精神需要更重大的使命：就像一头发疯的公牛，在一个狭窄的牛圈里被关了太久，被轻蔑地燃烧着的花标枪激怒了，开始冲锋，冲进革命的斗牛场，第一次冲击就立刻推倒了等级制度那腐朽的栏杆。当这个雷鸣般的声音第一次发言的时候，国民议会都为之惊骇，但是他们屈服于他那独断专行的枷锁。强大的精神就像伟大的作家，米拉波这个强劲的铁匠在短短几分钟内就把最难以达成的法律以最大胆的形式镌刻在了青铜板上。凭着他熊熊燃烧的激情，他抢夺了整个国民议会的意志，如果不是因为人们不信任他声名狼藉的过往经历，如果有关秩序的思想不是下意识地在这位混乱的使者面前做出了自我防卫：那么法国国民议会从第一天起就不会有两百个头脑，而是只有着唯一一个无法无天的专断者。

但是这位自由的男高音自己并不自由：债务压弯了他的腰，一张由肮脏的审判组成的罗网束缚了他的双手。米拉波这样的人只能够在挥霍的情况下才能生活，才能发挥作用。他需要无忧无虑的生活、华丽的陈设、装得满满的口袋、叮当作响的金币、公开的宴会、秘书、女人、助手和佣人：只有在条件充裕的时候，他才能够发挥出全部的力量。为了得到对他而言唯一意义上的自由，这位被各种债主追债的人提出为所有人效劳：内克尔、奥尔良公爵、国王的弟弟，最终是宫廷本身。但玛丽·安托奈特最为憎恨的就是贵族中间的倒戈者，她在凡尔赛宫里的时候还觉得自己足够强大，可以拒绝这个"怪物"①那种可以被收买的恩惠。"我希望，"她对那位中间人德·拉·马尔科伯爵②回答说，"我们永远也不会不幸到不得不回过头来使用最后这种尴尬的方法，向米拉波这样的人寻求帮助。"

现在，她已经走到了这一步。五个月后——在一场革命中，这是一段非常漫长的时间——德·拉·马尔科伯爵接到了迈尔西大使的消息，王后想要和米拉波谈判，也就是说收买他。幸运的是，这一步还没有太晚。米拉波在王后第一次提议的时候就立刻咬住了这个金诱饵。他贪婪地听说，路易十六准备亲自签字支付他的四张借据，每张25万里弗尔，总共100万里弗尔，他将在国民议会闭幕以后得到支付，——"前提是，他为我作出了很好的贡献。"就像这位节俭的国王小心翼翼地附和的那样。这位护民官刚刚看到自己的债务可以被一笔勾销，每个月还能得到6000里弗尔的补贴，这个终年被法警和追债者追捕的人就陷入了一种"沉醉的狂欢之情，这种夸张的样子在一开始令我大吃一惊"。（引自德·拉·马尔科伯爵语。）他怀着一直以来用来说服别人的那种饱经考验的激情说服自己，只有他自己，只有他愿意同时拯救国王、革命和这个国家。这一次，自从金币进了他的口袋，米拉波这头咆哮的革命雄狮就突然意识到，自己其实是一位激情洋溢的保王党人。5月10日，他签下了这样的出卖自己的契约。他有义务怀着"忠诚、激情和勇气"效忠于王后……"我承认君主制的原则，尽管我在宫廷里只看到了缺陷，而且对玛利亚·特蕾莎女儿的灵魂和思想认识不足。我甚至曾经

---

① 原文为法语。

② 德·拉·马尔科伯爵（1753—1833）：法国军人、宫廷人士，1789年与米拉波认识。

为君主制效力，因为我相信，从一位尽管公正、但被人误导的国王那里得不到公正和酬劳。但我现在才因为信心而增强了勇气，怀着感激接受了我的原则，内心充满了力量。我将始终是我过去是的那个人，是王室法定力量的捍卫者，而且在王权确认了自由的范围之后，充当自由的使徒。我的心会追随着理性为我划定的轨道。"

尽管有这样的强调，双方却都知道，这份协议绝对不是什么充满荣誉的事情，反而是见不得光的。因此双方约定，米拉波绝对不能亲自出现在宫殿里，只能以书信方式向国王提供建议。米拉波在街上继续担任革命者，在国民议会里继续为国王的事务工作，——这是一桩说不清道不明的交易，没有人取得胜利，也没有人信任另一方。米拉波立刻就开始一封又一封地写信给国王提建议：但真正的收信人却是王后。他希望——他很快就知道，国王不算数——得到玛丽·安托奈特的理解。"国王，"他在第二封信里就这样写道，"只能支配一个人，就是他的妻子。只要国王的权威没有得到重建，她就觉得没有安全感。我猜测，她不愿意在没有王冠的情况下活下去，但我非常肯定，如果她保不住王座，她就也保不住性命。这一刻将会来临，可能很快就会来临，这时人们就不得不看到，一个女人和一个孩子骑着马能干出什么事情来。这一点在她的家里已经得到了验证，但是到了那个时候，所有事情就都要预先准备，不能以为可以依靠偶然事件或者是小小的计谋，通过寻常的人物和方法逃出这个不寻常的危机。"非常明显，米拉波把自己当成了这个不寻常的、这个非凡的人自荐了上去。他希望用语言的三叉戟轻易地平息自己同样轻易地掀起的巨浪，在这种自我陶醉的状况下，在这种过度狂热的妄自尊大的情绪里，他一方面觉得自己是国民议会的主席，另一方面觉得自己已经是国王和王后等级最高的部长了。但米拉波只不过是在自欺欺人。玛丽·安托奈特没有一刻想过要把权力真正地交给这个"恶劣的家伙"①，这个魔鬼般的人总会引发一般人直觉方面的疑虑。而玛丽·安托奈特绝对没有理解过这个她一生中遇见的第一个也是最后一个天才过的那种非常反道德的生活。她只是对他性格的大胆转变感到不适，这种提坦神一般的激情吓坏了她，而不是赢得了她。她最为隐秘的想法就是一等人们不再需要这个野蛮的、强大的、狂放的、无法捉摸的人的时候，就立刻给他付款，把他打发走。既然收买了他，他就首先还要为了这笔昂贵的费用努力工作，应该提出建议，因为他的确机智而又灵巧。只要他的想法不是太极端、太大胆，她就会阅读，会适应，然后做出结论。她需要这位出色的煽动者在投票的时候发挥作用、通报信息，需要他在国民议会里为了"伟大的事业"充当和平的中介，某些时候也需要利用他去贿赂其他人。这头雄狮应当在国民议会里发出咆哮，与此同时又能被拴在宫廷里。玛丽·安托奈特对这个强大的精神就是这么期待的，但是完全不赋予这个人以丝毫真正的信任，她有时候会重视他的用处，却总是轻蔑地看待他的"道德感"，从始至终都完全错误估计了他的天才之处。

很快，第一波充满激情的蜜月期就过去了。米拉波留意到，他的信件全部进了国王的垃圾桶，没有点燃一丝精神之火。但是不知道是出于虚荣，还是出于对许诺中的100万里弗尔的渴求，米拉波没有放弃对宫廷的冲锋。既然他已经看到，他写下的建议没有产生结果，他就付出了最后的努力。他从他的政治经验和与女人的冒险经历里得知，他最强的、最根本的力量不在于书写，而在于言谈，他那电火一样的力量会最为强劲、最为直接地从他本人身上散发出来。于是他不停地去找中间人德·拉·马尔科伯爵，认为应最终给他一次和王后面谈的机会了。只需要一个小时的交谈，就像在上百个其他女人那里，王后

---

① 原文为法语。

的猜疑就会立刻化为惊叹。只需要一次觐见，只需要一次！因为当他想到这次觐见不会是最后一次，他的自我感觉就陷入了陶醉。每个认识他的人都没有办法抵挡他的魅力。

玛丽·安托奈特很久以来都表示拒绝，最终让步了，她宣布准备好在7月3日，在圣克劳德城堡接待米拉波。

这次见面当然必须严格保密。命运在米拉波的事情上做出了某种奇怪的讽刺，也就是红衣主教罗罕这个被骗的傻瓜梦寐以求的事情——在花园的灌木的掩护之下得到了接见。圣克劳德的花园有着各种各样的隐秘藏身处，汉斯·阿克瑟尔·冯·费尔森就是在同年夏天知道的这一点。"我找到了一个秘密的地方，"王后写信给迈尔西，"尽管不是特别舒适，但是非常适合在那里和他碰面，把一切意料之外的人与家庭、花园远远地隔绝开来。"

时间约定在星期天早晨八点钟，在这个时间，宫廷还在酣睡，卫兵估计还没有抵达花园。米拉波无疑感到非常激动，在他妹妹的帕西宫里过了一夜。清早，有一辆马车载着他去往圣克劳德城堡，他的外甥扮作马车夫。米拉波让马车在一个秘密的地点等着他，然后把帽子拉到脸上，把大衣领子高高竖起来，就像一个阴谋者，穿过之前商定的故意没有上锁的侧门，走进了王室的花园。

很快，他就听到了鹅卵石路上一阵轻轻的脚步声。王后独自一人出现了。米拉波想要鞠躬，但就在王后看到这位卑鄙的贵族那张被激情所摧毁，被天花所毁容，蓬松的乱发掩盖下暴力又强大的面孔时，她不由自主地陷入了一阵寒栗。米拉波注意到她受到了惊吓，他早就熟悉了这种情况。他知道，所有的女人，包括温柔的索菲·沃朗①第一次见到他时也吓得后退了。但他丑陋的相貌带有一种美杜莎②的力

---

① 索菲·沃朗（1716—1784）：法国知识妇女，与狄德罗交往甚密。
② 美杜莎：希腊神话中的蛇发女怪，相貌怪异丑陋，人看见她即化为石头。

量，可以引起惊恐，同时也能留住别人的目光。他总是能够成功地把最初的惊恐变成震惊，变成惊叹，甚至是经常变成献身的激情！

王后和米拉波在这一小时里谈论的内容始终是个秘密。既然没有证人，那么所有的报告就都像那位自以为无所不知的贴身侍女康庞夫人的传记一样，只不过是虚构与猜测。人们仅仅知道一点，米拉波并没有使得王后屈从于他的意志，而是王后使得米拉波屈从于她的意志。她那继承下来的高贵通过君主制那永远具有效力的金光得到了增强，玛丽·安托奈特自然而然的尊严，在第一次交谈中永远比那个现实生活中变化无常的女人所流露出来的更机智、更活跃而且更坚决的理解力，还有她那种不知不觉的魔力很快就对米拉波这种易燃的伟大天性产生了影响。他感受到了勇气，因此也产生了热爱。当他离开花园，抓住自己外甥的手臂，和外甥满怀激情地说话的时候，他依然还很激动："她真的是一个奇特的女人，非常高贵，又非常不幸。但我会拯救她的。"就在仅仅一个小时里，玛丽·安托奈特就把这个可以收买的墙头草变成了一个决心坚定的人。"什么也无法阻挡我，我宁死也不违背承诺。"米拉波在写给中间人德·拉·马尔科的信里这样说道。

王后没有对这次会面进行过报告。这双哈布斯堡的双唇从来没有流露出表示感激或者是信任的一句话。她从来也没有产生过再次见到米拉波的愿望，从来也没有给他写过一行字。在这次见面的过程中，她也没有和他结盟，只是确保接受他的献身。她只是允许他为她而牺牲自己。

米拉波作出了一个承诺，或者不如说：他作出了两个承诺。他向国王发誓忠于国家，在战斗中同时是两个党派的总参谋长。从来没有一个政治家承担过如此危险的双重角色，从来没有一个天才（华伦斯坦①与之相

---

① 华伦斯坦：席勒的戏剧《华伦斯坦》中的主人公，17世纪欧洲三十年战争中天主教的统帅，与新教暗通款曲，事败后被刺死。

比只是个外行。）把这个角色演到了最后。仅仅在体力层面，米拉波就在那几个富有戏剧性的星期和月份里做出了无与伦比的成就。他在国民议会里和俱乐部里发言，进行煽动，参与会议，接待访客，阅读，工作，在中午为国民议会写报告和提案，在晚上为国王写秘密报告。有三四个秘书同时为他工作，还赶不上他发表演讲时那飞快的语速，但他那取之不尽、用之不竭的力气做这一切还不够。他还想要开展更多的工作，面对更多的危险，承担更多的责任，与此同时还要生活和享乐。他就像一个走钢丝的人，寻求着平衡，时而向右，时而向左，他那不寻常的天性中的两种基本力量都完全服务于两种事业，他那明察一切的政治精神、难以阻挡的热血激情就像闪电一样，飞速挥舞着刀剑，转换着剑锋，没有人知道他指向的到底是谁，是国王还是人民，是新势力还是旧势力，也许他在这个自我陶醉的瞬间里自己也不知道了。但是随着时间的推移，这样的矛盾也无法维持下去。他已经引起了怀疑。马拉说他被收买了，弗莱荣①威胁说要把他挂到灯柱上去。"多要道德，少要天才，"国民议会里的人们对他喊道，但他陷入了真正的陶醉，不知道恐惧，不知道害怕，整个巴黎都了解他的债务情况，他却无忧无虑地挥霍着自己新来的财富。其他人感到惊讶，窃窃私语，到处发问，他是依靠什么途径突然又能够支撑起王侯一般的生活、举办宏大的宴席、买下布丰伯爵②的藏书、用钻石装扮歌剧演员和妓女的，他却毫不在乎。他就像宙斯一样，毫无畏惧地穿行雷阵雨，因为他就是所有暴风雨的主人。如果有人攻击他，他就用愤怒的棒槌和嘲

---

① 弗莱荣（1754—1802）：路易-玛丽·斯坦尼斯劳斯·弗莱荣，法国政治家，马拉的学生。

② 布丰伯爵（1707—1788）：乔治-路易·勒克莱克·德·布丰伯爵，法国启蒙运动时期的博物学家。

讽的闪电,像另一个参孙①一样把非利士人打倒在地。他脚下是深渊,周围是怀疑,背后是致命的危险,他那巨人般的力量终于得到了真正的释放。独一无二的惊人火焰在即将熄灭之前猛烈地腾空,那无与伦比的十个男人的力量在这些起到了决断作用的日子里燃烧殆尽。最终,这个难以置信的人终于发挥出了他的天才力量——阻止不可阻止的事情,使命运停止运转。他动用他的全部膂力投入到实践之中,尝试以一胜百万,使得革命的巨轮倒转,而这个巨轮恰恰是被他自己推动的。

要理解这场双方之间异常大胆的斗争,理解这种双重地位的卓越之处,已经超过了玛丽·安托奈特这种直率天性所能够拥有的政治理解力。他呈现出的备忘录越是大胆,提出的建议越是可怕,她内心里那冷静的理智就越是感到剧烈的惊吓。米拉波的想法,是他想要用恶魔驱散幽灵,通过革命的过度膨胀消灭革命,也就是实现无政府状态。既然无法改变关系,就必须让关系——他那臭名昭著的"最糟糕的政策"②——尽可能地迅速走向恶化,从医生的角度来看,就是使用兴奋剂加剧危机,从而加速恢复的过程。不去对抗人民运动,而是统治人民运动,不是自上而下地与国民议会进行战斗,而是以秘密的方式挑唆人民,让他们自己给国民议会送去一个魔鬼,不去希求安宁和平静,而恰恰相反。把这个国家的不公现象和不满情绪都激发到最高点,这样就会出现对秩序的强烈需求,在任何情况下都不退缩,甚至遇到内战也不退缩——这就是米拉波虽然不道德、但从政治角度看非常有洞察力的建议。但是这样大胆的行为就好像是吹着号角宣称:"四个敌人正在匆匆逼近,税收、破产、军队和冬天,我们必须做出

---

① 参孙:《圣经·旧约》中记载的人物,以色列英雄,被非利士女人大力拉引诱而被剪去力量来源的头发,在被囚禁的神庙中重新长出头发获得力量,倾覆神殿,与大量非利士人同归于尽。

② 原文为法语。

决断，对要发生的事情做好准备，把它们掌握在手里。简而言之，一场内战是肯定会爆发的，甚至是有必要的，"——在这样大胆的宣言面前，王后的心开始颤抖。"米拉波和其他任何一个有健全思维的人怎么能够以为，现在已经到了可以引发一场内战的时候呢。"她惊骇地说道，将这个计划称之为"彻头彻尾的疯狂"。她对这个不择手段的道德败坏者的不信任逐渐发展到了不可克服的地步。米拉波徒劳地尝试用"雷击来撼动这种可怕的冷漠"，但是人们不听他的，渐渐地，他对国王一家灵魂中的怠惰的愤怒里掺杂了一定的对这些"王室畜生"①的轻蔑，这位天性就像绵羊一样的国王耐心地等待着被人宰杀。他早就知道国王对于他的善意非常心不在焉，而且整个无能的宫廷都无法进行真正的斗争。可斗争就是他的天性。即便他是一个迷失的人，在为一件迷失的事业而斗争，已经陷入了黑暗的浪涛，他还是再次向这对夫妇说出了他那绝望的预言："善良然而软弱的国王啊！不幸的王后啊！你们看看这可怕的深渊，它在盲目的信任与夸张的不信任之间摇摆！但是双方都还有做出努力的余地，只不过是最后的努力了。如果放弃，或者是失败，那么整个国家就会蒙上黑纱。这个国家会经历什么？这艘被闪电劈中、被风暴吹来吹去的船会去往何处？我不知道。但即使我自己能够从公然的沉船事件中逃脱，我也会在隐居之后永远怀着骄傲说道：我曾经冒着生命危险拯救过所有人。但他们自己不愿逃脱。"

他们不愿逃脱，《圣经》已经禁止过公牛和马拖动同一张犁。宫廷那沉重而保守的思维模式不能跟上这位伟大的护民官那疾驰如火、愤怒地冲破了一切枷锁的步伐。作为一位旧世界的女性，玛丽·安托奈特不理解米拉波的革命天分，她只理解直来直去的东西，不理解这

---

① 原文为法语。

个天才的赌徒政策意味着大胆地孤注一掷。但直到最后一刻，米拉波都在出于斗争的快乐而斗争，出于对他自己肆无忌惮的胆大的骄傲而斗争。一个人面对所有人，被人民怀疑，被宫廷怀疑，被国民议会怀疑，他与所有人对赌，同时也针对所有人。怀着受到摧毁的身体，怀着沸腾的鲜血，他不断地拖着自己，踏入斗牛场，试图再次把他的意志强加在这二百个人身上，然后在1791年3月——在他同时为国王和革命效忠了八个月之后——死亡的阴影笼罩了他。他还发表了一次演讲，直到最后一刻还在给秘书口述文件内容，直到最后一夜还和两个歌剧女演员睡了觉，然后这个极为强大的人才丧失了力量。人们成群结队地站在他的家门口，想要听听这颗革命之心是否还在跳动，有三十万人跟着他的灵柩，为他送丧。先贤祠第一次敞开大门，让棺木在那里永远安放。

但在这个狂飙突进的年代，"永远"这个词听起来是多么的贫乏！两年后，在米拉波与国王勾结的事情被发现以后，另一道命令宣布把他尚未腐烂殆尽的尸体从坟墓里拿出来，扔到动物的坟场里。

只有宫廷对米拉波的死保持着沉默，他们也知道沉默的原因。我们可以放心地对康庞夫人讲述的愚蠢轶事放任不管，也就是说，人们在听到死讯的时候看到了玛丽·安托奈特的眼里闪着泪光。没有什么比这件事更不可信了，因为王后很可能会用一声如释重负的叹息表达对解除这段同谋关系的感受：这个人太伟大了，无法为她效劳，太勇敢了，无法顺从于她。宫廷害怕活着的他，甚至也害怕死去的他。在米拉波还在床上发出喉音的时候，宫廷就派出了一位特工去他家里，以便尽快从书桌上清除掉那些可疑的信件，使这种让双方都觉得可耻的联盟关系作为秘密保留下来，米拉波感到羞耻，是因为他为宫廷服务，王后感到羞耻，是因为她接受了米拉波。随着他的去世，最后一个也许可以在君主制与人民之间进行斡旋的人也倒下了。现在双方开始了正面交锋，也就是说，玛丽·安托奈特与革命开始了正面交锋。

第二十六章　准备逃亡

随着米拉波的去世，君主制失去了这场反抗革命的斗争中的唯一帮手。宫廷再次形影相吊。摆在面前的有两种可能性，与革命抗争或者向革命投降。宫廷一如既往地选择了最为不幸的中间路线：逃亡。

　　米拉波已经权衡过，国王应该摆脱巴黎强加在他身上的手无寸铁的状态，才能够重建自己的权威，因为一位囚徒是没有办法投入到战争里的。为了更好地奋战，必须拥有自由的双臂和脚下的土地。只是米拉波提出要求，国王不应该偷偷逃亡，这样有违他的尊严。"一位国王不能在他的人民面前逃跑，"他说，还更加恳切地说道，"一位国王只能在朗朗青天之下离开，这样他才能够成为真正的国王。"他建议说，路易十六应该坐着他的豪华马车去郊区出游，那里有一个依然对他效忠的军团等待着他，在这群军人的中间，在光天化日之下，他应该高高地坐在马上，和他的军队汇合，作为自由人，与国民议会进行谈判。无论如何，一位男子汉才能够做出这样的行为，而对路易十六这种犹豫不决的人来说，呼吁坚毅和果敢从来都没有用。尽管他也考虑过这个想法，不断进行过商议，但最终，相比于他的生命，他还是更热爱他的舒适。现在，米拉波已经去世，玛丽·安托奈特已经厌倦了每日的屈辱，热情洋溢地又提起了这个想法。她并不惧怕出逃的危险，只是惧怕逃亡这个概念有损王后的尊严。但是日益恶化的情况已经不容选择："只还剩下两种情况，"她写信给迈尔西说，"要么就是如果起义者获胜，就在他们的刀剑下走向灭亡，因此根本就不再有任何意义，要么就是屈从于那些人的专断，他们宣称是为了我们的利益，实际上却总是在损害我们，还将继续损害我们。这就是我们的未来，如果我们没有为自己下定决心，用自己的力量和态度引导公众舆论，那么这一刻就会比我们预想的提前到来。您相信我，我现在对您说的话，不是出于一时兴起的过度兴奋的思考，也不是出于对我们处境的厌恶，更不是出于解决问题的急躁，我很清楚危险和不同的可能性，我们现在还有这些可能性，但是我在各方面都只看到非常可怕的东西伫立在我们面前，我们不得不寻找办法自救，而不是完全无所作为地迎接毁灭。"

既然冷静而谨慎的迈尔西一而再地从布鲁塞尔表达他的忧虑，她就以更带有激励色彩、更富有洞察力的方式给他写了一封信，这封信展现出来，这位曾经轻信的女人是多么无情而清醒地认识到了自己的堕落："我们的处境很可怕，没有直接机会看到的人们根本没有办法设想这到底有多可怕。我们只有一种选择：要么盲目地满足'反叛者'①的要求，要么就死在一直以来都高悬在我们头上的刀剑之下。您相信我，我没有夸大危险。您知道，我的基本原则一直都是尽可能地屈服，对时间和公众舆论的转变报以希望。但现在一切都变了，我们不得不走向灭亡，或者就踏上还留给我们的唯一一条道路。我们完全没有头昏脑涨地以为这条道路没有危险，但既然我们已经要走向沉沦，我们至少要保持声名，尽我们对荣誉和宗教的职责……我相信，

---

① 原文为法语。

外省不像首都这样已经被腐坏了，但巴黎为整个王国定下了基调。俱乐部和秘密团体领导着整个国家，体面的人们和不满人士尽管为数众多，却逃亡国外，或者是隐蔽起来，因为他们不是更强大的一方，或者是他们缺乏某种凝聚力。只有当国王可以自由地在一个固定的城市露面，人们才会感到震惊，有多少迄今为止一直保持沉默、暗中呻吟着的不满者才会出现。但我们犹豫的时间越长，就越是难以找到支持，因为共和精神每天都在各个阶级取得新的进展，部队比以往的任何时候都感到受到了逼迫，如果继续犹豫下去，我们也不能继续指望他们了。"

　　在革命之外还有第二重危险。法国的亲王们，阿尔托瓦伯爵、孔德亲王和其他移民都是一些枭雄，都在大声吹嘘，他们小心翼翼地把剑放在刀鞘里，在边境线上吵吵闹闹。他们在所有的宫廷里进行阴谋，想要粉饰自己逃跑的事实，只要还不危险，就要扮演英雄。他们从一个宫廷跑到另一个宫廷，试图煽动皇帝们和国王们反对法国，完全不考虑，也完全不担心，他们这些空洞的示威会增加国王和王后的生命危险。"他（阿尔托瓦伯爵）很不关心他的哥哥和我的妹妹的安危，"利奥波德二世①皇帝这样写道，"只有结果才是重要的②，他谈到国王的时候就这样说，也不想一想，他的计划和尝试会威胁到国王和我的妹妹。"这些大英雄坐在科布伦茨和都灵，摆出丰盛的宴席，宣称将会饮尽雅各宾党人的鲜血。王后付出了最大的努力，才至少阻止了他们干出最粗野的愚蠢行为。他们的风帆也必须逆转。国王必须

---

① 利奥波德二世（1747—1792）：神圣罗马帝国皇帝，玛利亚女皇之子，玛丽之兄。

② 原文为拉丁语。

获得自由，才能够把激进革命派和激进反革命派都打压下去，这两者指的就是巴黎人民和边境线上那些肆无忌惮的人们。国王必须获得自由，为了达到这一目的，就必须走最为尴尬的弯路：逃亡。

逃亡计划掌握在王后的手里，因此也可以解释，她自然就把实际上的准备工作都委托给了那个她毫无隐瞒、无须多想而且完全信任的人：费尔森。他曾经说过："我活着只是为了为您效劳。"他——"那个"朋友，接受了这项任务，他只会为此竭尽全力，不仅如此，还要冒着自己的生命危险来完成任务。困难非常大。要走出这座由国民警卫队监视、每个佣人几乎都是间谍的王宫，要穿过整个陌生的、充满敌意的城市，必须采取谨慎的措施和特别的方式来应对，而穿过全国的旅程需要和唯一可靠的部队领袖布耶将军[①]进行约定。按照计划，布耶将军要在一直到蒙美蒂堡垒的半路上，也就是大约到夏隆为止都把单个的骑兵小队派出去迎接，以防被人认出，或者是有人尾随国王的马车，这样国王全家乘坐的马车就能够得到保护。新的困难又出现了：这样引人注目的军事调动在边境地区需要借口，才能够被认为是合理的，奥地利政府必须在边境上集结一个军团，才能给布耶一个把自己的部队调动过来的借口。所有这些都必须经过无数秘密的通信商讨，怀着极度的谨慎，因为大多数信件都必须被打开审阅，就像费尔森自己说的那样，"只要人们发现他们在采取最轻微的措施，那么一切就都完了。"此外——还有一个困难——逃亡需要大量的金钱，而国王和王后已经身无分文。所有向他们的弟弟，向英国、西班牙、那不勒斯的王侯或者宫廷银行家借几百万里弗尔的尝试全部宣告失败。于

---

① 布耶将军（1739—1800）：弗朗索瓦-克劳德-阿穆尔·德·布耶侯爵，法国将军，国王出逃失败后，布耶被判叛国罪，被悬赏捉拿。

是为这个所有事情操心的外国小贵族费尔森不得不也为此操心。

但费尔森的激情给他创造了力量。他同时用十个头脑、十双手还有一颗充满了献身精神的心进行着工作。他在晚上和下午从秘密通道溜进来，一连几个小时和王后商讨所有细节。他和外国王侯通信，和布耶将军通信，选择最可靠的贵族，让他们打扮成信使，伴随他们一起逃亡，来回传递信件，又把信件带到边境。他以自己的名义订了一辆豪华马车，他置办了假通行证，他弄到了钱，用自己的财产担保，分别向一位俄国贵妇和一位瑞典贵妇借了30万里弗尔，甚至最终还向自己的管家借了3000里弗尔。他把必要的伪装衣服一件又一件地偷偷带进杜伊勒里宫，又把王后的钻石偷运出来。夜以继日，一个又一个星期，他写信、谈判、计划、出行，持续不断地处于紧张状态，同时也持续不断地面临着生命危险，因为这张覆盖了整个法国的罗网只要有一处脱线，有一个知情人滥用了这种信任，有一个字泄露出去，有一封信被截获，他的生命也就会走向终结。但这位沉默不语的幕后英雄既勇敢又冷静，不知疲倦，因为受到了激情的驱使，尽了他在这场世界史的宏大戏剧里的职责。

但国王还在犹豫，这位优柔寡断的国王一直还希望能发生什么有利于他的事件，可以免去这次出逃的尴尬和劳累。但一切都是徒劳，豪华马车已经订好，必要的金钱已经筹措完成，和护送队伍与布耶将军的约定已经告终。现在只缺少一件东西：这场无论如何并不非常有骑士精神的逃亡也需要一个正当的公开理由，一个道德层面的掩护。为了在全世界面前明显地证明，国王和王后并不是出于纯粹的恐惧才逃跑的，而是恐怖行为逼迫他们这样做的，他们还需要找到什么说辞。为了制造借口，国王在国民议会和市议会面前宣布，他要去圣

348

克劳德城堡度过复活节这一个星期。于是很快，就像人们秘密希望的那样，雅各宾党人的报纸立刻开始批判，宫廷现在只想去圣克劳德城堡，去找一位没有宣誓效忠的神父做弥撒，做忏悔，此外，国王很有可能带着他和他的家人从那里逃亡。这些挑唆性的文章发挥了作用。4月19日，国王非常引人瞩目地准备登上他的王家马车，已经有大量的人站在那里等着了，马拉和俱乐部的大军使用暴力阻止国王出行。

但王后和她的顾问盼望的恰恰就是这样一桩公开的丑闻。这件引人注目的事情将向全世界证明，路易十六作为个人，在整个法国都不再拥有驱车前往十英里外呼吸新鲜空气的自由。整个王室家庭示威般地登上马车，等待着马匹被套上。但是人群和国民警卫队站在马厩门前。永远的"救星"拉法耶特最终赶了过来，作为国民警卫队的司令，宣布不得阻拦国王的去路。但是没有人听从他。他要求市长展开表示警告的红旗，市长对着他的脸大笑。拉法耶特想要对民众致辞，人们却对他怒吼。无政府的状态公然宣称自己有权做出并不公正的事情。

在这位悲伤的司令徒劳地恳求自己的部队听从他的命令的时候，国王、王后和伊丽莎白公主就静静地坐在被尖叫的人群包围的马车里。狂野的喧闹和粗野的责骂并没有吓到玛丽·安托奈特，恰恰相反，她怀着寂静的愉悦心情看着他们，看着自由的使徒、人民的宠儿拉法耶特是如何在被煽动起来的人群面前变成一个弱者。她没有卷入这两股势力的斗争，她对它们都同样憎恨。她平静而毫不动摇地坐视身边的骚乱发出雷鸣，因为它带来了公开的、全世界都能够看到的证据，也就是国民警卫队的权威已经不复存在，无政府的状态统治着法国，暴民可以侮辱王室家庭而不受惩罚，因此，国王的逃亡也就具有了道德层面的权利。在两个小时一刻钟里，他们就向人民宣告自己的意志，然后国王才下令，把豪华马车重新拉回马厩里，宣布放弃去圣克劳德城堡郊游。就像往常人民取得胜利的时候一样，刚刚还在喧闹、喊叫、表达愤怒的人群突然受到了鼓舞，所有人都开始为国王夫妇发出欢呼，国民警卫队也突然转变了思想，向王后承诺要保护她。但玛丽·安托奈特知道这种保护意味着什么，于是高声回答道："是的，我们现在指望着你们。但是你们现在不得不承认，我们并不自由。"她故意大声说出了这两句话。她表面上是说给国民警卫队听的，实际上是说给整个欧洲听的。

如果就在这个4月20日的夜里，计划变成了行动，原因与后果、侮辱与愤怒、打击与反击都以直接逻辑的行为进行，那该有多好。两辆简朴、轻便、不引人瞩目的马车，一辆是国王带着儿子，另一辆是王后带着女儿，最多还有伊丽莎白夫人，就没有人会注意到这种普通的轻便马车里坐着这两个人，王室家庭就会毫不引人注目地抵达边境：国王的弟弟普罗旺斯伯爵同时逃亡，他没有引来任何注意，没有招来任何意外，这便是有力的证明。

但即使是在生死已经间不容发的时刻，王室家庭还是不愿意损害神圣的家规，在最危险的旅途中也要遵守不朽的礼仪。第一个错误：他们决定五人同乘一辆马车，也就是全家，父亲、母亲、妹妹和两个孩子都在一起，法兰西最偏僻的村落里的人们都能通过几百尊铜像认出他们。但还不止如此：图尔策夫人谨记她的誓言，一刻也不能离开国王的孩子们，所以也必须作为第六个人同去，这是第二个错误。由于这些不必要的负担，行程的时间不得不受到了耽搁，而也许每一刻钟、每一分钟都能够起到至关重要的作用。第三个错误：难以想象的是，王后还需要贴身侍女。也就是还需要两个侍女乘坐第二辆马车，现在已经有八个人了。但是马车夫、开路的骑士和驿站人员必须是可靠的人，他们尽管不认路，却必须出身于贵族，他们很幸运地找到了十二个人，加上费尔森和他的马车夫，就是十四个人：对于一个秘密，人数已经太多了。第四、第五、第六和第七个错误：必须带上礼服，这样国王和王后就可以在蒙美蒂盛装出现，而不是穿着旅行便装，所以又在簇新的箱子里加了一两百磅的重量，高高堆在马车顶上，——又减缓了速度，又增加了引人注目的风险。一次秘密出逃就这样渐渐地演变成了一次浮夸的出行。

　　但所有错误中最大的错误乃是：如果国王和王后要二十四小时驱车行进，即便是从地狱里逃出来，也必须舒舒服服地旅行。也就是需要特别定制一辆新的马车，特别宽敞，装了特别好的弹簧，这么一辆散发着新鲜油漆和财富气味的马车在每一个驿站都会引起每一个马车夫、每一个驿站马夫、每一个驿站长特别的好奇心。但费尔森——恋人从来都目光短浅——想为玛丽·安托奈特把一切都安排得尽可能美好、舒适和奢华。根据他的详细指示（据说是为了科尔福男爵夫人）建造一辆庞然大物，简直是一个有着四个轮子的小型战舰，不仅仅能装下王室家庭的六个人[1]，还能装下家庭教师、马车夫和佣人，还有一切可以想象得到的舒适设置，银餐具、大礼服、口粮甚至还有满足国王通常需求的坐便器。还安装了整整一个酒窖，装满了美酒，因为人们都知道国王很爱喝酒。为了使这件事情显得更加疯狂，车厢内部用浅色的锦缎装饰，我们几乎会感到奇怪，怎么没有直接就在车门上标上明显的百合花装饰呢。加上这些沉重的装备，这辆巨大的奢华马

---

① 原文如此，但实际上王室家庭只有四个人。

车就以艰难的速度行进着，至少也需要八匹马来拉动，但大部分情况下需要十二匹马，也就是说，两匹马拉的轻便马车可以在五分钟内进行换马的过程，这辆马车换马却在一般情况下需要半个小时，在这段旅程中，总共要延误四五个小时，而一刻钟都有可能是生死攸关的。为了补偿那些二十四小时都不得不穿着低级仆役服装的贵族卫兵，就给他们穿上闪闪发光、引人注目的簇新制服，和国王和王后计划中的简朴打扮形成了奇怪的对比。此外，龙骑兵在和平时期被突然派到了这些小城里，据说是在等待一辆"运钞车"，还有最后一个真正是具有历史性的愚蠢行为，就是舒瓦瑟尔公爵找了一个最不合适的人来担任各个部队之间的联络官，也就是费加罗本人，意思就是，王后的理发师，那个神圣的莱奥纳尔，很擅长理发，但不懂外交，与其说忠于国王，不如说忠于他那永恒的费加罗的角色，已经糟糕的局势就变得更混乱了。

所有这些错误的唯一借口是：对法国的国家仪式来说，历史上没有国王出逃的案例可以参考。人们如何洗礼，如何加冕，如何去剧院，如何狩猎，穿什么衣服，穿什么鞋子，佩戴什么胸针，这些大大小小的接待会、弥撒、狩猎和游戏的场合都受到仪式性的上百个细节的规定。但国王和王后如何乔装打扮逃出他们先祖的宫殿，却没有预先的规定，在这里必须做出大胆而且自由的决定，立刻采取行动，抓住时机。因为宫廷对世界一无所知，在初次接触真实世界的时候就肯定会陷入无力。在这一刻，当法国国王穿上一位仆役的制服，准备逃亡的时候，他就已经不再是自己命运的主人。

在无穷无尽的拖延之后，逃亡定在了6月19日，这是最重要的、至关重要的时刻，因为秘密的罗网经过这么多双手的编织，可能会在任何一刻，在任何一处破裂。马拉的一篇文章就像皮鞭突然地挥动，揭露了轻声的低语和谈话，宣称有人密谋劫持国王。"有人想要动用所有力量把国王劫持到荷兰，借口就是他的事业也是所有国王的事业，如果你们不去阻止这次逃亡，你们就足够愚蠢了。巴黎人民，失去理性的巴黎人民，我已经厌倦了不断地向你们重复，把国王和太子牢牢地控制在你们的围墙之中，好好地保护他们，把那个奥地利女人和她的小姑子关起来，还有其他的家庭成员。仅仅一天的损失对整个民族来说都有可能是灾难性的。"这个非常敏锐的人通过病态般怀疑的有色眼镜做出了奇怪的预言，仅仅"一天的损失"对整个民族来说并不是灾难性的，但对国王和王后来说却是灾难性的。因为到了最后，玛丽·安托奈特再次推迟了已经确定好所有细节的逃亡计划。费尔森徒劳地做出了竭尽全力的工作，就是为了在6月19日把一切都准备好。几个星期和几个月以来，他的热情都夜以继日地倾注在了这项行动上。他亲自一晚又一晚地把别人的衣服藏在自己的大氅下面，夜访王后，与布耶将军进行了无数的通信，确定龙骑兵和轻骑兵应该在什么具体位置等候着国王的马车，亲自手握缰绳在文森的道路上试验自己预定的驿站马匹。所有受到信任的人都已经对一切知情，整台机器最微小的齿轮都已经调试完成。但在最后一刻，王后收回了命令。她的有一个侍女被发现和一位革命者有关系，极为可疑。所以一切就暂停了，就在第二天早晨——在6月20日。因为侍女休假，所以他们不得不等待这一天的到来。也就是不得不再次延误了灾难深重二十四个小时，命令下达给将军，准备出发的轻骑兵又接到命令，卸下了马鞍，已经精疲力竭的费尔森和王后又开始神经紧张，几乎已经无法控制他们的躁动。但最后一天终于过去了。所有的怀疑都消散了，王后在下午和两个孩子还有小姑子伊丽莎白前往蒂沃利的娱乐花园。回来的时候，她以惯常的高贵和自信向司令宣布了第二天的措施。看不出她和国王的心情有一丝激动，因为这位没有神经的男人本来也不会感到激动。晚上，玛丽·安托奈特在八点左右回到房间，和女人们道别。人们把孩子送到床上，表面上无忧无虑地聚集在大沙龙里，全家共用晚餐。只有一点可能会被特别敏锐的观察者发现出异样，也就是王后有时候会站起来看看表，好像感觉累了。但实际上她从来没有像在这个晚上这么紧张，这么清醒，这么对命运有所准备。

第二十七章　逃亡瓦雷纳

1791年6月20日傍晚，疑心最重的观察者也看不出杜伊勒里宫里有任何可疑之处。国民警卫队一如既往地站在岗位上，贴身侍女和佣人在晚餐后就退了下去，国王、他的弟弟普罗旺斯伯爵和其他家庭成员都像每天一样平静地坐在大沙龙里，下着棋，或者是漫不经心地聊着天。如果十点钟左右，王后在交谈的时候站了起来，离开了一段时间，这算是什么引人注目的事情吗？完全不是。也许她只是有一件小事要做，或者是要写一封信，没有佣人跟随着她，当她走进走廊的时候，那里空无一人。但这一次，玛丽·安托奈特紧张地站在那里，屏住呼吸，听着卫兵生硬的脚步声，然后她匆匆上楼，走向了自己女儿的房门，轻轻敲门。小公主被唤醒了，惊讶地叫着（这是第二位副手）家庭女教师布吕尼埃夫人，她走了过来，不知道为什么要给孩子马上穿好衣服，为王后那难以理解的命令感到惊讶，但也不敢反对。在这段时间里，王后也叫醒了太子，她掀开绸缎华盖的帷幔，温柔地低语道："来吧，起床，我们要出门了。我们去一座有许多士兵的堡垒。"小太子还沉浸在睡眠中，嘟哝了两句，要人拿来他的佩刀和制服，因为他是要去士兵那里。但是玛丽·安托奈特命令首席家庭女教师图尔策夫人，"快点，快点，我们要动身了。"图尔策夫人早就知道

356

了这一秘密，因此借口说要参加化装舞会，把王子装扮成了女孩。两个孩子都悄无声息地被带到了楼下王后的房间里。在那里有一个令人愉快的惊喜在等待他们。因为当王后打开壁橱的时候，一位贴身侍卫军官走了出来，那就是马尔登先生，是那位不知疲倦的费尔森小心翼翼地把他带进来的。所有这四个人现在就匆匆走向没有看守的出口。

　　庭院里几乎完全没有灯光。马车排成长长的队列，几个马车夫和佣人漫不经心地走来走去，或者是和国民警卫队闲聊，他们也把沉重的步枪放到一边——这种既不需要考虑职责，也不需要考虑危险的温和夏夜是多么的美妙啊。王后亲自打开门向外面张望：在这种关键时刻，她的自信一刻也没有离开过她。马车的阴影里已经有一个人溜了出来，乔装打扮成马车夫，一言不发地握住了太子的手：那就是精力无限的费尔森，从清早起就做出了超人一般的贡献。他准备好了驿站的车夫，让三位贴身侍卫乔装打扮成马车夫，每个人都在正确的位置站岗。他把过夜的用品偷偷从王宫里运送了出来，准备好了马车，在下午还对激动得哭泣的王后进行了安慰。有三次、四次、五次他匆匆穿过巴黎，一次乔装打扮，其他时候穿着自己平时的衣物，为了把一切事情都安排妥当。现在他冒着生命危险，要把法国太子带出国王的宫殿，他不求别的回报，只要他情人感激的目光，她已经把自己和她的孩子完全托付给他。

　　四个阴影溜回到黑暗里，王后轻轻地关上了门。她毫不引人注目地再次迈着无忧无虑的轻盈步伐，好像只是取了一封信一样，回到了沙龙里，继续进行表面上无关紧要的闲谈，而孩子们已经被费尔森幸运地带领着穿过了大广场，坐进了一辆旧式的出租马车，很快就睡着了。与此同时，王后的两个贴身侍女乘坐另一辆马车，预先走上了通往克莱亚的道路。十一点左右，关键的时刻开始了。普罗旺斯伯爵和他的妻子也同样准备今天逃亡，像往常一样离开了宫殿，国王和伊丽莎白夫人回到了他们的房间。为了不引起任何怀疑，王后让她的贴身侍女为她更衣，为次日早晨的出行预定马车。十一点半左右，拉法耶特难以避免的对国王的夜访现在肯定也结束了，她就下令熄灯，这就是佣人可以撤下的信号。但贴身侍女几乎刚刚关上房门，王后就又跳了起来，快速穿上衣服，尽管只穿了一件不显眼的灰丝绸做的裙子，戴了一顶有着浅紫色面纱的黑帽子，可以遮住她的脸。现在只需要轻轻走下小楼梯，来到门口，就有一位亲信等待着她，把她带过黑暗的卡鲁赛尔广场，——一切都进行得非常顺利。只是有一个尴尬的意外，恰好在这时，有一辆马车带着马匹和闪耀的火炬飞驰而过，那是拉法耶特的马车，他相信一切都保持着秩序。王后在火光面前匆匆躲进了门洞的阴影里，拉法耶特的豪华马车就从近旁擦过，她几乎碰得到车轮。没有人注意到她。再走几步，她就走到了出租马车上，车上坐着她在这个世界上最爱的人们：费尔森和她的孩子们。

国王的逃脱更加困难。首先他不得不忍受拉法耶特每天的夜访，夜访持续的时间很长，这一次，就连这个感觉迟钝的人也觉得很难保持平静了。他总是从沙发座上站起来走到窗边，好像想要看看夜空。终于，在十一点半，这个讨厌的客人离开了。路易十六走进他的卧室，在这里开始了和礼仪最后的绝望斗争，这种礼仪对他起到了妥帖的保护作用。根据古老的习俗，国王的贴身侍从必须和国王睡同一间房，手腕上绑一根细绳，只要国王拉一拉绳子，就能够唤醒这个熟睡的人。也就是说，如果路易十六现在想要逃脱，那么这个可怜人必须首先从自己的贴身侍卫手下逃脱，路易十六按照往常一样让人悠闲地给他更衣，然后让人铺床，把华盖两侧放下来，好像他要准备睡觉了。实际上他只是在等待侍从去隔壁的房间换衣服的那一刻，就在这个短暂的时刻——这个场景简直配得上博马舍的手笔——国王迅速地从华盖下面跑出来，赤着脚穿着睡衣，穿过另一扇门走进他儿子的空房间，人们在那里给他准备了一身简朴的服装，一顶粗陋的假发和——新的耻辱！一顶佣人的帽子。与此同时，在卧室里，那位忠实的佣人非常、非常谨慎地回来了，惊恐地屏住呼吸，只是为了不打扰华盖下面他所热爱的国王的睡眠，最后和每天一样，把细绳缠在自己的手腕上。路易十六则穿着衬衫，沿着楼梯悄悄走下去，这位神圣路易的继承人，法国与纳瓦拉国王，手里拿着灰色的外套、假发和佣人的帽子，藏在壁橱里的贴身侍卫马尔登先生就在这里等他，给他指路。再穿上了墨绿色的罩衣、给这个尊贵的脑袋戴上了佣人的帽子以后，国王就冷静地穿过了他的宫廷那空无一人的庭院，并不是非常警醒的国民警卫队没有认出他来。这样一来，最艰难的事情似乎已经顺利解决，午夜时分，全家都在出租马车里团聚。费尔森打扮成马车夫，登上了车夫座，带着化装成佣人的国王和他的家庭横穿巴黎。

横穿巴黎，横穿巴黎是多么灾难性的做法！因为费尔森这位贵族习惯了让马车夫带着自己到处跑，而不是自己驾车，他不熟悉这座混乱的城市里那些无穷无尽的迷宫。此外，他出于谨慎——多么灾难深重的谨慎！——没有立刻出城，而是再次驶入了马蒂农大街，确保那辆巨大的豪华马车已经出发。直到两点钟，而不是午夜，他才把这些尊贵的客人送出了城门——两个小时，无可挽回的两个小时已经失去了。

那辆巨大的豪华马车应该在关口的栅栏后面等他们。第一个意外：它没有来。又浪费了一段时间，直到人们最终发现了它，只套了四匹马，没有亮灯。现在出租马车才可以开到那辆马车旁边，让王室家族上车，而不会——真是惊人！——让他们在法国的污泥里弄脏鞋子。马匹终于动身的时候已经是深夜两点半，而不是午夜十二点。现在费尔森不遗余力地挥鞭赶马，半个小时就到了邦迪，一位贴身侍卫的军官已经带着八匹精力饱满的信使用马在那里等着他们了。他们在这里告别。这并不轻松。玛丽·安托奈特很不愿意看到她唯一信任的靠山离她而去，但国王明确表示，他不希望费尔森继续陪伴他们。我们不知道是出于何种原因。也许是不希望这位和他妻子过于亲密的朋友和他的忠臣见面，也许是对他还有所顾虑——无论如何，费尔森的记录是"他不希望"①。之后，按照约定，费尔森立刻就会去找这些终于重获自由的人们：也就是说，这只是短暂的分别。所以费尔森再次骑马——地平线上已经升起了一道苍白的光，预示着一个炎热的夏日——再次靠近马车，为了迷惑驿站的马夫，故意大声喊道："您保重，科尔福夫人！"

八匹马拉车比四匹马要好，这辆巨大的豪华马车在乡间道路的灰色河床上迈着轻快的小步摇摇晃晃地前进。所有人都表现得情绪良好，孩子们已经睡醒了，国王也比平时更开朗。人们拿别人给

---

① 原文为法语。

自己取的假名互相取乐。图尔策夫人扮演尊贵的科尔福夫人，王后是孩子们的家庭女教师，名叫罗歇夫人，戴着佣人帽的国王是她的家庭总管杜朗，伊丽莎白夫人是她的贴身侍女，太子变成了一个女孩。实际上，这个家庭在这辆舒适的马车里感觉比在他们家的宫殿里要更自由，那里有几百个佣人和六百个国民警卫队的成员在窥探着他们。很快，路易十六的忠诚老友就开始向他报到了：那就是国王的好胃口。人们把丰盛的口粮取了出来，用银质餐具饱餐了一顿，鸡骨头和酒瓶就从窗外飞了出去，那些勇敢的贴身侍卫也得到了犒赏。孩子们对这次冒险很着迷，在车厢里玩耍着，王后和所有人聊天，国王就利用这个意料之外的机会来熟悉自己的王国：他取出地图，饶有兴趣地从一个村落到另一个村落，从一个小镇到另一个小镇地追随着这次旅途的足迹。渐渐地，一种安全感笼罩了所有人。在第一个换马驿站，还是早晨六点，市民们还在睡觉，没有人来问科尔福男爵夫人的通行证。现在只需要顺利穿过大城市夏隆，就会赢得一切，因为在这最后一道障碍后面四英里的地方，在索姆-维斯尔桥边，第一支骑兵队伍已经根据年轻的舒瓦瑟尔公爵的命令挺进到了那里，等候着他们。

　　最终到达夏隆是在下午四点。许多人聚集在驿站前面，这绝对没有恶意。因为每次有一辆急行马车开过来，人们都想从驿站那里获悉从巴黎传来的最新消息，无论如何也会托他们把一封信或者一个小包裹送到下一个驿站，而且在一个无趣的乡村小镇，人们就像今天一样喜欢闲聊，喜欢看到陌生人和美丽的马车：我的天，在这么一个炎热的夏日，还有什么更好的消遣吗！懂马车的人怀着专业人士的眼光打量着这辆豪华马车。它还是新的，装饰得非常豪华，异乎寻常的高贵，里面铺着绸缎，设计得绝美，行李也非常奢华，肯定是贵族，肯定是要流亡。如果人们可以怀着好奇心看看他们，和他们聊聊天，那该多么好，可真奇怪：为什么所有这六个人在这么晴朗、温暖的日子里，在经过了如此漫长的行程之后还不下来稍微活动一下僵硬的双腿，喝一杯冰凉的葡萄酒和大家聊聊天，而是固执地坐在那辆豪华马车里？为什么这些穿着金银线滚边制服的佣人也表现出这么不知羞耻的高贵，好像他们是什么特殊人物一样？奇怪，真是奇怪！人们开始轻声低语，有人走到驿站长那里，对着他耳语了几句。他显然很震惊，非常震惊。但他没有干涉，而是让这辆马车就平静地开了过去，但是——没有人知道是怎么回事——半个小时以后，全城都在说着闲话，说国王和国王全家刚刚驱车经过夏隆。

但国王和国王全家对此一无所知，也毫无预感，恰恰相反，他们尽管非常疲惫，却心满意足，因为在下一个驿站，舒瓦瑟尔就会带着他的轻骑兵等候着他们；然后伪装和躲藏的日子就过去了，就可以扔掉这顶佣人帽，撕掉这些伪造的通行证了，终于可以听见已经沉寂了许久的"国王万岁！王后万岁！"①了。伊丽莎白夫人总是焦躁地向窗外张望，想要第一个问候舒瓦瑟尔，信使迎着落日高举双手，这样从远处就能看见轻骑兵的刀光。但什么也没有。什么也没有。最终来了一位骑士，但只有一个，一个先导的贴身侍卫军官。

"舒瓦瑟尔在哪里？"人们向他喊道。

"走了。"

"那其他的轻骑兵呢？"

---

① 原文为拉丁语。

"这里没有人。"

好情绪顿时没有了。有什么地方出了问题。但天色已经暗了下去，已经是晚上了。现在驱车前往陌生和不确定的地方是很可怕的。但已经无法回头、也无法驻足了，逃亡者只有一条道路：继续走下去。王后安慰其他人。这里没有轻骑兵，那么在圣-梅内胡尔就能遇见龙骑兵，还有不过两个小时的路程，然后就安全了。但这两个小时却显得比一整天的时间还要长。但是——新的意外——在圣-梅内胡尔也没有护卫队。骑兵已经等了很久，整天坐在酒馆里，在那里无所事事，喝得大醉，大声喧哗，引起了所有居民的注意。最终这位宫廷理发师兼司令下了一道混乱的指令，他觉得把他们撤出城市，再到这条路的后面等一等是更明智的做法，只有他自己留了下来。最终那辆八匹马拉的豪华马车驶了过来，后面还有一辆两匹马拉的轻便马车，那些勇敢的小市民已经经历了这天发生的第二件难以解释的神秘事件。首先是龙骑兵到来，坐在这里，人们不知道是为了什么，现在又是两辆马车和穿着高贵制服的马车夫，而且你看，龙骑兵司令欢迎这些奇特的客人的时候是多么的忠心，多么的恭敬！不，不只是恭敬，简直是卑躬屈膝：他和他们说话的时候一直把手放在帽檐上。驿站长德鲁埃是雅各宾俱乐部的成员，是狂热的共和主义者，他用敏锐的目光看着他们。那一定是大贵族或者流亡者，他想，高贵的甚至是最为高贵的无赖，我们必须采取行动。无论如何，他首先对自己的驿站车夫悄悄下令，他们不要带着这些神秘的乘客走得太快，于是这辆乘坐着昏昏欲睡的乘客的豪华马车就这样昏昏欲睡地继续驶去。

但还没有过十分钟，流言就突然传播开来——是有人从夏隆带来了消息，还是人民的本能做出了正确的猜测？——说马车上坐着国王全家。所有人都沸腾起来，感到激动，龙骑兵司令立刻感到了危机，想要让他的士兵赶去护驾。但已经太晚了，愤怒的人群开始抗议，龙骑兵喝得大醉，与人民称兄道弟，不再服从命令。有几个坚定的人发出紧急警报，在所有人乱成一团的时候，只有一个人下定了决心：驿站长德鲁埃，他曾经参加过战争，是个出色的骑手，他骑上一匹马，一路小跑，在一位同伴的陪伴之下，抄近路赶在那辆沉重的豪华马车之前提前到达瓦雷纳。人们也可以在那里和这些可疑的乘客详细交谈，如果那真是国王，就让上帝保佑他和他的王冠吧！就像已经发生过几千次的那样，这一次，也是一个精力充沛的人做出的一个果断决定改变了世界史。

在这段时间里，国王巨大的马车就绕着蜿蜒的道路驶向瓦雷纳。在被太阳烤热的车顶下，旅程已经持续了二十四个小时，旅客们紧紧地挤在一起，感到疲倦，孩子们早就睡着了，国王已经把地图折了起来，王后保持着沉默。只还需要一个小时，最后的一个小时，他们就会得到安全的护驾。但意外再一次出现了：在瓦雷纳城外约定好的换马地点并没有马匹。人们在黑暗中摸索，敲打着窗户，遇到了不友善的声音。两个负责在这里等待的军官都没有出现——真的不应该选择那个费加罗担任通讯官——首先被派到这里的理发师莱昂纳尔一通胡说八道，让人相信国王不会来了。他们已经睡了，这次熟睡对国王来说就像拉法耶特在10月6日睡的那一觉一样灾难深重。也就是说，他们只好用已经精疲力竭的马来到瓦雷纳，也许在那里能够换马。但是第二件意外又发生了：从门洞里跳出两个年轻人，对着先遣骑士命令道："停下！"两辆马车立刻被包围，被一群年轻人围住。德鲁埃和他的同伴提前十分钟到达，把瓦雷纳的所有革命青年全部从床上或者是酒馆里叫了出来。"通行证！"有人命令道。"我们着急，我们必须马上赶到。"一个女人的声音从马车里回答道。这就是所谓的"罗歇夫人"的声音，实际上就是王后的声音，在这种危险的关头，只有她还有精力进行防卫。但是抵抗没有用，他们不得不到最近的旅店里——世界史是多么的恶毒啊——那个旅店叫作"伟大的国王"，市长已经站在那里了，他是个食品商，一听他的名字"沙司"就会觉得美味，他想要看通行证。这个小食品商内心里臣服于国王，但害怕陷入尴尬的事件，于是匆匆看了一下通行证，就说："符合条件。"他想要这辆马车继续平静地行进。但是年轻的德鲁埃感觉到大鱼已经上钩，拍着桌子高声尖叫："这是国王和他的家庭，如果您让他们跑到了外国，您就犯了叛国罪。"这样的威胁吓坏了这个善良的一家之主，与此同时，德鲁埃的同伴敲响警钟，所有的窗户都亮起了灯火，整个城市都陷入了警报状态。马车旁边聚了越来越多的人：不动用暴力是没有办法继续走下去的，因为精力充沛的马还没有套上马车。为了摆脱这种尴尬的局面，这个能干的食品商兼市长提议，现在继续旅行已经太晚，科尔福男爵夫人和她的随从可以去他家里过夜。直到明早，这个狡猾的人心里想，一切就都可以解释清楚了，无论是好是坏，我也就摆脱了落在我头上的责任。没有更好的办法了，龙骑兵也没有来，所以国王犹豫着接受了这个邀请。

舒瓦瑟尔或者布耶肯定会在一两个小时内赶到这里。路易十六就这样平静地戴着假发走进了市长的房屋，他做的第一件属于国王的事情是要了一瓶酒和一小块奶酪。这就是国王吗？这就是王后吗？老妇人和匆匆赶来的农夫们激动而不安地窃窃私语着。因为在那个时候，法国的一个小城市距离伟大的、不可目睹的宫廷还有那么远的距离，所有这些臣民中没有一个人见过国王的面孔，除了在硬币上，其实应该派一位信使去见一下这位高贵的先生，这样才能最终确定，这位陌生的旅客真的只是科尔福男爵夫人的佣人，还是路易十六，法国和纳瓦拉所有基督徒的国王。

第二十八章　瓦雷纳之夜

1791年6月21日，玛丽·安托奈特年满36岁。在做了17年的法国王后之后，她终于第一次走进了一位法国市民的家。这是一座宫殿与另一座宫殿，一座监狱与另一座监狱之间唯一的一次中断。这条道路首先经过食品商的小店铺，里面散发出陈旧的油腻味道、风干的香肠和刺激的香料味道。国王或者不如说是那个戴着假发的陌生先生，那个所谓的科尔福男爵的家庭女教师，还有其他人穿过那道吱呀作响的狭窄楼梯来到二楼，那里有两个房间，一个客厅和一个卧室，显得卑贱、可怜和肮脏。门口马上就来了两个新的警卫，和凡尔赛宫里那些制服闪闪发光的侍卫非常不同，那是两个手里拿着干草叉的农夫。所有这八个人，王后、国王、伊丽莎白夫人、两个孩子、家庭女教师和两个贴身侍女都在这个狭窄的空间里站着或者是坐着。孩子们累得快死了，被带到床上就立刻睡着了，受到了图尔策夫人的守护。王后坐在了一把沙发椅上，用面纱蒙着面孔：没有人可以得意扬扬地说见到过她的愤怒和她的怨恨。只有国王立刻就像到了家里一样，他平静地在桌边坐下来，用刀子切下了几大块奶酪。没有人说话。

　　街道上终于响起了嘚嘚的马蹄声，但与此同时，上百个人野蛮的喊叫声也响了起来："轻骑兵！轻骑兵！"舒瓦瑟尔同样也被错误的消息迷惑，终于赶了过来，挥了几下佩刀开路，把他的士兵聚集在市长家周围。这些勇敢的德国轻骑兵听不懂他对他们所做的致辞，不知道发生了什么，只听懂了两个德语词"国王和王后"。但无论如何，他们还是服从了，努力驱赶人群，以使马车从人群的包围中挣脱出来。

舒瓦瑟尔公爵匆匆跑上楼梯，提出他的建议。他准备腾出七匹马。国王、王后和随从应该上马，在国民警卫队还没有在周围集结起来的时候，迅速在他的部队护卫之下离开这个地方。这位军官在做完报告以后严肃地鞠了一躬："陛下，我等待您的命令。"

但给出命令，迅速决定从来都不是路易十六的专长。他反复商议，舒瓦瑟尔能否在这场突围中保证，没有一颗子弹击中他的妻子、他的妹妹或者他的一个孩子？是不是还是应该等待其他分散在酒馆里的龙骑兵聚集起来？这样的来回商讨又耽搁了好几分钟，珍贵的好几分钟。国王的家庭，古老的时代就坐在这个小小的阴暗房间的稻草坐垫上，犹豫着、谈判着。但是革命不会等待，年轻的一代不会等待。国民警卫队和民兵从各个村落里前来，被警钟敲醒，被全数招来，人们从城墙上卸下了古老的加农炮，建立起了街垒。那些四下分散的士兵二十四个小时里都在毫无意义地坐在马鞍上被追来赶去，很乐于接受市民提供的美酒，与他们称兄道弟。大街上始终挤满了人。就好像共同的预感在至关重要的时刻深深地潜入了群众的潜意识，附近的农夫、村民、牧人和工人都被惊醒了，向着瓦雷纳进军，老妇人也出于好奇而拿起拐杖，为了看一眼国王，现在，既然国王不得不公开露面，他们所有人也就下定决心，不要让他离开自己的包围圈。所有想要给马车换上新马的尝试都失败了。"去巴黎，不然我们就开枪了，我们把他打死在他的马车里。"疯狂的声音冲着驿站车夫回响着，在这场骚乱之中，警钟再一次敲响了。这个戏剧性的夜晚里新的警钟：一辆马车从巴黎的方向驶来，为了找到国王，国民议会向全国的各个方向随机派出特派员，其中两位幸运地发现了国王的踪迹。现在责任已经从瓦雷纳身上卸了下来，现在这个可怜的小城里小小的面包师、铁匠、裁缝和屠夫不再需要去决定世界史的命运了：国民议会的特派员已经到达，这是唯一的权威，人民也承认它是自己的权威。人们列着胜利的队伍，把这两位使者送上了善良的食品商沙司家的楼梯，带他们去找国王。

在这段时间里，可怕的夜晚已经渐渐结束了，时间来到了清早六点半。两个使者里面有一个叫作罗谬，他脸色苍白，举止拘束，并不乐于接受自己的使命。作为拉法耶特的副官，他经常在杜伊勒里宫里为王后值勤，她对待下属怀着自然而善意的真挚，对他非常好，她和国王经常和他进行几乎是友善的交谈。拉法耶特的这位副官内心深处只还有一个愿望：拯救这两个人。但国王所面临的看不见的灾难是，人们给这项任务安排了第二个人跟着一起去，他非常野心勃勃，完全忠于革命，名叫拜容。罗谬在刚刚找到国王踪迹的时候就试图拖延他的行程，想要放国王一马，但是拜容这个无情的窥视者却盯着他的一举一动，所以他就面红耳赤地站在那里，满怀恐惧，不敢把国民议会那份充满灾难的法令交给王后，这条法令规定阻止国王家庭继续前进。玛丽·安托奈特没有办法掩饰自己的惊讶："什么？您，我的先生？不，我从未想过这一点！"罗谬感到尴尬，磕磕绊绊地说，"整个巴黎都很激动，国家利益要求国王返回。"王后失去了耐心，转了过去，她从这种胡言乱语里感到了一点恶意。最终，国王要求得到那份法令，读到他的权力已经被国民议会废除，每个遇到国王家庭的信使都可以采取一切措施阻止他们继续旅行。类似于逃亡、拘捕、拘禁这些字眼尽管被巧妙地避了过去，但是国民议会第一次通过这条法令宣布，国王不是自由的，而是国民议会的意志的臣民。甚至是迟钝的路易十六也理解了这次具有世界史意义的颠覆。

但他没有反抗。"法国没有国王了。"他用困倦的声音说道，好像这件事情和他本人没有什么关系，心不在焉地把那条法令放在了精疲力竭的孩子们正在熟睡的床边。但这时，玛丽·安托奈特突然跳了起来。只要事关她的骄傲，威胁到她的荣誉，那么这个在所有的细节上都表现得并不大度、在所有肤浅的事情上都表现得并不深刻的女人就会表现出一份突如其来的尊严。她把国民议会的法令揉成了一团，它竟敢这样对待她和她的家庭，她不屑地把这个纸团扔到了地上："我不想让这张纸玷污我的孩子。"

这种挑衅行为使得那些小官员一阵寒战。为了避免激烈的场面，舒瓦瑟尔迅速从地上捡起这张纸来。房间里的所有人都感到震惊，国王为他妻子的勇敢而震惊，两位使者为自己尴尬的处境而震惊，所有的人都无法做出决定。这时国王做了一个表面上是放弃、实际上却内有深意的提议。只需要让他们在这里再休息两三个小时，然后他就乘车返回巴黎。人们一定也能够看出来，孩子们到底有多累，在如此可怕的两天两夜的旅行之后，他们必须休息一下。罗谬很快就理解了国王的意图。两个小时以后，布耶的全部骑兵就会赶到这里了，后面跟着的就是步兵和加农炮。因为他心里想要拯救国王，所以就没有提出反对：毕竟他的任务也只不过是阻止国王继续履行。他已经做完了这一点。但是另一位特派员拜容很快就注意到，这里肯定有什么把戏，于是决定以阴险对付阴险。他表面上赞同，然后漫不经心地走下楼梯，人群激动地围住他，问他做出了什么决定，他就伪善地叹息道："唉，他们不想动身……布耶已经在附近了，他们在等他。"这几句话简直就是火上浇油。不可能这样！不能再受骗了！"去巴黎！去巴黎！"窗玻璃被咆哮声震得叮当作响，市政官员，尤其是那个不幸的食品商沙司绝望地催促着国王，说他必须走了，否则就没有办法继续保证国王的安全。轻骑兵无力地陷在人群之中，人们胜利一般地把马车拉了过来，套上了马匹，为了不让他们继续拖延下去。现在一场屈辱的表演开始了，因为他们要争取的只是大约一刻钟的时间。布耶的轻骑兵肯定离这里已经很近了，在这里争取到的每一分钟都可以挽救王国。也就是必须使用所有手段，包括最不体面的手段来推迟前往巴黎的旅程。就连玛丽·安托奈特也不得不平生第一次弯腰祈求。她转向那位食品商的妻子，恳求她帮忙。但是这个可怜的女人担心自己的丈夫。她眼里含着泪水，抱怨说，她觉得不得不拒绝在家里接待法国的国王和王后是一件非常可怕的事情，但是她自己也有孩子，她的丈夫很可能要为此付出生命代价——她的预感是正确的，这个可怜的女人，那位不幸的食品商因为在这天晚上帮助国王焚烧了几份秘密文件而掉了脑袋。国王和王后不断地用不幸的借口推迟着旅程，可是时间不断地流逝着，布耶的轻骑兵却没有现身。一切都已经准备就绪，这时路易十六宣布——他陷入了多么深的困境，竟然不得不出演这样的滑稽剧，他还想要再吃点东西。人们可以拒绝一位国王吃点东西的要求吗？不能，但人们迅速地拿来了食物，只是为了不要再拖延下去。路易十六一小口一小口地吃着，玛丽·安托奈特轻蔑地把盘子推到一旁。现在已经没有借口了。于是就有了新的、也是最后一次意外：王室家庭已经站在了房门口，这时一位贴身侍女奈维耶夫人突然受到了刺激，痉挛倒地。玛丽·安托奈特立刻庄严地解释，她不能在困境中丢下自己的贴身侍女。如果不请医生，她就不走。但是医生——整个瓦雷纳的居民都在奔走——也比布耶的军队来得更早。他给这个受了刺激的女人喝了一点镇定药水，这样一来，这场悲惨的戏剧就没有办法继续下去了。国王叹了一口气，第一个走下那道狭窄的楼梯。玛丽·安托奈特跟在他后面，紧咬着双唇，挽着舒瓦瑟尔公爵的手臂。她预感到了他们所有人在这次回程中面临的事情。但在为自己忧虑的时候，她还想着她的那位朋友，她在舒瓦瑟尔到达以后说的第一句话是："您觉得费尔森得救了吗？"如果有个真正的男人在身边，即便是地狱的旅程，她也可以熬过，但在懦夫和气馁者中间，独自保持坚强就太难了。

国王全家上了马车。他们还是在期待着布耶和他的轻骑兵，但什么人也没有来。只有人群震耳欲聋的嚎叫声包围着他们。最终，豪华马车开动了。六千个人围绕着它，整个瓦雷纳都带着它的战利品进军，现在，愤怒与恐惧变成了高声的欢呼。周围轰响着革命的歌曲，被暴民大军包围着，君主制这艘不幸的航船驶离了它刚刚着陆的礁石。

但只不过是在二十分钟后，在瓦雷纳依然烟尘耸动、像高大的立柱直抵火热的天空的乡村道路上，从城市的另一端传来了尖锐的马蹄声，整整几个骑兵中队已经赶来。他们终于来了，布耶的轻骑兵，人们徒劳地期盼过他们的到来！只要国王自己还能再坚持半个小时，他们就能够把国王带到自己军队的中央，现在这些欢呼的人们就会惊慌失措地逃回家里。但是当布耶听说，国王毫无勇气地屈服了，部队就撤离了。为什么还要毫无意义地流血呢？他也知道，这个王国的命运已经因为君主的软弱而注定了，路易十六不再是法国国王，玛丽·安托奈特也不再是法国王后。

第二十九章　回程

STEFAN
ZWEIG

一艘船在平静的海面上行驶得要比在暴风雨中更快。那辆豪华马车从巴黎开到瓦雷纳用了二十个小时，回程却持续了三天。国王和王后不得不一点点地饮尽屈辱那最后的苦酒。在两个无眠之夜以后，他们已经累得快死了，没有换衣服——国王的衬衫已经被汗水浸透，不得不找一位士兵借了一件衬衫——他们六个人坐在火热的、烤箱一样的马车里。六月直勾勾的太阳毫无同情心，照在已经要烧起来的车顶上，空气里散发着火热的尘土味道，越来越庞大的护卫队伍阴险地嘲笑着，围着这些悲惨而受到侮辱的返家的人。那次从凡尔赛宫到巴黎的六个小时的路程与这一次相比，简直就是乐园。人们时不时地迸出一些粗俗至极的话语，每个人都想羞辱这些被迫回家的人们。所以他们宁可关着车窗，在这滚动的沸水壶那滚烫的热气里感到闷蒸和焦渴，也不愿意被外面嘲讽的目光打量，被辱骂的言语羞辱。这些不幸的旅客的脸上已经蒙上了灰尘，双眼因为熬夜和灰尘的感染显得通红，但是人们不允许他们一直拉着窗帘，因为每经过一个驿站，小小的市长就觉得有必要对国王进行一番富有教益的演讲，每一次他都不得不保证，他并没有离开法国的意图。在这样的时刻，所有人里将仪态保持得最好的就是王后。每到一个驿站，当终于有人给他们带点什么吃的来的时候，她都要放下窗帘，让车里的人们充饥。人民在外面大吵大闹，要求把窗帘拉起来。伊丽莎白夫人已经想要屈服了，但王后断然拒绝。她任那些人吵闹，过了一刻钟，已经不再显得是她在服从于命令的时候，她才亲自拉开窗帘，把鸡骨头扔出去，坚定地说："我们必须到最后一刻都保持着仪态。"

终于有了一丝希望的闪光：傍晚在夏隆休息。那里的市民在一座石头砌成的凯旋门后面等待着，那座凯旋门——历史的一次嘲讽——就是二十一年前人们为了向玛丽·安托奈特致敬而建立的那一道门，那时她坐着带有玻璃的豪华马车从奥地利来会见未来的丈夫，人们围绕着她发出欢呼，在凯旋门的石刻花饰上面刻着一行字："Perstet aeterna ut amor"，意为"愿这座纪念碑永存如我们的爱"，但爱比精良的大理石和刻字的石头更加易逝。玛丽·安托奈特觉得这一切就像大梦一场，贵族曾经穿着节日的礼服在这座凯旋门下面迎接她，街道上曾经点燃着灯火，挤满了人，为了向她致敬，美酒从喷泉里涌流出来。现在等待着她的只还剩下冷漠的、至多是同情的礼貌，但是在经历了喧嚣的、放肆的、咄咄逼人的仇恨之后，这也还算是令人舒适。终于可以睡觉，可以换衣服了，但是第二天早晨，太阳继续充满敌意地燃烧着，他们不得不继续他们痛苦的行程。他们距离巴黎越近，人民的仇恨就越强烈。国王请求人们给他一块湿海绵，用来擦掉脸上的尘土和污秽，一位官员这样嘲讽道："出门旅行的人要自己带这些东西。"王后在短暂的休息之后踏上马车的阶梯回去，后面就有一个女人用蛇一样尖锐的嘶嘶声说道："当心，我的孩子，你很快就会看到别的台阶了。"一位贵族向他们致意，就被人从马上拉了下来，用手枪和刀子打倒了。现在国王和王后才理解了，并不只有巴黎沉湎于革命的"错误"之中，而是这种新的种子已经在他们王国的所有田野里开出茂盛的花朵，但他们也许已经没有更多的力气去体验这些了：疲惫渐渐地使他们陷入了彻底的麻木。他们疲倦地坐在车里，已经对命运无动于衷。终于，终于，终于有信使骑马前来，报告说国民议会的三名成员将来迎接他们，保护王室家庭的旅行。现在生命得到了拯救，但也只有生命。

马车停在开敞的乡村道路上：三位议员，保王党人莫布尔、巾民阶层的律师巴尔纳夫和雅各宾党人彼济翁走向他们。王后亲自打开车门："哎，我的先生们，"她激动地说，迅速向这三个人伸出手，"请诸位注意，不要让不幸的事情发生，我们的陪同人员不能成为牺牲品，要注意他们的生命安全。"她那无可挑剔的分寸感在重大关头立刻就找到了正确的方向：一位王后不能请人保护她自己，而是只能请人保护那些忠诚地为她效过力的人们。

王后这种果敢的高贵从一开始就卸下了那些代表们身上恩人的架子。即便是雅各宾党人彼济翁也不得不在自己的笔记里不由自主地承认，这些鲜活的话语给他留下了强烈的印象。他立刻命令吵闹的人们安静下来，建议国王，最好还是让国民议会的两位代表也坐在马车里，他们的在场可以防止王室家庭陷入任何危险。也就是说，图尔策夫人和伊丽莎白夫人可以去另一辆马车。但是国王回答说，这样也行，大家挤一挤，就可以腾出位子。于是就匆匆做出了如下安排：巴尔纳夫坐在国王和王后中间，王后抱着太子。彼济翁坐在图尔策夫人和伊丽莎白夫人中间，图尔策夫人把小公主夹在自己的双膝之间。现在车里有八个人而不是六个人了，人们的大腿紧挨着彼此，现在君主制和人民的代表就坐在一辆马车里，可以说：国王家庭和国民议会的代表从来没有像现在这几个小时里离得这么近过。

现在，这辆马车里发生的事情既出乎预料，也自然而然。首先在这两极之间，在五名王室成员和两名国民议会的代表之间，在囚徒与押送者之间产生了充满敌意的张力。双方都下定决心，在对方面前坚决捍卫自己的权威。玛丽·安托奈特恰好是受到了这些"反叛者"①的保护，得到了他们的恩惠，所以只是坚持瞥视着他们，并不开口：她不想表现出她这位王后在争取什么。反过来，两位代表也绝对没有把礼貌和臣服混为一谈。这次旅程应该给国王上一课，告诉他国民议会的成员都是自由而不可收买的男人，和那些满地乱爬的宫廷恶棍不可同日而语。也就是说，保持距离，保持距离，一定要保持距离！

　　雅各宾党人彼济翁怀着这样的情绪，甚至开始了公开进攻。他从一开始就想要给王后这个最为高傲的女人一个小小的教训，让她失去理智。他得到了详细的报告，他解释说，王室家庭在宫殿附近乘上了一辆寻常的出租马车，驾车的是个瑞典人，叫作……那个瑞典人叫作……然后彼济翁停了下来，好像想不起那个人的名字了，他用一把涂了毒药的匕首刺了过去，想要当着国王的面向王后过问她的情人。但玛丽·安托奈特强有力地挡住了这次打击："我不需要过问我马车夫的名字。"敌意与紧张在第一次交锋之后就恶意地充斥了这个狭小的空间。

　　然后一个小小的偶然事件使得尴尬的情绪得到了缓解。小王子从母亲的怀里跳了下来。这两位陌生的先生令他感到非常好奇。他用细小的手指抓住了巴尔纳夫国家制服上面的一粒黄铜纽扣，费力

---

① 原文为法语。

地拼读出了上面的铭文："不自由毋宁死。"①两位特派员发现未来
的法国国王用这种方式学会了革命的基本原则，自然感到很高兴。
他们逐渐开始了交谈。现在奇怪的事情发生了：巴兰②出门是为了
诅咒别人，最后却不得不下定决心去祝福别人。双方实际上都开始
发现对方比自己站在远处猜测的要好很多。彼济翁是小市民和雅各
宾党人，巴尔纳夫是年轻的外省律师，他们在私人生活中觉得"暴
君"就是不可接近、自吹自擂、傲慢自大、愚蠢放肆之人，宫廷礼
仪的烟霭早就窒息了他们的人性。现在，这个雅各宾党人和这个市
民革命者却惊讶地注意到了王室家庭内部那种自然的交流模式。就
连想要扮演加图③的彼济翁都不得不这样报告："我发现他们之间
充满了单纯的家人情谊，我很喜欢这一点，没有一丝王室的做作，
而是充满了随性与家人之间的和睦。王后称呼伊丽莎白夫人为'我
的小妹妹'，伊丽莎白夫人也以同样的方式回答。伊丽莎白夫人称
呼国王为'我的哥哥'。王后让王子在她的膝盖上跳舞，小公主和
她的弟弟玩耍，国王用心满意足的眼神看着这一切，尽管他不怎么
被触动，看起来有点迟钝。"两个革命者惊讶地看到，国王的孩子
就像他们自己的孩子在家里玩的时候一样，他们甚至感到尴尬，因
为他们自己实际上穿得比法国的统治者优雅很多，法国国王甚至还
穿着未经换洗的内衣。一开始的抵触情绪不断松动。国王喝酒的时
候，他礼貌地把自己的杯子递给彼济翁，这位雅各宾党还面红耳赤
地目睹了一件好像是超自然的事情，也就是当太子有一些个人需求

___

① 原文为法语。

② 巴兰：《圣经·旧约》中记载的人物，古代幼发拉底河流域术士。摩押王要求
他诅咒以色列人，结果他遵从耶和华，反而祝福以色列人。

③ 加图（前95—前46）：古罗马政治家，支持元老院共和派，反对恺撒。

的时候，这位法国和纳瓦拉的国王亲手为他解开裤子，亲自给他端着银质的尿壶。这些"暴君"实际上正是和我们一样的人，这位阴沉的革命者惊讶地认识到了这一点。而王后也同样感到惊讶。因为实际上，这些国民议会的"密谋者"①，这些"怪物"②实际上都是非常善良、并未废黜礼貌的人们！一点也不嗜血，一点也不是没有教养，首先来看，一点也不笨，恰恰相反，他们聊天的时候显得比阿尔托瓦伯爵和他的那些同伴要聪明许多。他们在车里还没有待满三个小时，想要通过强硬和高傲战胜对方的双方就都——多么神奇、又多么深刻的人性层面的转变——开始争取彼此。王后开始讨论政治问题，为了向这两位革命者证明，她那个圈子里的人完全没有那么思想狭隘和心怀恶意，而恶劣的报纸就引导人民这么想。两位议员反过来努力向王后说明，她不能将国民议会的目标和马拉先生的怒吼混为一谈。当话题涉及共和国的时候，彼济翁甚至小心翼翼地回避这个话题。事实很快就证明——根据古老的经验——宫廷的空气甚至可以扰乱最为精力充沛的革命家的头脑，接近世袭的国王陛下能让一个虚荣的人变得多么愚蠢，几乎没有比彼济翁的笔记更好地证明了。在三个心惊肉跳的夜晚过后，在三天极不舒适的马车里几乎致死的炎热旅行后，在所有这些灵魂上的激动与屈辱之后，女人们和孩子们自然感到可怕的疲惫。伊丽莎白夫人不自觉地靠在了邻座彼济翁的身上睡着了。这立刻令那个虚荣的蠢货兴奋得发狂，觉得他完成了一次风流的征服，他在自己的报告里就是这么写的，然后这个可怜的、被宫廷的空气迷晕的人就成了几百年来的

---

① 原文为法语。
② 原文为法语。

笑柄。"伊丽莎白夫人用温柔的双眼看着我，表达着献身的愿望，这一刻唤起了我强烈的兴趣。我们的双眼有时会以某种互相理解的方式相遇，互相吸引，夜色深沉，月光开始播散出一种类似的、柔和的清澈光线。伊丽莎白夫人把公主抱在怀里，让公主一半坐在我的膝头，一半坐在她的膝头。公主睡着了，我伸出一只手臂，伊丽莎白夫人把她的手臂放到上面。我们的手臂就这样相拥，我的手臂碰到了她的腋下。我感觉到她的动作与她的体温透过了衣衫。伊丽莎白夫人的眼神在我看来是非常动人的，我注意到她的举止里有某种献身的愿望，她的眼睛变得潮湿，在她的忧郁之中掺杂着一丝欲望。我也许是在自欺欺人，人们也许会把不幸和享受的表现形式混淆在一起，但我相信，只要我们能够独自在一起，她就会滑进我的怀抱，献身于天然的冲动。"

比起"美男子彼济翁"这段可笑的爱欲幻想，国王陛下那危险的魔力对他的同伴巴尔纳夫产生的影响要严肃许多。他还很年轻，是个初出茅庐的律师，刚从他的外省城市来到巴黎，当一位王后，当法国王后非常谦虚地请他解释革命的基本思想和他俱乐部朋友的理想的时候，这位理想主义的革命者的感觉就是完全着了迷。多么好的机会啊，这位博萨侯爵①不由自主地想要施加影响，让王后对这些神圣的原则感到敬畏和尊重，也许能够赢得她支持君主立宪的思想。这个热情如火的年轻律师就不断地说着，听着自己的话，觉得——他从来没有想过——这位据说非常肤浅的女人（天知道人们对她进行了何等的污蔑！）听得非常专注，充满了理解力，她的

---

① 博萨侯爵：席勒戏剧《堂·卡洛斯》中的人物，是卡洛斯王子的挚友，理想主义者，曾向西班牙国王腓力二世当面进谏，痛斥专制制度。

反驳也是那么的机智！凭借着她那奥地利式的引人敬爱的神态，凭借着表面上准备好详细探讨他的提议的样子，玛丽·安托奈特用自己的魔力彻底征服了这个天真、轻信的人。人们对待这位高贵的女人的态度是多么的不公正，对她做了多少错事，他惊讶地感觉到了这一点。她只想要最好的局面，如果有人给她正确的提示，那么法国的一切都会走上正轨。王后令他毫不怀疑，她在寻找这样的一个顾问，也毫不怀疑如果他以后愿意给这位没有经验的王后进行正确的启蒙，她就会感激他。是的，这就是他的使命，从现在开始把人民真实的愿望转告给这位具有出人意料的洞察力的女人，还要向国民议会报告王后具有纯洁的民主思想。他们在莫阿大主教的宫殿进行了休息，在那段时间里谈论了很久，玛丽·安托奈特很懂得如何以她值得敬爱的方式笼络巴尔纳夫，直到他变成她的仆役，任她差遣。这一切都是秘密地进行的——没有人预料到这样的后果——王后从瓦雷纳返回的时候竟然带回了一个秘密的政治成果。在其他人只顾流汗、吃饭、疲惫地待着和垂头丧气的时候，她却在这辆滚动的囚车里为王室的事业夺得了最后一次胜利。

第三天，也就是行程的最后一天是最可怕的。就连法国的天空也支持人民，反对国王。太阳从早到晚都毫不留情地烘烤着那座布满尘土、座位拥挤的四轮豪华马车，没有一片云用清凉的手给这座火热的车顶制造片刻的荫凉。最终，队列来到了巴黎的城门前，但所有那几十万人都想要观看用苦役船运回家的国王和王后，他们不得不付出代价，国王和王后不能穿过圣丹尼城门回到宫里，而是要绕着无穷无尽的环形大道走一整圈。路上，没有一个人为他们欢呼致敬，但也没有一句辱骂，因为横幅已经对每一个问候国王的人表示轻蔑，但也威胁要殴打每一个辱骂这些国家的囚徒的人。但无穷无尽的欢呼声淹没了那辆跟在国王后面的马车，车里坐的是人们唯独要为了这场胜利感谢的那个人，也就是得意扬扬的德鲁埃，那个驿站长，那个英勇的猎人，他用阴谋诡计抓住了王室的野兽。

这段旅途的最后一刻变成了最危险的时刻，这就是马车通往宫殿大门的两米路。因为王室家庭得到了代表的保护，而愤怒的情绪总是想要一个牺牲品，他们就扑向了那三个无辜的贴身侍卫，他们帮助"劫持"了国王。他们已经被从车夫座上拽落了下来，一瞬间，王后觉得她又要在自己的宫殿入口处看到血淋淋的头颅挂在长矛上摇来晃去了，这时国民警卫队扑了过来，用刺刀扫清了入口的道路。现在这只烤箱的门才打开了：国王肮脏、流着汗、疲惫地迈着他那沉重的步伐，第一个走下了马车，王后跟在他后面。立刻响起了一阵针对这个"奥地利女人"①的危险的低语，但他们快步走过马车和大门之间的短短一段距离，然后孩子们也走下车，残忍的旅行终于结束。

佣人们在室内排成庄严的队列等候着，就像往常一样，餐桌已经铺好，按照等级秩序就座，这些回家的人们简直可以相信只不过是做了一场梦。但实际上，这五天对王国地基的撼动比五年内的改革还要多，因为这些囚徒已经不再佩戴王冠。国王又降了一级，革命又升了一级。

但这位疲倦的男人似乎没有被打动。他对一切都感到无动于衷，对自己的命运也无动于衷。他用那只不可动摇的手在日记里只写下了这样的话："六点半左右从莫阿出发。八点左右抵达巴黎，没有停

----

① 原文为法语。

384

留。"这就是路易十六对他一生中最屈辱的一天想要说的一切。彼济翁同样报告说:"一切都非常平静,好像什么也没有发生。简直可以相信,国王是刚刚狩猎回来。"

玛丽·安托奈特却知道,一切都已经失去。这场徒劳的旅途中的全部折磨对她的骄傲来说一定是某种致命的震撼。但是作为一个真正的女人和一个真正的恋人,她怀着全部的献身精神和迟到的、义无反顾的最后激情,在地狱里也仅仅想着那个离她而去的人,她害怕她的朋友费尔森过于为她担心。惊人的危险使她慌乱,所有苦难中,最让她不安的就是费尔森的同情,是他的不安。"您不要担心我们,"她立刻在一张纸上写道,"我们还活着。"在次日早晨,还用更恳切、更充满爱意的方式(真正私密的部分已经被费尔森的后人抹去,但是我们依然能从字词的震颤中感受到柔情的呼吸)写道:"我还活着……但我很担心您,我为您也受到了磨难感到抱怨,因为您得不到我们的消息!上天保佑,您能够收到这个,您不要给我写信,也就是说,这会给我们带来危险,首先,您现在不要用任何借口过来。人人都知道,您帮助我们逃了出来。如果您回来,那么一切就都完了。我们这里日日夜夜都有人看守,但我不在乎……您别担心,我已经不会遇到什么事情了。议会想要宽厚地处理我们。再见……我可能无法再写信给您了……"

但是,她还是受不了恰恰是在现在得不到费尔森的音信。第二天,她又写了一封无比炽热、无比柔情的信件,要求得到他的消息、他的安慰与他的爱情。"我只能告诉您,我爱您,但我几乎没有时间这么做了。我很好,您不要为我担心,我只想要您也一样。您用密码给我写信吧,让您的贴身侍从留下地址……您只需要告诉我,我给您的信该写什么地址,因为不这样的话,我就活不下去。

您保重，所有男人中间我最爱的和最爱我的。我用我的全身心拥抱您。"

"不这样的话，我就活不下去"，人们从来没有从王后的口中听到过这样的激情呼喊。但王后已经不再是王后，她往日的多少权力已经被夺走。她只是个女人，没有人可以夺走这一件东西——她的爱情。这种情感赋予她力量，强大而又坚决地捍卫着她的生命。

第三十章　一方欺骗，一方受骗

前往瓦雷纳的逃亡开启了革命史上新的一章。在这一天，一个新的政党诞生了，也就是共和党。直到目前，直到1791年6月21日为止，国民议会还全部由保王党人组成，因为议会完全由贵族和市民组成，但现在，在即将到来的选举面前，在第三等级也就是市民等级之后，第四个等级冲了上来，也就是无产阶级，庞大的、暴风雨一般具有爆发力的人群，就连市民阶级在他们面前也会感到惧怕，就像国王在市民等级面前感到惧怕一样。整个广大的有产阶级都怀着恐惧和迟来的悔意意识到了，他们释放了什么样的魔鬼般的原始力量，因此他们还是想要尽快制定一部宪法，规定国王和人民各自的权利。为了赢得路易十六的赞同，有必要保护他的人身安全。因此相关党派都贯彻一个原则，不因为国王逃往瓦雷纳而对他进行任何指责，伪善地否认他并不是自愿、并不是出于自己的意志回到巴黎的，而是说他是被"劫持"的。当雅各宾党人采取了相反的行动，在练兵场上举行示威，要求废黜国王的时候，市民阶层的领袖巴依利和拉法耶特就第一次通过骑兵和步枪来真枪实弹地驱散他们。但王后被局限在她自己的家里。自从出逃瓦雷纳以后，她就不能锁门了，国民警卫队严格地看守她的一举一动，内心里早就不再对这些迟来的营救措施的真实价值抱有幻想了。她在窗前经常听到的不是古老的"王后万岁",而是新的呼喊声,"共和国万岁!"她知道,只有当她、她的丈夫和她的孩子走向灭亡,这个共和国才能够诞生。

王后很快也意识到了瓦雷纳之夜实际上意味着什么样的灾难——并不仅仅意味着他们自己出逃的失败,也不仅仅意味着与此同时国王的弟弟普罗旺斯伯爵出逃成功。他几乎刚一到布鲁塞尔,就立刻抛下了在很长时间里都努力地佩戴着的臣服于自己兄长的面具,宣布自己为摄政王,是王国合法的代表,因为真正的国王路易十六还被囚禁在巴黎,而且他还在暗中采取一切措施,以延长国王被囚禁的期限。"人们在这里以非常不得体的方式谈论国王被囚禁的状态,"费尔森从布鲁塞尔发来报告,"阿尔托瓦伯爵简直是容光焕发。"现在他们两个人终于可以挺直身子坐在马鞍上了,很长时间里,他们不得不谦卑地骑着马跟在自己的哥哥后面小跑,现在他们可以叮叮当当地挥舞着刺刀,毫不顾忌会不会引发一场战争。如果路易十六、玛丽·安托奈特,最好还有路易十七都走向毁灭,那就更好了,因为远离王座的两步现在就变成了一跃之差,那么普罗旺斯伯爵"先生"①就终于可以自称为路易十八了。但真正灾难的是外国王侯也赞同这种观点,君主制的理念并不在乎是哪一个路易坐在法国的王座上,主要任务是要把革命的、共和的毒素从欧洲根除,把这种"法国的传染病"扼杀在摇篮里。瑞典国王古斯塔夫三世曾经怀着阴沉的冷漠写道:"我很关心王室家庭的命运,但是维持整个欧洲普遍状况的平衡是那么的艰难,伴随着那么重大的利益,瑞典的特殊利益和各国君主的事务也被放到了这个天平上。一切都取决于法国的君主制能否得以重建,现在坐在

---

① "先生":原文为法语,为普罗旺斯伯爵在登上法国王位之前的绰号。

王座上的是路易十六、路易十七或者查理十世都无所谓，前提是，这个王座本身必须得到重建，马术学校（指国民议会）这个庞然巨兽必须被粉碎。"也就是说，正如古斯塔夫所说，他们要维护的是自己还没有受到损伤的权力，哪个路易坐在法国王座上"都无所谓"。实际上，他们始终都觉得这一点无所谓。而这种无所谓的心态就使得玛丽·安托奈特和路易十六丧失了性命。

面对着内部与外部的双重危机，面对着国内的共和主义和边境上的亲王们煽动战争的行为，玛丽·安托奈特只能同时与它们进行斗争：这是一项超人的使命，对一个软弱的、被摧毁的、几乎被所有朋友抛弃的女人来说几乎是无法解决的问题。这里需要的是一个天才，既是奥德修斯，也是阿喀琉斯①，既要有计谋，也要有英勇，需要一个新的米拉波。但是在这个巨大的困境中只有几个小小的帮手在身边，王后就转向了他们。在从瓦雷纳返回的路上，玛丽·安托奈特用敏锐的目光发现，只要她以王后的姿态对他进行一番谄媚发言，这个小小的外省律师巴尔纳夫就是多么容易地被捕获，她决定利用他的这个弱点。

于是她在一封直接写给巴尔纳夫的秘密书信里写道，自从她从瓦雷纳回来以后，她就"一直在思考和她谈了许多东西的这个人的才智与精神，并且感觉到，如果可以和他进行书信往来，那么她还能够得到更多的益处。"他可以相信她不会对外谈及此事，这就是她的性格，如果事关普遍的幸福，那么她已经准备好做出必要的屈服。在这样的引言之后，她说得更清楚："我们不能固守当前的状态。肯定会发生什么事情。但那是什么事情？我不知道。我向他请教，想了解这件事。他肯定可以从我们的谈话中看出来，我具有多么良好的意图。

---

① 《荷马史诗》中的两个主要人物，奥德修斯足智多谋，阿喀琉斯英勇善战。

我将一直如此。这是我们还剩下的唯一财富，人们永远也无法从我们这里夺走它。我相信，我在他身上看到了对正义的渴望，我们也同样有这样的愿望，尽管人们一直都在说我们并不是如此。希望他现在可以改变我们的处境，让我们共同实现我们的愿望。如果他能够找到某种方法，告诉我他的思想，我就会坦诚地回答他我能够做到什么。如果我真的可以看到普遍的幸福，我就准备好做出任何牺牲。"巴尔纳夫把这封信给他的朋友看，他们又惊又喜，但最终决定从此共同为王后——路易十六根本不算数——做秘密顾问。他们首先要求王后，她应该召唤亲王们回国，说动她的哥哥奥地利皇帝承认法国宪法。王后表面上照做，遵循所有的这些意见。她根据这些顾问的口授写信给她的哥哥，按照他们的指示采取行动，只是在"涉及荣誉和恩情的时候"，她拒绝让步。这些新的政治教师已经觉得他们在玛丽·安托奈特身上找到了一个专注和感恩的学生。

但是这些善良的人们受了多么大的蒙蔽！实际上，玛丽·安托奈特没有一刻想要听从这些"反叛者"，所有的行动都只是按照古老的惯例，是"暂时的"，想要拖到她的哥哥召开那渴望已久的"武装会议"才松了一口气。她就像佩内洛普①一样在夜晚拆开她和她的新朋友在白天纺织的纱线。她表面上顺从地把他们口授的信件寄给她的哥哥利奥波德皇帝，同时又让迈尔西知道："我在29日给您写了一封信，那不符合我的风格。但是我觉得这个党派要求我不得不亲自寄出这封信的草稿。我昨天也给皇帝写了一封这样的信，如果我不是在内心里希望我的哥哥可以理解我，那么我就会感觉受到了屈辱，我

---

① 佩内洛普：奥德修斯的妻子，在奥德修斯在外漂泊的返家过程中，不少人向她求婚，她以纺织丧服作为推迟改嫁的借口，白天纺织，晚上又把纺织好的部分拆开。

现在的情况迫使我做他们要求我做的所有事情，写他们要求我写的所有信件。"她强调说，"这很重要，皇帝应该坚信这封信上没有一个字是她的意思，是她看待事物的方式。"这样每一封信都成了乌利亚之信①。尽管她"不得不公正地承认，尽管她总是坚守自己的意图，但她却发现她的这些顾问都是非常正直的人，具有诚恳的意愿，想要恢复秩序，重建王国和王室的尊严"，但她还是拒绝真正服从这些帮手，因为，"尽管我相信他们具有善良的意图，但是他们的理念过于浮夸，绝对不适合我们。"

玛丽·安托奈特怀着这种矛盾心理开始了一场秘密的双面游戏，这对她来说并不是非常光彩，因为自从她接手政务以后，或者不如说，正因为她接手了政府行动，她第一次不得不说谎，而且是以最为胆大妄为的方式。她伪善地对自己的帮手保证，她的每一步都没有背后的计谋，却同时写信给费尔森："您别怕，我不会被这些'狂犬病患者'②捕获。如果我和他们中间的一些人见面，或者是维持着联系，那只是为了让他们服务于我，但我对他们所有人都非常厌恶，绝对不会和他们开展共同的事业。"最后，她非常清楚她对这些心怀好意的人们进行的欺骗是非常不体面的，这些人为了她死在了绞刑架上，她清清楚楚地感受到了道德层面的罪恶，但是她坚决地把责任推卸到时代、推卸到当时的情况上面，认为是它们迫使她扮演了这样一个可悲的角色。"有时候，"她绝望地写信给忠诚的费尔森，"我已经不再理解我自己了，不得不思考那个正在说话的人是否真的是我。但您还想怎么办？所有这一切都是必要的，您相信我，如果我不是立刻采取了

---

① 乌利亚之信：《圣经·旧约》里记载的送信故事，送信人传送的信件给自己带来了灾祸。

② 原文为法语。

这种办法，我们将会比现在陷落得还要深。我们至少赢得了时间，这正是我们需要的一切。如果有一天我又可以做回自己，可以向所有这些乞丐（gueux）证明，我没有被他们愚弄，那该有多么幸福。"她那无拘无束的骄傲只梦想着这一件事，再次恢复自由，不再被迫插手政治事务、进行外交和说谎。既然她是头戴王冠的王后，那么她就觉得这种不受限制的自由是上帝赐予她的权利，就觉得对所有想要限制她权力的人们进行毫无顾忌的欺骗也是合理的。

但欺骗别人的不仅仅是王后，在这个危机即将面临决断的时刻，所有人都在这场壮观的博弈里互相欺骗——如果我们阅读那时政府、王侯、使者和部长们无数的信件，就会发现我们很少这么鲜明地看到这么不道德的政治密谋。所有人都在地下工作，准备对抗所有人，每一个人都只为了自己的个人利益。路易十六欺骗国民议会，国民议会反过来只是等着共和思想的深入渗透，然后就可以废黜国王。立宪派欺骗玛丽·安托奈特说自己还拥有早已不复拥有的权利，反过来又被她以极为轻蔑的方式愚弄，因为她在背地里和自己的哥哥利奥波德谈判。利奥波德反过来敷衍他的妹妹，因为他内心里决定绝不为她的事业派出一兵一卒，同时和俄国还有普鲁士签订条约，第二次瓜分波兰。普鲁士国王从柏林和他商讨着针对法国的"武装会议"，同时又让自己的大使在巴黎资助雅各宾党人，和彼济翁在一张桌子上吃饭。移民亲王们继续煽动战争，但不是为了保住他们的哥哥路易十六的宝座，而是为了自己能够尽快登上王位，就在这些文书比武的过程中，那位君主制的堂·吉诃德，瑞典国王最为活跃，但其实这些归根结底和他没有关系，他却想要扮演欧洲的救星古斯塔夫·阿道夫[①]。布劳

---

① 古斯塔夫·阿道夫（1594—1632）：瑞典国王古斯塔夫二世，于1611—1632年在位，在瑞典历史和三十年战争中起到重要作用，使瑞典成为北方霸主。

恩施威格公爵①应该统领反法联军，却同时和雅各宾党人谈判，让他们把法国王座让出来，丹东和杜穆里埃②又玩着双面把戏。王侯就像革命者们一样，内部意见无法达成一致，哥哥欺骗妹妹，国王欺骗人民，国民议会欺骗国王，君主欺骗其他君主，所有人都在对彼此说谎，只是为了为自己的事业赢得一点时间。每个人都想从混乱的状况中得到什么好处，通过自己的威胁制造普遍的不安全感，没有一个人想要引火烧身，但所有人却都在玩火，所有人，皇帝、国王、亲王、革命者都通过不断地勾结和阴谋制造出了一种互不信任的气氛（就像今天使世界中毒的那种气氛），最终在无意之下，把两千五百万人卷入了一场长达二十五年的战争的白内障。

在这段时间里，时代继续汹涌向前，没有顾及这些小小的简单计谋，没有顾及古老外交的"暂时的"手段。必须做出决定了。国民议会最终制定完成了一份宪法草案，把它呈给了路易十六。现在必须给出答案了。玛丽·安托奈特知道，这份"魔鬼般"的宪法——就像她给俄国女沙皇叶卡捷琳娜在信中写的那样——"意味着一种道德层面的死亡，比令人从一切丑恶之中解脱的肉体层面的死亡还要糟糕千百倍"，她也知道，人们会在科布伦茨③和其他宫廷里把接受这份宪法看作是自我放弃，也许甚至是个人的怯懦，但王室的权力已经沦落，即便是她，即便是这个最骄傲的女人也不得不建议国王屈服。

"我们已经通过这次出行提供了有力的证明，"她写道，"如果

① 布劳恩施威格公爵（1735—1806）：普鲁士陆军元帅，法国大革命期间担任普奥联军统帅，反对法兰西共和国。——编者注
② 杜穆里埃（1739—1823）：法国将军，在第一次反法同盟进攻时打败联军，但不久后背叛法国，加入反法联军。
③ 科布伦茨：德法边境的城市，现位于德国北莱茵－威斯特法伦州，在当时是法国移民的聚集地。

涉及普遍的幸福，我们就不害怕冒着个人的危险。但考虑到现在的状况，国王不会犹豫太久就会接受这份宪法。请大家相信我，我说的是真的。诸位对我的性格有足够的了解，应该知道我更愿意做出一件高贵和勇敢的举动。但如果清楚危险，还要毫无意义地冒险，这就没有意义。"但是羽毛笔刚刚放好，准备签字投降的时候，玛丽·安托奈特却同时告知她的亲信，国王内心里并没有想过——他欺骗别人，自己也被欺骗——要对人民遵守诺言。"接受宪法这件事情，我觉得任何有思维的人都不会看不出来，我们所做的这一切都只是因为我们并不是自由的。唯一重要的是我们现在不能引起我们身边那些'怪物'的怀疑。无论如何，我们都只能被外来的势力拯救，军队已经丧失，金钱也不复存在，没有任何束缚和堤坝可以抵挡这些武装起来的暴民。甚至是革命的领袖宣讲秩序也无人听从：这就是我们悲惨的现状。您还可以加上一点，我们现在一个朋友也没有了，全世界都背叛了我们，有的是出于恐惧，有的是出于软弱或者是事业心，我现在已经沦落到甚至会害怕有一天人们还会给我们某种形式的自由。至少现在，我们处于毫无权力的状态，没有什么可以自责的。"王后以这种奇特的诚恳态度继续写道，"您会在这封信里看到我的全部灵魂。也许是我错了，但这是我看到的唯一可以逃脱的方式。我尽可能地听从两方面人的意见，形成我自己的观点，我不知道是否应该遵从这一观点。您认识我的丈夫，有时候我觉得已经说服了他，但是另一个人的一句话或者一个观点又能够让他改变想法，而他自己都察觉不到，几千件事情就因为这个无法执行下去。无论如何，无论发生什么，请您保持对我的友情和忠心。我非常需要它们，相信我，无论我面临着什么样的灾难：我有可能会适应外在条件，但我绝对不会同意采取有损我尊严的任何措施。只有不幸的人才知道自己是谁。我的血脉也在我儿子的血管里奔涌，我希望，他有一天也会显示出自己配得上玛利亚·特蕾莎的外孙的身份。"

这些话语伟大而又感人，但她并没有掩饰自己的羞愧，这个怀有正直意愿的女人在被迫进行这种欺骗游戏的时候的确感到了羞愧。她在内心深处知道，她这些不诚实的举动并不比自愿放弃王座更具有王后的风范。但是没有别的选择。"拒绝宪法是更为高贵的做法，"她给深爱的费尔森写信说，"但目前的条件下是不可能的。我原本希望快速采纳宪法，但可惜周围总有心怀恶意的人。我向您保证，最后通过的宪法至少不是什么恶劣的东西。亲王和移民的愚蠢行为也决定了我们的行为方式。因此有必要在采纳宪法的时候把所有可以加以阐释的部分全部删除，这些部分可以解释为我们并不是怀着最好的意图同意的。"

这种不诚实的、因此也是不涉及政治层面的表面上对宪法的采纳给王室家庭赢得了一段喘息的时间：这就是这场双面游戏全部的收获了——很快展现出来——也是残忍的收获。所有人都喘了一口气，好像每个人都相信了另一个人的谎言。在一瞬间内，下着雷雨的浓云撕裂，飘散不见。人民的恩宠的太阳再一次具有欺骗性地照在波旁家族的头上。国王于9月13日宣布，他将于第二天的大会上对宪法宣誓后，迄今为止一直看守着宫殿的警卫队就撤离了，杜伊勒里宫的花园大门向公众开敞。监禁结束了——大多数人过于仓促地认为——革命也结束了。在经过了难以置信的几个星期和几个月后，玛丽·安托奈特第一次也是最后一次听到了几万个声音震天高喊着："国王万岁！王后万岁！"

但是所有的人，无论是朋友还是敌人，无论是国境线这边还是那边的人都已经发誓，不再让他们继续活下去。

第三十一章　挚友最后一次出现

在玛丽·安托奈特走向灭亡的过程中，实际上的悲剧时刻绝对不是那些猛烈的暴风雨，而是时不时在其间闪烁着的、充满了欺骗性的晴好日子。如果革命就像山崩地裂，一举粉碎了君主制，君主制就像雪崩一样走向完结，没有喘息的间歇用以思考、希望和反抗，那么革命对王后来说就不会如此可怕地摧毁了她的神经，变得像一场漫长的垂死挣扎。但是在暴雨的间歇总是突然出现风平浪静的日子：在革命期间，王室家庭有五次、十次相信，现在的和平最终可以得到重建，斗争终将结束。但是革命是一种自然元素，就像大海一样，这样暴风雨中的洪流不会突然就跃到陆地上，而是浪涛在每一次无情地击打之后又退了回去，表面上已经精疲力竭，实际上却只是酝酿着全新的、毁灭性的涨潮。受到威胁的人从来都不知道，下一浪是不是就是最为强劲、最为重要的一浪。

在采纳了宪法以后，危机似乎已经被克服。革命已经变成了法律，不安已经凝固成了固定的形式。几天、几个星期的欺骗性的安宁又出现了，几个星期里都笼罩着某种具有蒙蔽性的狂欢，街道上洋溢了欢呼声，议会里群情激奋，剧院里轰响着雷鸣般的喝彩声。但玛丽·安托奈特早就失去了年轻时那种天真、无拘无束的轻信。"多么可惜啊，"当她从充满节日气氛、灯光辉煌的城市回到宫殿里的时候，她对自己孩子们的女教师叹息道，"这么美好的东西，在我们的心里只能引起一种充满悲哀和恐惧的情感。"不，失望的次数已经太多了，她已经不想要再失望了。"一切都只是暂时地恢复了平静，"她写信给费尔森，写信给自己内心的这位朋友，"但这种平静仅仅靠一根丝线维系着，人们现在是这样，以往也是这样，每一瞬间都准备采取所有恐怖行为。人们向我们保证，他们这样是为了我们。我根本不信，至少是涉及我个人的事情我不信。我知道所有这些到底有多么不可靠。在大部分情况下，只要我们按照人民的要求去做，人民就会爱戴我们。但这不可能长期继续下去。现在的巴黎比以前还不安全，因为人们习惯了看到我们遭受侮辱。"实际上，新选举出来的国民议会令他们非常失望，在王后看来，这个议会"比之前的还要糟糕几千倍"，它最初通过的一批决议就包括剥夺国王的"陛下"称号。在几个星期以后，领导权转让到了吉伦特党人的手里，他们非常公开地对共和国表现出好感，和解的神圣彩虹在重新升起的乌云背后迅速消失。战斗再次开始了。

国王和王后没有把他们处境的迅速恶化归咎于革命，而是首先归咎于他们自己的亲戚。普罗旺斯伯爵和阿尔托瓦伯爵在他们的大本营科布伦茨公然向杜伊勒里宫开战。国王在艰难的困境中被迫接受宪法这件事被他们进行了绝佳的利用，玛丽·安托奈特和路易十六被收过钱的记者当作懦夫，进行嘲笑，而他们自己在更安全的地方扮演君主制思想真正的和唯一有资格的捍卫者：他们的哥哥可能会因为这场游戏失去生命，他们却觉得无所谓。路易十六徒劳地祈求他的弟弟们，是的，他甚至命令他们返回，以这种方式消除人民合理的怀疑。但这两位篡位者却阴险地声称，这并不是被囚禁的国王的真实意愿的表达，他们留在科布伦茨，远离着枪炮，扮演着毫无危险的英雄。玛丽·安托奈特因为这些移民的软弱而气愤地颤抖，那些"可鄙的家伙，总是在解释说他们喜爱我们，但是对我们做的全部是恶毒的事情"。她公开谴责她丈夫的这些亲戚，因为完全是"这些人的举动使他们陷入了现在这样的处境"。——"但是，"她愤怒地写道，"他们想要什么？他们已经粉碎了我们的愿望，还装腔作势地说我们并不自由（无论如何，这一点没有说错），所以不能说出我们想要说的话，还非要从反面来揣测我们。"她徒劳地请求皇帝阻拦那些亲王和其他身在国外的法国人，但普罗旺斯伯爵的速度比王后使者的速度更快，他把王后的所有命令说成是"威胁"，在渴望战争的党派里赢得了普遍的赞同。路易十六给瑞典国王古斯塔夫写了一封信，报告说他已经接受了宪法，这封信被原封不动地退了回去，俄国女沙皇叶卡捷琳娜还要更加鄙视玛丽·安托奈特，说她除了拿起玫瑰念珠来祷告已经没有别的希望了，这实在是太可悲了。她自己在维也纳的哥哥拖了好几个星期，才给出了含糊的回答。实际上，各种势力都在等待着时机变得对他们有利，可以通过法国的无政府状态得到好处。没有人提供真正的帮助，没有人做出清晰的建议，没有人诚恳地问过，这些被困在杜伊勒里宫的人们希望什么，想要什么：所有人都越来越激动地出演着自己的——以这些不幸的囚徒为代价——双面角色。

那么玛丽·安托奈特自己想要怎么样，又希望事情怎么发生呢？法国大革命几乎就像所有政治运动一样，总是猜测敌人在制定深不可测的神秘计划，认为玛丽·安托奈特在杜伊勒里宫里建立起了一个"奥地利委员会"①，筹划着十字军般宏伟的反抗法国人民的计划，有些历史书也采用了这种说法。实际上，玛丽·安托奈特是一位绝望的外交家，从来都没有一个清晰的理念、一个真正的计划。她只是怀着令人钦佩的牺牲精神，怀着对她来说令人意外的勤奋，向所有方面一封又一封地写信，她与人谈判，接受建议，但是她写的信越多，人们实际上就越无法理解她到底支持哪一种政治思想。她大概是希望各种势力可以组织一个武装会议，采取一个中庸的措施，既不特别激烈，也不过分温和，一方面可以通过威胁让革命者们清醒过来，另一方面又不会对法国的民族情感造成挑衅。但如何进行，何时进行，她自己弄不清楚，她的行动和思想都不符合逻辑，她这种突兀的举动和喊叫反而让人想起一个溺水者，在水里挣扎只会使他越陷越深。有一次她解释道，唯一可行的道路就是赢得人民的信任，但就在下一刻，她又在同一封信件里写道："已经不再有和解的可能性了。"她不想要战争，而且非常正确和清晰地预见到了这一点："一方面，我们有义务面对他们进行奋战，这是不可避免的，另一方面，我们也被人民怀疑与外国军队达成协议。"几天以后，她又写道，"只有武装权力才能重建这一切"，而且"如果没有外来的帮助，我们就做不到这一点"。她一方面煽动自己的皇帝哥哥最终感受到自己所蒙受的侮辱。"希望你不再需要关心我们的安全，正是这里的这个国家在发动战争。"但另一方面她又在阻拦他。"外来的进攻会让我们身陷刀剑之中。"最终，没有人真的能够明白她的目的。外交总理们根本没有想过把自己的金钱浪费在一次"武装会议"上，如果他们慷慨地在国境线上部署

---

① 原文为法语。

军队，就意味着他们希望一场非常血腥的战争，希望得到领土兼并和战争赔款，如果他们只是应该"为了法国国王"而举起武器，他们就对此表现出不屑一顾。"你该怎么想那些以两种截然相反的方式和你谈判的人呢。"俄国女沙皇叶卡捷琳娜写道，甚至就连费尔森，就连这个最忠诚的朋友，这个觉得自己最了解玛丽·安托奈特内心思想的人，到了最后也不再能够理解王后到底想要什么，是战争还是和平，在内心深处有没有已经与宪法达成和解，是在欺骗革命还是在欺骗王公贵族，而这个饱受折磨的女人实际上只想要一件事情：活下去，活下去，而且不再受辱。她在内心中经受了比所有人预料的都多的苦难，因为她直来直去的天性无法忍受这种双重把戏。她总是对这种不得不扮演的角色感到厌恶，发出了具有深刻人性的呐喊："我自己已经不知道该采取哪种态度和腔调了。整个世界都责备我装样、虚伪，没有人相信——这也有道理——我的哥哥对他妹妹如此可怕的境况竟然没什么兴趣，让她不断经受危险，连一个字也不对她说。是的，他让我经受危险，这比他自己采取真正的行动还要危险几千倍。仇恨、怀疑和放肆是当前驱使着这个国家的三种力量。人们因为极度恐惧而变得如此放肆，因为他们同时相信，外国势力不会做任何事情……没有比像我们现在这样停在原地这么糟糕的事情了，因为我们已经不再期待依靠时间从法国的内部得到帮助。"

最后，只有一个人理解了她，所有这些信件来往，这些下达命令和撤销命令的过程只不过是狂乱的绝望的征兆，这个女人无法独自一人拯救她自己。这个人知道，没有人站在她身边，路易十六由于软弱不决，根本不算数。这个人就是王后的小姑子伊丽莎白夫人，她并不像那些保王党神话里讲述的那么圣洁，那么一心一意地思考着上帝："我的妹妹如此轻率，被阴谋家包围着，首先被她身在国外的两个哥哥控制着，她根本没有办法和他们交谈，不然就会整天争吵。"从这位直率的王后的内心还迸发出了更强硬、更狂野的话语，"我们的家庭生活就是地狱，即使我们怀有着全世界最为良好的意图，我们也没有办法说更多的话。"身在远处的费尔森越来越清晰地感觉到，现在只有一个人可以帮助王后，也只有这一个人拥有她的信任，那个人不是她的丈夫，不是她的哥哥，也不是她的任何亲戚，就是他本人。几个星期以前，她还通过秘密途径，通过埃斯特哈奇伯爵①作为信使向他传达了自己忠贞不渝的爱情："如果您给他写信，您就告诉他，我们之间不管相距多少英里，无论相隔多少国家，都不能把两颗心分开，我每一天都愈加感到这件事情的正确性。"还有第二次："我不知道现在他在哪里。听不到自己爱的人的消息，甚至不知道自己爱的人身在何处，对我来说真是一种可怕的折磨。"这些最后的熊熊燃烧的情话还伴随着一份礼物，一个小小的金戒指，正面刻了三朵百合花和一句话："谁背弃她，便是懦夫。"玛丽·安托奈特写信告诉阿斯特哈奇，这枚戒指是按照她自己的尺寸量身打造的，在把戒指寄给他之前，她把它在自己手上戴了两天，就好像依然鲜活的血液的热度注入到了冰冷的金子里。费尔森把他情人的戒指戴在手指上，这枚刻着"谁背弃她，便是懦夫"的戒指每天都在呼唤着他的良心，让他敢于为这个女人做出一切。既然绝望的声调已经在她的信件中强烈地爆发出来，既然他已经认识到，他所热爱的这个女人心里已经被一种狂野的迷乱征服，因为她看到所有人都背弃了她，他就受到了鞭

---

① 埃斯特哈奇伯爵（1740—1805）：原为匈牙利人，为法国骑兵军官。

策，做出了真正的英雄举动：他决定，既然他们没有办法最终达成通信联系，他就去巴黎探望玛丽·安托奈特，就在这个他的生命已经不受尊重、他的在场意味着必死无疑的巴黎。玛丽·安托奈特被这个消息吓坏了。不，她不希望自己的朋友做出这么重大的、真正英雄主义的牺牲。作为一位真正的恋人，她爱他的生命胜过爱自己的生命，也远远胜过爱他来到自己身边的那种难以言传的平静与幸福。因此她在12月7日匆匆回信说道："您现在来这里完全是不可能的。这就是在拿我们的幸福当赌注。如果我这么说了，您就应该相信我，因为我非常想要见到您。"但是费尔森没有让步。他和瑞典国王制定了一个新的逃亡计划，他知道，尽管王后表示了拒绝，但是他那颗受到召唤的心听得清清楚楚，她是多么地渴望着他，这个陷入了彻底孤独的女人的灵魂在一次又一次写下这些小心翼翼的秘密书信的时候是多么放松，再次感到自由自在，可以不受限制地表达意见。二月初，费尔森下定决心，不再继续等待，前往法国与玛丽·安托奈特会面。

这个决定实际上是个自杀式的行为。他几乎是百分之百的不可能从这次旅行中返回，因为那个时候，他的头颅就是法国境内悬赏最高的一颗头颅。没有一个名字被这么频繁地、被这么充满恨意地提及，费尔森在巴黎受到公开蔑视，所有人手里都有他的通缉令，只要有一个人在半途中或者是在巴黎认出他来，他的尸体就会在石板路上摔得粉碎了。但费尔森——这让他的英雄主义精神增长了千百倍——不仅要去往巴黎，在那里找个隐蔽的角落潜伏起来，而且要径直进入米诺陶诺斯①那难以抵达的洞穴，进入杜伊勒里宫，那里日日夜夜都有一千二百个国民警卫进行看守，那座宫殿里的每个佣人、每个贴身女侍、每个马车夫都认识他本人。但这一次，这位贵族得到了绝无仅有的机会来证明他爱情的山盟海誓。"我活着只是为了为您效劳。"2月11日，他实现了这个承诺，采取了整个大革命阶段最为英勇的行动之一。费尔森戴着假发上路，拿了一本假护照，他大胆地伪造了必要的瑞典国王的签字，说是要前往里斯本执行外交使命，只由他的副官陪同，而他则假装是这位副官的佣人。出于奇迹，文件和人员实际上都没有得到仔细检查，他非常顺利地在2月13日下午五点半抵达巴黎。尽管他在那里有个可靠的女友，或者不如说是情人，准备好冒着生命危险把他藏起来，费尔森还是直接躲了起来，坐着邮车进了杜伊勒里宫。在冬天里，天黑得很早，黑暗友好地遮掩了这个胆大包天的人。他依然拥有那扇秘密暗门的钥匙，这扇门——简直是惊人的幸运——这一次也没有人守卫。他忠诚地保管着的钥匙尽了它的义务，费尔森走了进去：在八个月残忍的分离和难以言表的事件之后——自那以后，整个世界都天翻地覆了——情人又回到了彼此的身边，费尔森再一次，也是最后一次回到了玛丽·安托奈特的身边。

关于这次意蕴丰富的探访，有两份出自费尔森之手的记录，它们具有显著的差异，一份是公开的，一份是私密的，恰好就是这种差异给了我们对费尔森和玛丽·安托奈特之间关系的实际形式以

---

① 米诺陶诺斯：希腊神话中的人身牛头的怪物，食人肉，饲养于克里特岛的迷宫之中。——编者注

无尽的启发。因为他在公开信件里向自己的国王汇报，他在2月13日下午6点钟左右抵达巴黎，在当天傍晚见到了陛下们——用复数表达，也就是国王路易和王后玛丽·安托奈特——和他们进行了交谈，第二天傍晚再次和他们交谈。但这是写给瑞典国王的消息，费尔森知道他很爱讲闲话，不愿意把玛丽·安托奈特作为女性的荣誉托付给他，这份报告和他日记里意味深长的记录就有所出入。日记里首先说："去找她，走我通常走的那条路。担心国民警卫队，她的住处很不错。"也就是说，这里明确写的是"去找她"，而不是"去找他们"。然后日记里还有两个词，被之后那只臭名昭著、拘谨无比的手涂抹得难以辨认了。但幸运的是我们之后又重新发现了这两个字，这两个意义深重的字，就是"resté là"，翻译过来就是"一直待在那里。"

这两个字揭露了整个特里斯坦[①]之夜的情形：也就是说，费尔森并没有在那天傍晚得到两位陛下的接见，他让瑞典国王相信如此，实际上却只见到了玛丽·安托奈特，他这天晚上——这也表达得清清楚楚——是在王后的卧室度过的。夜晚离去，然后再回来，然后再一次离开杜伊勒里宫肯定会毫无意义地使得危险成倍地增长，因为走廊里日日夜夜都有国民警卫在巡逻。但玛丽·安托奈特的空间就在一楼，所有人都知道，它只包括了一间卧室和一个小小的化妆间：也就是说，没有别的解释，除了那些非常尴尬的道德辩护，费尔森这天晚上一直到次日午夜都是藏在王后的卧室里度过的，这是整座王宫里唯一一个可以躲开国民警卫的监视和佣人的目光的房间。

---

① 法国古代爱情故事，特里斯坦和伊索尔德因为爱情魔药疯狂地爱上彼此，却因为伊索尔德已有婚约而走向悲剧性的结局。

关于他们独处的时刻，费尔森对此不发一言，他一直都非常懂得如何巧妙地保持沉默，即便是在自己最为私密的日记里：所以某个其他人也遵守了这种最为高尚的职责。没有人可以否认，我们可以设想在这天晚上发生的事情也完全是浪漫的骑士职责，谈论的都是政治。但如果你用内心感受，且拥有清醒的理智，如果你相信热血的力量和永恒的法则，那么就会清楚：即便费尔森没有在很久以前就成了玛丽·安托奈特的情人，在这个命中注定的晚上，他也成了她的情人，这个人怀着最符合人性的勇气投入其中，投入这个一去不复返的最后一夜。

第一天晚上完全属于这对恋人，然后下一晚才属于政治。六点钟左右，也就是在费尔森刚好抵达二十四小时之后，那位谨小慎微的丈夫才走进了王后的房间，和这位英雄信使进行对话。路易十六严肃地拒绝了费尔森呈现给他的逃亡计划，因为他觉得这个计划实际上不可能执行，然后这也是出于荣誉感，因为他曾经公开向国民议会承诺过要待在巴黎，不想背叛自己的承诺。（费尔森在自己的日记里满怀敬意地评论道："因为他是一个很有荣誉感的人。"）两个男人达成了彼此的信任，然后国王和这位可靠的朋友谈论他们的处境。"我们这里都是自己人，"他说，"您可以畅所欲言。我知道人们指责我软弱、优柔寡断，但还从来没有人陷入过我的这种境地。我知道我错过了（逃亡的）最佳时机，也就是7月14日，从那以后我再也没有找到过机会。整个世界都抛弃了我。"王后和国王都已经不再希望能够自救。外国势力就算是想尽一切办法，也不会考虑到他们两个人。现在他们并不感到惊讶，自己在这里要对许多事情表示赞同，他们出于现在的境地也许不得不做出违背心愿的事情。他们也许还可以为自己争取到时间，但救赎必须来自外部。

费尔森在宫里一直待到了午夜。所有事情都已经讨论完成。然后就是这三十个小时里最艰难的时刻，他们不得不告别了。他们两个人都不愿相信，但却都难以自欺地预感到：他们再也不会见面了！（此生再也不会相见了）！为了安慰这个备受震撼的女人，费尔森向她保证，只要有可能，他就会回来，因为能够通过他的到来给她带来平静而感到幸福。王后陪着费尔森走过黑暗的走廊，很幸运，那里空无一人，他们一直走到门口。他们还没有说出最后的话语，还没有进行最后的拥抱，陌生的脚步就接近了：致命的危险！费尔森裹上大氅，戴上假发，溜了出去，玛丽·安托奈特逃回了她自己的房间。这对恋人就这样见了最后一面。

第三十二章 遁入战争

STEFAN
ZWEIG

这是个古老的药方。如果国家和政府不再知道如何管理内部的危机，就会试图把紧张的局势引向外部。根据这一永恒的法则，革命的支持者为了避免不可避免的内战，过去几个月以来一直都在要求向奥地利开战。尽管路易十六接纳了宪法，使得国王的等级受到了削弱，但国王的地位也得到了巩固。现在——那些像拉法耶特一样毫无恶意的人们也相信——革命终于要结束了。但是吉伦特党人统治着新选举出的国民议会，他们在内心里支持共和。他们想要废除君主制，这样一来，除了战争就没有其他更好的办法，因为战争绝对会使王室家庭与整个民族的冲突爆发出来。因为外国军队的先锋的确也是由国王两个吵吵闹闹的弟弟组成的，敌对国家的将军也都投靠到国王的弟弟身边。

玛丽·安托奈特知道，公开的战争没有办法帮助她的事业，而是只能损害她的事业。无论做出了什么军事决定，都会对她不利。如果革命军战胜了移民、皇帝和国王，那么法国就不会继续容忍"暴君"的存在。如果反过来，国王和王后的亲戚打败了国民部队，那么毫无疑问，激动的或者是受到他人煽动的巴黎暴民肯定会让杜伊勒里宫里的这些囚犯们为此负责。如果法国战胜，那么他们就会失去王位，如果外在势力战胜，那么他们就会失去生命。出于这个原因，玛丽·安托奈特在无数封信中对自己的哥哥利奥波德和移民们发出恳请，请他们保持平静，而这位谨慎、犹豫、工于算计、内心里反对战争的皇帝实际上已经甩开了那些挥舞着佩刀的亲王和移民们，避免一切看起来可能会被解释为挑衅的行为。

但玛丽·安托奈特的幸运之星已经许久没有发出闪光。命运准备好的一切意外都转而针对她。就在此刻，在3月1日，她的哥哥利奥波德突染恶疾，这位和平的维护者去世了，在十四天后，欧洲君主中间，保王思想最为忠诚的辩护者的欧洲君主，瑞典国王古斯塔夫死于一位谋反者的手枪。这样一来，战争就不可避免了。因为古斯塔夫的继承人根本没有想过要支持君主制的事业，而利奥波德二世的继承人根本不关心自己的血亲，唯独衡量自己的利益。二十四岁的弗兰茨皇帝头脑简单、为人冷酷、完全没有感情，他的灵魂里完全没有一丝玛丽亚·特蕾莎的火星在闪烁，玛丽·安托奈特在他那里既得不到理解，也得不到想要理解的意愿。他冷若冰霜地接待她的使者，无动于衷地阅读她的信件，不关心自己的血亲是否已经陷入了灵魂最为可怕的分裂状态，不关心他所采取的措施是否会危及她的性命。他只看到了一个扩张自己势力范围的好机会，冰冷而挑衅地拒绝了国民议会所有的愿望和要求。

现在吉伦特党人幸运地占了上风。4月20日，路易十六在漫长的反抗之后，不得不——就像人们宣称的那样——含着泪水对"匈牙利国王"①宣战。军队开始行动，命运之轮开始运转。

在这场战争中，王后的内心到底站在哪一边？站在她旧日的还是新的祖国的一边？站在法国军队还是外国军队的一边？保王派的支持者，她那些无条件的辩护者和歌颂者面对这个关键性的问题表现出恐惧的躲闪，他们甚至伪造整段的回忆录和信件，为了遮掩这个清晰而毫无异议的事实，也就是在这场战争中，玛丽·安托奈特全心全意地希望联军获胜，法国落败。她的立场非常明确，如果谁对这一点避之不提，谁就是在伪造。如果谁否认这一点，谁就是在说谎。因为还有一点：玛丽·安托奈特觉得自己首先是王后，然后才是法国王后，她不仅反对那些限制了她的王后权力的人们，也反对那些想要增强她对王朝的意义的人，她甚至做了一切能被允许和不被允许的事情来加速法国的失败，敦促外国势力取得胜利。"上帝希望，人们可以对我们在这个国家受到的所有这些挑衅行为进行复仇。"她写信给费尔森说道，尽管她早就忘记了自己的母语，不得不找人把德语信件翻译成法语，她还是写道："我从来没有像现在这样为生下来就属于德意志民族②而骄傲。"宣战前四天，她向奥地利的使者尽她所知地传达了——或者是用更清楚的说法：她泄露了——革命军的作战计划。她的立场很鲜明：对玛丽·安托奈特来说，奥地利和普鲁士的旗帜是友好的，祖国的三色旗则是敌人的旗帜。

---

① "匈牙利国王"：奥地利皇帝，奥地利皇帝兼任匈牙利国王。

② 当时的德国还没有迎来统一，奥地利还没有被排除在德国的统一计划之外。

毫无疑问——人们立刻就会脱口而出，这是公然的叛国罪，任何一个国家的法庭在今天都会将这种行为称之为犯罪。但我们不能忘记，"民族"和"民族国家"这个概念在十八世纪还没有被发明出来。直到法国大革命开始，这个概念才在欧洲成型。玛丽·安托奈特的观点和十八世纪脱不开干系，她除了纯正的王朝立场不知道任何其他立场，只知道国家属于国王，国王所在的地方才有正义，如果谁为国王和王国而战，谁就绝对是在为正义的事业而奋战。谁反对王国，谁就是起义者和叛乱者，即便他们是在捍卫自己的国家。这种完全没有定型的爱国主义思想在这场战争中出人意料地隐藏在敌对方面反祖国的立场中——德国的精英，克洛普斯托克①、席勒②、费希特③、荷尔德林④都站在反对方的立场上，渴望自由的理想，希望德国的军队失败，那还不是人民的军队，只是专制事业的军队。他们为普鲁士军队的后撤感到喜悦，而在法国，国王和王后又对自己军队的失败感到高兴，觉得这对他们个人来说算是优势。对双方来说，战争并不关乎国家利益，而是关乎某种精神理念，一方是为了君主制，另一方是为了自由。新旧两个世纪之间奇特的矛盾通过这一点得到了明显的总结，也就是德意志联军的统帅布劳恩施威格公爵在一个月前还严肃地思考过，他是不是最好不要接受法国对德战争的司令职位。我们可以看出来："祖国"和"民族"的概念直到1791年才产生，在这些十八世纪的灵魂的眼里还是暧昧不清的。直到这场战

---

① 克洛普斯托克（1724—1803）：德国诗人、作家、评论家，早期浪漫主义文学的代表。

② 席勒（1759—1805）：德国戏剧家，和歌德并列为德国古典文学两大代表。

③ 费希特（1762—1814）：德国哲学家。

④ 荷尔德林（1770—1843）：德国抒情诗人。

争，这场人民的军队、人民的意识和卓有成效的兄弟之间的斗争才创造了整个"民族"的概念，民族爱国主义的概念才由此产生，并且传递给下一个世纪。

玛丽·安托奈特希望外国势力能够获胜，但是她的叛国事实在巴黎并没有任何证据。只是作为群众的人民从来也不会以符合逻辑和计划清晰的方式进行思考，他们反而有一种比个体存在更本质性、更动物性的嗅觉，他们不依靠思考，而是依靠本能，这种本能几乎从来都不会出错。在一开始，法国人民就感受到了杜伊勒里宫里这种敌对的气氛，不需要外在的根据，他们就嗅出了玛丽·安托奈特事实上已经做出了军事方面的背叛，出卖了他们的军队和他们的事业。在距离王宫一百步的地方，国民议会里的一个吉伦特党人贝尔尼阿①在大厅里公开进行指责："在我和你们说话的这个讲台上可以看见王宫，那里腐败的顾问们正在引诱和欺骗接受了宪法的国王，在那里锻造锁链，想把我们都锁起来，准备阴谋诡计，想要把我们交到那个奥地利家族的手里。我看到了王宫的窗户，人们正在那里筹备反革命事宜，想尽一切手段，想要重新给我们施加限制，打回到奴役状态。"为了让人们清清楚楚地认识到玛丽·安托奈特就是这次所谓的叛乱的真正谋划者，他还咄咄逼人地补充道："希望住在王宫里的所有人都知道，法律绝对不会赦免任何罪人，没有一颗有罪的头颅可以逃得过刀剑。"革命开始理解，只有先杀死内部的敌人，才能够打败外部的敌人。如果他们要在这个世界面前赢得大局，就必须扼杀掉家里这位国王的影响力。所有革命者现在都激烈地加入了这场冲突。报纸再次开始进军，

<hr>

① 贝尔尼阿（1753—1793）：法国大革命时期吉伦特党人的首领之一，最后死于断头台。

要求废黜国王。新的谣言小册子得到了印刷,《玛丽·安托奈特充满丑闻的一生》①在街上得到分发,为了赋予古老的仇恨以新的行动力。在国民议会里,人们故意提出议案,希望国王可以动用符合宪法的权利进行一票否决,尤其是那些路易十六作为虔诚的天主教徒绝对无法赞同的行动,也就是对拒绝向宪法发誓的牧师实施暴力驱除。人们尝试各种方法,人们挑动公开决裂。事实上,国王确实第一次感到震怒,使用了一票否决权。在他依然强大的时候,他没有行使过自己的任何权力,现在,在没落之前,这个不幸的人却在最为不幸的时刻试图第一次展现自己的勇气。但人民已经不愿意继续容忍这个蜡质傀儡的意见了。这次否决权是国王反对他的人民,也是对他的人民说出的最后一句话。

为了给国王,尤其是给这个不肯屈服的高傲的奥地利女人一个彻底的教训,革命的冲锋部队雅各宾党人选择了一个具有象征意味的日子,6月20日。三年前的这一天,人民的代表第一次在凡尔赛宫的网球场立下庄严的誓言,绝不躲避刺刀的权力,凭借自己的力量赋予法国以形式和法律。一年前的这一天,国王乔装成佣人,穿过自己宫殿的小门在晚上溜出去,想要逃脱人民的苛责。他在这一天应该永远记住,他什么也不是,而人民就是一切。就像1789年凡尔赛宫里的冲锋,就像1792年杜伊勒里宫里的冲锋,这些都是有条不紊地准备好的。但在那个时候,人们不得不进行地下的非法谋划,在那群亚马逊女战士里寻求庇护,或者是躲在暗处,今天人们却在阳光明媚的白日行军,在警钟的长鸣之中,有一万五千人在酿酒商桑特尔②的指挥下

---

① 原文为法语。

② 桑特尔(1752—1809):原为啤酒酿造商,法国大革命时期成为国民警卫队司令,指挥民众在1792年8月10日进攻杜伊勒里宫。

前进，城市管理组织也举旗投降，国民议会为他们打开大门，市长彼济翁原本应该维持秩序，也装作看不见和听不见这一切，使得这次对国王的羞辱取得了明显的成功。

革命队伍的进军在一开始只不过是在国民议会门前的节日游行。一万五千人排成方阵，和着《就这样》①的节拍从马术学校前面走过，举着大字横幅"废除一票否决权！"和"不自由毋宁死！"，这里就是国民议会开会的地方。三点半左右，大戏似乎告终，游行队伍开始撤退。但现在真正的示威活动才刚刚开始，巨大的人流没有平静地撤退，而是转过身来，没有命令，却显然是得到了引导，向着王宫的入口进军。尽管那里有国民警卫队把守，他们把亮闪闪的刺刀伸了出来，但是宫廷一直都犹豫不决，对这种其实可以清楚地预见到的情况没有下达任何命令，士兵没有做出任何抵抗，而是问候着人民，让人群涌入了大门狭窄的入口。人群的压力非常强大，人流一直被推到楼梯的最上一级。现在已经无法阻拦了，大门已经被挤爆，门锁已经被砸坏，在人们采取防卫措施之前，第一批挤进来的人们就已经来到了国王面前，只有一小组国民警卫保护这个非常尴尬的人。现在路易十六不得不接受起义的人民在自己家里游行，只有他那不可动摇的迟钝和冷漠才阻止了一场冲突。他耐心地面对所有的挑衅，给出礼貌的回答，顺从地戴上了一个无套裤党人②从自己头上摘下来的红帽子。整整三个半小时里，他就在炽热的空气里毫不拒绝、毫不反抗地忍受着这些满含敌意的客人的观看欲望和冷嘲热讽。

---

① 原文为法语，是一首主张以暴力的方式反对贵族和教士特权、追求人人平等的歌曲。

② 无套裤党人：法国大革命时期对于城市平民的称呼。

与此同时，另一群暴乱者闯入了王后的卧室。10月5日发生在凡尔赛宫里的骇人场景即将重演。但是王后的处境比国王更危险，所以军官很快就命令士兵过去了，玛丽·安托奈特躲在角落里，为了保护她，把一个大桌子推到了她的前面，这样她至少不会遭受肉体上的虐待。此外，还有三排国民警卫站在这张桌子前面进行着防卫。野蛮地冲进来的男男女女无法接触到玛丽·安托奈特的身体，但也靠得非常近，想要向这个"怪物"①进行挑衅，把她当一件展品进行观看，玛丽·安托奈特能够听清所有的咒骂和威胁。桑特尔这次行动只是想要充分侮辱王后，给她一次彻底的震撼，但是要避免发生实际上的暴力行为，他命令榴弹兵撤到一边，这样人民就可以如愿，好好地观赏一下他们的牺牲品，被战胜的王后。与此同时，他又试图让玛丽·安托奈特平静下来："夫人，有人在蒙骗您，人民对您没有什么恶意。如果您愿意，您就会像这个孩子一样受到爱戴"（说这话的时候，他指了指吓得紧贴着自己的母亲瑟瑟发抖的太子），"此外，您不要怕，人们不会对您做什么的。"但是一如既往，每当一个"反叛者"②向王后提供帮助的时候，她就立刻变得骄傲起来。"人们既没有欺骗我，也没有对我进行错误的引导，"王后生硬地回答道，"我也不害怕。在体面人中间，人们不需要害怕。"王后冷漠而骄傲地面对着敌意的目光和最为放肆的话语。只有当他们强迫她，想要给她的孩子戴上红帽子的时候，她拒绝了，对军官说道："这太过分了，这已经超出了人类的忍耐限度。"但她还是站在那里，没有一秒流露出惊恐或者是不安。直到之后，直到第一批进攻者已经不再能对她造成威胁的时候，市长彼济

---

① 原文为法语。
② 原文为法语。

翁才出现，尝试让人们回到家里，"为了不要给别人机会，来怀疑人民可敬的意图"。但是这一切还是持续到了晚上，整个宫殿才变得空旷，现在王后，这位受辱的女人才察觉到，她对所有的折磨都毫无抵抗力。现在她才知道，她已经失去了一切。"我还活着，但这是一个奇迹，"她匆匆给她最信任的人汉斯·阿卡瑟尔·冯·费尔森写道，"这一天太可怕了。"

第三十三章　最后的呐喊

自从玛丽·安托奈特感受到了脸上仇恨的呼吸，自从她在自己的房间里、在杜伊勒里宫里看到了革命的长矛，经历了国民议会的软弱无力和市长的恶意，她就知道她和她的家庭已经无药可救，如果外部势力不尽快干涉。只有普鲁士和奥地利取得迅捷的胜利，他们才能够得到拯救。尽管现在已经到了最后关头，到了最后一刻，旧日的朋友和最近赢得的新朋友还是在想办法策划逃亡。拉法耶特将军想要亲自率领一支骑兵部队，带领国王和王室家庭在7月14日的练兵场节庆活动中逃出来，高举着佩刀把他们带出城去。但玛丽·安托奈特依然觉得拉法耶特是所有灾难的始作俑者，宁可死去，也不把自己的孩子、自己的丈夫和她本人委托给这个轻信的人。

　　出于某种更高尚的原因，她也拒绝了另一个提议，也就是黑森-达姆施塔特的侯爵夫人想要把处境最为危险的王后从王宫里救出来，但是这个逃亡计划只考虑到了她一个人。"不，亲王妃，"玛丽·安托奈特回答道，"尽管我感受到了您的提议的全部价值，但我不能接受它。我把我的生命献给了我对那些忠诚的人们应尽的义务，我和他们同甘共苦，无论人们正在怎么谈论他们，所有的人都表现出了勇气，承担了自己的命运……但愿有朝一日，我们所做的和我们所承受的一切至少能够使我们的孩子得到幸福，这就是我唯一还可以怀有的愿望。您保重，亲王妃！人们夺走了我的一切，除了我的心，我会永远保留着它，为了永远热爱您，您不要怀疑这一点，不然这就是我无法忍受的唯一不幸了。"

　　这是玛丽·安托奈特不再为她自己，而是为了后世而写的第一批信件里的一封信。在内心深处她已经知道：灾难已经没有办法再得到阻止，因此她只还想要尽最后的义务，保持着仪态，昂首挺胸地走向死亡。也许她已经在下意识地渴望迅速与尽可能英勇的死亡，而不是漫长地在烂泥里沉沦下去，不是这样每个小时都在不断滑向更深的深渊。7月14日，在攻陷巴士底狱的人民的节日里，她——最后一次——不得不在练兵场上参加盛大的仪式，她拒绝像她那小心谨慎的丈夫一样，在衣服下面穿着铠甲衬垫。晚上她独自睡觉，尽管有一次，有一个可疑的人影出现在她的房间里。她不再离开自己的房子，因为她早就无法踏入自己的花园了，否则她就会听到人民在唱："一票否决权夫人已经许诺，割喉杀死整个巴黎。"[1]夜里的安睡已经成为过去时，每当钟楼上的钟被敲响，人们就在宫里心惊胆战，因为这有可能是早就已经计划好的最终向着杜伊勒里宫进攻的警钟。信使和间谍天天都在秘密俱乐部和城郊的各个部门里来往，几乎每个小时都在通报，宫廷知道只剩下几天的时间了，还有三天、八天、十天，也许十四天，雅各宾党人就会做个暴力的了断，而这些间谍根本就没有泄露什么秘密。因为马拉和埃贝尔[2]的报纸已经在用越来越尖锐的声音要求着

---

① 原文为法语。

② 埃贝尔（1757—1794）：法国新闻记者，大革命时期激进分子的首领之一，罗伯斯庇尔的反对者，后死于断头台。

废黜国王。只有一个奇迹——玛丽·安托奈特知道——才能够拯救他们，或者就是普鲁士和奥地利军队毁灭性的疾速进军。

王后在最后等待的日子里的震惊、恐惧、担忧和不耐烦反映在了她写给自己最忠实的朋友的信件里。实际上那已经不再是信件，而是呐喊，狂野的、抽搐的、恐惧的呼唤，既暧昧又尖锐，就像一个被追杀和被扼杀的人的声音。现在只有采取最谨慎的做法和最大胆的手段才能把消息从杜伊勒里宫里悄悄送出去，因为佣人已经不再可靠，间谍就站在窗户和房门后面。消息藏在巧克力小盒子里，卷在帽檐里，用显影墨水和密码写成（大多数已经不再是亲手书写），玛丽·安托奈特的信件就是这样巧妙地写成的，就算是被人发现，内容看起来也是完全无害的。她表面上只谈论一般的事物，谈论虚构的事务和逸闻，但王后真正想说的话却大多数用第三人称巧妙地表达，而且还进行编码。现在这种极度困苦的呐喊出现得很频繁，而且越来越频繁。6月20日之前，王后还写道："您的朋友们认为重建行动是不可能的，或者至少是非常遥远的事情。因此请您尽可能地安慰他们，他们需要安慰，他们的局势每天都在变得更加可怕。"6月23日的警告已经变得更为迫切了。"您的朋友置身于巨大的危险，他的疾病进展飞速，医生已经束手无策……如果您还想见他一面，您就快点赶来，把他令人绝望的状况转告给他的父母亲。"体温计越来越烫（6月26日）："为了拯救他，需要迅速地制造危机，我们很绝望，因为目前为止还没有迹象。请您把他的状况转告给所有和他有联系的人，这样他们就会采取措施。时间紧迫……"在她发出警报的呐喊的时候，这个深受困扰的女人还是像任何一位真正的情人一样敏感，有时候会担心那个爱她胜过一切的人为她感到不安。即便是在最恐惧和最艰难的时刻，玛丽·安托奈特首先想到的也不是她自己的命运，而是她惊恐的呐喊肯定会在她的情人身上引发的灵魂的震动。"我们的处境很可怕，但是您不要太过担心，我感到勇气，感到我心里有什么东西在对我说，我们很快就会幸福，就会得到拯救！这个思想支撑着我……您保重！什么时候我们才能够再次平静地相见啊！"（7月3日）还有一次："请您不要因为我的缘故太过担心，您相信我，勇气总会得到实施……您保重，如果可能，请催促之前承诺的帮助，那可以拯救我们……请您为了我们保护好自己，不要为了我们担心。"但之后一封信紧跟着一封信。"明天有八百个人从马赛过来，人们说他们有足够的力量在八天内实施他们的计划。"（7月21日）三天后又写道："请您告诉迈尔西先生，国王和王后的生命处于极大的危险之中，损失一天的时间就可以造成难以估量的灾难……谋杀者的联盟在不断增长，一天又一天。"最后一封信写于8月1日，这也是费尔森从王后那里收到的最后一封信，它以深陷绝望的清晰洞察力描述了整个危机。"国王和王后的生命事实上都早就受到了威胁。大约有六百个马赛人抵达，还有其他人从所有的雅各宾俱乐部抵达，很不幸，这加剧了我们有理有据的不安情绪。尽管人们采取各种安保措施保护王室家庭的安全，但杀人犯一直都在王宫附近闲逛：有人在煽动人民，国民议会里一部分人被邪恶的思想统治了，另一部分人则是软弱的懦夫……现在我们必须思考如何避开利刃，扼杀叛乱者的把戏，他们已经围绕着王座，想要把它推倒。自从很久以来，'反叛者'就不再努力掩饰自己的目的，也就是废除王室家庭。在最近两晚举行的会议上，人们只是对实现这一目的的方法还没有达成一致。您从我最近的信中了解到，赢得二十四个小时都有多么重要。我今天只能重复这句话，而且补充道，如果人们现在不来帮助我们，那么就只有天意才能拯救国王和王后了。"

那位情人在布鲁塞尔收到了自己心上人的信件，可以想象他有多么的绝望。从清早直到夜晚，他一直都在与国王、将领、使者们的懒惰和犹豫不决进行奋战，他写了一封又一封信，拜访了一个又一个人，他的焦躁鞭策着他聚集起所有的力气，催促大家迅速进军，采取军事行动。但是军队司令官布劳恩施威格是一个遵从旧式战争风格的士兵，他觉得必须要提前几个月策划到底在哪一天实施进军。布劳恩施威格从腓特烈大帝那里学来的是缓慢、谨慎、系统化的战争艺术的法则，这种法则早已过时。他就这样安置他的部队，保持着将军那种永恒的傲慢，不由政治家、更不由旁观者来做出决定，即便只是稍微更改他所书写的征兵计划。他解释道，八月中旬之前不可越过国境线，但之后他保证，按照计划——军队散步般的作战是所有将军最爱的永恒之梦——一举进攻到巴黎城下。

但是费尔森的灵魂被杜伊勒里宫里恐惧的呐喊所搅动，他知道没有那么长的时间了。必须采取点什么行动，才能够拯救王后。但是在他的激情陷入狂乱的时候，这位恋人恰恰做了会让自己热爱的人走向毁灭的事情。正因为他采取措施，想要阻止暴民进攻杜伊勒里宫，他反而加速了这场进攻。许久以来，玛丽·安托奈特就要求联军发表一份宣言。她非常正确的思路是，人们应该在这份宣言里尝试把共和党人、雅各宾党人和法兰西民族的事业明显地区分开来，这样心怀善意的（也就是说，按照她的意义来说是心怀善意的）法国组织就会拥有勇气，而那些"gueux"，也就是"乞讨者"就会感到惧怕。她首先希望，人们在这份宣言里不要干涉法国的内部关系，"避免太多地谈论国王，这样人们就会感到人民实际上是在支持国王"。她梦想着这是一份对法国人民的友谊宣言，同时也是对恐怖分子的一次威胁。但是不幸的费尔森在灵魂深处感到惊骇，知道要等到联军提供真正的军事援助就意味着永远的等待了，于是就要求以最为严厉的语调撰写这部宣言。他亲自起草宣言，让他的朋友转交这份草稿，而灾难深重的是，这个理念恰好得到了采纳！联军写给法国的那份臭名昭著的宣言以完全居高临下的方式写成，就好像布劳恩施威格公爵的军团已经胜利地来到了巴黎。里面的所有内容都是更为了解形势的王后所想要避免的。里面不断地提及所有基督教徒的国王神圣的本人，斥责国民议会违法地限制了统治者的权力，要求法国士兵服从于他们合法的君主，还进行威胁，如果巴黎用暴力征服杜伊勒里宫，那么就会受到"永生难忘、值得作为典范的报复"，包括军事处罚和彻底的破坏行为，在打响第一枪之前，这个缺乏勇气的将军就说出了帖木儿①的思想。

这次书面威胁的后果非常可怕。即便是迄今为止都忠于国王的人们也突然变成了共和主义者，因为他们听说他们的国王对法国的敌人来说如此宝贵，因为他们认识到外国军队的胜利将摧毁革命的一切成果，那么攻陷巴士底狱就是徒劳的，网球场起誓也是毫无用处的，无数法国人在练兵场的起誓就都失去了有效性。费尔森的这只手，这只情人的手，就用这种愚蠢的威胁把一枚炸弹丢进了燃烧的火里。两千万人的怒火就因为这次毫无意义的挑衅走向了爆发。

在七月份的最后几天里，布劳恩施威格这份不幸的宣言的文本在巴黎公开。联军威胁如果人民进攻杜伊勒里宫，就要把巴黎夷为平地，这在人民看来就是不折不扣的挑衅。人们立刻做好准备，如果说人们没有马上就付诸行动，那只是因为还需要等待核心部队赶

---

① 帖木儿（1336—1405）：又名瘸子铁木儿，帖木儿帝国的创立者。他的统治以凶残专横著称。

到，也就是马赛精挑细选出来的六百名共和主义者。8月6日，他们来到了巴黎，被南方的太阳晒得黝黑，神情狂野而又坚决，按照迈步的节拍唱着一首新的歌曲，这首歌的旋律将在几个星期里席卷全国，这就是《马赛曲》，作曲者是一位并不具天赋的军官[1]在灵光闪现的时刻创造出来的革命赞歌。进攻现在可以开始了："前进，祖国的儿女……"[2]

---

[1] 鲁热·德·利尔（1760—1836）：法国军官、作曲家、诗人。

[2] 原文为法语，为《马赛曲》里的第一句歌词。

第三十四章 8月10日

从8月9日至8月10日的这一个夜晚，预示着炎热的一天。空中无云，千百颗星辰闪烁着光芒，没有一丝微风。大街上一片死寂，许多屋顶在夏天苍白的月光之下闪耀着。

　　但这片寂静欺骗不了任何人。如果街道如此不同寻常的空旷，那么就只能确认有什么不同寻常和古怪离奇的事情正在进行筹备。革命不会入睡。在各个区里，在各个俱乐部里，在他们的家里，领袖们聚集在一起，信使们带着命令可疑地从一个区悄悄地赶到另一个区，起义的总参谋长丹东、罗伯斯庇尔和吉伦特党人都在准备非法的军队，自己待在幕后，让巴黎人民准备好进攻。

　　但是在宫里也没有人入睡。几天以来，人们都在等待着起义。人们知道：这些马赛人不会白白地来到巴黎，最新的消息是他们第二天早晨就会进军巴黎。窗户在室闷的夏夜里敞开着，王后和伊丽莎白夫人听着外面的动静。但还是什么都听不到。平静的死寂在杜伊勒里宫的花园里呼吸着，院子里只听得到卫兵的脚步声，有时一把佩刀击响，或者是一匹马跺了跺地，因为有超过两千名士兵在王宫里扎营，走廊上满是军官和武装起来的贵族。

　　终于，在午夜一点三刻——所有人都冲到窗前——传来了一声钟响，远处的城郊传来冲锋的信号，现在又是第二声、第三声和第四声钟响。远远地、远远地传来了鼓声的旋涡。现在已经毫无疑问，起义正在集结。再过几个小时，决断的时刻就会到来。王后激动起来，不断地匆匆赶往窗边，想要听一听威胁的信号是否已经变得更强烈了。这一晚无人入眠。终于，在凌晨四点，血红的太阳在万里无云的空中升起。这将是炎热的一天。

宫廷里已经做好了一切准备。在最后关头，王室召集了九百个人，组织起一个强大而可靠的连队，他们是瑞士雇佣兵，是坚毅而不可动摇的男人，拥有铁的纪律，尽职尽忠。此外，从傍晚六点开始还有16个精挑细选的由国民警卫和骑士组成的营队驻扎在杜伊勒里宫，吊桥已经放下，站岗的人数翻了三倍，十几座加农炮用咄咄逼人的缄默炮口封锁了入口。在这些之外，人们还给两千名贵族送去了消息，告诉他们直到午夜宫门都会保持开敞，但这个举措没有什么效果。只有一小群人来了这里，大概有一百五十人，大多数都是年事已高、头发花白的贵族。芒达负责军纪，他是一位非常英勇、精力充沛的军官，下定决心在任何威胁面前都不后退。但革命者也知道这一点，凌晨四点左右，他突然被撤职，有人叫他去市政厅。而国王竟然也失去了理智，就让他走了，尽管芒达清楚是什么在威胁着和等待着他，他还是遵从了命令。一个新的革命公社在没有经过委任的情况下占据了市政厅，他们迎接了他，对他进行了简短的判决。两个小时以后他就被人阴险地杀害了，头骨碎裂，尸体漂浮在塞纳河上。守卫部队的领袖、这颗坚决的心脏、这双精力充沛的手已经被夺去。

因为国王并不是领袖。这个备受困扰的人穿着紫罗兰色的长袍，假发因为刚睡醒而压塌，犹豫不决，跌跌撞撞，带着他可怜的、空洞的目光从一个房间走到另一个房间，不断地等待着。昨天人们还约定，直到只剩下最后一滴鲜血，也要保卫杜伊勒里宫，带着受到挑衅的激情把这座宫殿改造成了一处堡垒，一座军营。但就是现在，在敌人还没有露面之前，人们已经开始变得不自信起来，因为不自信的气氛从路易十六的身上散发了出来。总是这样，在需要作出决定的时刻，这个内心深处实际上并不怯懦、但是会对任何责任感到惶恐的人就会像生了病一样，如果士兵看到自己的领袖在瑟瑟发抖，那么还怎么能期待他们具有勇气？瑞士军团受到军官的严格管理，依然稳固，但怀疑的迹象已经开始在国民警卫中间明显地流露出来，人们不断地听到一个问题："我们还会战斗吗？我们是不是不会战斗了？"

王后几乎无法继续容忍她对自己丈夫的软弱的愤怒。玛丽·安托奈特希望现在就进行最后的决战。她过度疲劳的神经已经不再能够承受得住这种持续不断的紧张局势，她的骄傲也不再能够承受这种总是受到威胁的状态和这种毫无尊严的降尊纡贵。在这两年里，她已经充分领悟到，屈服与退缩没有办法降低革命的要求，而是只能增强革命的自信。但现在王国已经站在了最后一级，最下面一级，在那下面就是万丈深渊，只需要再退一步就会失去一切，包括荣誉。骄傲在这个女人心里颤抖着，她最想要做的就是亲自走下去，走到那些丧失了勇气的国民警卫中间，将她的坚决传递给他们，警告他们要尽自己的义务。在这一刻，她也许无意识地唤醒了对自己母亲的记忆，就像女皇在极度的困厄之中，怀抱着王位继承人，走到同样犹豫不决的匈牙利贵族面前，用一个手势激励他们走到了自己的身边。但她也知道，在这样的时刻，一个女人不能代表她的丈夫，一位王后不能代表国王。

因此她劝说路易十六，在战斗之前进行最后一次阅兵，发表一篇可以摧毁这些守卫者身上的摇摆不定的演讲。

这个想法是正确的。玛丽·安托奈特的本能总是无可指摘。只需要几句炽热如火的话语，就像拿破仑在危险的瞬间发自内心的坚信进发出来的话语，一句国王的誓言，发誓与他的士兵同生共死，一个果断有力的手势，这几个还在摇摆不定的营队就会铸成一道钢铁般的墙垣。但在这个时候，一个近视而笨拙、肥胖而显得缺乏战争经验的男人把帽子夹在手臂下面，沿着大楼梯跌跌撞撞地下来，吞吞吐吐地说了几句破碎的、缺乏技巧的话语："人们说，他们来了……我的事业就是所有善良市民的事业……不是吗，我们将会英勇地奋战？……"这种摇摆不定的语气，这种尴尬不已的态度并没有减弱不自信的心态，反而使它成倍地增长。国民警卫轻蔑地看着这个软弱的人迈着不自信的步子靠近他们的队列，他们没有发出他期待中的呼喊："国王万岁！"而是先报以沉默，然后发出了一句意蕴含糊的呼喊："民族万岁！"当国王鼓起勇气走到栅栏边上的时候，部队已经开始和人民称兄道弟了，他听到了公开的叛乱的呼喊："打倒一票否决权！打倒这头肥猪！"国王的拥护者和部长们现在惊慌地围住了国王，又把他带回到了宫殿里。"上帝保佑，人们在嘲笑国王。"海事部长在一楼喊道，玛丽·安托奈特已经双眼通红，这是因为哭泣和失眠导致的眼周发炎，她低下头凝视着这出悲惨的戏剧，然后愤恨地转过身去。"一切都失去了，"她震撼地对自己的贴身侍女说，"国王没有显示出魄力，阅兵造成的恶果多于正面效果。"这场战斗还未开始，就已经结束。

在这个王国与共和国迎来最终决战的早晨，在杜伊勒里宫门前的人群里也有一位年轻的少尉，一位没有职务的军官，来自科西嘉岛，他就是拿破仑·波拿巴，如果有人对他说，他有朝一日将作为路易十六的继承人住在这座宫殿里，他肯定会嘲笑对方是个蠢货。他正好没有要处理的事务，于是就以他从无失误的军人眼光衡量了一下进攻和防守的两方面。只需要有几座加农炮开炮，派遣出来一支精锐的先锋部队，然后这些"流寇"[①]（他日后在圣赫勒拿岛上就是这样轻蔑地称呼这个城郊部队的）就会被像铁扫把扫过一样全部扫除。如果国王能有这个矮小的炮兵少尉站在身边指导，他就会面对整个巴黎取得胜利。但宫殿里没有一个人拥有这个矮小少尉的铁石心肠和飞速出击的目光。"不要进攻，保持镇静，加强防守"，这就是人们给士兵的全部命令，一个并不坚决的措施，因此造成了满盘皆输。在这段时间里，时间已经到了早晨七点，起义军的先锋已经到来，那是一群没有秩序、装备极差的人，他们的威胁并不在于战斗力，而是在于他们不屈不挠的决心。他们已经开始在吊桥旁边聚集。决定不能再拖延下去了。掌玺大臣罗德勒察觉到自己负有责任。一个小时以前他就建议国王前往国民议会，置身于他们的保护之下。但这个时候，玛丽·安托奈特开始坚决反对："我的先生，我们这里有足够的兵力，现在终于到了来决定谁占上风的时候，是国王还是起义者，是宪法还是革命。"但国王自己无法说出一句果断的话来。他呼吸困难，目光迷茫地坐在自己的扶手椅上，等待又等待着，他不知道在等什么，他只是还想要推迟决定，还不想要做出决定。这时，罗德勒再一次带着可以让他进入各个房间的绶带走了进来，身边伴随着几个市政府的官员。"陛下，"他果断地对路

[①]　原文为法语。

易十六说道，"陛下，您现在只剩下不到五分钟的时间了，除了在国民议会里，您在任何地方都不够安全。""但是我在骑兵广场上还没有看到太多的人。"路易十六惊恐地回答道，他还是一直都只想争取时间。"陛下，有一大群人正带着十二座加农炮从各个城郊逼近。"

有一位市政官员是卖蕾丝织物的商人，王后以前经常在他那里买东西，他也加入了罗德勒的阵营，对国王提出了警告。但是"不要说了，我的先生，"玛丽·安托奈特立刻让他住嘴（每次有某个她并不尊重的人想要拯救她的时候，她都会爆发出这种愤怒），"请您让掌玺大臣来说！"现在她亲自转身面对罗德勒："但是，我的先生，我们的确还有武装力量。""夫人，整个巴黎都在进军，任何抵抗都是不可能的。"

玛丽·安托奈特已经无法控制住自己的激动，热血涌上她的面颊，她不得不强迫自己抑制住自己所有的软弱，不对这些男人们发作，他们中间没有一个人的思路具有男子气概。但这个责任是巨大的，在法国国王面前，一个女人永远也不能下令开战。于是她就等着这个永远都犹豫不决的人做出决断。他终于抬起了沉重的头颅，看了罗德勒几秒钟，然后叹了一口气，高兴地下定了决心："我们走吧！"

国王穿过夹道护送的贵族，他们不含敬意地望着他，经过瑞士雇佣兵，忘了和他们说句什么，告诉他们应不应该战斗，穿过越来越稠密的人群，这些人对国王、他的妻子和少数几个亲信进行公开嘲讽，甚至威胁，路易十六没有进行斗争，是的，没有尝试进行哪怕一次反抗，就走出了他祖先建造的这座宫殿，从此就再也没有回来过。他们穿过花园，国王和罗德勒走在前面，王后挽着海事部长的手臂走在后面，她的儿子走在她身旁。他们怀着毫无尊严的仓促，匆匆赶向加了屋顶的马术学校，宫廷曾经在这里兴高采烈、无忧无虑地欣赏骑士队列，现在属于人民的国民议会在这里骄傲地目睹他们的国王来这里寻求他们的庇护，为了自己的生命而战栗，没有做出丝毫抵抗。他们一共走了大约二百步。但在这二百步中，玛丽·安托奈特和路易十六不可挽回地从他们的权力之上走了下来。王国就此走向告终。

国民议会以复杂的情感看待他们过去的主人，他们还依然通过誓言和荣誉和这些人维系在一起，现在这些人来要求在这里作为客人停留的权力。议会主席维尔尼阿在最初的震惊之后宽容地解释道："陛下，您可以指望国民议会的坚定决心。议会的成员曾经发誓，为维护人民的权利和依法任命的权威而死。"这是一句伟大的诺言，因为根据宪法，国王依然是两个得到了合法任命的权威之一，在一片混乱中，国民议会采取的措施就好像还有法律秩序存在一样。他们迂腐地把自己局限在宪法条文里，认为国王在国民议会讨论期间不应在场。但既然人们还要继续讨论，他们就把平时速记员坐的包厢当作避难所提供给了国王。这个包厢是一个低矮的房间，在里面都无法站直身体，前面有几把椅子，后面有一张铺了稻草的长椅：一道铁栅栏把他们和真正的议会大厅分割开来。现在议员亲自用锉刀和锤子帮忙拆下了这道铁栅栏，因为人们觉得街上的暴民很有可能试图从这里用暴力方式带走王室家庭。因为已经预见到了这种极端情况，议员们就终止了所有的讨论，让王室家庭坐到他们中间。这个笼子在这个如火的八月的日子里热到令人窒息，玛丽·安托奈特现在不得不和路易十六带着他们的孩子们在这里待上十八个小时，忍受议会成员们好奇、恶意或者是怜悯的注视。但比起所有强调的、公然表达的仇恨，令他们所受的羞辱变得更残忍的是在这十八个小时里国民议会对王室家庭在场的完全漠视。人们不怎么在意他们，就好像他们是看门人或者是讲台下面的观众，没有一位代表站起来，走过来问候他们，没有一个人想过要让他们在这个马厩一样的地方里待得更舒服一些，让他们过得更容易忍耐一些。他们只能听着这些人高声谈论：这真是一幅幽灵般的场景，就像有人透过窗户观看自己的葬礼。

议会人士突然激动起来。有几个议员跳起来听着，大门被掀开了，人们已经听见了附近杜伊勒里宫里传来的猎枪射击声，现在窗户被一声沉闷的响动震动着：那是加农炮的雷声。起义者在冲进王宫之前撞上了瑞士雇佣兵卫队。国王在逃走的时候陷入了可悲的慌乱，完全忘记了下命令，或者是像往常那样，没有振作起来，告诉他们到底该不该进行反击。瑞士雇佣兵卫队忠于之前没有撤回的命令，完全保持防守状态，保卫着国王空荡荡的家宅，保卫着杜伊勒里宫，按照军官的命令开了几枪。他们已经清空了王宫的庭院，缴获了从外面拖进来的加农炮，从而证明了一位意志坚决的统治者在亲信中间可以得到光荣的防守。但现在，国王这个没有脑袋的统治者——很快他就会真的没有脑袋了——想起了他的责任，他自己表现得毫无勇气，怎么能够要求别人献出英勇与鲜血呢，于是对瑞士雇佣兵发出命令，不要再保卫王宫了。但是这位统治者永恒的命运就是一句话：太晚了！他的犹豫不决或者是忘记下令已经造成了一千人丧失性命的代价。愤怒的人群不受阻碍地涌入了毫不设防的宫殿。革命那鲜血淋漓的灯笼再次点亮：长矛上挂着被杀死的保王党人的头颅，直到上午十一点钟，屠杀才终于结束。在这一天，不再有更多的人头落地，但是有一顶王冠落到了地上。

王室家庭不得不挤在这个闷湿的包厢里，一句话也不能说，只能够目睹着会议的全部进程。他们首先看到，他们忠诚的瑞士雇佣兵浑身沾满了火药的黑粉，喷涌着鲜血冲了进来，他们后面是获胜的起义者，这些人想用暴力夺走国民议会对这些军人的保护。然后从王宫里抢出来的东西被放在了主席台上，包括银餐具、珠宝、信件、首饰盒与指券①。玛丽·安托奈特不得不紧闭着嘴，听着起义的领袖是如何受到称赞。她不得不听着，不做出任何反抗，不发一言地听着，现在各个部门的代表是如何跨越了他们的界限，用激烈的言辞要求废黜国王，如何在报告中歪曲最为明显的事实，比如，是宫廷命令敲响了警钟，是宫廷包围了这个民族，而不是这个民族包围了宫廷。她只能不断地经历这些戏剧的重演，因为政治家一旦感到风向改变，就会变得懦弱。就是那个维尔尼阿，两个小时之前还在以国民议会的名义发誓，宁死也不能让人染指依法任命的权威的权力，现在就立刻投降，提议说立刻废除实施权力的载体，也就是国王，要求把王室家庭迁往卢森堡宫，"置于市民和法律的保护之下"，也就是说：监禁起来。为了让那些具有保王主义思想的议员们进行比较平缓的过渡，假装要求为王储任命一位教师，但实际上没有人再顾及王冠或者是国王的事情了。他的一票否决权，他唯一的权利已经被剥夺，他投票否决的这条法律也被国民议会专断地实施，没有一道目光问一问那个坐在速记员包厢的椅子上大汗淋漓的男人的意见，也许他心里也因为不再有人来征询他的意见而感到高兴。从现在起，路易十六不再需要做出任何决定。从现在起，人们将为他

---

① 指券：1789—1797年间流通的一种证券，有国家财产为之担保。后当作通货使用。

做出决定。

　　会议持续了八个小时、十二个小时、十四个小时。那五个像被放在马厩里一样的人就坐在包厢里，他们因为夜晚的惊恐没有睡好，从早晨开始又好像经历了永恒一样久远的时间。什么都不懂的孩子们感到疲倦，昏昏沉沉地睡着了，国王与王后却满头大汗，玛丽·安托奈特不得不把手帕在水里浸湿，有一次或者两次，她喝了一杯冰水，那是一只满怀同情的手递给她的。她的双眼燃烧着，疲惫却又怀着可怕的警醒，盯着这个正在沸腾的锅炉房，话语的机械一连几个小时围绕他们的命运旋转着。她一口食物也没有碰，与她的丈夫形成了鲜明的对比。路易十六完全不顾那些旁观者，让人送来了好几顿饭，在包厢里用沉重的下颚咀嚼来咀嚼去，就像在凡尔赛宫放满了银质餐具的宴会桌前一样。最为极端的危险也不能消除这具毫无王者气概的身躯里的饥饿与睡意，他沉重的眼皮越来越沉坠，在这场正在以他的王冠为代价的斗争过程中，路易十六却打了一个小时的盹。玛丽·安托奈特从他身边挪开，躲进暗处。在这种时刻，她总是为这个男人惊人的毫无尊严的软弱感到羞耻，他关心自己的肠胃胜过关心自己的荣誉，即便是在最可怕的屈辱之中也会舒适地吃饭，舒适地睡去。她把炽热的眼睛转开，以免泄露自己的愤怒。王后也把自己的脸从会场面前转开，想要用拳头抵住双耳。她独自一人承受着这几天里的所有屈辱，已经如鲠在喉，已经预料到了所有将会来临的苦胆的滋味，但是她没有一瞬间失去自己的仪态，在感觉受到了挑衅的时刻总是表现得非常伟大，这些暴动者不会看到一滴眼泪，听到一声叹息，她只是越来越深地退回到了包厢的黑暗处。

　　终于，在这个火烧火燎的笼子里度过了残忍的十八个小时以后，国王和王后可以前往斐扬派修士的一座前修道院，在那些家徒四壁、不见一人的小房间里匆匆给他们搭起了一个床铺。陌生的女人借给法国王后一件衬衣和几件换洗衣物，她的一个贴身侍女不得不借给她几块金币，她自己的钱不是已经遗失，就是在骚乱之中忘了带走。现在，她终于独自一人了，玛丽·安托奈特就吃了几口东西。但是在装了铁栅栏的窗前还是没有安静下来，人群还是不断地经过——因为整个城市都陷入了烧热状态，可以听到从杜伊勒里宫那里传来了沉闷的车轮滚动的声音。这是运走几千具阵亡者遗体的板车：夜晚进行丑恶的工作。人们将在明朗的白日清除王国的尸骸。

第二天早晨，第三天早晨，王室家庭不得不再次一起待在同一个可怕的马厩里。他们每时每刻都能够察觉到，他们的权力是怎样在这个火热的熔炉里走向了消融。昨天人们还在谈论国王，今天丹东已经说起了"人民的压迫者"，克罗兹①则说起"被称为国王的那个人"。昨天人们还将卢森堡宫选作宫廷"停留"的地点，提议给太子找一位家庭教师，今天的形势就变得更严峻了：国王要被置于"全民族的保护之下"②，也就是"监禁"这个词更好听的说法，除此以外，公社拒绝把卢森堡宫或者司法部门作为王室家庭未来的居所，也就是那个8月10日晚上建立起来的公社③，而且给出了明确理由。因为

---

① 克罗兹（1755—1794）：法国作家、政治家、革命家，出身于荷兰－普鲁士贵族，后定居巴黎，大革命爆发后放弃贵族称号，为激进报刊写作，但因为出身和财富引起怀疑，最终死于断头台。

② 原文为法语。

③ 巴黎公社有两个，一个是1870年的巴黎公社，一个是1791年10月建立的巴黎公社。

从这两座建筑物里逃出来太容易了。只有在"圣殿"①里,他们才能保证这些"囚犯"②——监禁的实质在形式上越来越赤裸了——的安全。国民议会暗地里感到高兴,因为不需要做出决定,把照料国王的事情交给了公社。公社承诺"以对不幸者应有的尊敬"将他们带进圣殿。这样所有问题都解决了,这一天直到午夜两点,语言的磨扇都在不停旋转,但是没有一句话有利于这两个受尽屈辱的人,他们一直蜷缩在包厢的暗处,就像坐在命运的阴影里。

终于,在8月13日,圣殿准备好了。这三天走完了一段可怕的路程。从绝对君主制到国民议会用了几个世纪,从国民议会到立宪用了两年,从立宪到进攻杜伊勒里宫用了几个月,从进攻杜伊勒里宫到实施囚禁却只用了三天。从现在到断头台还只余下几个星期,然后就是一举掉进棺木。

8月13日,傍晚六点左右,王室家庭在彼济翁的引领之下被带进圣殿——傍晚六点左右,在暮色弥散之前,还没有入夜,因为人们希望取得胜利的人民看着自己过去的主人们,尤其是她,这位高傲的王后走上通往监狱的路程。这段路走了两个小时,故意放慢速度,马车绕着半个城市开了一圈,还特意绕路去了凡多姆③广场,这样路易十六可以看到他的高曾祖父路易十四的雕像按照国民议会的命令被从底座上拔下来,砸得粉碎,不要在内心里抱有其他念头,不仅仅是他个人的统治,而且是他整个家族的统治都已经宣告结束。

---

① 巴黎城郊的庙堂是个古建筑,原为十字军东征时天主教骑士修会的大本营。后来这里的官殿变成贵族饮宴娱乐的场所,这里的塔楼被改造成坚固的城堡,日后在修道院长管理时,又设立了一座监狱。

② 原文为法语。

③ 凡多姆:波旁家族的先祖,曾为纳瓦拉国王。

迄今为止法国的统治者已经将他先祖的王宫换成了一座监牢，而就在同一天傍晚，巴黎的新主人也改换了他们的居所。在这一天晚上，断头台被从贡西埃尔谢里监狱的院子里取了出来，咄咄逼人地安置在了骑兵广场上。法国应该知道：从8月13日起，统治法国的不再是路易十六，而是恐怖主义。

第三十五章　圣殿

当王室家庭抵达过去圣殿骑士的宫殿——"圣殿"的时候，天色已晚。人们依然在主建筑的窗外庆祝着人民的节日——点着无数的小灯笼。玛丽·安托奈特熟识这座小宫殿。在幸福和轻率的洛可可年代，国王的弟弟、她的舞伴和寻欢作乐的伙伴阿尔托瓦伯爵就住在这里。她曾经伴随着叮当作响的铃铛，裹着珍贵的裘皮大衣，在十四年前的冬天乘坐涂着昂贵涂料的雪橇来到这里，为了在她这位小叔子的家里简短地用个餐。如今，这座宫殿不那么值得敬爱的屋主，公社的成员邀请她在这里常驻，站在门口的不是佣人，而是由小心谨慎的国民警卫和宪兵组成的看守。我们可以通过一幅名画《孔德亲王家的茶会》了解这几个因犯用晚餐的大厅。画上的少年和少女正在为上流社交圈奏乐助兴，他们正是年幼的、只有八岁的沃尔夫冈·阿玛德乌斯·莫扎特和他的姐姐：音乐和欢笑在这些房间里回响，而幸福、热爱享乐的贵族们最终就住在这栋房子里。

但公社指定给玛丽·安托奈特和路易十六居住的并不是这座优雅的、镀金的木头墙板上也许还回荡着莫扎特那轻盈的音质音色的宫殿，而是旁边两座古老的尖顶圆形堡垒式建筑。这是中世纪的圣殿骑士用沉重的大块石头建立起来的不可攻破的堡垒，看起来灰暗而阴沉，就像巴士底狱一样，让人看第一眼就不禁阴郁地颤抖起来。大门非常沉重，镀了钢铁，窗户低矮，周围是筑有阴暗墙壁的庭院，使人想起已经消逝的往日歌谣，想起私刑法庭、宗教裁判所、女巫监狱和实施酷刑的房间。巴黎人民很不情愿地用畏惧的目光望着这个暴力时代的残留物，因为荒废已久，它在一个人口众多的小市民街区里显得加倍神秘。这是一个残酷的、会说话的象征，这些古老的、被荒废的墙垣如今被选定作为古老和同样荒废的君主制的监牢。

接下来的几个星期就是对这座空间广阔的监牢进行加固。塔楼附近一系列的小房子被拆除，庭院里的所有树木都被砍伐，为了不受阻碍地从四面八方进行监视，此外，塔楼周围砍掉树木的两个庭院都用一道石墙和其他建筑物隔开，这样得走过三道要塞围墙才能来到真正的城堡面前。所有的出口都设立了看守小屋，每一层楼的走廊的每一扇内门都小心翼翼地安装了栅栏，强迫每个进来的和出去的人都要在七八个不同的看守面前出示证件。市政府负责任命看守这些囚犯的人员，每天通过抽签的方式任命四位不同的特派员，日夜交替地监视所有房间，晚上就把所有门的所有钥匙收起来进行管理。除了他们还有市政府的官员，没有任何人可以在没有得到治安官特许的情况下就进入整个圣殿堡垒的空间：费尔森和其他任何甘愿效劳的朋友都无法再接近王室家庭，通信和传递消息的可能性，表面上看起来不可挽回地走向了结束。

另一项安全措施对王室家庭的打击还要更沉重。在8月19日晚上，两个治安官奉命出现，把所有不属于王室家庭的人员全部带离。王后和朗巴勒夫人告别的时候尤为痛苦，亲王妃夫人已经抵达安全的地方，却再一次自愿从伦敦返回，为了在最危险的时刻证明她对王后的友谊。两个人都预感到，她们不会再见到彼此了。在这次没有旁人见证的离别时刻，玛丽·安托奈特肯定就是在这个时刻，赠给了自己的女友一枚戒指，上面缠绕着一缕金发，写着悲剧性的铭文，"它们因不幸而变得苍白"，之后，人们在这位被杀害的亲王妃残缺不全的遗体上找到了这枚戒指。就连女教师图尔策夫人和女教师的女儿都必须从这座监狱里离开，搬到另一座监狱里，也就是福尔斯监狱①，国王的随从也是一样，只留下一位贴身侍从为他提供专人的服务。这样一来，宫廷最后的伪装和最后的光辉也被摧毁了，王室家庭陷入彻底的孤立无援：路易十六、玛丽·安托奈特、她的两个孩子和伊丽莎白公主。

对事情进展的恐惧在大部分情况下比事情本身更难以忍受。尽管囚禁对国王和王后来说意味着屈辱，但首先也给他们提供了某种人身安全。围绕着他们的厚厚墙垣、由栅栏围起来的庭院、永远荷枪实弹地阻止他们进行任何逃亡尝试的看守，但同时也保护他们免于任何侵袭。王室家庭不再需要像在杜伊勒里宫那样，每一天、每一刻都在听着警钟和报警的鼓声，不知道今天还是明天就会有一场进攻。在这座孤寂的塔楼里，今天和明天的安排都是一样的，都是同一种安全的、风平浪静的与世隔绝的状态，同样地远离世界上的所有动荡。城市管理机构首先做了一切能让被拘禁的王室家庭在纯粹的物质生活上能够过得更舒适的举措：革命在战斗的时刻无所顾虑，内心的意愿却并不是反人性的。在每次冷酷的打击之后，革命总是要停歇片刻，没有感受到这些停顿、这些表面上的休战时刻对战败者来说却更让他们清晰

---

① 福尔斯监狱囚禁了不少政治犯，朗巴勒夫人也关在那里，1792年9月大屠杀时在此遇难。

444

地体会到了失败的滋味。在他们搬到圣殿里的最初几天里，人们尽量给这个监狱的囚犯做一些舒适的改装。大塔楼重新贴了墙纸，放进了家具，有四个房间的一整层楼分配给国王使用，另有四个房间分配给王后、王后的小姑子伊丽莎白夫人和孩子们使用。他们可以随时离开这座阴郁、潮湿的塔楼去花园里散步，公社首先还考虑到了对国王的幸福来说最重要的事情，也就是美味、丰盛的餐饮。不少于十三位工作人员在他们的桌边服侍，每天中午都至少有三道汤、四道前菜、两道烤肉、四种小吃、蜜饯、水果、玛尔伐西葡萄酒、波尔多葡萄酒和香槟，在三个半月里，厨房的开销不少于3.5万里弗尔。还有内衣、服装、房间装饰的开支，只要人们还没有把路易十六当成罪犯对待，都丰厚地向他提供。他自己按照要求得到了257本藏书，大部分都是拉丁文的经典著作，被用来打发时间。在这段最初的、非常短暂的时间里，王室家庭的监禁完全不像是一种惩罚，除了心灵层面的压抑，国王和王后还是过着平静舒适、几乎是相当平和的生活。早晨，玛丽·安托奈特让自己的孩子过来，给他们授课，或者是和他们玩，中午大家一起用餐，饭后下一局跳棋或者是象棋。然后国王带着太子在花园里散步，带着他放风筝，而王后太过骄傲，无法在看守之下进行公开的散步，大多数时间都待在自己的房间里做手工活。晚上，她亲自带孩子们上床，其他人再闲聊一会儿，或者是玩玩纸牌，有时候她还试图弹羽管键琴，就像在从前那样，或者是稍微唱唱歌，但是因为与整个世界隔离开来，与她的朋友们分割开来，她永远失去了内心的那种轻率。她很少说话，最喜欢和孩子们在一起，或者是单独待着。伟大的虔诚没有办法给她安慰，而路易十六和他的妹妹不断地祈祷，严格地遵守所有的斋戒日，获得了某种忍耐下去的冷静。王后的生命意志却不像那些没有脾气的人一样容易被摧折。即便是在这封闭的墙垣之中，她的内心也依然转向世界，她那习惯了胜利的灵魂还是拒绝放弃，她还是不想放弃希望——如今她在心里聚集起了越来越多的力量。只有她不甘于这种囚禁的状态，其他人几乎都察觉不到，如果没有看守，没有对明天的永恒恐惧，那么小市民路易十六和修女伊丽莎白夫人实际上就会很满意这种生活形式，他们多年来无意识地渴望的就是这种生活方式：不需要思索、不需要负责任的被动生活。

但看守就在那里，毫无间断地提醒着那些被关押者，还有其他的权力要决定他们的命运。在餐厅里，公社用大字符把《人权宣言》的文本挂在墙上，下面印着一个对国王来说非常痛苦的日期，"共和国元年"。在火炉的黄铜平台上，他不得不阅读着这样的铭文，"自由，平等"，在午餐的时候，会有一位特派员或者是驻扎部队的司令官作为不速之客坐在桌边。每一块面包都由陌生的手切开，检查里面有没有秘密通信，任何一页报纸都不能送进圣殿的房间里，每一个踏入和离开塔楼的人都要由看守人员进行最为仔细的搜身，看看有没有随身携带什么文件，此外，房间的门也要从外面锁上。任何走进国王或者王后的房间的人身后都要有一个荷枪实弹的看守如影随形地跟着，没有一句表达不会留下证据，没有一页印刷品可以不经审查就进行阅读。只有在他们各自分开的卧室里，他们才有和自己独处的幸运和恩典。

但这种看守真的是预先就设计得这么折磨人吗？在王室家庭受到监禁的期间，这些看守和监督者是否真的就是那种虐待狂一样的苦刑执行者，就像保王党的殉道史所描述的那样？他们是否真的以不必要的刁难不断地羞辱玛丽·安托奈特和她的家人，还为了这个目的特别选择了一批尤其粗鲁的无套裤党人？公社的报告表示反对，不过他们的报告也符合自己的党派利益。但对于这个关键性的问题，革命是否真的战胜了国王，我们还要有意识地防止错误地回答。要进行公正的判断需要特别小心谨慎。因为"革命"这个概念已经变成了一个含义广阔的词汇：它的范围包括了从至高的理想主义直到最为实际的残忍暴戾之间所有的过渡阶段，从伟大到残暴，从精神到它它完全的反面，也就是暴力。它闪着不同的光彩改变着，因为它的颜色本来就是人们和环境赋予的。在法国大革命的过程中——就像在所有革命的过程中——都会清晰地凸显出两种类型的革命者：出于理想的革命者，还有出于怨恨的革命者。第一种过得比人民群众更好，想要把群众提升到自己的水平线上，提升他们的教育、他们的文化、他们的自由还有他们的生活方式。另一种自己一直以来都过得很差，想要对那些日子过得更好的人们进行复仇，他们寻求把自己的新权力动用在之前的权力上。因为这种态度根植在人性的复杂性中，这在所有时代都是适用的。在法国大革命的初期，理想主义占了上风：国民议会由贵族和市民，由全国有名望的人们组成，他们想要帮助人民，解放人民群众，但是被解放的群众也是被释放的暴力，他们立刻就转过来反对他们的解放者：在革命的第二阶段，激进分子，也就是出于怨恨的革命者占了上风，他们刚刚得到了权力，就好像无法抵抗充分享受权力的诱惑。这些人物毫无革命精神，终于摆脱了压迫他们的车轮，他们的野心是使革命按照他们的利益发展，按照他们自己内心的平庸水平发展。

在这些满怀怨恨的革命者中，恰好是埃贝尔成了照料王室家庭的总管，他是一个最为典型、最令人反感的人物。最为高贵和最有革命精神的人物罗伯斯庇尔、嘉米叶·德穆兰和圣鞠斯特很快就发现这是一个最为肮脏的谄媚者，只会发出最为恼怒的呼喊，他也确实是如此：革命荣誉的一个脓包，罗伯斯庇尔把他——显然太晚了——用炽热的铁钳烫掉了。他之前就过着可疑的生活，被斥责在剧院进行公开的贪污，没有职业，无所顾忌，投身革命的方式就像一只被追逐的野兽投入了洪流，洪流负载着他，因为他正如圣鞠斯特所说，"顺应了时代赞同的事物和危险的局势，像一只变色龙一样变换着自己的颜色"。共和国越是染上鲜血，他在自己撰写或者不如说是涂抹而成的《杜歇奈斯老爹》报上的字迹也就越鲜红，这是大革命期间最为低劣的一份街巷小报。用最为庸俗的腔调——"好像他的报纸就是巴黎的一条下水道一样，"嘉米叶·德穆兰这样评价道——在报纸里谄媚低级阶层，甚至是最低阶层那不可阻挡的本能，使得革命在国外名望尽失。但他本人却凭借在暴民之间受到了欢迎，除了得到了丰厚的收入，还在市政府里得到了一个权力越来越大的职位：不幸的是，他把玛丽·安托奈特的命运握在了手里。

这样一个人成了王室家庭的统治者和看守者，自然而然地会非常满足地享受着这个卑鄙灵魂的所有机会，压制和羞辱一位奥地利的女大公，一位法国的王后。埃贝尔在与王室的个人交往过程中有意表现出冷漠的礼貌，一直小心翼翼地展示出他才是新的正义所制定的真正代表，却在《杜歇奈斯老爹》报上以卑鄙的辱骂宣泄自己的怒火，说王后拒绝和他进行任何交谈。《杜歇奈斯老爹》的声音不断地要求为这对"醉鬼和他的淫妇"做个"了断"，"被民族的刀片修理"[①]，但这份报纸的主人，这位市政府特派员埃贝尔却每个星期都非常礼貌地探望王室家庭。他的嘴上功夫毫无疑问比内心活动更激烈，但这已经是对被战胜者毫无必要的羞辱了，也就是说，人们恰好派了爱国主义者中间最冷酷无情、最不真诚的人来担任这些囚犯的总管。因为惧

---

① 原文为法语。

怕埃贝尔，看守的士兵和官员自然也就受到了他的影响。他们肯定害怕被看作不可靠的人，所以做事要比他们实际上想的那样更不光明正大。但是另一方面，他对这些囚犯所发出的仇恨的呐喊却出人意料地帮助到了他们，因为那些谦逊而一无所知的手工业者和小市民被埃贝尔任命为看守，他们已经在他的《杜歇奈斯老爹》报上一而再地读到过这个"嗜血的暴君"和这个放荡的、挥霍的奥地利女人。现在他们奉命来到了看守的职位上，他们看到了什么？一个毫无恶意的胖胖的小市民，手里牵着他的小儿子，在花园里散步，和他一起丈量这个庭院有多少平方米和多少平方英寸，看到他很喜欢吃饭和睡觉，很喜欢和自己的藏书待在一起。很快他们就认识到，这个迟钝的、善良的一家之主连一只苍蝇也不会伤害，要把这样的一个人当作一位暴君进行仇恨，那实际上就更困难了，如果不是埃贝尔如此严格地留意他们，这些看守士兵很可能和这位善良的先生聊聊天，开开玩笑或者是玩玩纸牌，就像对待他们来自人民的战友们一样。王后当然迫使他们保持更大的距离。玛丽·安托奈特没有一次在餐桌上对一位看守说过话，如果有一位特派员过来，问她有什么愿望，或者有什么事情要抱怨的话，她就回答说，她没有任何愿望和渴求。她宁可独自承受一切，也不愿意请求她的一位看守给她提供什么帮助。但恰恰是不幸之中的这种高贵打动了这些单纯的人们，而且一如既往，一位显然正在承受磨难的女人总是特别能够激起人们的同情心。看守们实际上也和他们的囚犯被关押在一起，逐渐沦陷在了对王后和王室家庭的某种好感之中，只有这一点才能解释，怎么可能发生过几次不同的越狱企图。也就是说，如果看守的士兵就像保王党的回忆录里描写的那样，表面上看起来很粗鲁，强调着共和主义的姿态，有时候也发出一句粗俗的咒骂，大声唱歌和吹口哨，那也是有必要的，因为这实际上只是为了在监视人员面前掩饰他们的同情。这些单纯的人民比国民公会①里的理论家们更理解如何对不幸倒台的人们表示敬畏，王后从这些据说粗鲁的圣殿士兵那里得到的仇恨，在这些士兵那里看到的丑态远远少于在凡尔赛宫的沙龙里所经受的一切。

但时间没有走向静止，即便人们在这栋被墙垣包围的建筑里感受不到它，它巨大的翅膀也在窗外震动。边境上传来了坏消息，普鲁士和奥地利终于采取措施，首次进攻就把革命军打得分崩离析。在旺代省爆发了农民起义，内战开始了，英国政府撤回了他们的使者，拉法耶特离开了军队，对这场他自己引发的革命的激进主义表示怨怼。食品开始面临着短缺问题，人民开始变得躁动。所有话语中最危险的那个词，"叛国"，在每次失败后都从成千上万人的口中说出来，扰乱了整座城市。在这一刻，大革命时期最强大也是最肆无忌惮的人物丹东就接过了恐怖主义的血腥旗帜，做出了可怕的决定，在九月的三天三夜里处决监狱里所有可疑的人物。这两千人中间也包括王后的女友，朗巴勒亲王妃。

王室家庭在圣殿里对这些恐怖的事件都一无所知，他们现在已经与所有鲜活的声音、所有印刷出来的文字隔绝开来了。他们只是突然听到了警钟敲响，玛丽·安托奈特早就认识了这只象征不幸的青铜大鸟。她已经知道，当它振翅的声音在城市上空呼啸，那么就会爆发一场暴风雨，一场灾难已经飞到这里。这几个囚犯在塔楼里激起了一阵低语。是不是布劳恩施威格公爵的军队终于开到了城门下？是不是要有另一场革命爆发来反对这一场革命？

但是在通往圣殿的锁闭的入口处，看守和市政官员却极为激动：

---

① 1792年9月21日，议会举行第一次会议，维持到1795年10月，称为国民公会。

他们知道更多的事情。先前冲出去的信使已经发来了报告，说巨大的人群正在从各个城郊集结，有一根长矛上挂着被杀的朗巴勒亲王妃那惨白的头颅，头发在风中飘动，后面拖着她那赤裸的、残缺的、断肢的身体。毫无疑问，这群毫无人性的杀人凶手已经饮醉了鲜血与烈酒，现在想要赢得他们最后的野蛮胜利，让玛丽·安托奈特看看她死去的女友苍白的头颅，还有她赤裸的、受到损伤的尸身，人们普遍相信王后和她保持着一段长期的淫乱关系。公社绝望地给看守送去军事援助，因为他们自己无法抵抗如此愤怒的群众，但狡诈的彼济翁还是像以前一样，直到真正的危险到来之前都不出现。没有强大的兵力到达，这个部队已经带着他们可怕的战利品闯进了大门。为了让人群不再那么激愤，为了防止爆发出冲突，为了不让这群不要命的杀人犯来到王室家庭的面前，守卫军的司令官竭力阻止他们，他让这支喝醉了的队列首先走到了塔楼房间外面的庭院里，然后人群就像一条飞溅的肮脏溪水，冲向了大门。

两个野蛮的人拖着赤裸尸体的两条腿，另一个人在手里高高举着血淋淋的内脏，还有一个人举着长矛，上面插着亲王妃那青绿色的、滴着鲜血的头颅。他们想要拿着这些战利品走上塔楼，像他们宣称的那样，强迫王后亲吻她的荡妇的头颅。已经无法用暴力来制止这些暴动者，因此公社的一位特派员使用了计谋。他展示了自己的议员官职绶带，要求大家安静下来，发表了一篇演说。为了安抚他们，他首先称赞这群人的伟大壮举，建议他们不如拿着这颗头颅巡游整个巴黎，这样所有的人民都能看到这个"战利品"，对这个"胜利的永恒纪念碑"发出赞叹。幸运的是，他的谄媚奏效了，这群醉汉伴随着狂野的呼喊撤退了，把这具备受损伤的赤裸尸体拖过所有街道，一直来到王室宫殿前面。

在这期间，塔楼里的囚徒已经失去了耐心。他们听到了下面愤怒的人群发出了混乱的叫喊，但是不知道他们想要什么。可是他们在进攻凡尔赛宫和杜伊勒里宫的日子里已经熟悉了这种阴沉的咆哮声，他们注意到看守的士兵面色苍白，激动地赶往他们的岗位，为了抵抗某种危险。国王不安地询问一位国民警卫队成员。"现在，我的先生，"他语气激烈地回答说，"既然您想知道：人们想要给您看朗巴勒夫人的头颅。我只能建议您在窗口露面，如果您不希望人民上来。"

在说这些话的时候，人们听到了一声沉闷的喊叫：玛丽·安托奈特晕了过去。"这是唯一一次，"她的女儿在日后的报告里写道，"她的精力全部丧失了。"

三个星期之后，在9月21日，街道上又传来了轰响。囚犯们再一次不安地倾听着外面的声音。但这一次并不是人民的愤怒在低语，这一次是人民的欢乐在咆哮。他们听着下面的卖报者是如何故意高声呼喊，说国民公会已经决定废除君主制。第二天，代表们露面了，来向这位已经不再是国王的国王通知他被废黜的消息。末代路易——人们从现在开始就这样称呼他，在轻蔑地称呼他为"路易·卡佩"之前——冷漠地接受了这个消息，就像莎士比亚笔下的国王查理二世一样。

国王需要做什么？屈从别人？国王会这样做的。他必须退位吗？国王会这样做的。国王会失去他的头衔吗？拿走吧，以上帝的名义！

人们无法从一片阴影里得到光线，也无法从一个早已毫无权力的人身上得到权力。这个早已对一切屈辱感到麻木的人没有说出一句反抗的话，玛丽·安托奈特也没有说什么，也许他们两个人现在甚至都觉得如释重负。因为从现在开始，他们就不需要对自己的命运和国家的命运负责了，他们不再有可能犯下错误、荒废时机，不再需要担心什么，除了自己那微不足道的性命，人们有可能还会饶他们一命。最好现在就在充满人性的琐事上面找点乐趣，教女儿做做针线活或者是弹弹钢琴，改正男孩的作业，他用大大的、僵硬的、稚气的笔迹书写着（当然，他们现在不得不立刻撕掉这张纸，因为孩子在纸上写下了——一个七岁的男孩怎么能够理解发生了什么事情？——刚刚费了很大力气学会的"路易·查理太子"。）他们用新的一期《法兰西信使报》解谜语，下去到花园里散步，再走上来，根据壁炉上那只古老钟表那走得过于缓慢的指针过自己的日子，他们看着炊烟从远方的屋顶上盘旋升起，看着秋天的云朵带来冬天。首先，他们试图忘记他们自己曾经是什么样的人，试图去想即将到来的和不可避免地将要到来的事情。

现在从表面上看，革命已经达成了目标。国王已经被废黜，他不置一词就放弃了自己的权力，与自己的妻子和孩子们平静地住在他的塔楼里。但是每一次革命都是一颗向前滚动的铅球。谁领导了革命，而且依然想做革命的领导者，谁就必须以某种方式毫不间断地随着这个铅球一起继续跑下去，维持着自己的平衡：在这奔流的发展趋势中，绝对不能站在原地不动。每个党派都知道这一点，因此全都害怕落在后面。右派害怕温和派，温和派害怕左派，左派害怕极端左翼，也就是吉伦特党人，吉伦特党人反过来又害怕马拉党人，领袖害怕人民，将军害怕士兵，国民公会害怕公社，公社害怕各个区，恰恰是所有的组织里这种传染性的恐惧驱动了它们内在的力量，卷入了激烈的赛跑。所有人都害怕被视为温和派，就是这种恐惧心理使得法国大革命远远超越了自己实际上的目标，同时也赋予了它那种飞瀑一般汹涌澎湃的力量。这场革命的命运就是推翻自己设立的一切休战目标，一旦达到自己的目的，就立刻又超越它。首先，革命以冷静的态度认为，废黜国王就算是完成了它的使命。但是，这个不幸的、毫无危险的人就算没有了王冠，也依然是一个象征，如果共和国甚至要把几个世纪前已经死去、已经化为烟尘的国王都拉出来鞭尸，那么它又怎么能够容忍一个活生生的国王的影子？因此领袖们认为，在路易十六经历了政治性的死亡之后，还必须执行肉体上的死亡，这样才能够保证不会出现任何复辟行为。一个激进的共和主义者会认为共和的大厦只有搅进了国王的鲜血才能够持久长存，很快其他一些不那么激进的人也加入了进来，他们是出于恐惧，不想在这场争夺人民宠信的竞赛中落后，他们提出要求，于是定在十二月份对路易·卡佩进行审讯。

圣殿里的人们通过一个委员会的突然露面而知晓了这一具有威胁性质的决定，这个委员会没收了他们"所有的尖利物品"，也就是餐刀、剪刀和叉子：这些只是被卫兵看守着的"囚犯"就此被称为"被告"。路易十六被和他的家庭隔绝得更远了。尽管他们住在同一栋塔楼里，只隔着一层楼，但是他从这天起不得看望自己的妻子和孩子，这一规定加强了这个措施的残忍程度。在这几个决定命运的星期里，他自己的妻子不能和他说一句话，她不能被告知审讯的进展、审讯做出的决定。她不被允许阅读任何报刊，她不能向自己丈夫的看守者提问，这个不幸的女人不得不独自一人，在可怕的不确定性和激动状态下度过所有这些紧张的时刻。就在一层楼下，只有一墙之隔，她可以听到自己丈夫那沉重的脚步声，却没有办法看到他，没有办法和他讲话：这种毫无理智的措施以一种难以言喻的方式折磨着她。在1月20日，一个市政官员在玛丽·安托奈特面前出现了，用有些压抑的声音通知说，今天破例允许她和家人到楼下去见她的丈夫，她立刻就明白了这种恩典最为可怕的地方：路易十六被判了死刑，她和她的孩子是最后一次见到自己的丈夫和父亲了。考虑到这种悲剧的时刻，谁明天上断头台，谁就不再危险——四位市政官员在家庭最后的团聚时刻第一次让妻子、丈夫、妹妹和孩子们单独相处，只是通过一道玻璃门监视他们的诀别。

这个悲伤的时刻既意味着再次见到已经得到了判决的国王，也意味着永远与他诀别，这一刻没有其他人在场。所有印刷出来的报告都是天马行空的浪漫主义的编造，那些多愁善感的铜版画也一样，那就是那个时代的甜蜜风格，通过充满泪水的感伤降低了这个悲剧时分的格调。与孩子父亲的诀别是玛丽·安托奈特生命中最痛苦的时刻之一，为什么还要怀疑这一点，为什么还要试图超越这种震撼呢？仅仅是看到一个注定要死去的人，一个被判处了死刑的人，即便是一个陌生人要走上他的最后一程，一个有着人性的人类的内心都会翻涌着痛苦，更何况是这个人，玛丽·安托奈特尽管从来没有满怀激情地爱过他，尽管早就把自己的心给了另一个人，但还是和他日夜相处了二十年，和他生了四个孩子，他从来没有像在这些动荡的日子里在她看来那么的熟悉、善良和具有献身精神。他们比在光明的那几年里结合得更为紧密，他们在这栋阴暗塔楼里所共同经历的巨大不幸的时分使他们在人性的层面上靠得更近了。除此之外：王后知道，她不久后也不得不跟随他走上这最后的阶梯。只是还有很短暂的一段时间。

在这个极端的最后时刻，国王一生中最为灾难性的东西又出现了：他那彻底的神经麻木，这成了这个久经考验的人的一大优势，路易十六平日里令人难以忍受的无动于衷在这个至关重要的时刻赋予了他一种道德层面上的伟大性质。他既没有展现出恐惧，也没有表现出激动，四个特派员在隔壁没有听到他发出一次高喊或者是抽泣声：在这个诀别的时刻，这位一直被抱怨软弱的男人，这位没有尊严的国王表现出了比他一生中所有时刻都更多的力量和尊严。这位被判决的人就像每天晚上一样在十点钟站起身来，以此告诉家人可以离开他了。对于他明确宣告的意志，玛丽·安托奈特不敢做出反抗，尤其是当他怀着虔诚的好意欺骗她说，他明天早晨七点还会上楼去看望她的时候。

然后一切都安静下来。王后独自待在楼上的房间里，那是一个漫长而又无眠的夜晚。晨光终于朦胧地浮现，嘈杂的准备声音和晨光一同苏醒。她听到一辆豪华马车那沉重的车轮开了过来，她听到——上楼的声音，下楼的声音——总是不间断的脚步声：首先来的是忏悔牧师吗，然后是市议员，或者已经是刽子手了吗？远处进军的军团奏起鼓声，天越来越亮，已经是白天了，距离孩子们失去父亲，她自己失去一位陪伴了她许多年的、可敬的、周到的、善良的伴侣的时刻越来越近了。她被拘禁在自己的房间里，无情的看守站在门前，这个久经考验的女人不能走下这几步台阶，她什么也不能听到，什么也不能看到，不知道发生了什么，只能在内心里经历这一切，因此也许她内心经历的事情比事实要可怕几千倍。然后楼下突然出现了惊人的寂静。国王离开了房屋，沉重的豪华马车带着他驶向刑场。一个小时以后，断头台给了曾经的奥地利女大公、法国王储妃和王国王后一个新的名字：卡佩的寡妇。

456

第三十六章 玛丽·安托奈特，独自一人

利刃残酷地坠落，之后是一阵惊慌失措的寂静。国民公会对路易十六处刑只是为了在王国和共和国之间拉出一条血红色的分界线。代表中没有一个人马上就想到也要控告玛丽·安托奈特，大多数人只是为把这个软弱、好脾气的男人推到了断头台上而感到遗憾。公社未经探讨，就认为这位寡妇可以穿符合她要求的丧服，监视明显变得松懈起来，如果人们还在囚禁这个哈布斯堡家族的女人和她的孩子，也只是觉得她本人是一件可以拿在手里的珍贵的抵押品，可以用来让奥地利屈服。

但是他们的算盘打错了，法国国民公会大大高估了哈布斯堡王朝的家族感情。弗兰茨皇帝非常迟钝，完全没有感情，内心贪婪，而且没有气度，除了在自己的皇家首饰盒里加上佛罗伦萨的钻石和其他数不清的奇珍异宝，脑子里根本不想其他事情，甚至也没有想过拿出仅仅一枚宝石来赎买一位自己的血亲。此外，奥地利的主战派也动用所有手段，想要摧毁谈判。尽管维也纳在一开始曾经庄严宣布，他们开始这场战争只是为了一个理想，绝对不是为了征服和损害法国，但是法国大革命很快就否认了他们的话语。本质上，所有的战争都会不可避免地发展成一场兼并战争。在所有的时代里，将军都不喜欢在作战领导方面受到干扰，人民也很少依据他们的品位给他们提供良好的机会，因此，战争的时间持续得越长，他们就越是高兴。年老的迈尔西受到费尔森的不断催促，提醒维也纳宫廷，玛丽·安托奈特已经被剥夺了法国王后的头衔，又成了奥地利女大公和皇室家族的成员，因此，皇帝有要求她回国的道德义务，但是无济于事。在一场世界大战中，一个被囚禁的女人是多么的无关紧要，在玩世不恭的政治游戏中，一个鲜活的人类是多么的无关紧要啊！所有人的心肠都是冰冷的，所有的门都是锁闭的。每一个君主都声称深受震撼，却没有一个人伸出援手。玛丽·安托奈特简直可以重复路易十六对费尔森说过的一句话："整个世界都抛弃了我。"

　　整个世界都抛弃了她，玛丽·安托奈特在她孤寂的、锁闭的房间里感受到了这一点。但这位女性的求生意志还没有崩溃，出于这种意志，她得到了自救的坚定决心。人们可以夺走她的王冠，但是这个女人还是能够保留一件东西，尽管她已经疲倦，面孔已经流露出苍老的痕迹：那是一种奇特的力量和魔力，可以赢得周围的人们。埃贝尔和其他市政管理官员所有那些小心翼翼的措施，在这种神秘的魔力面前都被证明是无效的，这种力量还在不断地从这位真正女王的辉光周围照射到这些由小市民组成的看守和官员的身上。几个星期以后，所有宣誓看守的无套裤党人，或者是几乎所有人都从看守变成了暗地里的帮手，尽管公社制定了严格的规章，将玛丽·安托奈特和世界隔绝开来的看不见的墙垣还是被凿穿了。多亏了她所赢得的这些看守不断地从这栋房子里偷偷带进消息和报告，再把这些消息和报告偷偷带出去，这些东西有些是用柠檬汁或者显影墨水写在小纸条上的，然后再放在水瓶瓶塞上或者是壁炉的通风口里传送出去。他们发明了一种手语，尽管有非常警惕的特派员看守，王后还是能够知道每天的政事进展和战争进展。此外，他们还约定，专门找了一个卖报纸的人在圣殿外面特意高声喊出最重要的新闻。渐渐地，这个神秘的帮手的圈子在看守之间扩展开来。现在，既然因为永远犹豫不决而导致任何真正的行动陷入瘫痪的路易十六已经不在她身边，玛丽·安托奈特已经被所有人抛弃，她就有了坚决尝试自救的勇气。

危险是一种硝酸。在平庸和温和的生活状态下可以不太明显地和其他东西混杂起来——就像人类的勇敢或者是怯懦——但是在这种考验里就可以被区分出来。旧社会里没有勇气的人，贵族里面自私自利的人在国王被带回到巴黎以后就全部逃往国外。只有真正忠诚的人留了下来，每一个没有逃亡的人都可以被当作绝对可靠的人，因为国王所有旧日的仆佣留在巴黎都面临着死亡的危险。在这些具有勇气的人们中间，冲在首位的就是前将军夏尔夏耶，他的妻子曾经是玛丽·安托奈特的宫廷女侍。为了时时刻刻都站在王后的身边，他特意从安全的科布伦茨回来，让王后知道他已经准备好了为她做出一切牺牲。1793年2月2日，在国王被处死十四天后，有个完全陌生的男人出现在夏尔夏耶身边，对他提出了一个突如其来的提议，把玛丽·安托奈特从圣殿里解救出来。夏尔夏耶对这个陌生人抛去了一道怀疑的目光，他看起来像一位真正的无套裤党人。很快他就猜测这是一个间谍。但这时这个陌生人给了他一张小小的、但无法错认的王后亲笔写的便条："您可以相信这个人，他以我的名义来找您谈话，并且交给您这张字条。他对我很亲切，过去五个月以来都没有改变过。"这个人叫作图兰，是圣殿的一位长期看守，这是一个奇特的心理学层面的案例。8月10日，在粉碎君主制的时候，他是第一批冲锋进入杜伊勒里宫的人们之一，他的胸前骄傲地装饰着展现出这一壮举的奖章。多亏了这块奖章公开验证了图兰的共和主义思想，市政委员会觉得他特别可靠，尤其不会被引诱，才把看守王后的工作交给了他。但是扫罗变成了保罗①，图兰被自己应该看守的这个女人的不幸所打动，变成了她最毫无保留的朋友，不但没有拿起武器冲锋，反而对她显示出了一往无前的献身精神，玛丽·安托奈特在她的秘密通知里总是用"忠诚者"②这个代号称呼他。在所有牵扯到这场密谋营救活动里的人中间，图兰尤其是唯一一个不是出于对金钱的贪欲而冒着生命危险参与其中的，他是出于一种人道主义的激情，也许也是因为想要参与一场大胆的冒险才参与到其中的：的确，英勇的人总是热爱风险，而符合事实逻辑的是，其他人在事情发生的时候只会寻求自己的利益，只知道如何巧妙地自救，只有这个图兰为他疯狂的英勇付出了生命的代价。

夏尔夏耶相信这个陌生人，但却没有完全信任他。信件总是可以伪造，任何回答都意味着危险。因此夏尔夏耶要求图兰尽可能地把他带进圣殿，和王后亲自商谈。这一点在一开始看起来是不可能实现的，把一个陌生人、一个贵族带进这座被紧紧包围起来的塔楼。但是在这段时间里，王后用许诺金钱的方式，已经在看守中赢得了新的帮手，几天以后，图兰就给他带来了一张新的小便条："现在，既然您已决定进来了，那么就最好快点来，但是上帝保佑，您要注意，不要被人认出来，尤其是被那个和我们一起被关在这里的女人认出来。"这个女人名叫提森，王后的本能觉得她是一名间谍，她也的确是，这个女人用她诡计多端的警醒破坏了所有计划。但在一开始，事情很顺利。夏尔夏耶被偷偷地带进了圣殿，尽管是以一种让人想起侦探喜剧

---

① 耶稣的门徒曾经名叫扫罗，曾是罗马士兵，专门迫害基督徒，后来悔悟，改名保罗，转而宣扬天主教的教义。

② 原文为法语。

的方式。也就是说，每天傍晚都会有一位点灯的工人来到监牢的区域，按照市政府的规定，整个区域都必须得到非常好的照明，因为黑暗会对逃亡者有利。现在图兰去说服这位点灯的工人，说他的一个朋友想要去圣殿看看乐子，想要借他的衣服和装备用一个晚上。点灯的工人笑了，很愿意拿着图兰给的钱去喝酒。夏尔夏耶就这样裹着工人的衣服，幸运地来到了王后面前，和她一起约定了一个大胆的逃亡计划。她和伊丽莎白夫人应当打扮成男人，穿着市政府的制服，带着偷来的许可证离开塔楼，好像她们是前来视察的治安人员。而且还有一个天赐良机，也就是那个点灯的工人经常带着自己的两个半大孩子一起过来。也就是说，人们可以找一个决心坚定的贵族扮演他的角色，就好像平时一样带着两个孩子，穿着穷苦人家的衣服，在点灯的时候从容地穿过栅栏。附近应该有三辆轻便马车等候着，第一辆给王后、她的儿子和夏尔夏耶，第二辆给她的女儿和第二个密谋者勒庇特尔，第三辆给伊丽莎白夫人和图兰。他们希望在被人发现和追赶之前，已经驾着这三辆轻便马车走了五个小时的路。王后没有被这个大胆的计划吓退。她表示赞同，夏尔夏耶已经解释说准备好去联系第二名密谋者勒庇特尔。

第二名密谋者勒庇特尔曾经是一位学校教师，爱说闲话，瘦小又有点跛脚——王后本人这样写道："您将见到这位新人，他的外表不会让他讨人喜欢，但他是必不可少的，我们必须赢得他。"——他在这次阴谋中扮演一个特别的角色。他决定参与，并不是出于人性，也不是出于冒险的欲望，而是为了夏尔夏耶许诺给他的巨额款项，——可惜这笔钱还没有准备好，因为巴黎实际上的反革命金主巴特男爵[①]

---

① 巴特男爵（1754—1822）：法国富商，支持保王党。

和这位骑士夏尔夏耶神奇地没有任何联系，他们两个人的密谋几乎是同时平行开展的，双方没有接触，互不知情。因此就损失了一些时间，重要的时间，因为首先要去王后以前信任的银行家那里借款。最终，在漫长的拉扯以后，钱终于弄到了手。但是在这段时间里，勒庇特尔作为市政委员会的成员已经失去了勇气，不想再去伪造他们想要的通行证。人们开始传谣，说巴黎的各个关卡都已经关闭，所有马车都要进行彻底检查：这个谨慎的人害怕了。也许他已经注意到了什么迹象，比如间谍提森正在埋伏着，无论如何，他都拒绝提供帮助，这样就不可能把所有四个人同时从圣殿里救出来了。夏尔夏耶和图兰试图说服王后。但玛丽·安托奈特怀着真正的高贵拒绝了这一提议，拒绝他们只把她一个人救出来。宁可放弃，也不离开她的孩子们！她带着明显动人心魄的力量对着夏尔夏耶给出了这一不可动摇的决定的理由："我们曾经做了一个美妙的梦，这就是一切。但这是一个很大的收获，我借助这个机会再一次体会到了您对我的献身精神。我对您的信任是无穷无尽的。您在任何情况下都会看清我的人格和勇气，但我儿子的利益是我唯一关心的事情，无论从这里逃出来对我来说意味着何等的幸福，我都不能同意与他分离。我认可您昨天说的话里对我的忠诚，请您相信，我感觉您这些理由完全是为了我自己的利益考虑，而这样的机会以后也绝对不会再次出现。但是如果我不得不离开我的孩子们，我就无法享受任何幸福。"

夏尔夏耶真正地尽到了骑士的职责。现在他已经无法在巴黎帮助王后了。但这个忠诚的人还是为她又做了一件事情，为她提供了一种安全的可能性，对她在国外的朋友和亲人表达最后的爱意，传达她依然还活着的消息。在路易十六被处决之前不久，他想要通过自己的贴身侍者转交给他的家人一个印章戒指和他的一绺头发作为纪念品，但是市政府却觉得这个被判了死刑的人的礼物依然还在暗示着某种神秘的阴谋，就把这些遗物没收了，封缄了起来。现在，那个为了王后始终表现出疯狂勇气的图兰拆开了封缄，把这些纪念品带给了玛丽·安托奈特。但她觉得东西放在她这里并不安全，既然她终于有了一位可靠的使者，她就把戒指和头发寄给了国王的两个弟弟，让他们更小心地守护着。然后她给普罗旺斯伯爵写了一封信："既然我拥有一位我们可以指望得上的亲信，我就抓住了机会，把这些纪念品寄给了您，我的弟弟和朋友，这些东西在您的手里可以得到最好的保管。送信的人会告诉您，我们是通过了多么奇妙的方式才得到了这些珍贵的纪念物。我先保留现在对我们如此有益处的这个人的名字。我们以前不可能给你们发出消息，我们现在的不幸比我们面临残忍的分别的时候还要巨大。希望这种分离不会持久！直到那时，我也一直拥抱您，热爱您，您知道，全心全意地热爱着您。"她给阿尔托瓦伯爵写了一封类似的信。但夏尔夏耶一直在犹豫要不要离开巴黎，这个勇敢的人一直希望能够为玛丽·安托奈特做什么事情。但最终，他留下来只能带来毫无意义的危险。在动身前不久，他从图兰那里收到了王后的最后一封信："您保重，既然您现在已经决定动身，我也觉得你越快离开越好。天哪，我为您可怜的夫人发出悲叹！如果我们很快就能团聚，那么我会有多么幸运。我永远都会对您为我们所做的一切心怀无尽的感激。再见了！这个词是多么的残酷！"

玛丽·安托奈特预料到，也知道，这就是她最后一次向远方寄出值得信任的消息了：唯一一个、最后一个机会对她来说也丧失了。难道除了对这两个人，对普罗旺斯伯爵和阿尔托瓦伯爵这两个她几乎不怎么需要感谢、只是依靠血缘关系才成了兄长遗物保管者的人，她就没有对任何其他人说一句别的话吗？难道她真的根本就没有问候一句那个在世界上除了她的孩子对她来说最为宝贵的人，那个他，费尔森，她曾经说过，没有他的消息她就"活不下去"，在被围困的杜伊勒里宫的地狱里，她不是还给他送去一只戒指，让他永远地记住她吗？现在，在最后的、最后关头的机会出现的时候，难道她不是应该对他表露心迹吗？没有。各古拉男爵①的回忆录像文献一样准确地记载着与夏尔夏耶的诀别场景，还附上了所有的书信，没有一句给费尔森的话，没有一句问候。我们的情感在这里期待着内在的灵魂爆发，却迎来了失望。

但情感在最后永远是正确的。事实上，玛丽·安托奈特还能怎么样！在她最后的孤独中也没有忘记她的恋人，每一封出于职责写给弟弟们的信件可能都只是掩护，为了掩饰她的真实目的，而夏尔夏耶也非常忠诚地进行了传达。只是在1823年，在那本回忆录出版的时候，强行使费尔森保持缄默的阴谋已经开始了，这种亲密的关系就在后世面前掩蔽了起来，在这里也是一样，我们最为珍视的那些信件段落（就像玛丽·安托奈特的信件经常遇到的情况那样）已经被那些浮夸的出版商遮掩。直到一个世纪以后，它们才浮出水面。它们显示出，王后从来没有像在她走向灭亡之前这个瞬间里一样激情迸发。为了使得这段对恋人那抚慰人心的回忆深入骨髓，玛丽·安托奈特让人给她打造了一枚戒指，上面刻的不是王室的百合花会徽章（她给费尔森寄了一只这样的戒指），而是费尔森的家徽：就像他在手指上戴着王后的铭文，她也在那段时间里戴着费尔森那个瑞典贵族的家徽，每次看

---

① 各古拉男爵（1746—1831）：法国军人，曾担任玛丽·安托奈特的秘书。

到自己的手，法国王后都必定会想起身在远方的恋人。既然终于有了机会，她就还要——她预感到这是最后的机会了——给他再次寄去一个爱情的象征物，想要告诉他，她也凭借着这枚戒指保存着她对他的感情。她把纹章用烧热的蜡拓了下来，把这个模子通过夏尔夏耶交给了费尔森：没有再说一个字，这个象征已经说明了一切。"我放在信里的这个模子，"她写信给夏尔夏耶，"请您转交给您已经认识的那个人，他去年冬天从布鲁塞尔来看我。您遇到他以后就告诉他，那句铭文从来没有像现在这么有效过。"

但是那枚印章戒指上的铭文到底宣告了什么，玛丽·安托奈特特意找人打造，而且"从来没有像现在这么有效过"的戒指上到底镌刻了什么？就是那只印章戒指，法国王后让人在上面雕刻了一个小小的瑞典贵族的家徽，在她曾经价值百万的首饰里，她在监牢中只还保存着这一件首饰。

那句铭文由五个意大利语单词组成，这句话在距离死亡只有两步之遥的时候比以往任何时候都更真实："Tutto a te mi guida"，意为"一切都引领我走向你。"

所有死亡的爆发，所有"永不复还"的烈焰都通过这位命定要死去的女人发出的沉闷问候变得更加强烈，在她的肉身化灰之前，身在远方的他知道了，这颗心直到最后一刻都怀着对他的爱情而跳动。在这句诀别的呼唤中，她召唤了永恒的思想，在易逝的事物中，她唤醒了永不消逝的感情。这出宏伟而又无与伦比的爱情悲剧在断头台的阴影下说完了最后的话：现在大幕可以落下了。

第三十七章　最后的孤独

STEFAN
ZWEIG

令人轻松的是，最后的话已经说过，情感依然可以自由地涌流出来。现在，平静而镇定地等待即将来临的事情要轻松得多。玛丽·安托奈特已经与世界告别。她已经不再希求什么，不再尝试什么。指望维也纳宫廷、指望他们战胜法国部队已经不再现实，她知道，自从夏尔夏耶离开了她，自从忠诚的图兰按照公社的命令被解雇以后，在这个城市里已经不会再有人拯救她了。由于密探提森的报告，市政管理机构对看守们严加看管，之前的营救企图已经很危险了，现在再尝试营救就是不理智的自杀行为。

　　但也有些人天性就被危险神秘地吸引，他们是生活的赌徒，只有大胆地挑战了不可能的事情才会觉得自己的力量得以完全施展，对他们来说，胆大妄为的冒险就是唯一合适的生活方式。在平和的年代，这些人简直无法呼吸，他们会觉得生活过于无聊、过于狭窄，所有的行动都过于怯懦，他们疯狂的勇气需要疯狂的使命、狂野而疯狂的目标，他们最深的激情就在于尝试不理智的和不可能的事情。当时在巴黎就有这样的一个人，他叫作巴特男爵。只要王国的光辉和荣誉依然存在，这位富有的贵族就傲慢地待在幕后，为什么要为了一个职位、一个肥缺而躬身祈求？只有危险才能引诱这位冒险家出动。首先，当所有人都放弃了被判处死刑的国王的时候，这位忠于国王的堂·吉诃德却毫无理智地怀着英雄气概投入了战斗，为了营救国王。这个疯子自然在整场革命的过程中都站在最为危险的位置：他在巴黎用几十个陌生的名字来掩护自己，作为唯一匿名的人反抗革命。他把自己所有的财产都牺牲给了无数的行动，迄今为止最疯狂的一次就是他在路易十六被处刑的时候，突然在八万名武装人员中跳了出来，挥舞着佩刀，高声喊道："谁想要拯救国王，就跟我来！"但没有人加入他。整个法国都没有人拥有这么多疯狂的勇气，试图在一整座城市面前，在全部军队面前，在光天化日之下劫走一个人。因此巴特男爵在卫兵从惊吓中缓过来之前又潜藏到了人群中间。但是这次失败并没有使他失去勇气，他准备超越自己的行动，在国王被处刑以后立刻制定了一个充满幻想的大胆计划，来营救王后。

　　巴特男爵以见多识广的目光看出了革命的弱点，看出了它最深处的秘密毒素的萌芽，罗伯斯庇尔正在试图用滚烫的铁钳把它烫死：也就是刚刚开始的腐败。革命者通过政治权利获得了国家级别的职位，所有国家级别的职位都与金钱有关，这种危险的腐蚀剂像铁锈一样一直深入灵魂。无产阶级群众和其他小人物从来没有接触过巨额款项，手工业者、抄写员和迄今为止都没有工作的煽动者现在突然从军需供应中得到了庞大的巨款，出售移民们财产的时候也不受监督，并没有很多人拥有加图一样的严格标准，能够在这种巨大的诱惑面前克制住自己。在思想与生意之间建立起了黑暗的联系，在为共和国效劳之后，许多最野蛮的革命者现在就想非常野蛮地为他们自己效劳了。在腐败的鱼塘里，他们残酷地争夺着战利品，于是巴特男爵坚决地抛下了他的鱼钩，低语着魔法一般的话语，这句话直到今天也会使人丧失理智，这句话就是：一百万。谁能够把王后从圣殿里救出来，就给谁一百万里弗尔！凭着这样的款项，就连最厚的监狱墙垣也能够被炸开，因为巴特男爵和夏尔夏耶的工作方式不一样，不是和下层的帮手来往，和点灯人和几个士兵建立联系，而是大胆而坚决地瞄准整体。他不收买下层官员，而是收买监管系统的主要机关，尤其是市政委员会里最重要的人，前柠檬水商人米肖尼负责所有监狱的监管，也包括这座圣殿。他棋盘上的第二枚棋子是整个区的军事领导科尔泰。这位被所有官员和警察日夜通缉的保王党人就这样把圣殿的市政管理机构和军队监督机构都握在了自己的手里，当人们在国民公会和公安委员会①里大声怒骂"无耻的巴特"②时，巴特本人却非常安全，把自己的使命掩饰得极为出色。

在这个计算和行贿的过程中，密谋大师巴特男爵同时显现出了泰然自若的冷静和如火燃烧的个人勇气。他身后有全国几百名间谍和特工在绝望地追捕着他。安全委员会已经得知，他为共和国的倒台制定了一个又一个计划，他却以福尔盖这个假名伪装成看守连队里的一名普通士兵，亲自去侦察地形。这位百万富翁，这位娇生惯养的贵族手里握着步枪，穿着国民警卫队那破烂不堪的制服，和其他所有士兵一样在王后的门前进行艰苦的执勤工作。尽管他是否成功地来到了玛丽·安托奈特本人面前这一点还是没有人清楚，这对于实际上的计划也不是必要的，因为米肖尼准备分得一百万巨款中的很大一部分，他毫无疑问已经通知了王后这个计划。与此同时，多亏被买通的看守营长科尔泰表示同意，男爵越来越多的帮手被偷运进来。这样一来，最终出现了一个世界史上非常惊人、非常令人难以置信的情景。在1793

---

① 公安委员会：1792—1795年间，法国国民公会的执行机构，拥有警察的全权，监察国家的内部安全，推行恐怖统治。

② 原文为法语。

年的某一天，在革命的巴黎，在圣殿的整个区域，在不经市政管理机构允许不得进入的、关押着备受轻蔑的法国王后的地方，完全被共和国的敌人，被一个营的乔装打扮起来的保王党人所看守着，他们的领导就是那个被国民公会、被公安委员会通过上百道法令和通缉信追捕的巴特男爵，从来没有一位诗人想象过更为疯狂、更为大胆的偷天换日的行为。

终于，巴特觉得时机已经成熟，可以做出至关重要的行动。夜色降临，如果行动成功，那么这就会成为世界史上最难忘的逆天改命的事例之一，因为在这次行动中，法国的新任国王路易十七就会被永远地从革命的势力范围里拯救出来。在这天晚上，巴特男爵和命运为共和国的兴衰存亡进行赌博。傍晚来临，天色渐暗，一切细节都已经做好准备。被收买的科尔泰正带着他的分队向着庭院进军，密谋的领导巴特男爵和他待在一起。科尔泰分配人手，把至关重要的出口全部交给巴特男爵招募来的保王党人。与此同时，另一位受贿者米肖尼接管了各个房间的执勤工作，已经给玛丽·安托奈特、伊丽莎白夫人和玛丽·安托奈特的女儿穿上了军大衣。午夜时分，这三个人应该头戴军帽，肩挎步枪，就像一支平常的巡逻队一样，和另一批伪装的国民警卫依照科尔泰的命令从圣殿里出来，小太子就走在这群人中间。一切似乎都很安全，计划考虑到了最微小的细节。因为科尔泰作为司令官，有权利随时为自己的巡逻队打开大门，所以毫无疑问，让他本人率领的部队走到街上是不会有问题的。后面的事情已经由密谋大师巴特做出了安排，他在巴黎附近有一栋用假名买的乡村别墅，还没有警察闯进去过：王室家庭首先要在这里躲藏几个星期，一有更安全的机会就被带过国境线。此外，还有几个勤奋能干、决心坚定的年轻保王党人在街上站岗，每个人口袋里都有两把手枪，看到有人想要发出警报就阻止他。这个计划看起来疯狂而又大胆，实际上已经考虑到了最小的细节，实际上几乎已经完成。

将近十一点钟，玛丽·安托奈特和她的家人已经准备好随时跟着解救者离开。她们听到楼下有巡逻队走来走去的脚步声，但是她们不害怕看守，因为他们知道，在这些无套裤党人制服的下面跳动的都是想要解救他们的心。米肖尼只是在等巴特男爵的信号。然后突然发生了什么？她们恐惧地挤在一起。有人在使劲捶打监狱的大门。为了避免任何怀疑，人们立刻就让到访者进来了。那是鞋匠西蒙①，一个诚实而不可贿赂的革命者，市政管理机构的成员，他激动地冲了进来，为了确认王后是否已经被诱拐。几个小时之前，有一个宪兵递给他一张字条，说米肖尼计划在这天晚上叛乱，他立刻就把这个重要消息转告给了市议院。这些人并不相信这么浪漫主义的故事，他们每天都要面对好几百份这样的报告。而且，这怎么可能呢：难道圣殿不是有280个人看守着，由可靠的特派员监督着吗？但无论如何——这又有什么紧要呢？——他们委托西蒙在这天晚上取代米肖尼执行圣殿内部的看守职责。科尔泰一看到他来，就知道一切都晚了。幸好西蒙完全没有猜到他也是一个同谋。"既然你在这里，我就放心了。"他怀着战友的情谊对他说道，然后上楼，去塔楼里找米肖尼。

巴特男爵看到这个心生怀疑的男人就要让整个计划失败，考虑了一秒钟：他应不应该快点追上西蒙，及时地一枪打碎他的脑壳？但这样做并不理智。因为枪声肯定会招来所有其他的看守，再说他们当中肯定已经有了泄密者。王后已经无法得救了，任何暴力行动都会毫无

---

① 西蒙（1736—1794），激进的雅各宾党人，革命者，死于断头机下。

必要地危及她的生命。现在至少要把那些乔装打扮偷偷进来的人们安全地带出圣殿。科尔泰同时也感到气恼，迅速把密谋者组织成一个巡逻队。他们平安地从塔楼的庭院里来到了街上，巴特男爵也在他们中间：密谋者得到了拯救，王后却被放弃了。

在这段时间里，西蒙气愤地和米肖尼讲着话，要他立刻去市政管理部门进行辩解。米肖尼迅速处理掉了伪装的衣服，保持毫不动摇的态度。他没有进行任何反驳，就跟着这个危险的人走上了那个危险的讲台。但奇怪的是，人们相当冷漠地把西蒙打发走了。尽管人们赞美他的爱国主义，赞美他的良好意志和他的警惕，但是人们让这个善良的西蒙清楚地意识到，他是见了鬼。市政委员会看起来并没有把这整场密谋当真。

实际上，这证明了深刻的政治眼光的迂回特点，市议院很严肃地看待这次逃亡的企图，只是小心翼翼地不去声张。这一点通过非常奇特的方式得到了验证，在福利委员会①公开起诉玛丽·安托奈特的时候，他们明确把矛头指向王后，没有谈及这场由巴特和他的帮手策划、又被西蒙制止的计划的所有细节。他们只是在谈论她拥有逃亡企图的事实，却没有提到细节：市政委员会害怕让整个世界知道，腐败已经多么深地毒化了他们中间最优秀的人才。年复一年，世界史上最戏剧化、最不可能发生的间奏却被隐瞒下来。

不过，似乎最可靠的官员也贿赂公行，市政委员会对此无比震惊，不敢公开审讯那些逃亡计划的帮手们，所以他们决定，只是更加严厉地对待这个胆大的女人，她不但没有放弃，而是怀着不受约束

---

① 1793年4月6日，从国民公会中组成的执行机构，与公安委员会分开，主要任务是监督国民公会和政府的工作，也负责保卫革命。到1793年10月10日，在罗伯斯庇尔领导下，成为权力无限的机构。

的、内心深处的固执，不断地为自由而战，这样的尝试已经不可能继续下去了。首先是可疑的特派员，尤其是图兰和勒庇特被解除职务，然后玛丽·安托奈特像一个罪犯一样受到监视。埃贝尔在夜晚十一点左右出现了，这个市议员里最毫无顾忌的人来到玛丽·安托奈特和伊丽莎白夫人面前，这两个人对此毫无预感，已经上床睡觉了，他对她们传达了公社的命令，"任意"检查房间和人员，极其充分地利用了这道命令。翻遍了每个房间、每件衣服和每个抽屉，直到第二天凌晨四点。

但这次检查的收获少得令人气恼——几个用红色皮革包裹的信封，上面写着几个无关紧要的地址，一个没有铅笔的铅笔套，一块火漆，两幅迷你肖像画和其他纪念品，一顶路易十六以前戴过的帽子。人们重新搜查，但还是没有找到罪证。玛丽·安托奈特在整个革命时期为了不暴露她的朋友和帮手，坚持立刻烧毁每一封信，因此在这次搜查中没有提供给搜查官一点进行控诉的借口。市政委员会感到气恼，因为他们在这个精力充沛的女战士那里没有找到一点可以作为证据的东西，但另一方面，他们又坚信她肯定在暗地里一直在付出努力，因此他们决定伤害这个女人最敏感的地方，伤害她作为母亲的感情。这一击正中她的心脏。7月1日，在密谋被发现几天以后，福利委员会按照市政委员会的委托，决定把年轻的太子路易·卡佩和他的母亲分开，不给他们留下任何交谈的可能性，把他安置在圣殿最安全的房间里，说得更明确也更残忍一些就是把他从母亲身边夺走。市政委员会保留选择教育者的权利，这显然是出于对鞋匠西蒙的警惕的感谢，他已经被验证为是最可靠的和久经考验的人，无论是金钱、还是情感都无法收买的无套裤党人，因此被任命为教师。现在，西蒙这个单纯、粗俗的来自人民群众的男人，一位真真正正的无产阶级，绝对不是那些保王党人信口编造出来的那种野蛮的醉汉、杀人的虐待狂，但是选择他担任教育者却充满了多少恶意！因为这个人有可能一辈子也没有读过一本书，我们手里唯一一封他写的信可以证明，他还远远没有掌握正字法的基本规则：他是个诚实的无套裤党人，这在1793年似乎就足以让他获得这个职务了。革命的精神路线在六个月以来急转直下，国民议会本来是打算让著名大作家孔多塞①、《人类精神进步史》的作者担任法国王位继承人的教育者的。他与这个鞋匠西蒙的差异大得可怕。但"自由，平等，博爱"这三个词也改变了，自由的概念自从监视委员会建立起来就不复存在，博爱的概念自从断头台建立起来以后也像债券一样严重贬值，只有平等的思想，或者说是暴力平均主义的思想还统治着革命这个激进而又暴力的最后阶段。人们在有意识地展现他们的目的，这个年轻的太子不应该被教育成一个有教养的甚至是有文化的人，而是应该在精神上和最缺乏教育的底层阶级保持一致。他必须彻底得不到教育，彻底被人忘记他的出身，这样别人也就更容易把他遗忘。

玛丽·安托奈特丝毫没有料到国民公会决定要把孩子从母亲身边带走，晚上九点半，六个市政委员会派来的代表敲响了圣殿的大门。这种残忍的突然袭击的方式属于埃贝尔的刑法体系。他的视察总是在深夜突袭，事先不进行通知（孩子早就上床休息了，王后和伊丽莎白夫人还醒着。市政官员都走进房间，王后满心怀疑地站起身来，这样的夜访除了羞辱和坏消息什么也不会带给她。这一次市政官员自己也有些不确定。按照福利委员会的命令行事），告诉一位母亲她必须立刻把自己唯一的儿子永远交给陌生人照管，没有任何正当的理由，也

---

① 孔多赛（1743—1794）：原文为法语，作者为法国哲学家、政治家。

不能进行正式的告别，对他们来说是一项沉重的职责，因为他们大多数也是家里的父亲。

在那天晚上，有关这位绝望的母亲和治安官们之间上演的场景，我们没有其他的报告，只有当时唯一的目击证人，玛丽·安托奈特的女儿提供的非常不可靠的报告。是不是真的像这位日后的昂古莱姆公爵夫人①所描述的那样，玛丽·安托奈特对于这些只不过是要奉命行事的官员流着泪哀求，把她的孩子留在她的身边？她是不是对他们喊道，她宁可失去自己的生命，也不要被人夺走自己的儿子？官员们是不是（这听起来不太可能，因为他们没有得到这样的命令）威胁她，如果继续拒绝交出孩子，就把那个孩子和小公主杀死，最后，在长达一个小时的争抢过后，还是不得不动用暴力，把这个喊叫着、哭泣着的孩子强行带走？官方的报告没有记录，他们只是对这些官员进行了美化："这次分离带来了所有感情的爆发，我们也预料到了会发生这种情况。人民的代表表现出了所有的体贴，与他们职责的严格性保持着完美的和谐。"这里也有报告之间、党派之间的对照，而党派的说法很少触及真相。但有一件事是不可置疑的：与儿子暴力的、充满没有必要的残酷的分离也许是玛丽·安托奈特一生中最为沉重的时刻。母亲尤其依恋这个金发的、快乐的、早熟的孩子，她想要把这个孩子教育成一位国王，仅仅是因为他，因为他爱说话，因为他性情欢愉，因为他充满了好奇心的求知欲，塔楼里的寂寞时光才变得可以忍受。毫无疑问，他距离母亲的内心比女儿更近，女儿的性格倦怠、阴郁而

---

① 昂古莱姆公爵夫人：玛丽·安托奈特和路易十六的长女，玛丽·特蕾丝·夏洛特·德·波旁（1778—1851），1795 年法国与奥地利交换战俘，玛丽·特蕾丝·夏洛特获释，前往维也纳，1799 年与其堂兄路易－安多阿纳·德·波旁，即昂古莱姆公爵结婚。

又不友好，在精神上非常懒惰，在各方面都没有出色的表现，她不像这个俊美、温柔而又异常清醒的男孩一样，可以激起玛丽·安托奈特永远鲜活的柔情，而他现在却以如此不理智、如此饱含仇恨、如此残暴的方式从她的身边被永远夺走了。因为尽管太子还可以继续住在圣殿的区域里，只与玛丽·安托奈特居住的塔楼相隔几米，但市政委员会那种不可原谅的形式主义却不允许母亲和自己的孩子说一句话，即使是在她听说他生了病的时候，人们也禁止她探访孩子。她就像一个瘟疫病人一样和孩子完全隔绝开来。甚至毫无意义的残忍再一次出现了。她不可以和孩子这位特别的教师——鞋匠西蒙说话，她儿子的所有消息，她都听不到。母亲不得不沉默而无助地清楚自己的孩子就近在咫尺，但无法和他打一个招呼，无法和他有任何其他接触，除了任何公告都无法禁止的内心的情感接触。

玛丽·安托奈特——一个小小的、聊胜于无的安慰！——终于发现，可以透过塔楼四层一扇小小的楼梯窗户里瞥见下面庭院的一部分，有时候太子就在那里玩耍。这个久经考验的女人，曾经整个王国的王后就无数次地在那里站着，一连几个小时地站着，等着是否能在她监牢的庭院里偷偷地（看守对此非常体谅）发现那个可爱明亮的身影的轮廓一闪而过。这个孩子没有料到，他的母亲正从每一扇有铁栅栏的小窗户后面看着他，用含泪的目光追随着他的一举一动，依然在十分活泼和无忧无虑地玩耍（一个九岁的孩子又对他的命运了解多少？）。这个孩子很快、非常快就适应了新的环境，他在快乐的生活中忘记了他是谁的孩子，他的身上流的是什么家族的血液。他勇敢地大声唱着西蒙和西蒙的朋友教他的《卡尔玛尼奥》①和《就这样》，完全不知道是什么意思；他戴着无套裤党人的红帽子，觉得很有趣，他和士兵开玩笑，而这些士兵正在看守他的母亲，——这个孩子现在和母亲之间隔着的不仅仅是一道石头墙，而是一整个世界。尽管如此，每当母亲看到他的孩子如此快乐和无忧无虑地玩耍，她的心还是会强烈而轻盈地跳动起来，她现在只能用目光而不是手臂来拥抱这个孩子，而她曾经怀抱的这个孩子会变成什么样的人呢？难道埃贝尔不是已经在《杜歇斯奈老爹》报上咄咄逼人地进行了威胁了，国民公会已经毫无怜悯地把这个孩子交到了他的手里。"可怜的民族啊，或迟或早，这个小顽童会为你带来灾难。他现在越是引人发笑，以后就越是危险。我们应该把这条小毒蛇和他姐姐流放到一座荒岛上去，我们必须不惜一切代价摆脱他。此外，如果事关共和国的利益，一个孩子又算得了什么呢？"

一个孩子又算得了什么呢？对埃贝尔来说，什么也不算，母亲知道这一点。因此每一天，当她没有在庭院里看到自己心爱的孩子的时候，她就会瑟瑟发抖。因为她也是出于手无寸铁的愤怒而瑟瑟发抖，因为那个敌人击中了她的内心，人们因为听从他的建议，把这个孩子带走了，这是在道德世界里最为卑鄙的罪行。他们对这个失败者施行毫无必要的残忍。革命恰好把王后交到埃贝尔这个特希特斯②的手里，这真的是革命史上黑暗的一页，最好把它翻过去，不要细读。因为即使是最纯洁的理想，只要把权力交到小人手里，让他们以革命的名义去做卑鄙的事情，这个理想也会变得卑鄙和微不足道。

---

① 《卡尔玛尼奥》：曲名为意大利地名，属于法国大革命时期最具有代表性的革命歌曲之一。

② 特希特斯：是荷马史诗《伊利亚特》中，希腊军队中最丑陋、最懦弱的战士。

自从孩子的笑声不再照亮塔楼里上了铁栅栏的房间，时间就变得漫长，房间就变得更加昏暗。再也没有声响、再也没有消息从外界传来，最后的帮手都已经消失不见，朋友都在难以企及的远方。三个寂寞的女人坐在一起，日复一日。玛丽·安托奈特，她的小女儿和伊丽莎白夫人。她们早就没有什么可以互相讲述的事情，她们已经忘记了希望，也许也已经忘记了恐惧。尽管春去夏来，她们却几乎不下楼去小花园里，某种巨大的疲惫使她们肢体沉重。在这次最为极端的考验的几个星期里，王后脸孔上的某种东西也走向了熄灭。如果人们现在来看某位无名画家在这个夏天为玛丽·安托奈特绘制的最后的肖像画，那么人们就会发现，他们几乎认不出那个扮演过牧羊女的王后，那个洛可可女神了，几乎也认不出那个骄傲的、昂首挺胸地战斗的女人了，玛丽·安托奈特在杜伊勒里宫里还是那样的一个女人。这幅生涩的画上的女人在开始发白的头发上戴着孀妇的黑纱，尽管只有三十八岁——她经受了太多事情——却已经看起来像一位老妇人了。光彩和生机已经从那双曾经过度活跃的眼睛里熄灭，双手慵懒地下垂，极度疲惫地坐在那里，准备好毫不反抗地遵从任何呼唤，即便那就是她的结局。她脸孔上曾经的优雅被一种镇定的悲哀所替代，曾经的不安被一种莫大的冷漠所替代。从远处看，人们会觉得玛丽·安托奈特最后的肖像画的是一位女修道院长，一位不再有任何尘世思绪的女人，一位对世界已经没有任何愿望的女人，已经不再生活在这个世界上，而是生活在另一世里的女人。人们无法再从中感受到美，感受到勇气与力量：只有一种巨大的、静静忍耐的无动于衷。王后已经退位，这个女人已经放弃，画上只有一个疲惫、倦怠的女殉道者抬起她那清亮的蓝眼睛，不再会对任何事物感到惊奇，也不会受到惊吓。

几天以后，有人在深夜两点再次生硬地敲响她的房门的时候，玛丽·安托奈特也没有受到惊吓。在人们夺走了她的丈夫、她的孩子、她的恋人、她的王冠、她的荣誉和她的自由之后，这个世界还能拿她怎么办呢？她平静地起身，更衣，让特派员们进来。他们宣读了国民公会的一道法令，要求起诉卡佩的寡妇，把她送去贡西埃尔谢里监狱。玛丽·安托奈特平静地听从了，没有做出答复。她知道，革命法庭的控诉就意味着判决，贡西埃尔谢里监狱就意味着死囚的牢房。但是她没有祈求，没有争吵，没有试图推迟。她没有回答这些人一句话，这些人像杀手一样拿着这样的消息在半夜袭击她的住所。她无动于衷地让别人检查她的衣服，让他们拿走她身上的一切东西。她只被允许保留一块手帕和一小瓶强心的嗅盐。然后，她不得不再次告别，就像她经常做的那样。这一次是和她的小姑子和女儿告别。她知道，这就是最后的告别了。但是她已经习惯了与这个世界告别。

玛丽·安托奈特没有转过身，而是昂首挺胸，态度坚定地走向了起居室的大门，非常迅速地走下了楼梯。她回绝任何人的帮助，手里拿着放有强烈香料的小瓶子，以防她力气耗尽；她本人已经在内心里变得更为强大。最艰难的事情已经忍耐过去了；没有什么比她生命中的最后几个月更悲惨的了。现在到来的是更轻松的事情——死亡。她几乎是扑向了死亡。她匆匆忙忙地从充满了可怕回忆的塔楼里走出来，甚至——也许是泪水遮蔽了双眼——在经过出口较低的门框的时候忘了俯身，额头猛地撞上了坚硬的门梁。陪同者担心地跳起来问她是否觉得疼痛。"不，"她平静地回答道，"现在没有什么能够使我感到疼痛了。"

第三十八章　贡西埃尔谢里监狱

STEFAN
ZWEIG

另一个女人也在这天晚上被叫醒了，那就是理查夫人，贡西埃尔谢里监狱守门人的妻子。人们在深夜突然交给她一项任务，为玛丽·安托奈特准备一间牢房，在公爵、侯爵、伯爵、主教和市民之后，现在人们也要把法国王后关进这座死囚的监狱了。理查夫人大吃一惊。因为对于一个来自人民的女人来说，"王后"这个词依然像一口声音洪亮的大钟，敲响了她心里的敬畏。一位王后，法国王后即将来到她的屋檐下！理查夫人立刻从她的床具中找出最精致和最洁白的亚麻床单。鞠斯丁将军①，这位美因茨的征服者，头上悬荡着同样的斧头，现在他不得不离开这个装有铁栅栏的囚室，这间囚室在许多年前曾经是议会开会的房间。王后那个阴暗的房间被仓促式安排好。一张折叠式铁床，两个床垫，两把装有稻草垫子的沙发椅，一个枕头，一床薄被，然后还有一只水壶，在潮湿的墙壁前面铺了一块旧地毯：她不敢再给王后提供更多的东西了。然后他们所有人就在这栋古老的、半地下的石头房子里等待着。

　　凌晨三点左右，有几辆马车呼啸驶来。首先有几位手持火把的宪兵

---

① 鞠斯丁将军（1740—1793）：法国将军，因占领属于普鲁士的美因茨而闻名，后因战争失利，发表反对雅各宾党人的言论而死于断头台。

走进昏暗的走廊，然后出现的是——这个谄媚者幸运地从巴特的事件中得到了拯救，保住了他作为监狱总监的职位——柠檬水商人米肖尼，他的后面是走在飘闪的火光中的王后，后面跟着她的一只小狗，这就是唯一可以伴随她走进囚室的活物了。因为时间已经很晚了，还要装作贡西埃尔谢里监狱里的人们不知道法国王后玛丽·安托奈特是谁，那就太荒唐了，人们就省略了通常的收监形式，允许她立刻前往自己的囚室进行休息。守门人妻子的家庭女佣罗莎莉·拉莫里哀是个可怜的、来自乡村的小东西，不会写字，但是却为我们带来了王后生命中最后七十七天最为真实和最为感人的报告，她非常震撼地悄悄跟在这个面色苍白、一身黑衣的女人身后，提出帮助她更衣。"谢谢你，我的孩子，"王后回答说，"自从我不再拥有任何人以后，我就开始自己服侍自己了。"她先把自己的怀表挂在墙上的一个钉子上，为了看清时间，看清这段留给她的短暂而又无限漫长的时间。然后她就自己更衣，躺到了床上。一位荷枪实弹的宪兵走了进来，然后关上了门。这出宏大悲剧的最后一幕就此开始。

巴黎人和全世界的人都知道，贡西埃尔谢里监狱是给政治犯中间最危险的犯人精挑细选出来的监狱。一个名字出现在它的登记名册上，那就可以被认为是一份死亡证书了。从圣拉萨尔监狱、卡尔穆监狱、阿比耶监狱，从所有其他的监狱里人们都还能够再次回到这个世界上，但贡西埃尔谢里监狱从来都没有这样的例子，或者也只是有几个非常罕见的例子。因此，玛丽·安托奈特和公众肯定（也应该）认为，被带进这座死囚牢房已经是这场死亡舞曲的第一个音符了。实际上，国民公会完全没有想要这么急促地控诉这位王后这个珍贵的人质。他们只是为了催促和奥地利交换战俘的谈判进度，才把王后送进了贡西埃尔谢里监狱，做出了一个咄咄逼人的"你们快点"的姿态，一个政治层面的施压手段。事实上，国民公会里的人们还在压制着大声呼喊着的控诉。这次激烈地把王后转移到"死神的会客厅"的行动自然引起了所有外国报刊（这就是福利委员会的目的）惊恐的尖叫，但是就在三个星期以前，革命法庭的公诉人福基埃-丁维勒①还连一份公文都没有拿到，在这次宏大的喧嚣过后，在国民公会和公社里还都没有一场辩论提及玛丽·安托奈特。尽管埃贝尔在他的《杜歇奈斯老爹》报上时不时地发出吠叫，说这个"荡妇"（gure）终于也应该"试试参孙的领带了"，而刽子手可以"拿这只母狼的头颅玩九柱戏了"。但是福利委员会想得更长远，他们冷静地任由他继续发问，为什么人们"为了审判这只奥地利母老虎，编造了这么多借口，还在找可以给她判刑的罪证，如果我们公平对待她，我们就必须因为她出卖良心所造成的所有流血，把她碎尸万段"，所有这些荒唐的话语和喊叫没有对福利委员会的秘密计划产生分毫影响，他们的眼里只有战争。谁知道呢，这位哈布斯堡家族的女儿还能派上多么大的用场，也许她甚至很快就能派上用场呢，因为七月的日子对法国军队来说充满了灾难。每一瞬间都有可能有联军进军到巴黎城门前：为什么要白白浪费这么珍贵的鲜血！就让埃贝尔去喊叫和发疯吧，因为这样可以强化人们正在计划立刻处决王后的假象。实际上，国民公会还没有决定她的命运。玛丽·安托奈特没有被释放，也没有被判刑。人们只是明显地在她的头上挥动利剑，时不时地展示一下闪闪发亮的刀锋，因为人们希望能够吓到哈布斯堡家族，让他们最终、最终在谈判中表示配合。

---

① 福基埃-丁维勒（1746—1795）：法国革命者，大革命时期任革命法庭的公诉人。罗伯斯庇尔倒台后，他也被判处死刑。

灾难的地方在于，玛丽·安托奈特被送往贡西埃尔谢里监狱的消息根本就没有吓到她的血亲：对考尼茨来说，玛丽·安托奈特只要还是法国王后，就依然是哈布斯堡政策的一个有利部署，但是一个被废黜的王后、一个个人生活非常不幸的女人对部长、将军和皇帝来说都是完全无关紧要的，外交政策不懂任何多愁善感。只有一个人，只有一个完全没有权力的人感觉到这个消息像烈火在心里燃烧：那就是费尔森。他绝望地给他的妹妹写信："我亲爱的索菲，我唯一的朋友，你此刻可能已经知道了把王后送至贡西埃尔谢里监狱的可怕而又不幸的消息，知道了卑鄙的国民公会制定法令，要求把她交给革命法庭。从这一刻起我就无法再生活，因为像我这样继续存在下去，承受我感受到的所有苦难，根本就不叫生活。如果我至少能够做些什么来解救她，我相信我也会不那么痛苦。但我除了四处乞求，什么也做不了，这对我来说是一件可怕的事情。只有你可以体会到我经受了什么，我失去了一切，我的遗憾将会永久长存，只有死亡会使我遗忘它。除了这位久经考验的高贵王后的不幸事件，我什么也不能做，什么也不能想。我甚至没有把我的感受表达出来的力气。我想要献出我的生命来拯救她，但是我做不到，我最大的幸福会是为了营救她而死去。"几天以后："我经常责备我呼吸的空气，自从我知道她被关押在一座可怕的监狱里。这个念头使我撕心裂肺，使我的生命充满了毒素，我一刻不停地在痛苦与愤怒之间撕扯着。"但是这个小小的、微不足道的费尔森先生对于享有一切权力的总参谋部来说又意味着什么呢，对于睿智、庄严而又宏大的政治来说又意味着什么呢？他还能怎么办呢，除了把他的愤怒、他的苦涩、他的绝望和所有这些在他体内燃烧并且焚毁了他的灵魂的地狱之火不断地化为毫无用处的乞求表达出来，在将军、政客、亲王和移民的会客厅之间跑来跑去，一个又一个地对他们进行哀求，请求他们不要这么无耻地表现冷漠，看着一位法国王后，一位出身于哈布斯堡家族的公主被羞辱，被杀害。但是他在各处遇到的都是回避和礼貌的无动于衷，甚至就是那位忠于玛丽·安托奈特的埃卡尔特①迈尔西伯爵也让他觉得"冷若冰霜"（"de glace"）。迈尔西态度恭敬地拒绝了费尔森的任何干涉，不幸的是，恰好就在这件事情上，他的个人仇恨也发挥了作用。迈尔西永远也不能原谅费尔森以超过习俗允许的程度靠近了王后，他恰恰就是不愿意让王后的情人——唯一一个深爱她和她生命的人——来规定他应该怎么做。

但费尔森没有放弃。所有其他人的冰冷态度与他可怕的火炽态度截然相反，这使他几乎震怒。既然迈尔西拒绝了他，他就转向了国王家庭另一位忠诚的朋友，德·拉·马尔科伯爵，他曾经与米拉波进行过谈判。他在这里得到了充满人性的理解。德·拉·马尔科伯爵去找迈尔西，提醒这位老人在二十五年前向玛丽亚·特蕾莎所做的承诺，也就是直到最后一刻都要保护她的女儿。他们在迈尔西的书桌上撰写了一封热情洋溢的信，写给奥地利军队的最高司令官柯堡亲王："只要王后没有受到直接威胁，我们就可以保持沉默，因为惧怕唤醒我们周围这些野蛮人的怒火。今天，既然王后被交给了一个血腥的法庭，那么所有拯救她的措施都属于您的职责。"在德·拉·马尔科的鼓舞之下，迈尔西要求人们不再拖延，立刻向巴黎进军，为了在那里扩大惊恐，其他所有的军事行动都必须为这个最为必要的行动让步。"请您听我的，"迈尔西提醒道，"如果我们在这样的时刻什么都不做，我们所有人都总有一天会感到后悔。后世不会相信如此重大的犯罪竟然就发生在离这些常胜军队几个小时的地方，而这支军队甚至没有试图阻止这项犯罪。"

---

① 埃卡尔特：德国民间传说中的忠贞骑士。

可惜这个及时拯救玛丽·安托奈特的要求是向一个软弱的，尤其是愚蠢得可怕的人提出的，向一个头脑空空的傀儡提出的。最高司令官柯堡亲王①的相应答复非常引人注意。好像1793年的人们还活在"女巫之锤"和宗教裁判所的时代，这位以"无能"②著称的亲王提议，人们应该"在有人对王后陛下御体动用丝毫暴力的时候，就把新近擒获的四名国民公会成员活活车裂处死。"迈尔西和德·拉·马尔科都是高贵的、有教养的贵族，听到这些蠢话真是大吃一惊，觉得和这样的愚蠢头脑进行谈判没有意义，因此德·拉·马尔科立刻写信请求维也纳宫廷："请您立刻再派一位信使，请您考虑到所有的危险，请您强调最严重的忧虑，可惜现在这种忧虑已经变得很有根据了。有必要让维也纳的人们最终理解，这对皇帝的政府来说是多么的难堪、多么的灾难深重，如果有一天，历史可以这样说，奥地利强大的常胜军队就驻扎在四十英里之外，而玛丽亚·特蕾莎崇高的女儿就死在断头台上，人们没有做出任何拯救她的尝试。这将是我们的皇帝徽章上一个洗不干净的污点。"为了给这位难以采取行动的老先生火上浇油，他还补充了一句针对迈尔西个人的警告："请允许我提醒您，所有的朋友都尊重您真实的感情，但人们对它们做出了不公正却符合人性的判断，如果您现在不从头开始，再一次努力把我们的宫廷从这种灾难深重的麻木状态中震醒，他们就不知道如何重视这些判断。"

老迈尔西被这样的警告搞得心神不宁，终于精力充沛地开始了行动，给维也纳写信说："我自问，仅仅旁观自己尊贵的姑母受到威胁，而不去尝试帮助她摆脱这种命运，甚至是不去带她逃离这种命运，难

---

① 柯堡亲王（1737—1815）：在奥地利军中服役，1792年成为奥地利对法战争的总司令。——编者注

② 原文为法语。

道这符合皇帝的尊严和利益吗……难道皇帝在这种情况下没有特别的义务要尽吗？……我们可不能忘了，我们政府的态度有朝一日要受到后世的评判，如果皇帝陛下不尝试做出牺牲，试图拯救她，我们难道就不会惧怕后世严格的评判？"

对一位大使来说，这是一封相当大胆的信函，但这封信却被冷淡地收在宫廷总理的某个档案卷宗里，没有人回答，蒙上了灰尘。弗兰茨皇帝根本不想动一根手指，他平静地在美泉宫里来回散着步，柯堡亲王则平静地在自己的冬季营地里等待着，让他的士兵进行长时间的操练，直到逃走的士兵比一场血腥战斗中损失的士兵还要多。所有的君主都保持着平静、冷漠和毫不关心的态度。因为对古老的哈布斯堡家族来说，多这一点或者是少这一点荣誉又算得了什么呢！没有人愿意为了营救玛丽·安托奈特而动一根手指，迈尔西在突然爆发出的愤怒中苦涩地说道："就算他们亲眼看着她走上断头台，他们也不会救她。"

已经不能够继续指望柯堡，不能够继续指望奥地利，不能够继续指望亲王们、移民们和亲戚们，——于是迈尔西和费尔森就用自己的力量尝试最后的方法：行贿。通过舞蹈大师诺韦尔，通过一个站在暗处的金融家把钱寄往巴黎。没有人知道这些钱渗透到了谁的手里。首先，他们试图接近丹东——罗伯斯庇尔的怀疑是正确的——他们一致认为他比较容易接近。奇怪的是，他们也能够接近埃贝尔，尽管大多数的行贿都没有证据，但是这个一连几个月都像癫痫病人一样咆哮着，说这个"荡妇"最终不得不"完成最后一跃"的主要的叫嚣者竟然突然提出要求，要把她送回圣殿里。这些见不得光的谈判取得了多少成果，或者说原本可以取得多少成果，又有谁能够说清楚呢？无论如何，这些黄金的子弹射出得太晚了。因为就在这些机智的朋友试图拯救玛丽·安托奈特的时候，一个最愚蠢的朋友已经把她推向了深渊。在她的生命中，她的朋友总是比她的敌人带来更加深重的灾难。

第三十九章 最后的尝试

STEFAN
ZWEIG

贡西埃尔谢里监狱——这座"死神的会客室"，是革命时期法国所有监狱里规章制度最为严格的一座。这座石头建筑非常古老，其墙垣难以凿穿，镀铁的大门有一个拳头那么厚，所有的窗户都有铁栅栏，所有的走廊里都有栅栏门的阻碍，设有整整几连的看守卫队，这些巨石简直就是在转述但丁的名言："让一切希望消逝……"①几个世纪以来都无人能够逃脱，自从恐怖主义时期开始，就有大批犯人被送到了这里，监视系统又严格了七倍，这使得与外部世界的任何联系都是不可能的，没有一封信可以传递出去，没有一次探访可以得到接待，因为这里的看守人员可不像圣殿的看守人员一样，都不是专业的守卫，而是职业狱卒，能够识破所有计谋。此外，在犯人中间，他们也谨慎地安插了一些所谓的"绵羊"②，"绵羊"是职业间谍，他们将所有越狱的企图提前汇报给当局。就像在其他地方一样，一个体系已经存在了几年甚至几十年的历史以后，就已经被验证。对个人来说，想要反抗这个体系是毫无希望的，但面对所有集中的暴力，都还有一种神秘的安慰。如果个人保持坚定不屈，最后几乎总是被证明为比任

---

① 引自但丁的《神曲·地狱篇》，这句话在原诗中是地狱门口的铭文。

② 原文为法语。

何体系都更强大。只要意志还没有被摧毁，那么人性就总会毁灭书面上的命令，玛丽·安托奈特的情况就是这样。仅仅在几天之内，她就在贡西埃尔谢里监狱里施展了自己那神奇的魔力，部分原因是因为她的名字焕发着光彩，部分原因是因为她的举止显露出了个人的高贵，那里所有应该看守她的人都成了她的朋友，她的帮手，她的仆从。其实，管理员的妻子并没有什么职务，除了打扫房间，提供一些粗糙的饮食。但她怀着感人的体贴，为王后烹饪最精美的菜肴。她提出为王后理发，每天去另一个城区买来一瓶王后喜爱的饮用水。管理员妻子的帮佣女孩则利用所有机会，迅速溜进去，她要找这个女囚，问她能够如何为她效劳。那些严厉的、胡髭上翘的宪兵们带着叮当作响的宽佩刀和永远荷枪实弹的步枪，他们实际上应该禁止所有这些事情，但他们又做了什么？他们出于自愿用自己的钱每天从市场上为王后购买鲜花（有审讯的笔录证明），送进她毫无慰藉的房间里。就是在底层人民中间，在这些比市民生活得还要不幸的人们中间，存在着一种对王后的感人至深的同情力量。但在王后过着幸福的日子的时候，他们却如此憎恨她。当贡西埃尔谢里监狱附近的市场女贩听到理查夫人说，她要给王后购买鸡和蔬菜的时候，她们都精挑细选出最好的材料，福基埃-丁维勒在审讯期间怀着愤怒的惊讶地发现，王后在贡西埃尔谢里监狱里的日子过得比在圣殿里还要更轻松。就是在那里，在最为残酷的死神统治的地方，人们身上的人性却作为无意识的抵抗力量而再冉升起。

在对待玛丽·安托奈特这种如此重要的国家级别的犯人的时候，看守甚至都如此松懈，考虑到她之前曾经尝试逃亡，这一点在一开始显得令人震惊。但是如果我们还记得，这座监狱的最高督查恰恰是那位柠檬水商人米肖尼，那么这一点就也可以得到理解了，他在圣殿的密谋里已经插手干预了。巴特男爵的一百万里弗尔也依然透过贡西埃尔谢里监狱厚重的石头墙闪烁着诱人的火光，米肖尼依然在扮演自己那胆大妄为的双重角色。他每天都显得忠于职守，严格地视察王后的房间，摇动铁栏杆，检查大门，用学究式的一丝不苟，向公社汇报着自己的视察行为。公社开心地表扬他，认为他们任命了一个非常可靠的共和主义者作为看守，作为监视者。实际上，米肖尼却每天都在等待着宪兵离开房间，然后就和王后开始了几乎是友善的交谈，把她热切盼望的孩子们的消息从圣殿里带来，他甚至在视察贡西埃尔谢里监狱的时候会时不时地偷运一个好奇者进来，不知道是出于对金钱的贪欲还是出于好意，有一次是一个英国男人，或者是一个英国女人，也许就是那个古怪的阿特金斯夫人，还有一次带来了一位没有向共和国宣誓效忠的神父①，他应该是为王后做了最后的忏悔，还有一次带来了一位画家，多亏了他，我们才看到了那幅收藏在卡尔内瓦莱博物馆里的肖像。但最终也最具有灾难性的是，他也带来了那个胆大的蠢货，他的冒进使得所有这些自由和优待都被一举摧毁。

这个臭名昭著的"affaire de l'illet"，这次"康乃馨密谋"，在之后被大仲马改写成一部宏大的长篇小说，这是一段晦暗不明的历史。如果我们要解开全部的谜团，可能永远也做不到，因为法庭档案的报告并不完整，而故事主人公自己的讲述听起来又有吹嘘的嫌疑。如果我们相信市政委员会成员和监狱最高督察米肖尼的话，那么这整件事情都只不过是一个完全无关紧要的插曲。他有一次在晚餐的时候和朋友们说起了王后的事情，说他有义务每天都去监狱里探访。这时有一位陌生的先生表现出了好奇，说他能不能陪他去一次，他不知道

---

① 法国大革命爆发后，革命政府要求全体天主教神父向共和国宣誓效忠，否则即遭到迫害，投入监狱。

这个人的姓名。他当时心情很好，于是没有仔细考虑，在有一次视察的时候带上了这位先生，自然，这位先生需要遵守一项义务，也就是不能和王后说一句话。

难道巴特男爵的亲信米肖尼事实上真的像他展现出来得这么天真吗？难道他真的没有费点气力问一问，他偷偷带进王后囚室的这个陌生人到底是谁吗？他本应知道，这个人是玛丽·安托奈特的一位旧相识——罗杰维耶骑士①，是6月20日不惜生命代价也要捍卫王后的那些贵族中的一位。但所有的迹象都显示，这位为巴特男爵做出了贡献的米肖尼有听起来非常重要和充分的理由不去盘问这位先生的意图，有可能这次密谋已经非常成熟，通过今天那些被抹除过的痕迹已经无法辨认出来。

无论如何，在8月28日，监狱囚室门上的钥匙转动作响。王后和宪兵站起身来。每次囚室的门被打开，她在一开始总是会被吓一跳，因为几个星期和几个月来，当局每一次意料之外的探访都会给她带来恶劣的消息。但这次不是，这次只是她的秘密朋友米肖尼，这一次，他在一个陌生先生的陪同下走了进来，这个女囚根本就没有注意到他。玛丽·安托奈特舒了一口气，她和米肖尼闲聊着，问起她的两个孩子，母亲的问题对她来说永远是第一位的和最为迫切的。米肖尼友好地对她做出了回答，王后的情绪几乎是变得欢快：在这几分钟内，沉默那灰暗的玻璃钟罩被打破了，因为她可以在别人面前说出自己孩子的名字，这对她来说永远都是一种幸福。

但是玛丽·安托奈特突然变得面色惨白。然后血液突然又涌上她的双颊。她开始颤抖，努力坐得笔挺。这实在是个大惊喜，她认出了罗杰维耶，这个人曾经在宫殿里数百次地站在她的身边，从那个时

①　罗杰维耶骑士（1761—1814）：为法国大革命中的保王党人，"康乃馨事件"的主人公。

候起她就知道，任何胆大妄为的事情都可以交给这个人去做。这是怎么回事——时光飞逝，没有办法把一切想明白——这是什么意思，这个安全可靠的朋友突然出现在她的囚室里是要做什么？有人想要营救她？有人想要和她说话？有人要传递什么消息？她不敢和罗杰维耶说话，出于对宪兵和门卫妻子的恐惧，她甚至不敢直视她的眼睛，但她却注意到他不断地在对她进行一些暗示，只是她看不懂。几个月来，发现有一位使者站在她身边，却看不懂他的暗示，这令她非常激动，既痛苦又欣喜。这个女人越来越不安，越来越烦躁，越来越害怕泄密。也许米肖尼注意到了王后的混乱情绪，无论如何，他想起来还要继续巡查其他的囚室，于是匆匆带着陌生人离开了这个囚室，但是明确解释说他们还会再回来。

玛丽·安托奈特被独自留了下来——她的双膝在颤抖——她坐了下来，尽量平静下来。她决定等这两个人回来，然后比第一次意外见面的时候更专注、更平静地观察所有的信号和手势。他们的确又回来了，钥匙再一次叮当作响，米肖尼和罗杰维耶再一次走了进来。现在玛丽·安托奈特又成了她的力量的主人。她更敏锐、更清醒、更镇定地观察着罗杰维耶，同时和米肖尼说着话，突然，罗杰维耶做出了一个迅速的暗示，把什么东西扔到了火炉后面的角落里。她的心怦怦直跳，她已经迫不及待地想要阅读这个消息了，米肖尼和罗杰维耶刚一离开房间，她就立刻冷静地用一个借口把宪兵派了出去。她利用这个无人看守的时刻把那个隐藏的东西抓在了手里。这是怎么回事？只是一朵康乃馨？但不，在这朵康乃馨里有一张折叠起来的字条。她打开字条，读道："我的恩主，我永远也无法忘记您，我将尝试一切措施，向您证明我的牺牲意愿。如果您需要三四百金路易来贿赂周围的人，我可以在下星期五把钱带来。"

我们可以想象这个不幸的女人的感受，因为她经历了希望的奇迹。阴云再一次被一位天使的利剑劈散。在这个可怕的、与世隔绝的死囚牢房里，在七八道上锁的门闩后面，尽管有所有的禁令，但属于她的一个人，路易骑士团的一个骑士，一位忠诚可靠的保王党人还是闯了进来，嘲笑着公社的所有措施。现在离得救肯定也不远了。一定是费尔森的恋人之手在其中牵线搭桥，一定又有强大和陌生的帮手参与了进来，为了拯救她那离深渊还只有一步的生命。这个放弃一切、头发斑白的女人在一瞬间里又恢复了生活的勇气与意志。

她有了勇气，但具有灾难意味的是，她甚至拥有了太多的勇气。她有了信任，可惜有了太多的信任。这三四百杜卡特应该用来贿赂她房间里的宪兵，这一点她立刻就明白了，这就是她的任务，其他的事情她的朋友会负责。在她突然燃起的乐观主义之下，她立刻开始了行动。她把那张会泄密的字条撕成小碎片，准备好自己的答复。人们把羽毛笔、铅笔和墨水都拿走了，她只有一小张纸。但是这没有难倒她——灾难激发人的创造力——她用针在这块小小的信纸上扎出了答复的字母，这张纸片后来当然又扎上了其他字，作为她的遗物保留下来，在今天已经不可辨读。她把这张字条交给了宪兵基尔伯尔，承诺给他很高的报酬，让他在那个陌生人再来的时候把字条交给他。

现在事情已经进入了黑暗地带。宪兵基尔伯尔的内心似乎产生了动摇。三百金路易或者四百金路易对这样一个可怜的穷鬼来说闪烁着诱人犯罪的光芒，但是断头台的刀斧也闪着可怕的森森白光。他同情这个可怜的女人，但是他也害怕失去自己的职位。该怎么办呢？接受这个任务就意味着背叛了共和国，告发这件事就是滥用了这个不幸女人的信任。因此这位善良的宪兵首先走的是一条中间路线，他向管理员的妻子，那位拥有一切权力的理查夫人透露了这件事情，理查夫人也感到尴尬。她也不敢保持沉默，不敢公开谈论，更不敢卷入到这一场涉及斩首之罪的阴谋中。很有可能，她的耳边也回响着那一百万里弗尔的隐秘声音。

最终，理查夫人和宪兵采取了同样的措施：他们没有告发此事，但他们也没有完全保持沉默。就像那个宪兵一样，她继续推卸责任，只是把这张秘密字条的事情告诉了她非常信任的上司米肖尼。米肖尼听到这个消息，脸色变得惨白。现在他们又失去了机会。米肖尼在之前是否已经注意到，他带来的罗杰维耶是王后的一位帮手，还是他直到这一刻才知道？他是参与到了这场阴谋当中，还是罗杰维耶把他也给愚弄了？无论如何，现在突然有了两个知情人，这一点让他觉得很不舒服。他表面上非常严肃地从善良的理查夫人手里接过这张可疑的字条，把它藏在自己的口袋里，命令她不要再谈论这件事。他希望可以弥补王后的不谨慎，顺利地解决这个令人尴尬的事件。他自然没有进行进一步的报告，就像和巴特的第一次密谋一样，他一旦觉得危险，就从事情中轻松抽身。

现在一切本可以保持原状。但具有灾难性的是，这件事情让那个宪兵坐立不安。满满一把金币也许就能够使他保持沉默，但是玛丽·安托奈特没有钱，他越来越担心自己的脑袋。在他勇敢地对他的战友和当局保持了五天（这就是这件事情的可疑和反常之处）完美的沉默之后，他终于在9月3日给自己的上级写了一份报告。两个小时后，市政委员会的特派员立刻激动地冲到了贡西埃尔谢里监狱，对所有的参与者进行了盘问。

王后在一开始否认了这件事情。她没有认出任何人，当人们问他，她几天前是否写过什么东西的时候，她冷漠地回答说，她没有任何可以书写的工具。米肖尼在一开始也装傻充愣，希望已经得到贿赂的理查夫人也许可以同样保持沉默。但是她声称自己已经把字条交给了米肖尼，他就不得不展示出这张字条（但是他非常机智地事先用针把字条扎得无法阅读）。第二天，在进行第二次审讯的时候，王后放弃了抵抗。她解释说，她的确在杜伊勒里宫的时候就认识那个人，从他那里得到了藏在一朵康乃馨里的字条，回答说她不再否认她的参与和她的罪责。但是她满怀着牺牲精神保护着那个想要为她牺牲的人，她没有说出罗杰维耶的名字，只是声称自己已经不记得这位贴身侍卫叫什么了。她宽宏大量地给米肖尼打了掩护，从而拯救了他的生命。但是在二十四个小时以后，市政委员会和安全委员会就已经知道了罗杰维耶这个名字，警察徒劳地在整个巴黎追捕这个人，他想要拯救王后，却只是强化了她要走向死亡的事实。

因为这次阴谋开始得非常缺乏技巧，所以王后的命运被以可怕的速度加快了。人们直到目前为止还表示默许的宽容态度戛然而止。她所有的财产，最后几只戒指甚至是她从奥地利带来的一只作为她母亲最后的纪念品的小金表也都被没收，还有她充满柔情地存放着孩子头发的小首饰盒。自然，她的针线也被没收了，因为她独具创造性地用这些针写出了给罗杰维耶的那张字条，晚上亮灯也成了被禁止的事情。人们罢免了具有同情心的米肖尼，还有理查夫人，任命了一个新的女看守，也就是波尔夫人。与此同时，市政委员会在9月11日的法令中规定，这个反复尝试越狱的女囚需要被运送到一个比之前的监牢还要更安全的地方，因为在贡西埃尔谢里监狱里找不到一个让惊恐的治安官觉得足够可靠的地方，那么药剂师的房间就被腾了出来，那里有两道铁门。透过窗户可以望到女囚庭院①，砖头砌到了铁栏一半的高度，窗下有两个卫兵站岗，隔壁房间里的宪兵日夜轮流站岗，用生命来担保这个女囚的安全。按照所有世俗的考虑，现在任何没有受到召唤的人都不能进入这个房间，除了那个因为职务而被召唤前来的人——刽子手。

现在玛丽·安托奈特就置身于她最后与最深的孤寂之中。新的看守尽管对她抱有友善的想法，却不敢和这个危险的女人说话，那些宪兵也是一样。小怀表被拿走了，它曾经用细弱的嘀嗒声切碎无穷无尽的时间，针线被拿走了，除了那只小狗，没有什么留在她身边。现在，在二十五年后，在这种彻底被抛弃的境况之下，玛丽·安托奈特才想起她母亲如此频繁地向她推荐的慰藉。她平生第一次索要书籍，用她疲倦的、发炎的眼睛一本又一本地阅读，甚至供不应求。她不想读小说，不想读戏剧，不想要任何快乐的和伤春悲秋的东西，不想要关于爱情的东西，这些东西会让她无比怀念过往的时光，她只要非常狂野的冒险故事，库克船长②的浪游、沉船的故事、大胆的航行，那些令人激动、扣人心弦的书籍，沉浸在其中就忘记了时间和世界。那些虚构的、梦想出来的人物是她在孤寂中仅有的同伴。没有人再来探访她了，一整天里，她除了附近圣礼拜堂的钟声、钥匙在门锁里旋转的声音就只能听到寂静，低矮房间里永恒的寂静，房间狭窄、潮湿而阴暗，像一口棺木。她的身体因为缺乏运动，缺乏新鲜空气而变得虚脱，过量失血，令她变得疲惫。当人们最终传唤她走上法庭的时候，她已经是一个白发苍苍的老妇人，从漫漫长夜走到早就不习惯的天光之下。

---

① 女囚庭院坐落在巴黎西岱岛上的古监狱贡西哀尔杰里的一部分，是供女囚放风和洗衣的院子。

② 库克船长（1728—1779）：英国航海家，记载了许多太平洋上的航海冒险经历。

第四十章　奇耻大辱

现在我们走到了最后的阶段，道路接近终点。命运所能构想出来的最极端的张力已经消散。她曾经出生在一座皇宫里，曾经在自己的王宫里拥有几百个房间，现在却住在一间狭窄的、装了铁栅栏的、半地下的、潮湿而阴暗的监牢里。她曾经热爱奢侈，在生活中拥有上千件充满艺术气息的奇珍异宝，现在却甚至没有一个橱柜、一面镜子、一把靠背椅，只有生活必需品，一张桌子，一把沙发椅，一张铁床。她曾经有无数的虚荣人群围绕在身边为她效劳，曾经拥有一位宫廷女总管，一位荣誉侍女，也就是"梳妆侍女"①，两个白天用的贴身侍女，两个晚上用的贴身侍女，拥有一位朗读者、一位医生、几位外科手术师、一位秘书、一位餐食总管，拥有众多佣人、管家、理发师、厨师和侍童，现在她只能自己梳理她逐渐花白的头发。她曾经每年需要做三百件新衣，现在用半盲的眼睛自己缝补破碎的囚服。她曾经强大，现在却变得疲惫，她曾经美丽，引人渴慕，现在却变得苍白而衰老。她曾经从正午直到午夜都喜欢有人陪伴，现在却独守铁窗直到破晓。夏天渐行渐远，阴暗囚室里的阴影也越来越像一具棺木，因为黑暗降临得越来越早，自从看守的规章制度得到了强化，玛丽·安托奈

---

① 原文为法语。

特就不被允许点灯了，只有走廊里一盏可怜的油灯从高处的窗户里透进来，怜悯地照亮了一片漆黑。人们感觉到秋天已经来临，寒意已经从赤裸的石壁上升起，附近塞纳河的潮气穿透了墙壁，房间里散发着发霉与腐坏的气味，散发着越来越强烈的死亡的气味。内衣损坏，衣衫破败，潮湿的寒意一直渗透到骨节深处，化作蚀骨的风湿疼痛。她的内心已经冰冻，变得越来越疲惫——做这个国家的王后，做法国最热爱享乐的女人——似乎已经是几千年以前的事情了，她周围的寂静越来越冰冷，时间越来越空虚。如果人们现在呼唤她走向死亡，她也不会被吓坏，因为在囚牢里的生活对她来说就像是在棺木里被活埋。

在巴黎这座住着活人的坟墓里，在这个秋天，在全世界飞掠的可怕暴雨并没有把丝毫声响挤压进来。法国大革命从来没有像在这一刻这么危险。两个最强大的堡垒，美因茨和瓦伦西内已经被攻陷，英国人占领了最重要的军港，法国的第二大城市里昂爆发了起义，殖民地已经丧失，国民公会里争执不休，巴黎出现了饥荒和消沉情绪：共和国距离毁灭只有一步之遥。现在只有一个拯救共和国的方法：孤注一掷的大胆，自杀式的挑战，只有当共和国自己制造恐惧，它才能够克服恐惧。"我们要把恐怖主义提到日程上来"——这句可怕的话语在国民公会的大厅里阴沉地震响，事实也毫无顾忌地证实了这次威胁。吉伦特党人被列为法外之人，奥尔良公爵和其他无数人被送上革命法庭。断头台的刀斧已经开始了舞动，这时比劳·瓦雷纳[1]站出来要求："国民公会刚刚给叛国者施展了一个严厉对待的范例，这些人正在准备让自己的国家走向灭亡。但是国民公会还有义务做出一个重要决定。有一个女人，她是人性和她这个性别的耻辱，应该最终在断头台上为她的罪行赎罪。人们到处都在谈论，说她已经被送回到了圣殿里，说人们已经对她进行了

① 比劳·瓦雷纳（1756—1819）：法国大革命时期的激进分子，后被流放国外。

秘密审判，说革命法庭已经洗清了她的罪过，就好像一个良心上负担着上千人的鲜血的女人可以被法国的法庭、可以被法国的陪审团宣告无罪一样。我要求革命法庭在这个星期之内对她做出决定。"

尽管这个提案不仅仅要求对玛丽·安托奈特进行审判，而是已经毫不掩饰地要求对她进行处决了，但它还是在无人反对的情况下被采纳了。只是奇怪的是，公诉人福基埃-丁维勒平时做事干脆利落，像一台机器一样冷酷而又迅捷，现在却又陷入了可疑的犹豫。他没有在这个星期，也没有在下个星期，更没有在再下一个星期提出他针对王后的提案，我们不知道是有人在暗地里按住了他的手，还是这个平常都铁石心肠的人，这个以变戏法的迅速手法变文件为鲜血、又变鲜血为文件的人真的还没有掌握站得住脚的证据文件？无论如何，他犹豫着，一直在拖延着起诉。他写信给公安委员会，要求他们给他邮寄材料，奇怪的是，就连公安委员会的动作也变得迟缓得引人注目。最终，他收集了几份无足轻重的文件，康乃馨事件的笔录、证人名录、国王审讯过程的档案。但福基埃-丁维勒还是一直没有做出决定。他还缺少什么东西，不是什么最终开始起诉的秘密指令，就是某种特别具有打击性的文件，一份公开的事实证据，可以使他的公诉书闪烁出真正属于共和主义者的愤慨的光彩与烈焰，某种非常具有煽动性的、非常令人激动的罪行，无论是作为女人，还是作为王后的罪行。这份原本应该充满激情的控诉似乎又要再一次石沉大海。这时，王后最无情、最坚决的敌人埃贝尔在最后一刻，突然上交了一份文件，这是整个法国大革命期间最为可怕也最为无耻的一份文件。这次强烈的冲撞决定了一切，它一举推动了审讯的开启。

发生了什么？9月30日，埃贝尔意外地收到了太子的教师鞋匠西蒙从圣殿里寄来的一封信。这封信的第一部分是一个陌生人写的，用非常体面和顺畅、符合正字法的方式写道："向你问好！快来，我的朋友，我有事情要对你说，很愿意见到你。你看，如果你今天能来，你就会发现我是一个正直而又坚定的共和主义者。"这封信的其余部分则是由西蒙本人写的，他那古怪得惊人的拼写方式证明了这位"教师"的教育程度："Je te coitte bien le bon jour moi e mon est pousse Jean Brasse tas cher est pousse et mas petiste bon amis la petist e fils cent ou blier ta cher soeur que jan Brasse. Je tan prie de nes pas manquer a mas demande pout te voir ce las presse pour mois. Simon, ton amis pour la vis。"[①]忠于职守而又精力充沛的埃贝尔毫不犹豫，立刻就赶去找西蒙。他听到的东西甚至连他这个刀枪不入的人都觉得可怕，他本人不想继续插手，而是想要呼吁整个市政委员会建立一个专门的委员会，由市长担任主席，所有人一起前往圣殿，在那里写下一式三份（至今依然保留下来）的审讯笔录，这份笔录成了针对王后的控诉的决定性材料。

现在我们接近了长期以来难以置信的事情，接近了灵魂层面上无法理解的事情，接近了玛丽·安托奈特历史上的那个插曲，只有在可怕地经受了过度刺激的时代，只有在公众舆论经年累月地系统性地毒化了的时代，我们才能够稍微理解一些事情。小太子是一个非常早熟、非常快乐的孩子，在几个星期之前，当他还在母亲的保护之下的时候，他在玩耍的时候被一根棍子伤了睾丸，被叫来的外科医生给这个孩子贴了一张治疗疝气的药贴。这样一来，这件意外看起来就在玛丽·安托奈特还在圣殿的时候就已经解决了，被人遗忘了。但是之后有一天，西蒙或者他的妻子发现，这个早熟的、没有得到管教的孩子已经知道了那种男孩玩

① 原文为法语，且有错误。大意为："我向你问好，我的小朋友让·布拉瑟是珍贵的小朋友，是你的灵魂最珍贵的小儿子。我请求你不要忽视我的要求，来见我一面。西蒙，你一生的爱。"

乐时都会做得不体面的事情，也就是所谓的"独自的快乐"①。孩子被抓获，因而没有办法否认。西蒙逼问他，是谁教给他这种坏习惯的，这个不幸的孩子说，或者是被诱导说，是他的母亲、他的姑母教给他这种恶习的。西蒙相信这只"母老虎"能够做出最为恶毒的事情，于是继续盘问他，对一位母亲的恶行感到真情实感的愤怒，最后竟然迫使这个孩子说出，这两个女人在圣殿里经常把他带到床上，他的母亲和他乱伦。

对一个还不满九岁的孩子说出的如此可怕的话语，一个有理智的人在一个正常的年代肯定会报以非常怀疑的态度。但是由于革命时期那些无数的诽谤小册子，玛丽·安托奈特肉欲方面那不知餍足的形象已经深入到了人们的血液之中，甚至是这种疯狂的指控，说一位母亲对自己八岁半的儿子进行性虐待，都没有引起埃贝尔和西蒙的怀疑。恰恰相反，这两个被冲昏了头脑的无套裤党人竟然觉得这件事情完全合乎逻辑，非常清楚明白。玛丽·安托奈特就是巴比伦的大淫妇，是臭名昭著的女同性恋，在特里亚农宫里习惯了每天都与几个男人和几个女人行淫。因此，他们认为，这样一只母狼被囚禁在圣殿里，找不到任何伴侣来满足她地狱一般的对男人的痴狂，就自然会扑向自己的、无辜的、毫无还手之力的孩子。埃贝尔和他那些可悲的朋友们完全被仇恨蒙蔽，没有一刻怀疑过这个孩子对自己母亲充满谎话的指责的真实性。现在只需要把王后的这一项耻辱进行白纸黑字的记录，这样整个法国都会知道，这个下流的奥地利女人最无耻的堕落行径，对于这种嗜血和罪恶的行为，断头台只不过是一种微不足道的惩罚。因此他们举行了三次审讯，审问一个不满九岁的男孩，一个十五岁的少女和伊丽莎白夫人——场面非常可怕和无耻，人们几乎会认为它不可

---

① 原文为法语，意为自渎。

504

能今天还存在于巴黎的国家档案馆里，尽管纸张泛黄，但依然清晰可读，还有这两个未成年的孩子粗劣的亲手签名。

第一次审讯于10月6日举行，市长帕歇①、法律顾问肖迈特②，埃贝尔和其他市议员到场，第二次审讯于10月7日举行，人们可以在签名里读到一位著名画家和大革命期间最没有立场的人之一的签名，那就是大卫③。人们首先把这个八岁半的孩子传唤到法庭上。人们先问塔楼里的其他事情，这个爱说话的孩子不知道他的发言会有什么后果，就泄露了自己母亲的秘密帮手，尤其是图兰。然后人们谈到那个棘手的问题，笔录在这里是这样说的："西蒙和他的妻子多次在床上撞见他不体面的习惯，这种习惯对他的健康有所损害。他对他们说，他从他的母亲和姑母那里学到了这种危险的行为，她们经常会因为他在她们面前做这种事情而感到高兴。当她们让他睡在她们两个人中间的时候，这种事情经常发生。从这个孩子的表达方式中，我们理解到，有一次他的母亲接近他，想要和他进行性交，因此他的一个睾丸肿胀了起来，他因此还带了药贴。他的母亲禁止他谈论此事，此后这种行为又出现了好几次。此外，他还控告米肖尼和另外几个人特别信任地和他母亲说过话。"

这件可怕的事情就这样随着七八个签名得到了白纸黑字的确认。这些事件的真实性，加上这个晕头转向的孩子真的做出了这种惊人的供述，就变成了难以否认的事实。人们至多可以反对说，恰好是这个八岁半的孩子有关乱伦的指控没有写在这份文本里，而是事后才被补充在文件的页边——很显然，这些宗教裁判所的专家自己也考虑过，记录这种奇耻大辱是否合适。但有一点是无法抹去的：在这段供述

下面，那用巨大的、费力的、稚气的手写出的歪歪扭扭的签名，"路易·查理·卡佩"①。自己的孩子的确在这些陌生人面前，对母亲提出了最为卑鄙的控诉。

但这样的疯狂还不够，负责调查的法官想要彻底完成他们的任务。在传唤了这个不满九岁的男孩以后，又传唤了一个十五岁的少女，也就是他的姐姐。肖迈特问她："当她和弟弟一起玩耍的时候，他有没有碰过她身上不该碰的地方，还有他的母亲和他的姑母有没有让他睡在他们中间。"她回答说"没有"。于是（真是可怕的场景）两个孩子当面对峙，九岁的男孩和十五岁的女孩，面对着这个宗教裁判所，为了他们母亲的名誉进行争论。小太子坚持自己的论断，十五岁的公主被那些在场的严厉的男人们吓坏了，被这些非常不恰当的问题搞得头昏脑涨，不断轻声重复着这样的话，说她什么也不知道，这一切她都没有看见。现在又叫来了第三个证人，国王的妹妹伊丽莎白夫人，面对这个精力充沛的二十九岁的年轻女人，审讯者可没有像面对那两个毫不设防或者是被吓坏了的孩子一样轻松。因为他们刚把从王子那里得到的笔录放到她面前，这个年轻女人就立刻感到了侮辱，脸颊涨得通红，轻蔑地把文件扔到一边，说这种奇耻大辱对她来说实在是太过分了，她根本就无法做出回答。现在——新的地狱般的场景开始了——男孩又被叫来和她对峙。他表现出了勇气和放肆的坚持，说是她和他的母亲教会了他这种淫乱的行为。伊丽莎白夫人已经失去了控制："啊，这个怪物。"②她燃起了合理而又狂暴的怒火，愤怒地喊了出来。但特派员们已经听到了他们想听的所有事情。这份笔录也得到了工整的签字，埃贝尔得意地把这三份档案交给了负责检查的法官，希望现在王

---

① 路易·查理·卡佩：为王储平民化之后的姓名。

② 原文为法语。

后的面目在现世和后世，在时代和永恒面前都得到了揭露，永远地被钉上了耻辱柱。他怀着爱国者的热情，挺起胸膛，准备为在革命法庭上控诉玛丽·安托奈特的血亲乱伦之罪作为证人而效劳。

一个孩子会做出针对自己的母亲的指控，也许在全部历史上都没有这样的例子，玛丽·安托奈特的所有传记都认为这是一个巨大的谜团。为了绕过这个尴尬的岩礁，王后那些满怀激情的辩护者一直在逃避解释，歪曲事实。他们始终把埃贝尔和西蒙描绘成人形的魔鬼，说他们一起密谋，对这个可怜的、无知无觉的男孩进行了暴力的强迫，逼迫他做出这样无耻的供述。他们一方面——这是保王党人的第一个版本——用甜面包，另一方面用鞭子驯服他，或者是在之前把这个孩子——这是第二个同样反心理学的版本——用烧酒灌醉。他的陈词是在喝醉的状态下说出来的，所以是无效的。这两种没有根据的论断都非常不符合这一幕的一个证人亲眼看到的那种清清楚楚、毫无党派立场的描写，这个人就是但尤秘书，就是他写下了这份笔录："年轻的王子脚还够不到地，坐在一把靠背椅上，来回晃着他的小腿。问到我们已经知道的事情的时候，他就回答说，正是这样……"太子的所有行为不如说是一种挑衅，一种玩游戏的时候的放肆。另外两份笔录的文本也清清楚楚地显示出来，这个孩子绝对不是因为外在的强迫才这么说的，而是相反，是出于幼稚的固执——甚至可以在其中感受到了某种特定的恶意和报复心态——自愿地重复着这个对自己姑母的可怕控告。

这又该怎么解释呢？这对我们这一代人来说并不是特别困难，我们对于孩子在性方面的谎话已经比之前的时代有了更彻底的科学知识和心理学知识，已经习惯了理解小孩子这种心理层面的偏差。首先，我们必须抛开那种多愁善感的观点，认为把太子交给鞋匠西蒙让他感受到了可怕的屈辱，因此他特别想念他的母亲。孩子们会以惊人的速度适应陌生环境，所以我们要说的第一句话也许听起来有些恐怖：这个八岁半的孩子可能待在这个粗鲁、但心情愉快的西蒙身边比整天待在塔楼里两个不断哀悼、不断哭泣的女人身边要更加快乐，这两个女人整天给他授课，告诉他必须学习，在还是个孩子的时候就把他当成未来的"法国国王"，不断地强迫他保持尊严和仪态。但是在鞋匠西蒙那里，小太子完全是自由的，天知道，没有了学习的折磨，他轻松了多少，他可以随心所欲地到处玩耍，不用担心任何事情，不用维护自己的形象。很有可能，他觉得和士兵一起唱《卡尔玛尼奥》比和虔诚却无聊的伊丽莎白夫人一起念诵《玫瑰经》更加有趣。因为每个孩子都有接近下层人民的本能，反抗强加给他的文化和习俗，他觉得和无拘无束、毫无教养的人们在一起比接受强制的教育要更快乐，哪里有更多的自由，哪里就有更多无拘无束的感觉和更少的被控制的感受，孩子天性里真实的无政府主义就会发展得越强烈。取得社会地位上升的愿望要等到才智觉醒的时候才会出现——直到十岁，时常要到十五岁，出身于良好家庭的孩子都会嫉妒他们学校里的无产阶级同学，因为他们什么都可以做，而自己却受到保护周全的教养的禁止。这种感受的迅速转变对孩子们来说是自然而然的事情，太子似乎——那些多愁善感的专家可不会赞赏这种非常符合天性的事情——很快就摆脱了他母亲身边忧郁的氛围，融入了鞋匠西蒙身边那种松散的、尽管地位更为低微、但对他来说更加舒适的环境。他自己的姐姐就承认，他曾经高唱过革命歌曲。另一个可靠的证人说，太子对自己的母亲和姑母曾经出言不逊，他简直不敢重复他的原话。对于这个孩子想什么就说什么的特别的敏感倾向，还有另一个不可否认的证据，且正是他自己的母亲在他四岁半时写给家庭女教师的指导书里提到的："他很爱说话，喜欢重复他听到的话，经常没有说谎的意图，却加上一些他的想象力让他信以为真的东西。这是他最大的缺点。这一点，我们必须让他改进。"

玛丽·安托奈特通过这份性格描写给解决谜团提供了关键性的暗示。伊丽莎白夫人的陈词对此进行了合乎逻辑的补充。人们都知道，孩子们在做什么被禁止的事情的时候被人抓住，几乎总是会把责任推卸到别人的身上。出于一种本能性的保护措施（因为他们感觉到了，人们不喜欢让孩子负责），他们几乎总是会解释说是被某人"引诱"了。有关伊丽莎白夫人的记录的这个例子就完全是这种情况。她是这样说的。这一事实总是被愚蠢地忽略，她的侄子实际上早就认为这些男孩的恶习很有趣了，她记得她本人和他的母亲都因此经常对他进行严厉的斥责。正确的线索在这里闪烁出了一丝微光。也就是说，这个孩子以前已经被他的母亲和姑母抓到过了，可能或多或少地受到了严厉的惩罚。西蒙问起是谁教他这种恶习的，他就自然而然地把这件事情和第一次被抓到的记忆联系在了一起，他不可避免地立刻就想到了那些因此而教训他的人。他是在不自觉地为这些惩罚报仇，根本不知道这样的供述，不知道把他的惩戒者说成教唆者，或者是毫不犹豫地附和这些问题会怎么样，也就是说，这只是最真实的情况的表象。现在事情的轨迹就非常清楚了。一旦卷入了谎言，这个孩子就再也没有办法脱身了，只要他还能像在这个案例里一样，感觉人们很愿意听他的论断，甚至很愿意相信他，他就觉得自己的谎言是完全安全的，就可以继续开心地回答着特派员们的问题。他出于自我保护的本能，坚持着这个版本，自从他发现这个版本可以让他免于惩罚。甚至是受过训练的心理学家，比起这些鞋匠、前演员、粉刷匠和文书，在面对这么一份清清楚楚、毫无异议地记载下来的口供，在一开始都很难不陷入迷惑。此外，在这个特殊的案例之中，调查人员还尤其受到群众意见的影响，对他们来说，对这些《杜歇奈斯老爹》的每日读者来说，这个孩子可怕的指控完全符合母亲那地狱一般的性格，整个法国的色情小册子都已经污蔑过了王后犯下的各种恶行。玛丽·安托奈特犯下任何罪行，就算是最荒谬的罪行也不会使人震惊。因此他们没有惊讶很久，也没有进行彻底的思考，而是就像那个九岁的孩子一样，无忧无虑地在这份有史以来针对一位母亲的最为卑鄙的文件上签下了名字。

玛丽·安托奈特被关在密不透风的贡西埃尔谢里监狱里，有幸因此而得到了保护，没有立刻得知自己的孩子做出的可怕供述。直到她生命的倒数第二天，她才在公诉书上读到了这种最为极端的羞辱。十几年来她都接受了对自己命运的攻击，接受了所有最为无耻的诽谤，连嘴唇都不动一动。但这一次，被自己的孩子如此可怕地污蔑，这件事情一定以难以想象的痛苦震撼了她的灵魂深处。这个折磨人的念头一直伴随着她走到了死亡的门槛上，在上断头台的三个小时之前，这个平时完全镇静的女人写信给和她一起受到指控的伊丽莎白夫人说："我知道，这个孩子肯定给你造成了巨大的痛苦，但原谅他吧，亲爱的妹妹，想想他还那么年幼，人们很容易就把他们想要听到的话放到他的嘴里，甚至他自己都不理解那是什么意思。我希望终有一天，他会更好地理解你的爱与你的柔情的价值。"

埃贝尔没有达到自己的目的，通过这一四处传播的指控破坏王后在全世界面前的名誉。恰恰相反，在审讯的过程中，刀斧从他自己的手里滑落，砍到了他自己的脖颈。但他做成功了一件事：给王后的灵魂造成了致命创伤，毒化了一个已经被送到死神面前的女人的最后几个小时。

第四十一章　审讯开始

STEFAN
ZWEIG

现在煎锅里已经加了足够的黄油，公诉人可以开始煎肉了。10月12日，玛丽·安托奈特第一次被传唤到规模宏伟的议事大厅里进行审讯。她对面坐着福基埃–丁维勒、他的陪审法官赫尔曼①和几个书记员，没有人坐在她的身边。没有辩护人，没有帮手，只有一个看守她的宪兵。但是玛丽·安托奈特在独处的几个星期里积蓄了力量。危险已经教会了她总结自己的思想，以良好的方式表达，以更好的方式沉默。她的所有回答都显示出惊人的打击力量，同时谨慎而又机智。她没有一刻失去平静，即便是最愚蠢或者是最阴险的问题也没有使她失态。现在到了最后一刻，玛丽·安托奈特理解了她这个名字所包含的责任。她知道，在这里，在这个光线昏暗的审讯大厅里，她必须担任王后，她以前在凡尔赛宫那些富丽堂皇的大厅里的表现还不够格。她出现在这里，并不是在回答一位出于饥馑而假借革命之名扮演公诉人的小律师，也不是在回答那些乔装打扮成法官的看守和书记员，而是在回答唯一真正和真实的法官：历史。"什么时候你才能终于成为你

---

① 赫尔曼（1759—1795）：法国大革命时期的政治家，与革命法庭的公诉人福基埃 – 丁维勒同时死于断头机下。

自己"，二十年前，她的母亲玛利亚·特蕾莎绝望地给她写信说道。现在，在面临死亡的时候，玛丽·安托奈特开始通过自己的力量，为自己的高贵搏斗，到目前为止，她还只是在外表上表现出了这种高贵。面对她叫什么名字的这个形式性的问题，她响亮而清晰地回答说："玛丽·安托奈特·冯·奥地利-洛林，三十八岁，法国国王的遗孀。"福基埃-丁维勒感到恐惧，在表面上维持着所有司法程序合规地进行，继续询问，好像他不知道她之前被关押在什么地方一样。玛丽·安托奈特没有流露出一丝讽刺的意味，告诉她的公诉人，她从来没有被关押过，只是被人从国民议会接走，把她带到了圣殿里。然后就是以那个时代书面上的激情对她提出真正的问题和控告，说她在革命爆发之前和"波西米亚与匈牙利国王"有政治层面的联系，以一种"可怕的方式"在"臭名昭著的部长们的同意之下，为了自己的享乐和阴谋，挥霍人民的血汗成果"，摧毁了法国的财政，给了奥地利皇帝"几百万里弗尔，用于反对这些供养着她的人民"。他们说她自从革命爆发之后就在阴谋反对法国，与外国特工密谈，唆使她的丈夫，也就是国王动用一票否决权。所有这些控告，玛丽·安托奈特都以实事求是、精力充沛的姿态否认了。直到赫尔曼提到一个表达方式非常笨拙的论断的时候，对话才变得活跃起来。

"您就是教会了卡佩深刻的伪装技巧的人，在这么长时间里，你们都蒙骗了善良的法国市民，而这些善良的人民没有料到，你们的卑鄙和阴险可以发展到什么程度。"

对这段空洞的激情独白，玛丽·安托奈特做出了平静的回答：

"是的，人民受到了欺骗，而且是受到了非常残忍的欺骗，但不是我和我的丈夫欺骗了他们。"

"那么是谁欺骗了人民呢？"

"是那些能够从人民那里获取利益的人们。我们自己欺骗人民获得不了任何利益。"

赫尔曼立刻抓住了这个暧昧不清的回答。他希望王后现在可以脱口而出一句什么话，可以解释为对共和国心存敌意。

"那么您觉得，欺骗人民能够让谁获得利益呢？"

但玛丽·安托奈特巧妙地避开了矛头，她知道这一点。她自己的利益在于启蒙人民，不是欺骗人民。

赫尔曼察觉到了这个回答里的讽刺意味，愤怒地说道："您没有明确地回答我的问题。"

王后没有被诱导，依然坚守着自己的立场："如果我知道这些人的名字，我会毫不掩饰地回答。"

在第一次交锋之后，审讯又变得实事求是起来。人们向她问起逃亡瓦雷纳的事件，她小心翼翼地做出了回答，想要把公诉人试图卷进审讯的所有朋友都秘密地保护起来。直到赫尔曼提出下一个单纯的指控的时候，她才又做出了有力的反击。

"您从来都没有，一刻都没有停止过尝试毁掉法国。您想要不惜一切代价统治法国，踏着爱国者的尸体重新登上王座。"

对于这段华而不实的指控，王后给出了骄傲而尖锐的回答（唉，人们为什么选中了这个蠢货担任问询者！），她和她的丈夫没有必要登上王位，因为他们已经拥有了王位，除了法国的幸福，他们也没有其他要求。

现在赫尔曼变得更具有攻击性了。他越是觉得，玛丽·安托奈特出于谨慎和安稳的态度不会被引诱，不会说出对公开审讯有利的"材料"，他的控诉就越是残忍。他说她灌醉了佛兰德斯军团，和外国宫廷通信，制造了战争，对《皮尔尼茨条约》^①施加了影响。但玛丽·安托奈特纠正说，事实上，是国民公会而不是她的丈夫决定开战，她只不过是在举办宴会的时候曾经有两次穿行大厅。

赫尔曼要把最危险的问题留到最后，王后在这些问题上不是要否认自己的感受，就是要发表某种反对共和国的陈词。他问了一个国家法律的基本原理。"您在共和国的战争中有什么利益？"

"法国的幸福，这就是我高于一切的愿望。"

"您认为，对于人民的幸福，国王的存在是必要的吗？"

"一个个别的人不能够决定这样的事情。"

"您一定非常遗憾，因为您的儿子失去了一个王位，他本来可以登上王位，如果没有人终于教给人民他们具有什么权利，如果人们没有把这个王位摧毁，是不是这样？"

"我永远不会为我儿子的什么东西感到遗憾，如果这对于他的国家是一件好事。"

我们可以看出来，审理法官的进展并不顺利。玛丽·安托奈特已经做出了最精确和最狡猾的反驳，她说她不会为她儿子的什么东西感到遗憾，只要"这对于他的国家是一件好事"，因为王后用了表示占有的这个词"他的"，却没有公开对共和国表现出不尊敬，她对这个共和国的审理法官在法庭上说，她把法国依然当成"他的"，当成她的孩子的合法领土与财产，她即便是在危险中也没有放弃对她来说最为神圣的东西，也就是她儿子的王位继承权。在这最后一次交锋过后，审讯很快结束。人们询问，她是否要为主审判召唤一位辩护律

---

① 1791 年 8 月 27 日，普鲁士与奥地利签订此条约，其中包括支持法国国王路易十六的宣言。

师。玛丽·安托奈特解释说，她不认识任何律师，同意他们任命一两位她不认识的官方律师。归根结底，她知道对方是朋友还是陌生人都无所谓，因为整个法国已经没有这么勇敢的人肯为过去的王后进行严肃的辩护了。如果谁公开说一句对王后有利的话，就会立刻被从辩护律师的位置移到被告席上。

现在，合法审理的表象依然维持着，形式主义者福基埃-丁维勒经受住了考验。他开始了工作，开始撰写控诉法令。他的羽毛笔运转得飞快，纸页翻动得飞快：如果谁每天都要炮制一摞控诉文书，那么他的笔法也会变得轻盈。无论如何，这位小小的外省法官相信，他有某种责任要给这个案子注入澎湃的诗意，必须用庄重的、慷慨激昂的语气书写，就好像人们当场抓住了一个大喊"国王万岁"的小女裁缝的脖颈。因此他的文书开头非常浮夸："在检验过公诉人提交的证据之后，可以确认，我们曾经称为法国王后的这个人就像梅萨丽娜、布伦希尔德、芙蕾德贡德①和美第奇家族的凯瑟琳②一样，她那可鄙的名字将永远不会从史书里抹去，玛丽·安托奈特，路易·卡佩的遗孀，自从来到法国，就成了法国人民的灾难和吸血鬼。"在这一小段历史杂糅之后——因为在芙蕾德贡德和布伦希尔德的时代还没有什么法国国王——就是一段人尽皆知的控诉，声称玛丽·安托奈特和"波西米亚与匈牙利国王"有政治联系，曾经交给奥地利皇帝几百万里弗尔，参加贴身侍卫的"纵情狂欢"，挑起内战，导致爱国者被屠戮，向国外

---

① 布伦希尔德、芙蕾德贡德为六世纪法兰克王国的王后，曾经为争夺王权进行过野蛮的杀戮行为。

② 凯瑟琳（1593—1629）：法国国王亨利四世的妻子，路易十三的母亲。一生中多次谋反，被称为法兰克人的女王。

提供作战计划。埃贝尔的指控也被以更隐蔽的形式采纳了，"她犯下了违反天性的罪行，作为一位母亲，嘲笑自然的法则，毫无顾忌地和自己的儿子路易·查理·卡佩做出了不符合道德的事情，只需要想象一下或者是稍加提及就已经令人厌恶。"但恰恰相反，更加令人意外的新指控是，她已经卑劣和虚伪到了印刷和分发描绘她自己负面形象的作品，让外国势力坚信她受到了法国人民的严重薄待。按照福基埃-丁维勒的说法，玛丽·安托奈特自己分发了有关拉·莫特夫人和其他无数讲述她女同性恋故事的小册子。根据所有这些指控，玛丽·安托奈特的状态从被看守者变成了被告。

这份文件还不是法官的伟大杰作，它刚刚写就，就在10月13日交给了辩护律师肖维奥-拉加尔德[①]，他立刻把这份文件交给了监狱里的玛丽·安托奈特。被告和律师一起读了这份控诉书。只有律师读到这些充满仇恨的语言感到惊讶和震撼。玛丽·安托奈特在审讯之后已经没有什么期待了，保持着完全的平静。但这位知识渊博的法学家却一再地陷入绝望。不，不可能，要把这样一堆指控与文件用一个晚上整理完成。而只有在他真正看清了这些混乱的文件以后，他才能够进行有效的辩护。因此他逼迫王后，说他的工作要推迟三天，这样他才能根据整理过的材料和审阅过的证据，有根据地准备自己的辩护词。

"那么我应该找谁呢？"玛丽·安托奈特问道。

"找国民公会。"

"不，不……绝对不行。"

"但是，"肖维奥-拉加尔德催促道，"您不该为了一种在这里

---

① 肖维奥-拉加尔德（1756—1841）：法国律师、政治家，因为玛丽·安托奈特辩护而著名。——编者注

毫无用处的自尊感而放弃您的利益。您有义务不仅仅为了自己保住性命，也为了您的孩子们保住性命。"听到了她的孩子们，王后就屈服了。她给议会主席写了一封信："主席公民①，按照法庭要求为我辩护的特隆索公民和肖维奥公民令我注意到，他们今天才接手这项工作。我明天就应该接受审判，但他们觉得不可能在如此短暂的期限内将这些审讯档案研究完毕或者仅仅是阅读完毕。我对我的孩子们负有责任，无法错过为他们的母亲进行完整辩护的所有手段。我的辩护律师要求推迟三天。我希望国民公会可以予以批准。"

这一封信再一次令人震惊地显示出玛丽·安托奈特精神上的转变。这个一辈子都不擅长写信、不擅长外交的女人现在开始用王者的态度写信，开始负责任地思考。因为即使在面临最严重的生命危险的时候，在她不得不与在法律上控制她的机构对话的时候，她也没有做出乞求的姿态。她没有以自己的名义提出申请——不，宁可毁灭也不这样做！——而是仅仅转达了一个第三者的申请，信里写的是"我的辩护律师要求推迟三天"，和"我希望国民公会可以予以批准"，而不是"我请求批准"。

国民公会没有作答。王后的死亡早就已成定局，为什么还要延长法庭上的形式呢？任何犹豫都将是残忍的。第二天早晨八点，审讯开始，所有人都提前知道了结局。

---

① 法国大革命后，人们不再使用"夫人""先生"，更不使用贵族称号，而是互称"公民"。——编者注

第四十二章　审判

在贡西埃尔谢里监狱里的七十天，将玛丽·安托奈特变成了一个老迈而病弱的女人。现在她的眼睛已经完全不习惯日光，因为流泪而泛红发炎，她的双唇因为最后几个星期里止不住的大出血而变得异常苍白。现在她不得不经常地和疲惫斗争，很多次，医生不得不为她开出强心剂。但是她知道，今天开启了历史上的一天，她不能表现得疲惫，没有人可以在法庭大厅里嘲笑一位王后和一位女皇之女的软弱。她还要再一次地从筋疲力尽的躯体里，从久已疲惫的情感中被迫迸发出所有的张力，然后这具躯体就可以长久地、永久地休息了。玛丽·安托奈特在世间还有两件事情要做——昂首挺胸地为自己辩护，昂首挺胸地死去。

玛丽·安托奈特不仅仅是内心里充满了决心，在外表上也满怀尊严地面对着法庭。人民应该察觉到，今天走上被告席的女人是一位哈布斯堡家族的女人，尽管已经公布了废黜王后的法令，却依然是一位王后。她比平常更加精心地梳理已经斑白的头发。她戴了一顶有褶皱的、刚刚浆洗过的白色亚麻小帽，孀妇的黑纱从两侧垂下来，玛丽·安托奈特想要作为路易十六的遗孀，作为法国先王的遗孀，出现在革命法庭上。

八点左右，法官与陪审员在大厅里聚集起来，罗伯斯庇尔的同乡赫尔曼担任审判长，福基埃－丁维勒担任公诉人。陪审团是由各个阶层构成的，有一位前侯爵、一位外科手术师、一位柠檬水商人、一位音乐家、一位印刷工人、一位假发工匠、一位前神父和一位木匠，在公诉人身边坐着几位公安委员会的成员，来监督审判过程。大厅里挤满了人。看到一位王后坐在被告席上，这可是百年不遇的机会。

玛丽·安托奈特镇定地走了进来，平静地坐了下来。她没有像自己的丈夫那样得到一张特别的扶手椅，等待她的只有一张光秃秃的木头椅子。就连那些法官也不再是对路易十六进行庄严公诉的时候，由国民议会精挑细选的代表了，而是每天都在进行审讯的人们，履行他们阴沉的职责的时候就像运用一门手艺。但是观众们徒劳地在她筋疲力尽、但依然没有被摧毁的面孔上找寻显而易见的激动和恐惧。她昂首挺胸，以坚决的姿态等待着审判的开始。她平静地注视着法官，平静地注视着大厅，聚集着她的力量。

第一个站起来的是福基埃－丁维勒，他宣读了公诉书。王后几乎没有听。她现在已经知道了全部有所保留的内容。昨天她逐一和自己的律师们进行了审核。即使是宣读到最严重的控告的时候，她也不曾抬起头来，她的手指漠不关心地在椅子的扶手上游荡着，"就像是在弹钢琴。"

随后四十一名证人的进军开始了，他们要根据誓言进行发言，"毫无仇恨和恐惧，只讲述真相，讲述全部的真相"。因为审讯准备得很仓促——可怜的福基埃－丁维勒在那几天里其实还有很多事情要做，吉伦特党人的审判已经提上了日程，罗兰夫人①和其他上百人在劫难逃，所以各式各样的控告，毫无时间上或者逻辑上的关联，乱七八糟地搅在一起提了出来。证人们时而说起10月6日在凡尔赛宫的事情，

---

① 罗兰夫人（1754—1793）：法国大革命时期女政治家，吉伦特党人，死于断头台，留下名言："自由，多少罪恶假汝之名而行！"

时而说起8月10日在巴黎的事情，谈起革命之前和革命期间的罪行。大多数发言都无足轻重，有一些发言简直引人发笑，比如某个侍女米洛，她声称曾经在1788年听说，柯利尼公爵对别人说，王后给她的哥哥送去了两亿里弗尔，还有更愚蠢的发言声称，玛丽·安托奈特身上带有两把手枪，这是为了杀死奥尔良公爵。还有两位证人发誓说，亲眼见到王后进行汇款，但是这些至关重要的文件原件却没有人能够拿出来。玛丽·安托奈特据说写给瑞士贴身侍卫司令官的信件也一封都不在："您可以自信地指望您的瑞士士兵，在紧要关头能够英勇作战吗？"人们没有带来一页玛丽·安托奈特亲笔写的东西，就连人们从圣殿里拿出的存放她财产的密封匣子也没有提供任何罪证。那些发缕是她的丈夫和孩子们的，两幅迷你肖像是朗巴勒亲王妃和她青年时代的女友黑森-达姆施塔特伯爵夫人的，她记事本里的名字是她的洗衣女佣和医生，没有一样东西是可以用来控告的。因此公诉人不断地回到普遍的指控上面，但王后这次已经做好了准备，尽可能比之前的审讯回答得更加坚定，更加自信。辩论就这样展开了：

"您是从哪里得到的金钱对小小的特里亚农宫进行扩建和装饰工程？您在里面举办庆典，您在这些庆典上永远都是女神。"

"人们为了这笔开支设立了一笔基金。"

"这笔基金肯定非常可观，因为小小的特里亚农宫花费了巨大的款项。"

"小小的特里亚农宫很可能耗费了一笔巨款，也许超过了我自己想要花的钱。我们在不断地提高开支。此外，我比其他任何人都希望把这一切解释清楚。"

"您是在小小的特里亚农宫里第一次见到拉·莫特夫人的吗？"

"我从来没有见过她。"

"难道在臭名昭著的项链事件里，她不是您的牺牲品吗？"

"她不可能是，因为我不认识她。"

"也就是说，您坚持否认您认识她？"

"我的原则并不是否认。我说的是真相，而且我还将继续讲述真相。"

只要还有希望存在，玛丽·安托奈特就可以投身于希望，因为大多数证人都遭到了完全的失败。他们中间没有一个人令她惧怕，真正地给她带来了麻烦。她的抵抗越来越强有力。当公诉人宣称，她在所有层面都对先王施加了影响，迫使他做她要求的事情的时候，她回答说："给某人提供建议和诱导某人做某件事情完全不是一回事。"在审判过程中，审判长指出，她的口供与她儿子的断言互相矛盾，她就轻蔑地回答说："让一个八岁孩子说出人们想要让他说的所有的话是很容易的。"在真正具有威胁性的问题面前，她小心翼翼地掩饰自己："我不知道这件事情，我不记得了。"因此赫尔曼一次也没有能得意地公然揭露出她在做伪证，或者是自相矛盾，在漫长的几个小时里，紧张地倾听着的听众没有一次爆发出一声愤怒的叫喊，或者一次仇恨的激动，或者一阵爱国主义的掌声。审判就这样空洞、缓慢地进行着，许多地方都陷入搁浅状态。是时候提出一份决定性的、真正有粉碎力量的证词了，这样才能赋予控诉以力量。埃贝尔终于觉得可以用可怕的乱伦指控引起轰动了。

他走上前去。他用坚定的、响亮的声音重复了那个可怕的指控。但是他很快就意识到，这个不可置信的指控产生的效果就是无人相信，整个大厅里没有一个人对这个堕落的母亲、对这个泯灭人性的女人表现出厌恶，发出愤怒的喊叫。所有人都坐在那里，面色苍白，深受震撼。因此这个可怜的盗贼觉得还有必要进行一番精心的心理政治学解读。"我们可以设想，"这个蠢货解释道，"这种犯罪的享乐并不是出于对享受的需求，而是出于政治目的，让这个孩子的肉体变得麻木。也就是说，卡佩的寡妇希望，当她的儿子登上了王座，她就可以用这样的阴谋使得自己有权控制他的行动方式。"

但奇怪的是，即便是在这种世界史上都属于罕见的愚蠢面前，听众也保持着令人震惊的沉默。玛丽·安托奈特没有回答，轻蔑地看着埃贝尔。她无动于衷，好像这个阴险的家伙在说中文一样，脸上毫无激动之情，笔挺而平静地坐在那里。就连审判长赫尔曼也装作没有听到他的全部指控。他故意忘记提问这位被诽谤的母亲进行回答——他已经在所有听众的脸上，尤其是在女士们的脸上看到了这桩关于乱伦的指控所留下的尴尬印象，因此希望赶紧把这个令人反感的指控抛到一边。不幸的是，陪审团里有一位冒失鬼提醒审判长："审判长公民，我要求您注意，对于埃贝尔公民所指控的被告和她儿子之间发生的事情，她还没有做出回答。"

现在审判长无法回避这个问题了。他不得不违背内心的感情，向被告提问。玛丽·安托奈特突然骄傲地昂起了头颅——"被告在这里显得激动了起来"，甚至连平时一向枯燥的《箴言报》也对此进行了报道，她怀着难以言表的蔑视大声回答道："如果我没有回答，这是因为天性不允许我对这样针对母亲的指控做出回答。我向在场所有的母亲求助。"

果然，一阵地下的呼啸，一阵强有力的震颤贯穿了大厅。来自人民的女性们，女工、渔女、女裁缝都屏住呼吸，她们感受到了某种神秘的联结：人们在侮辱这个女人的同时侮辱了所有的女人。审判长沉默下来，几个好奇的陪审成员垂下了目光：这个受到污蔑的女人心里疼痛的怒火打动了所有人。埃贝尔一言不发地从证人席上退了下来，无法对自己的成果感到骄傲。所有人都感觉到，也许埃贝尔自己也感觉到，他的指控反而帮助王后在最艰难的时刻赢得了道德层面的极大胜利。应该侮辱她的东西却使她变得更为崇高。

罗伯斯庇尔在当天傍晚听闻了这件事情，没有办法抑制他对埃贝尔的恼怒。他是这群喧闹的人民煽动者里唯一有政治头脑的人，他立刻明白了这是多么疯狂的蠢事，这个疯子竟然把一个不满九岁的孩子出于恐惧或者是负罪感做出的、别人灌输给他的、对自己母亲的指控拿到了公共场合。"埃贝尔这个蠢货，"他愤怒地对自己的朋友说，"还非要为她制造一场胜利。"罗伯斯庇尔早就厌倦了这个满腔怒火的人，他通过他那庸俗的宣传手段，通过他那无政府主义的行为损害了罗伯斯庇尔心中神圣的革命事业。他在这一天做出了内心的决定，要铲除这块污点。埃贝尔扔向玛丽·安托奈特的石头砸回来杀死了他自己。几个月后，他就坐着同样的马车，沿着同样的道路走下去，但并不像她这么英勇，而是毫无勇气，他的同伴隆西①不得不斥责他："该行动的时候，你残忍无情地胡言乱语。现在你至少学学怎么去死吧。"

玛丽·安托奈特察觉到了自己的胜利。但她在观众席上也听到了一个惊讶的声音："你看，她多么骄傲！"于是，她问自己的辩护律师："我的回答是不是展现出了太多的自尊？"但是律师安抚她说："夫人，就这样保持您的本色吧，您将取得出色的成果。"玛丽·安托奈特还要再进行第二天的战斗，审讯过程沉重地拖了下去，听众和参与者都筋疲力尽。尽管玛丽·安托奈特因为大出血而感到疲倦，在休庭期间只喝了一份汤，但她的体态和她的精神都保持着精力充沛的挺拔状态。"我们可以设想她灵魂里全部的力量，"她的辩护律师在自己的回忆录里写道，"王后需要用这些力量，承受如此漫长和可怕的审

---

① 隆西（1751—1794）：法国大革命时期政治家，属于埃贝尔派，与埃贝尔一起死于断头台。

判过程所带来的压力：站在台上，面对着全体人民，和嗜血的对手以及人们为她编织的所有罗网斗争，同时还要保持仪态，维持恰当的分寸，以免失去自己的理智。"第一天，她斗争了十五个小时，第二天又斗争了超过十二个小时，审判长才最终宣布审讯结束，对被告提出问题，问她是否还要补充什么为自己脱罪的内容。玛丽·安托奈特自信地回答道："昨天我还不认识那些证人，我不知道他们会对我做出什么样的口供。现在，他们中间没有一个人提出了反对我的正面事实。我没有什么要说的了，我只想说，我是路易十六的妻子，我必须服从他所决定的一切。"

现在福基埃-丁维勒站起身来，总结控诉。两位被分配给王后的辩护律师进行了非常温和的辩护：他们还记得路易十六的辩护律师因为过于激昂地站在国王的立场上，因此被送上了断头台，所以他们决定宁可呼吁人民的宽容，而不是直接断定王后无罪。审判长赫尔曼还没有把判罪问题提交给陪审团的时候，玛丽·安托奈特就被从大厅里带出去了，法庭上只剩下陪审团成员。现在，在说过了所有辞藻以后，审判长赫尔曼开始清楚而实事求是地说话：他把所有不确定的几百件个别的指控抛到一边，把所有的问题总结成一个简短的说明。是法国人民在控告玛丽·安托奈特，因为最近五年的政治进程就是针对她的罪证。因此他对陪审团提出了四个问题：

第一，是否已经证明，王后与外国势力和共和国的敌人进行过阴谋和联系，为他们提供过金钱援助，允许他们进入法国领土，支持他们获得军事上的胜利？

第二，玛丽·安托奈特·冯·奥地利，卡佩的寡妇，是否参加了这些阴谋，进行了这样的联系？

第三，是否已经证明，存在一场密谋或者是谋反行动，目的是要在国内煽动内战？

第四，玛丽·安托奈特·冯·奥地利，卡佩的寡妇，是否参与了这些谋反行动？

陪审成员默默站起身，退到隔壁的房间里。午夜已经过去。在这间因为挤满了人而热气腾腾的房间里，烛火平静地燃烧着，人们的心紧张而又好奇地怦怦跳着。

我在此插入一个问题，陪审成员应该做出什么法律上的决定？在审判长的总结陈词里，所有审讯政治层面的修饰都被抛到一边，把罪责实际上推卸到了那唯一的一个人头上。陪审员没有得到询问，玛丽·安托奈特是不是一个违反天性、名誉败坏、血亲乱伦、挥霍无度的女人，而是只是被询问前王后是否和外国勾结，是否希望和要求外国军队和国内起义取得胜利。

那么玛丽·安托奈特在法律的意义上到底应该对这些罪行负责吗，而且这些罪行得到证明了吗？这是一个双重的问题，只能以双重的方式回答。玛丽·安托奈特毫无疑问——这就是这场审讯的强大之处——在共和国的意义上是有罪的。我们知道，她始终与敌对的国家维持着不可否认的联系。在控诉的层面上，她在事实上已经犯下了叛国罪，她把法国军队的作战计划传达给了奥地利，她不惜无条件地利用任何合法和非法的手段，为了让她的丈夫再次拥有王位和自由。

也就是说，控诉是合法的。但是——这就是这场审讯的薄弱之处——这件事情没有证据。今天，相关文件已经被发现，并且得到了印刷，证明玛丽·安托奈特的确犯下了背叛共和国的罪行，它们存放于维也纳的国家档案博物馆，在费尔森的遗物里。但是这次审判是在

1793年10月16日于巴黎进行的，那时候公诉人无法得到这些文件里的任何一份。没有一份真正有效的证据能够放在陪审团成员面前，证明王后的确犯下了叛国罪。

一个诚实的、不受影响的陪审团肯定会感到极度尴尬。如果遵循他们的本能，那么这十二个共和主义者肯定会无条件地为玛丽·安托奈特判刑，因为他们中间的所有人都毫不怀疑：这个女人就是共和国的死敌，只要她可以，她就会为自己的儿子夺回完好无损的王权。但是从字面上看，正义站在王后一边。缺乏任何实际的证据。作为共和主义者，他们可以认为王后有罪，但是作为宣过誓的陪审员，他们又必须遵守法律，只能承认有证据的罪行。但幸运的是，这些小市民没有经历这种内心里的斗争。因为他们知道，国民公会要求的根本就不是什么公正的司法判决。国民公会派他们来这里，不是为了做出决定，而是命令他们为这个危险的女人判刑。不是砍掉玛丽·安托奈特的脑袋，就是丢掉自己的脑袋。因此这十二个人实际上只是假装商议，如果说他们思考的时间比一分钟还要长，那么也只是为了装作在讨论，而明确的结论早就已经得到了命令。

清早四点左右，陪审团沉默地回到大厅里，人们一片死寂地等待着宣判词。他们一致宣布玛丽·安托奈特犯下了公诉书里的罪行。审判长赫尔曼提醒听众。现在早就已经不是午夜了，大多数人都感到疲倦，回家去了，留下的人已经不多了，不可以做出任何赞同王后的举动。然后玛丽·安托奈特被带了进来。她独自一人，在第二天从早晨八点就开始在这里持续不断地斗争，她还没有权利感到疲倦。人们对她宣读了陪审团的决定。福基埃-丁维勒要求判处死刑，他们一致同意。然后审判长问被判刑的犯人，她是否还有其他异议。

玛丽·安托奈特纹丝不动，完全平静地听着陪审团的结论和判决。她没有流露出一丝恐惧、愤怒或者是软弱的迹象。她没有回答审判长的这个问题，只是摇了摇头，表示否定。她没有回头，没有望向任何人，就穿过一片寂静走过大厅，走下台阶。她已经厌倦了此生，厌倦了这些人，内心深处感到满足，因为所有这些小小的折磨现在都要告终了。现在只需要保持坚定，度过最后的时光。

　　在漆黑的走廊里，她那双过度疲劳、视力衰退的眼睛一时看不见东西，她的脚没有找到台阶，犹豫着摇晃了一下。在她跌倒之前，宪兵军官布斯纳上尉立刻向她伸出了手臂，扶住了她，他是在审判期间唯一有勇气给她递一杯水的人。因为他把帽子拿在手里，陪伴着这位被判了死刑的女人，就立刻被另一名宪兵举报了，他不得不为自己辩护说："我这样做只是为了防止她摔倒，所有拥有健全理智的人都不会从中看出任何其他原因，因为如果她在台阶上摔倒，人们就会立刻大喊着这是阴谋，这是背叛行为。王后的两位辩护律师在审判结束后也被拘捕，人们调查他们是否曾经为王后秘密传递过消息。"这些法官可怜的灵魂啊，在这个女人距离坟墓还有一步之遥的时候还在惧怕她那不可摧毁的精力。

　　但是他们所恐惧、所担心的这个可怜女人已经失血过多，非常疲倦，已经不能再知晓这些悲惨的嚎叫了。她平静而镇定地回到了自己的监牢里。现在她的生命开始以小时倒数。

　　在小小的房间里，在桌子上，有两支蜡烛在燃烧。这位被判处死刑的女人得到了最后的恩惠，也就是在前往永恒的夜晚之前不必在黑夜中度过这个夜晚。迄今为止都过于谨慎的看守也不再敢于拒绝她的另一个请求：玛丽·安托奈特要求纸张和墨水，用来写一封信，在她最后和最黑暗的孤寂之中，她还想要再次给那些为她感到忧虑的人们写几句话。看守拿来了墨水、羽毛笔和一张折叠起来的纸，在最初的朝霞已经可以在铁窗后面瞥见的时候，玛丽·安托奈特开始用最后的力气写她的最后一封信。

歌德曾经对人们的临死感言说过一句精彩的话："在生命的终点，从镇定的精神中升起了思想，在这之前它还是不可设想的，它就像极乐的魔鬼，闪闪发光地降落在过往的峰顶之上。"就是这样神秘的诀别之光照耀着这位被判了死刑的女人最后的一封信。玛丽·安托奈特的灵魂从来没有像在这封写给伊丽莎白夫人，写给她丈夫的妹妹和她孩子的保护者的信件里如此有力、如此坚决地凝聚起来，呈现得如此一清二楚。这张在小小的监狱书桌上写成的信上的笔迹比所有那些在特里亚农宫镀金的书桌上写就的、已经四下飘散的信件的笔迹都要坚定、都要自信，几乎具有某种男子气概。语言在这里具有纯粹的形式，情感毫无顾虑：好像由死神卷起的内心风暴撕裂了所有不安的云层，长久以来，这些云层都灾难性地使这位悲剧性的女人望不到自己的深渊。玛丽·安托奈特写道：

"亲爱的妹妹，我最后一次给你写信。我刚刚被判刑，不是被宣判了一种只属于罪犯的可耻的死亡，而只是为了回到你哥哥的身边。我和他一样清白，我希望我在最后的时刻也能像他一样。我很平静，只要人们不受到良心的谴责，人们就会非常平静。我很遗憾抛下了我可怜的孩子们，你知道，我只是为了他们和为了你而活，我善良、温柔的妹妹。你出于友谊牺牲了一切，只为了留在我们身边，——但是我却把你留在了什么样的处境里啊！通过审讯的辩护词我已经得知，我的女儿已经和你分开。唉，可怜的孩子！我不敢给她写信，她不会收到我的信，——我甚至也不知道，这封信能否被送到你的手里。请为了他们两个接受我的祝福。我希望，等他们长得更大一点以后，他们能够与你团聚，彻底享受你那温柔的照拂。但愿他们两个都会记得我不断地教导给他们的事情：坚守基本原则，一步不差地遵循自己的职责就是生活最为重要的根基，他们之间的友谊与信任将使他们幸福。希望我的女儿作为姐姐，能够意识到她必须始终站在弟弟的身边，给他提供建议，奉献给他更多的经验和友谊。希望我的儿子反过来能够在所有方面，出于友谊照顾他的姐姐，效劳于他的姐姐。希望他们两个最终能够认识到，在人生中的任何境况下，只有通过他们的和睦相处才能达到真正的幸福。希望他们将我们当作榜样！我们的友谊在苦难中为我们制造了多少慰藉啊！只有与一位朋友分享幸福，幸福才会加倍。而且，除了在自己的家庭里，还能在哪里找到一位更温柔、更亲密的朋友呢？希望我的儿子永远不要忘记他父亲最后的遗言，我经过了考虑，向他重复这句话：希望他永远不要试图为我们的死亡而复仇！

"我必须和你说起一件事情，这件事情令我非常心痛。我知道，这个孩子肯定给你造成了巨大的痛苦，但原谅他吧，亲爱的妹妹，想想他还那么年幼，人们很容易就把他们想要听到的话放到他的嘴里，甚至他自己都不理解那是什么意思。我希望终有一天，他会更好地理解你给予他们两个人的爱与柔情的价值。

"我不得不向你倾诉我最后的想法。我本该从审讯开始就把这些事情写下来，但是先不提人们不给我书写的工具，审讯进行得也如此迅速，我实际上并没有书写的时间。

"我怀着我父辈正统的罗马天主教信仰死去，我在这种宗教氛围中成长起来，一直声称信仰这个宗教。既然我已经无法期待任何精神上的抚慰，既然我已经不再知道还有没有这种宗教的神父存在，既然他们来我所在的这个地方必然会面对所有的巨大危险，我就从内心祈求上帝宽恕我有生以来犯下的所有罪过。我希望，他出于仁慈，可以倾听我最后的祷告，就像倾听长期以来我对他做的所有祷告一样，这样我的灵魂就能够得到一些他的仁慈与他的善良。

"我请求我认识的所有人，尤其是你，亲爱的妹妹，宽恕我在不知不觉的情况下强加给你们的任何痛苦。我原谅我所有的敌人，他们所做的恶事曾经折磨过我。我在这里向姑母们，向我所有的兄弟姐妹们道别。我有一些朋友。想到我要和他们永远分开，想到他们的痛苦是我在垂死时分感到最令我受折磨的事情。希望他们至少知道，我在我生命的最后一刻依然还在记挂着他们。

"永别了，善良、温柔的妹妹！希望这封信可以送到你的手里！不要忘记我！我用全部的心灵拥抱你，还有那些可怜的、亲爱的孩子们！我的上帝，永远离开你们是多么的令人撕心裂肺啊！永别了，永别了！我现在只能专注于我的宗教义务。既然我无法自由地做出决定，他们也许会带一位神父过来。但是我在这里声明，我一个字也不会对他说，我会把他完全当作一个陌生人来对待。"

然后信件就戛然而止了，没有结语，没有签名。也许疲惫战胜了写信的人。桌子上的两支蜡烛依然在燃烧，在飘闪，它们的火苗也许比这个人的生命还要长久。

这封来自黑暗的信件几乎没有抵达任何一个在信中被提及的人的手里。玛丽·安托奈特在行刑前不久把这封信转交给了监狱总管鲍尔，请他转交给自己的小姑子。鲍尔有足够的人性给她提供信纸和羽毛笔，却没有足够的勇气在不经许可的情况下就进行转交工作（人们看到越多的人头落地，就越担心自己的脑袋）。因此他按照规定，把王后的信件交给了调查法官福基埃–丁维勒，他在上面签了字，但是同样没有继续传递下去。两年以后，当福基埃-丁维勒自己也不得不坐上刑场马车的时候——他自己曾经为贡西埃尔谢里监狱里的那么多人预定了同样的马车——这份信件消失了。世界上没有任何人还预料到或者是知道这封信的存在，除了一个非常无足轻重的人，他名叫古尔托瓦。这位议员等级不高，精神薄弱，在罗伯斯庇尔被捕后被国民公会任命整理并出版遗留下来的文件，趁这个时机，这位曾经的木鞋工匠灵光一现，想起如果掌握了秘密的国家文件，手里就能拥有怎样的权力。因为所有参与过密谋的议员现在都谦卑地围着小小的古尔托瓦转来转去，他们以前可是连招呼都不和他打一个。他们向他做出最为疯狂的许诺，只要他把他们写给罗伯斯庇尔的信件还给他们。这个熟练的商人发现，尽可能多地收集陌生人的书信是非常有好处的，于是他利用普遍的混乱状况，洗劫了革命法庭的所有档案，用来做交易。这个狡猾的人仅仅保留了玛丽·安托奈特的这一封书信：谁又能够参透时代的变化，知道什么时候就会吹起一阵什么风，然后人们就需要这么一份珍贵的秘密文件了呢。他把这封抢劫得来的文件藏了二十年，果然：风向变了。又有一位波旁家族的成员成了法国国王，他就是路易十八，那些过去的"弑君者"①，那些投票赞成路易十六死刑的人们现在都觉得脖颈上痒得出奇。为了得到恩宠，古尔托瓦把这份"抢救出来的"玛丽·安托奈特的书信（偷窃文件还是很有好处的）作为礼物献给路易十八。这个拙劣的花招没有帮上他的忙，古尔托瓦和其他人一样被流放了。但是这封信得以重见天日。在王后寄出这封信二十一年后，这封奇特的诀别信又来到天光之下。

　　但是太晚了！玛丽·安托奈特在垂死时分想要问候的所有人几乎

---

① 原文为法语。

都已经过世。伊丽莎白夫人上了断头台，他的儿子不是真的死在了圣殿里，就是用了其他身份（我们今天都不知道真相），顶着一个陌生的名字，在没有人认出的情况下，在世界上经受着自己默默无闻的命运。就连费尔森也没有收到来自恋人的问候。那封信里没有一个字提到了他，但是——那些动人的字句除了是写给他的，还能是写给谁的呢："我有一些朋友。想到我要和他们永远分开，想到他们的痛苦是我在垂死时分感到最令我受折磨的事情。希望他们至少知道，我在我生命的最后一刻依然还在想着他们。"玛丽·安托奈特的职责不允许她在全世界面前提出她心中最珍贵的那个人。但是她曾经希望，这些字句能够来到他的面前，她的恋人能够在这些有所保留的字句里读到，她直到最后一息都对他怀着恒久不变的献身精神。而且——感情有着神秘的远程感应！——就好像是他感受到了，她要求他在最后一刻陪伴在她身旁，就好像是受到了神秘的呼唤，在死刑之夜，他在自己的日记里回答道，"那真的是所有痛苦中最痛苦的事情，她不得不在最后的瞬间里独自一人，没有安慰，没有任何人可以和她说一说话。"就像她在极度孤寂的状态下思念着他，他也在同一瞬间想念着她。尽管有千里万里和千万道墙垣相隔，尽管他们看不见彼此也触碰不到彼此，但这两个灵魂却在一瞬间内呼吸着同一个愿望：在某个不可思议的空间里，他们的思念超越时间的阻挡，在星球的震荡里相触，如同双唇的相互亲吻。

玛丽·安托奈特放下了羽毛笔。最艰难的事情已经被战胜，与所有事物和所有人的诀别已经完成。现在还可以躺下休息片刻，凝聚力量。她在这一生里已经不再有什么可以做的事情了。只余下一件事情：死亡，但那是体面的死亡。

第四十三章　最后一程

清早五点，在玛丽·安托奈特还在写自己最后的信件的时候，巴黎的四十八个区已经全部敲响了鼓声。七点左右，全体武装力量已经就位，已经上膛的加农炮封锁了所有的桥梁，巡逻队列和看守士兵带着擦得闪闪发亮的刺刀穿过城市，骑士夹道排列，——无数的士兵被调动起来对付唯一的一个女人，而她本人除了结束这一切已经别无所求。常常是暴力对它的牺牲品有着更多的恐惧，胜过了牺牲品对暴力的恐惧。

　　七点左右，监狱看守的厨房女佣罗莎莉悄悄地溜进了牢房。那两支蜡烛依然还在桌子上燃烧，在角落里坐着一个警醒的阴影，那是一位宪兵军官。罗莎莉在一开始没有看到王后，然后她才震惊地注意到：玛丽·安托奈特穿着完整的黑色孀妇丧服躺在床上。她没有入睡。她只是疲倦了，因为持续的大出血而筋疲力尽。

　　这个年轻的乡下女孩深受感动，颤抖着站在那里，被双重的同情所触动，既同情这个被判了死刑的女人，也同情她的王后。"夫人，"她震惊地走到她身边，"您从昨天晚上开始就什么也没有吃，白天几乎也没有吃什么东西。您今天早晨想要吃些什么吗？"

　　"我的孩子，我什么也不需要了，对我来说，一切都已经结束了。"王后回答说，没有站起身来。但是这个女孩再一次恳切地请求王后喝一点她特意为了王后而准备的汤，这位精疲力竭的女人就说道："好吧，罗莎莉，请你把那份浓汤拿来吧。"她喝了几勺汤，然后小女佣就开始帮助她更衣。有人劝告过玛丽·安托奈特，不要穿着她站在法官面前的黑色丧服走上断头台，这种引人注目的孀妇的装束可能会激怒人民。玛丽·安托奈特——现在她还会在乎什么衣服！——没有做出抵抗，决定穿一件轻盈的白色晨袍。

但是这最后一件费力的事情并没有使她免于经受最后的屈辱。王后在这些日子里一直在失血，她的所有衬衣都因此而弄脏了。出于自然的要求，她想要在走完最后一程的时候肉体上是干干净净的，于是她现在要求换上一件干净的衬衣，请求看守她的宪兵军官回避一小段时间。但是这个人严格执行不让她离开自己的视线一秒钟的任务，解释说他不可以离开自己的岗位。于是在狭窄的房间里，王后在床与墙壁之间蜷蹲下来，当她换衬衣的时候，那个年轻的厨房女佣对她感到同情，就站在她面前，遮掩住她暴露出来的身体。但是沾满血迹的衬衣应该放到哪里呢？这个女人觉得，把血迹斑斑的内衣留在这个陌生的男人面前，留在他那毫不谨慎的好奇目光之下是一件很羞耻的事情，再过几个小时，这些人就会瓜分她的遗物。因此她快速地把衬衣卷成了一小团，把它塞到了壁炉那面墙壁后面的一个通风口里。

然后王后开始非常小心地穿上衣服。她已经有一年多没有走上过街道，没有看到过头上自由而开阔的天空：就是为了这最后一程，她觉得自己应该打扮得特别体面和干净，她这样做已经不再是出于女人的虚荣心，而是因为这个历史性的时刻让她感受到的尊严。她仔细地抚平她洁白晨衣上的褶皱，将一块轻薄的麦斯林纱巾系在脖颈上，挑选出她最好的一双鞋，日渐发白的头发盘拢在一顶有着双重帽檐的帽子里。

八点钟，房门被敲响了。不，来的还不是刽子手。来的只是刽子手的信使，也就是神父，但他属于那些已经对共和国宣誓效忠的神父之一。王后礼貌地拒绝了向他进行忏悔，说她只承认没有宣誓效忠的神父才是上帝的仆人，神父问她，他是否应该陪同她走完这最后一程，她冷漠地回答道："如您所愿。"

这种表面上的冷漠在某种程度上是一种防御机制，玛丽·安托奈特在背后积蓄着内在的决心，准备踏上这最后一程。十点钟，刽子手参松走进来，剪掉她的头发，那是一个有着巨人体魄的年轻人，她平静地让他把自己的双手绑在背后，没有做出任何抵抗。她知道，她的生命已经不可挽救，可以挽救的只有荣誉。现在只有一点，不要在任何人面前表现出软弱！只需要保持坚定，向所有渴望看到这一幕的人们展示，玛利亚·特蕾莎的女儿是如何走向了死亡。

将近十一点钟，贡西埃尔谢里监狱的大门打开了。外面停放着刑场的囚车，这是一种用栅栏围起来的马车，套着一匹强壮结实的黑马。路易十六还是乘坐自己专用的宫廷豪华马车庄重而有尊严地走向了死亡，还有带玻璃的车壁为他阻挡最为粗俗的好奇心和最令人痛苦的仇恨。在这段时间里，共和国在火炽的道路上已经走了很远，远到难以计量，就连通往断头台的路途也要求平等：一位王后在赴死的时候不需要比任何一位市民更舒适的条件，一辆有栅栏的马车对卡佩的寡妇来说就足够了。车座只是架设在阶梯之间的木板，没有软垫，也没有车顶：罗兰夫人、丹东、罗伯斯庇尔、富凯、埃贝尔和所有这些把玛丽·安托奈特送往死亡的人，也是坐在这样坚硬的木板上走完了自己的最后一程。这位被判刑的女人只是比她的法官们提早走了一小段路。

　　首先从贡西埃尔谢里监狱阴暗的走廊里走出来的是军官，他们后面是一整个看守的连队，手里握着步枪，然后是迈着平静而安稳的步伐的玛丽·安托奈特。刽子手参松用一根长长的绳子拖着她，绳子系在了她被绑在背后的手上，好像他的牺牲品在几百名看守和士兵的包围之下还有可能逃跑一样。围观的人们也下意识地为这种意想不到、毫无必要的羞辱感到惊讶。没有一个人发出平日里那种嘲讽的尖叫。人们非常沉默地看着王后走到了囚车前面。参松在那里伸出手，帮助她登上车。在她身边坐着身穿市民服装的吉拉尔神父，刽子手站得笔直，脸上始终毫无表情，手里牵着绳子，就像卡戎①引渡死者的灵魂，这个人每天都怀着无动于衷的心灵摇着自己的船，把人们送到生命的彼岸。但是这一次，就连他和他的助手们都在全部路程中把三角帽夹在臂下，就好像他们觉得把这个手无寸铁的女人送上断头台是一件可悲的职务，他们对此表示歉意。

　　这辆悲惨的马车慢慢地在碎石路上颠簸着。他们故意放慢速度，这样每个人都能好好看看这出绝无仅有的好戏。王后坐在坚硬的座位上，这辆粗劣马车的每次颠簸都让她觉得痛彻骨髓，但是玛丽·安托奈特那苍白的面孔保持着毫不动摇的神态，泛红的眼睛凝视着前方，没有表现出一丝恐惧，也没有表现出因为密密麻麻的好奇的围观者而感到一丝痛苦。她将所有灵魂的力量聚集起来，直到最后一刻都保持着强大，她最险恶的敌人们徒劳地希望可以在一瞬间窥见她表现出失败或者是气馁的样子。什么也不能扰乱玛丽·安托奈特的内心，什么

———————————

① 卡戎：古希腊神话中冥河的摆渡者。

也不能，即便聚集在圣罗歇教堂门口的女人以通常的高声嘲讽迎接她，即便演员格拉蒙为了在这个阴郁的场景里制造气氛，穿着国民警卫队的制服骑马走在囚车前面，挥舞着刺刀，大喊道："这就是她，无耻的玛丽·安托奈特！现在她就要死去了，我的朋友们。"她的面孔也保持着金属一般的坚定，她看起来什么都没有听到，什么都没有看到。后背上被捆起来的双手使得她的脖颈挺得更直，她直视着前方，街上所有这些斑斓和狂野的景象都不再能够挤入她的眼帘，她的眼睛里已经溢满了从内心里涌流出来的死亡气息。她的嘴唇没有一丝颤动，她的身体没有一次颤抖，她完全是自己力量的主人，骄傲而又轻蔑地坐在那里，即便是埃贝尔都不得不在次日的《杜歇奈斯老爹》中承认道："无论如何，这个荡妇直到最后都是大胆和放肆的。"

在圣-奥诺雷大街的拐角，在今天的摄政咖啡馆的位置，有一个人拿着铅笔和纸躲在那里。他就是路易·大卫，那个时代最怯懦的灵魂之一，也是那个时代最伟大的艺术家之一。在革命时期，他是那些呐喊者中间声音最响亮的，只要那些人还拥有权力，他就服务于当权者，在危险的时候就离开他们。他画下了垂死的马拉，在热月①八日，他还慷慨激昂地对罗伯斯庇尔发誓，"与他共饮这杯酒，直到最后一滴"，但是就在九日，在那充满灾难的会议上，他这种英雄主义的渴求就消逝了，这个可悲的英雄退缩了，躲在自己的家里，因为怯懦而躲过了断头台。在大革命期间，他是暴君不共戴天的敌人，但他又是第一个转向新的独裁者的人，为拿破仑的加冕礼作画，放弃他对贵

---

① 热月：法国大革命后，法国推行共和国历法，每个月份都被赋予与季节风物有关的浪漫名称，热月相当于公历7月19日到8月18日。

族的仇恨，从而换来了"男爵"的称号。这是一个永远向当权者倒戈的典型人物，谄媚成功者，对失败者残酷无情，既画加冕的胜利者，也画走向断头台的失败者。后来丹东从现在运送着玛丽·安托奈特的同一辆囚车上下来，因为已经知道他的卑劣，就迅速地对他表示轻蔑，给了他一句蔑视的责骂："奴仆的灵魂！"

但尽管这个人有着一个奴仆的灵魂和一颗怯懦可悲的心，他却有一双强有力的眼睛和一双从不失误的手。他在一瞬间就匆匆地把王后那难忘的面孔凝固在了纸上，为她赶往刑场的场景做出了一幅伟大的惊人的速写，这幅画怀有某种可怕的力量，似乎还带有生命的热气：一个逐渐衰老的女人，已经不再美丽，但依然骄傲。双唇骄傲地紧闭着，就像正在内心里发出呐喊，双眼冷漠而又疏离，双手被捆在身后，却如此挑衅地、笔直地坐在囚车上，就像坐在王座上一样。这张石化的面孔的每一根线条都在表达着一种不可名状的轻蔑，高高挺起的胸膛表达着一种不可动摇的决心。忍耐已经转化为对抗，苦难已经在内心变作力量，这赋予了这个备受折磨的形象一种崭新的、可畏的威严。即便是心怀仇恨的人，也无法否认这张纸上呈现出来的高贵，玛丽·安托奈特就以她伟大的举止克服了囚车给她带来的耻辱。

宽阔的革命广场，今天的协和广场上挤满了黑压压的人潮。一万多人从清早起就站在那里，为了不错过这场独一无二的好戏，为了看看一位王后是如何按照埃贝尔那粗俗的词语，"被民族的刀片修理"，这群好奇的人们已经等了好几个小时。为了不感到无聊，这些人和旁边的漂亮女人交谈几句，发出大笑，说几句闲话，从卖报者那里买几份日报或者是漫画，翻阅着最新出版的小册子《王后给她的宠儿和宠姬的诀别信》①或者《前任王后巨大的热情》②人们窃窃私语，猜测明天和后天又会有谁人头落地，在这段时间里，人们也在街边的商贩那里购买柠檬水、小面包或者是坚果，这样盛大的场景值得人们付出耐心。

在这些逐渐变得好奇起来的黑压压的人潮上方，在这个挤满了人的空间里，仅有两件没有生命的东西耸立着，那是两个剪影：断头台那修长的线条，这座从此岸通往彼岸的木质桥梁，在它上端的横梁上，十月浑浊的阳光照得它那明亮的路标闪闪发亮，那就是磨得锋利的刀斧。它轻盈而自由地立在苍灰的天空之下，就像被一位恐怖的神灵遗忘的玩具，群鸟没有察觉到这件残忍的工具那阴暗的含义，在断头台的上空无忧无虑地飞翔和嬉戏。

但是在它旁边，巨大的自由女神像③骄傲而严肃地耸立着，骄傲地越过了那道死神之门，安放在过去路易十五纪念碑的底座上面。她就静静地坐在那里，一位居高临下的女神，头上戴着雅各宾党人的红帽子，沉思着握着宝剑。她坐在那里，化成了石头，自由女神，宛在梦中的眼睛注视着前方。她白色的双眼越过了脚下这些永远骚动着的人群，远远越过了身边的那台死亡机器，僵滞地望着某个遥远和不可见的东西。她看不到周围的人性，看不到生命，看不到死亡，这位不可理解的女神永远被人热爱，用做梦一般的石头眼睛眺望着。她没有听到任何向她呼吁的人的呐喊，她没有感受到人们放在她石头膝盖上的花冠，也没有察觉到涌流进她脚下的泥土里的鲜血。她是一个永恒

---

① 原文为法语。

② 原文为法语。

③ 这座自由女神雕像于1792年在巴黎的路易十五广场建立，广场更名为革命广场，自由女神像旁边设立断头台，在1800年被毁。

的思想，在人群中格格不入，沉默而呆滞地望着远方，望着她那看不见的目标。她没有发问，也不知道，人们以她的名义做了什么事情。

人群突然开始激动，翻涌起来，然后又突然安静下来。在这片寂静中，人们听到了狂野的呼喊从圣-奥诺雷大街传来，人们看到了走在前面开路的骑士，现在那辆悲惨的囚车带着那位被捆绑起来的女人拐过了街角，她曾经是法国的女主人。她身后站着刽子手参松，一只手里骄傲地牵着绳子，另一只手谦卑地拿着帽子。巨大的广场陷入了全然的静默。叫喊的人们不再发出声音，他们的所有话语都陷入了缄默，静得可以听到马匹沉重的踩踏声音和车轮吱呀作响的声音。这一万多人刚刚还在欢乐地闲谈、发笑，现在却突然显得压抑，就像看到这位被捆绑起来的女人给了他们一种恐怖的着魔感觉一样，而这位女人却没有看向任何人。她知道：只还余下这最后的考验了！只还有五分钟的垂死时刻，然后就是永垂不朽。

马车在断头台前面停了下来。王后平静地走下车来，没有人帮助她，"面孔比离开监狱的时候还要更像一块石头"，她拒绝了所有人的帮助，独自登上了断头台的木板台阶。她穿着黑缎面的高跟鞋，迈着轻盈和灵巧的步伐登上了她人生中的最后几个台阶，就像她过去登上凡尔赛宫的大理石台阶一样。现在越过那令人厌恶的人潮，向面前的天空再投去一瞥茫然的目光！她是否在秋日的浓雾里认出了那边的杜伊勒里宫，她曾经在那里居住，在那里经受不可名状的苦难？她是否在最后一刻，在垂死关头，还回忆起了在同一个花园里，人们欢迎她作为王位继承人的妻子到来的场景？我们不知道。没有人知道这个已死的女人最后一刻的思绪。一切都已经结束。刽子手们在背后抓住她，迅速地把她推到木板上，头颅置于刀斧之下，绳子一拉，下落的利刃寒光一闪，一声沉闷的巨响，参松已经抓住了这颗失血的头颅的头发，把它引人夺目地举起在了广场上空。此刻，一万多人窒息般的恐惧得到了拯救，化为野蛮的呼喊。"共和国万岁！"声音从刚刚在窒息中得到解放的喉咙里爆发出来。然后人们几乎是匆忙地散开了。当然，现在已经是十二点一刻钟了，正是用午餐的时候，是该赶紧回家了。为什么还要在这里待着！明天和之后几个星期、之后几个月里，人们几乎每天都可以在同一个广场上，一次又一次地看到同样的表演。

已经是正午。人群已经散去。行刑人用一辆小推车把尸体运走，血淋淋的头颅加在两腿之间。还有几位宪兵看守着断头台。但是没有人关心慢慢渗入泥土的鲜血，广场再次变得空旷起来。

此刻，自由女神被束缚在自己白色石头的魔咒里，一动不动地留在自己的位置上，继续凝视着自己那看不见的目标。她什么也没有看见，什么也没有听见。她的目光严厉地掠过了人类疯狂和愚蠢的行为，望向永恒的远方。她不知道，或者是不想要知道，人们都以她的名义做了什么事情。

第四十四章　哀悼

那几个月在巴黎发生了太多的事情，人们无法对一个人的死亡进行长久的思考。时间流逝得越快，人们的记忆就变得越差。过了几天，几个星期，巴黎已经彻底忘记，王后玛丽·安托奈特已经被斩首、被埋葬。就在行刑的第二天，埃贝尔还在它的《杜歇奈斯老爹》报上嚎叫说："我看到了一票否决权女士的头颅掉进了袋子里，真该死（foutre），当这个母老虎坐着有三十六根木头围栏的马车穿过巴黎的时候，我真想要描写一下无套裤党人有多么的享受……她那颗备受诅咒的脑袋终于和她那荡妇的脖颈分开了，空气中都是雷鸣般的——该死——呐喊声：共和国万岁！"但是人们几乎不去听他说的话，在恐怖主义的年月里，每个人都在为自己的脑袋而担忧。在这段时间里，王后的棺木就停留在墓园里，没有得到下葬，因为人们不会仅仅为了一个人而挖掘坟墓，这样实在是太费钱了。人们等着勤奋的断头台继续把后面的人送过来，只有聚集了一群人以后，玛丽·安托奈特的棺木上面才会撒上生石灰，和那些新的棺木一起被送进集体墓地。这样一来，一切事情就全部结束了。王后的那条小狗还在监狱里不安地嚎叫了几天，到处跑来跑去，从一个房间闻嗅到另一个房间，跳到所有床垫上，找寻着自己的女主人，然后它就也变得冷漠，监狱的守门者出于同情而收留了它。再之后：一个掘墓人跑到市政官员那里，开出了一张收据，"卡佩的寡妇棺木耗资6里弗尔，坟墓和掘墓工作15里弗尔35苏。"然后一个法庭的佣人还把王后几件寒酸的衣服整理起来，建立了一个档案，把这些东西送到了一家医院里，可怜的老妇人们穿上了这些衣服，她们不知道，也没有问过这些衣服之前属于谁。这样一来，对当时的人来说，玛丽·安托奈特的事情就完结了：几年后，有一个德国人来巴黎，问起王后的墓地，整个城市里已经不再有一个人能够找到那里，已经不再有一个人能够给出地址，指出法国曾经的王后安葬在哪里。

在边境的另一侧，玛丽·安托奈特被处刑的这件事情没有引起什么轰动，人们本来也已经预料到了。柯堡公爵过于胆怯，没有能够及时地拯救她，现在又在军事命令中慷慨激昂地鼓吹复仇。普罗旺斯伯爵觉得这次处刑让他距离成为日后的路易十八又进了一步。只是必须把圣殿里那个可怜的孩子藏起来，或是处理掉，表面上很动情地为逝者做了一些虔诚的弥撒。在维也纳的宫廷里，曾经懒惰到不愿意写一封信救援王后的弗兰茨皇帝下令宫廷进行最严格的哀悼程序。女士们都身穿黑衣，皇帝陛下几个星期都没有去剧院，各个报纸根据命令，满腔怒火地斥责巴黎那些恶毒的雅各宾党人。皇帝甚至如此仁慈地接受了玛丽·安托奈特交付给迈尔西的钻石，之后又用几位被俘的特派员来交换玛丽·安托奈特的女儿：但是一旦事情涉及付清拯救行动的金额，偿还法国王后的债务，维也纳宫廷就突然变得无动于衷了。总的来说，人们不愿意想起王后被处刑的事情，如此无情地在全世界面前放弃自己的一位血亲，就算是皇帝也会感到良心不安。几年以后，拿破仑还评价道："对法国王后保持深度的沉默，是奥地利家族绝对有效的基本原则。只要一提'玛丽·安托奈特'这个名字，他们的目光就会垂落，谈话就会转向另一个主题，好像他们想要逃避一个不体面的、令人尴尬的话题。整个家族都遵守这条规则，他们现在的外交代表也要遵守这一点。"

这条消息只是深深地刺进了一个人的内心，那就是费尔森，一切忠心耿耿的朋友里面最为忠心的一个。他每天都心怀恐惧地等待着最为可怕的事情发生。"从很久以来，我就想办法让自己做好准备，我觉得，这样一来，我在听到这个消息的时候就不会觉得特别震撼了。"但是当布鲁塞尔的报纸送来的时候，他却心碎欲绝。"她曾经意味着我的全部生命，"他给自己的妹妹写信说道，"我从来没有停止过爱她，我没有、从未、从来没有一刻停止过爱她，我愿意为她牺牲我的一切、我的一切，我现在才真切地感受到她对我来说意味着什么，我曾经有几千次愿意为她献出生命，但是她已经不在了。我的上帝啊，为什么你要这么惩罚我，我怎么就激起了你的怒火？她已经不再活在这个世上，我的痛苦到达了极点，我无法理解，为什么我还活着。我不知道我还能够怎么忍受我的痛苦，因为这种痛苦无边无际，永远也无法消退。我还将永远让她活在我的记忆里，还将为她哭泣。我亲爱的朋友，唉，为什么我没有死在她的身边，为了她而死去，在那个6月20日，如果是这样的话，我还会更加幸福，因为我现在的生活就是在永远的苦难中跋涉，心怀愧疚，直到我的生命走向终结，因为她那可爱的形象将永远也不会在我的记忆里消散。"他意识到，他现在只能活在自己的哀悼之中，只能活在自己对她的追忆之中："唯一能够令我充实的对象，唯一对我来说融万物于一体的对象已经不复存在，现在我才理解，我是多么地深爱着她。她的形象不会消散，将会永远活在我心中，将会追随着我，一刻不停地追随着我去往任何地方，我现在只能谈论她，只能在记忆中呼唤着我一生中最美好的那些瞬间。我指派了一个人去巴黎给我买来所有可以收集到的她的纪念品，她的一切对我来说都是神圣的，都是圣人的遗物，都会成为我永远珍视的和赞叹的对象。"没有什么可以弥补他的损失。几个月以后，他还在自己的日记里写道："哦，我每天都能感受到我失去了多少，每天都能感受到她在各个方面都是多么的完美。过去和未来都不会有一个像她一样的女人了。"年复一年，他内心的震撼没有平息，所有事情都会成为让他想起那个被人夺走的女人的全新契机。当他于1796年来到维也纳，在皇帝的宫廷里第一次见到了玛丽·安托奈特的女儿的时候，他留下了非常深刻的印象，眼里涌上了泪水："当我走下楼梯的时候，我的膝盖颤抖着。我感觉到了许多痛苦，还有许多欢乐，我被深深地触动了。"

每次看见她的女儿，他都会眼睛湿润地想起母亲，她母亲传递给她的血脉吸引了他。但是她从来没有得到过与费尔森说一句话的许可。这是因为宫廷那道要忘记那个牺牲品的秘密禁令，还是因为严格的忏悔牧师，他也许知道女孩的母亲和费尔森之间那种"应该受到惩罚"的关系？奥地利宫廷不愿意看到费尔森的出现，很高兴看到他再次动身离去：哈布斯堡家族从来没有对这位最忠心的朋友说过一句"多谢"。

在玛丽·安托奈特死后，费尔森变成了一个更不友善、更冷酷无情的人。他觉得世界对他并不公正、非常残酷，觉得生活失去了意义，他的政治野心和外交野心完全走向了终结。在战争的年月里，他作为使者穿行欧洲，时而在维也纳，时而在卡尔斯鲁厄，时而在拉斯塔特，时而在意大利和瑞典。他与其他女人建立了关系，但这一切并没有令他的内心忙碌起来，或者是得到安宁，证据总是在他自己的日记里浮现出来，证明这位恋人最终只是依靠着他爱恋的那个幻影活了下去。在几年以后的10月16日，在王后的忌日，他还写道："这一天对我来说是献给敬畏的一天。我永远也不应该忘记我失去了什么，我的遗憾将和我活得一样长久。"费尔森还一直都把另一个日期当作自己生命中的命运之日，就是6月20日。他永远也不能原谅自己，在出逃瓦雷纳的那一天听从了路易十六的命令，自己离开了，把玛丽·安托奈特独自一人留在了危险之中。他始终觉得这一天发生的事情是他个人的、尚未赎清的罪过。他本来应该做得更好、更有英雄气概，他一而再地抱怨说道，宁可当时就被人民撕碎，也不要继续活下去，比她活得更加长久，心里没有欢愉，灵魂承受着责备。"为什么我没有在那个时候为她而死，在那个6月20日？"——他一而再地在自己的日记里进行这种神秘的自我控诉。

但命运偏爱偶然的类比和数字的神秘游戏。几年以后，他浪漫的愿望实现了。恰好是在这一天，在6月20日，费尔森找到了他梦寐以求的死亡，这种死亡刚好符合他的意愿。费尔森不再追逐声名，却逐渐地在他的家乡成了一个重要人物。贵族元帅，国王最有影响力的顾问，一个强大的男人，但却是一个冷酷的、严苛的男人，一个十九世纪意义上的"先生"。自从逃亡瓦雷纳的那天开始，他就一直憎恨人民，因为他们劫掠了他心爱的王后，他觉得人民就是恶意的暴民、就是卑鄙的流氓，人民也同样对这位贵族报以真挚的仇恨。他的敌人在背地里散布谣言，说这个放肆的封建贵族为了给法国复仇，想要亲自当上瑞典国王，把整个民族都牵扯到战争中。当1810年6月，瑞典的王位继承人突然去世的时候，整个斯德哥尔摩都在以难以描述的方式传着谣言，这是一种疯狂和危险的言论，说是费尔森元帅毒杀了他，为了自己把王冠拿到手里。从这一刻开始，费尔森的生命就像大革命时期的玛丽·安托奈特一样，也受到了来自民众的怒火的威胁。因此，在为王位继承人举办葬礼的日子，心怀善意的朋友们听闻了各种各样的计划，劝告这个固执的人不要出席葬礼，而是最好小心翼翼地躲在家里。但这一天是6月20日，是费尔森神秘的命运之日。某种晦暗不明的意志驱使着他去实现自己梦想过的命运。就是在这个6月20日，在斯德哥尔摩，发生了十八年前在巴黎可能会发生的事情，如果人们那时发现费尔森在马车里陪伴着玛丽·安托奈特，之后可能会发生的事情。费尔森的豪华马车刚刚离开宫殿，愤怒的暴民就冲破了军队的警戒线，用拳头把这位头发花白的人从马车里拽了出来，用木棍和石头打倒了他。6月20日的梦影得以实现。把玛丽·安托奈特送上断头台的那种野蛮不驯的力量践踏着费尔森。"美男子费尔森"，前任王后的最后一位骑士的尸体流着鲜血、残缺不全地横陈在斯德哥尔摩的市政厅前面。生命无法将他们二人联系在一起，那么至少他能够在他们共同的命运之日，象征性地为她而死。

随着费尔森的离世，最后一位在记忆中深爱着玛丽·安托奈特的人也已经死去。当这个世界上已经不再有任何一个人以某种真切的方式爱着某个人的时候，他和他的影子也就不再能够长久地保持鲜活。费尔森的哀悼是最后的忠贞，然后就是完全的缄默了。很快，其他忠于王后的人也死去了，特里亚农宫衰败了，宫殿精致的花园荒草丛生，油画和家具曾经和谐地摆放在一起，反映出王后特有的优雅品位，现在已经被拍卖、被出售，这样一来，王后曾经存在过的最后可见的痕迹也最终消逝。时间继续流逝，鲜血继续流淌，革命在督政府时期熄灭，波拿巴到来了，很快就成了拿破仑皇帝。拿破仑皇帝和哈布斯堡家族又缔结了一段新的灾难深重的婚姻。但即便是她——玛丽·露易丝，尽管和玛丽·安托奈特血脉相连，却做出了对我们的情感来说难以理解的事情，她的心灵倦怠而又沉闷。没有一次询问过，那位女人正在哪里痛苦地沉睡着，那个女人曾经在她之前生活在杜伊勒里宫。在这里，她受过折磨。这样一位气息还萦绕在空气里的形象——玛丽王后，就如此残忍，如此冷漠地被自己至亲的后人遗忘了。最终事情发生了转变，良心不安引发了回忆。普罗旺斯伯爵踏过三百万人的尸身，终成了路易十八。他登上了法国王座，这个阴影中的人物终于达到了目的。那些如此长久地挡住他野心道路的人们——路易十六、玛丽·安托奈特和她不幸的孩子路易十七都已经幸运地被消灭掉了，既然死者不能复生，提出他们的控诉，那么为什么不在事后给他们修建一座华丽的陵墓呢？现在，人们终于得到了任务，去寻找她的墓地（这位亲弟弟从来没有问过自己哥哥的墓地）。但在二十一年后，经过如此的冷酷无情与漠不关心以后，找到墓地并不容易，因为在抹大拉教堂旁边臭名昭著的修道院花园内，在恐怖时期曾埋葬了上千具尸体，掘墓人快速的工作导致他们没有时间为每个人的坟墓做记号，他们只是把那不知餍足的刀斧每天给他们送来的尸体堆在一起，然后挖掘埋葬。没有十字架，没有王冠，让人辨认出已经迷失的地点。人们只知道，国民公会下令在王室成员的尸体上面撒生石灰。于是，人们挖来挖去。最终铁铲碰到了一层坚硬的东西。人们通过一只已经几近腐朽的吊带袜辨认出来，他们颤抖着，从潮湿泥土里捧起来的一把苍白的灰尘，就是这个已经逝去的形象最后的踪迹。她在自己的时代曾经是优雅与品位的女神，之后却被选中，成了长久经受一切苦难考验的王后。

后记

通常的做法是在一本历史书的结尾列举使用过的文献，但是在玛丽·安托奈特这个特殊案例身上，对我来说，更重要的是确认有哪些文献"没有"得到使用，这样做又是出于什么原因。因为平时最为可靠的文献，也就是亲笔书信，在这里被证明为并不可靠。就像本书中许多次提及过的那样，玛丽·安托奈特性格里缺乏耐心，写下的信件非常随意，如果不是受到了真正压力的强迫，她几乎不会出于自由意志，坐在那张精美得出奇的书桌边写信，那张书桌至今还可以在特里亚农宫看到。因此，在她死后十年、二十年都没有任何她的亲笔信件为人所知（除了那些数不胜数的账单以及无法避免的签名"请支付，玛丽·安托奈特"），也不是什么令人惊讶的事情。她的确详细维持的两种通信关系一方面是和她的母亲还有维也纳宫廷的通信，另一方面则是和费尔森伯爵的亲密通信，在那个时候还有之后的半个世纪里都被锁在档案馆里，少数几封得到公开的写给波利奈侯爵夫人的信件也同样找不到原件。因此直到十九世纪四十、五十和六十年代，在巴黎举办的每一次手稿拍卖会上都会出现王后的亲笔书信，就实在是令人感到意外，奇怪的是，这些信件甚至全部带有王后的亲笔签名，而王后实际上只有在非常罕见的情况下才会签名。然后就是一大批又一大批的书籍大量出版，有一本书由胡诺施泰因伯爵出版，还有一本书信集（至今依然是最全面的一本书信集）由费耶·德·贡歇男爵出版，第三本是克林科夫斯特罗姆的书，那本书——当然是删节过的贞洁版本——包含了玛丽·安托奈特写给费尔森的信件。严谨的历史学界对于资料的丰富感到高兴，但是依然没有解决全部疑虑。就在这些书籍出版几个月后，由胡诺施泰因伯爵和费耶·德·贡歇男爵出版的一系列信件就遭到了质疑，于是爆发了持久的争论，很快，具有正直思想的人们都不得不怀疑，有个灵巧的甚至堪称天才的伪造者把真假书信以一种胆大包天的方式混淆在了一起，与此同时甚至还把伪造的手稿投入到交易之中。

学者们出于某种奇怪的顾忌，不再提起那位伟大的伪造者的姓名，那是我们所知道的最为灵巧的伪造者之一。尽管最优秀的研究者弗拉莫蒙和罗歇特里已经在字里行间清清楚楚地展示出来，他们对谁心有疑虑。今天我们已经不再有理由隐瞒那个名字，这样会使得伪造学的历史失去一个非常有趣的心理学案例。这位过于热心地增加了玛丽·安托奈特的书信宝藏的人不是其他人，就是她书信的出版者，费耶·德·贡歇男爵，他是一位高级外交官，是一位拥有不同寻常的教养的男人，是一位出色的、有趣的作家，也是法国文化史的一位杰出的专家，十年或者二十年来，他在所有档案和私人收藏中追寻玛丽·安托奈特的书信，怀着真正值得认可的勤奋和渊博的知识收集这些信件——这一成就至今依然值得敬佩。

但是这个可敬而又勤奋的人具有某种激情，而激情往往是危险的。他怀着真正的热情收集手稿，成了这一领域的专业教皇，我们感谢他的《好奇者杂谈》①为我们收集的出色的文章。正如他自豪地宣称的那样，他的"珍品收藏室"②在法国也算是最伟大的，但是有哪一位收藏家会满足于他的藏品呢？可能是因为他自己的手段没有办法让他如自己所希望的那样，塞满自己的文件夹，于是他就制作了大量的仿造拉封丹③、布瓦洛④和拉辛的手稿，这些东西甚至有些直到今天还在被交易，通过巴黎和英国商人进行出售。但他真正的杰作无疑是对玛丽·安托奈特信件的伪造。没有第二个还健在的人比他更熟悉材料、字迹和当时的情况。因此，在真的查看过七到八封写给波利涅公爵夫人的信件以后，作为第一个看过原件的人，编造出同样多的伪造品，或者撰写一些王后写给她的亲戚的小字条也不是特别困难，他知道，她和这些亲戚的关系非常亲近。由于他对王后的书写字体和书写风格都具有特别的知识，没有任何人比他更能胜任这一奇特的任务，可惜他同时也决定，要进行彻底的伪造，他的杰作实际上非常具有干扰性，字体准确无误，风格几乎一模一样，以深厚的历史知识编造了所有细节。所以尽管我们怀着最良好的意志，也不得不承认，有几封信件直到今天还分不清真伪，不知道是王后玛丽·安托奈特写的还是费耶·德·贡歇男爵杜撰和伪造的。举个例子，我本人就不能肯定地判断王后写给弗拉克斯兰男爵的那封信件是原件还是伪造品，它现在保存在普鲁士国家图书馆里。文本表达的内容很真实，但是伪造的笔迹有些过于平静和圆润，尤其是因为这封信之前的拥有者是从费耶·德·贡歇男爵那里得到的这封信。出于所有这些原因，为了更高

---

① 原文为法语。

② 原文为法语。

③ 拉封丹（1621—1695）：法国诗人。——编者注

④ 布瓦洛（1636—1711）：法国诗人，文学理论家。

程度的历史上的可靠性，本书无情地对所有没有其他来源、仅仅出于费耶·德·贡歇男爵那可疑的"珍品收藏室"的文件都不采予考虑，本书对待书信的心理学基本原则是，宁可少而真实，也不要多而可疑。

在可靠性的层面，有关玛丽·安托奈特的口头证据也并不比书信更可靠。如果我们在其他时代抱怨回忆录和亲眼看见的报告太少，那么我们在法国大革命时期就会为材料太多而发出呻吟。在天翻地覆的几十年间，一代人毫无停顿地从一个政治浪潮投身到另一个政治浪潮中，很少有时间留给沉思和概览。在二十五年间，当时那一代人经历了最为意想不到的变动，几乎毫无间歇地经历了王国最后的繁荣、君主制的垂死、残酷的恐怖时期、督政府时期、拿破仑的崛起、他的执政时期、他的独裁时期、帝国时期和世界帝国时期、千百次胜利和决定性的失败、又来了一个国王、百日政变，然后又是拿破仑。终于，在滑铁卢之战后，漫长的平静时期到来了，四分之一个世纪的狂风骤雨终于走向无与伦比的休止。现在人们从恐惧中醒了过来，揉揉眼睛。他们感到震惊，首先是因为他们无论如何还是活了下来，然后是他们在这段时间里经历了多少事情——我们自己也没有什么不同，激流从1914年起就不断地翻搅着我们，然后又突然陷入了平静，——现在他们想要在安全的岸边冷静地俯瞰将他们扰乱、使他们激动、让他们一起经历的一切事件，然后得出某种结论。那时，每个人都想要在亲眼看见的人们的回忆录里读到历史，并以此重建他们自己混乱的经历。于是在1815年后，出现了一波回忆录的热销狂潮，就像我们这里在第一次世界大战结束以后，有关战争的图书得到畅销一样。职业文人和出版商很快就嗅到了这种热销的气味，趁着读者兴趣还没有消退，我们也经历过一样的事情，为了这突然爆发出来的好奇心创作一系列有关那个伟大时代的回忆录、回忆录和回忆录。那些曾经为已经成了历史人物的人效力过的人们都受到了公众的敦促，要他们讲一讲自己的经历。但这些可怜的小人物大部分都是非常愚蠢地跌跌绊绊地经过了那些伟大的事件，只记得一些细节，此外也做不到把他们还记得的事情有趣地展现出来，于是狡猾灵巧的记者就借用他们的名义，给干巴巴的面团加上几粒葡萄干，还有糖，在多愁善感的虚构里滚来滚去，直到做出一本书来。每一个曾经在杜伊勒里宫里、在监狱里或是革命法庭上一起经历了世界史上的瞬间的人现在都加入了作者的行列。玛丽·安托奈特的女裁缝，贴身女佣，第一、第二和第三女侍，理发师，监狱守门人，孩子们的第一位、第二位家庭女教师，她的所有朋友。甚至也还有刽子手参松先生，现在也必须写一本回忆录，至少是把他的名字安在别人拼凑出来的一本书上，当然会换来金钱。

自然而然，这些充满胡言乱语的报告在每个细节上都互相矛盾，尤其是关于1789年10月5日和6日的关键进程，关于王后在杜伊勒里宫被攻击时的行为，或者是关于她最后的时刻，我们拥有七个、八个、十个、十五个、二十个大相径庭的版本，全部来自所谓的亲眼看见的人。所有的版本只有在政治思想上是一致的，也就是无条件地，怀着感人的坚定忠于国王，这也可以理解，如果我们还记得，这些回忆录都是凭借着波旁家族的特权得到了印刷。同样的佣人和同一位监狱守门人在大革命期间曾经是坚定的革命者，在路易十八的统治下却没完没了地保证他们在内心里是多么地尊崇和热爱那位善良、高贵、纯洁而具有美德的王后。如果这些事后保证忠诚的人在1792年有一小部分真的就像他们在1820年讲述的那样，如此忠诚，如此充满献身精神，玛丽·安托奈特就绝对不会被送进贡西埃尔谢里监狱，就绝对不会走上断头台。也就是说，那个时代百分之九十的回忆录是为了制造粗俗的轰动，或者是为了阿谀奉承。谁想要找寻历史的真相，最好（和以往的描述完全相反）就把所有这些突然挤到前面来的贴身侍女、理发师、宪兵和侍童当作不可信的证人全部赶走，因为他们的记忆力太知道如何讨人喜欢。本书基本就是这样做的。

由此，我已经解释清楚，为什么我在这份针对玛丽·安托奈特的论述中没有采用以往的所有书籍都不假思索地采用的大量文件、书信和对话。读者可能会错过许多轶事，在那些传记里，这些轶事吸引他们，或者令他们感到欢愉，从年幼的莫扎特在美泉宫里向玛丽·安托奈特求婚开始，然后就这样发展到最后一则轶事，王后在被行刑之前，不小心踩到了刽子手的脚，据说她礼貌地说了一声，"抱歉，先生。"[1]（表达的方式太有技巧，不可能是真的。）读者也会错过无数的信件，尤其是写给她"亲爱的心"[2]朗巴勒亲王妃那些感人至深的信件，因为这些本来就是费耶·德·贡歇男爵编造出来的，不是玛丽·安托奈特写的，这里也不包含许多口口相传的话语，这些对话情感充沛、充满才智，但是我恰恰觉得它们太巧妙、包含了太多的情感，不符合玛丽·安托奈特平庸的人格。

这么做在感伤主义的层面上有所损失，但是在历史的真实性上却毫无损失，我们反而赢得了全新的、本质性的材料。首先就是对维也纳档案馆的仔细审查发现，已经发表的所谓完整的玛利亚·特蕾莎与玛丽·安托奈特之间的书信往来，依然有重要的甚至是非常重要的部分因为内容的私密性而没有得到印刷。这些地方在本书中得到了毫无保留的展现，因为如果不理解这个长期以来被隐瞒的生理秘密，就无法了解路易十六和玛丽·安托奈特的婚姻的心理学意义。此外，杰

---

① 原文为法语。

② 原文为法语。

出的女研究者阿尔玛·索德耶尔姆在费尔森后裔的档案馆里进行了彻底的研究，幸运地揭示了许多出于道德考量的掩饰，使得这一"虔诚的虚伪"①，这一有关费尔森对不可接近的玛丽·安托奈特怀有吟游诗人般的爱情的虔诚传说出于这项整理工作和其他更有说服力的文献不攻自破。此外，还有许多晦暗不明，或者是被人隐瞒的细节得以澄清。我们在论述里自由地对待一个女人的人性与道德权利，只不过她碰巧是王后，我们今天更直率的叙述更贴近事实，对灵魂的真相怀有着更少的恐惧，因为我们不再像更早的一代人那样相信，为了给一个历史人物赢得同情，有必要对他的人格进行"彻底地"②理想化，赋予多愁善感的意味，或者是把他塑造成英雄，也就是说，我们不需要掩盖本质性的重要特点，也不需要以悲剧的方式强调另一些特点。不要造神，而是要还原人类，这是一切创造性的灵魂艺术的最高法则。不用刻意地制造论据为之进行脱罪，而是解释他所背负的使命。我们尝试在这里解读一个平庸的人格，正是由于她那无与伦比的命运，她才产生了超越时代的影响，她内心的伟大仅仅来自于她那巨大的不幸。我希望，我至少可以毫不夸张地反映出她在这个世界上的局限，也能够得到当今人们的同情和理解。

1932年

斯蒂芬·茨威格

---

① 原文为法语。
② 原文为法语。